베르그손과 생명의 시간

Bergson and
the Time of Life

Philosophy and
the Adventure of the Virtual

베르그손과
생명의 시간

철학과 잠재성의 모험

키스 안셀-피어슨 지음
정보람 옮김

"가장 훌륭한 이미지와 우화는 시간과 생성을 이야기해야 한다."

—니체, '행복의 섬에서', 『차라투스트라는 이렇게 말했다』, 1883

"시간 자체만이 유일한 범죄다."

—들뢰즈, 『시네마 2: 시간-이미지』, 1985

"일자는 하나의 의미[방향sens] 안에 다자 모두를 표현한다.

존재는 하나의 의미 안에 차이 나는 것 모두를 표현한다."

—들뢰즈와 가타리, 『천의 고원』, 1980

감사의 말

이 책 3장에 실린 글은 로빈 듀리Robin Durie의 편집서 *Time and the Instant*(Clinamen Press, 2000)에 처음 출판되었다. 4장은 약간 다른 버전으로 *Pli: The Warwick Journal of Philosophy*의 제11호(2001)에 실렸다. 5장의 훨씬 짧은 초기 버전은 *Tekhnema: A Journal of Philosophy of Technology*의 Issue 6(2000), 객원 편집자 배넘G. Banham과 말리크S. Malik가 '목적론: 과학, 기술, 비판'Teleologies: scientific, technical, critical이라는 주제로 기획한 특집호에 실렸다. 이전에 출판된 글들을 이 책에 사용할 수 있도록 허락한 편집자들에게 감사를 전한다.

서문

문제나 이념Ideas은 모험의 명령들로부터, 혹은 물음의 형태로 나타나는 사건들로부터 나온다. (들뢰즈,『차이와 반복』, 1968)

기원the originating에의 호소는 여러 방향으로 나타난다: 기원이 해체되면, 철학은 이러한 해체, 불-일치, 분화를 수반하는 것이 되어야 한다. (메를로-퐁티,『보이는 것과 보이지 않는 것』, 1959~60)

유genres적 차이를 구실 삼아 본성의 차이들을 간과하는 것은 철학을 배반하는 일이다. 우리는 본성의 차이들을 놓치고 말았다. (들뢰즈,「베르그손에서의 차이 개념」, 1956)

일곱 개의 에세이로 구성된 이 책은 잠재성의 철학을 정교화함으로써 시간과 생명에 대한 물음에 접근한다(이 두 가지 물음을 연결짓는 것이 이 책의 난제라 하겠다). 잠재적인 것[1]이라는 관념[2]은 실재에 대한 새로운 경험들을 설명하기 위한 시도로서 최근에 특히 중요하게 다루어지고 있다.[3] 철학적 모더니티philosophic modernity 안에 새로 도입된 개념으로서 [잠재적인 것의] 관념은 베르그손의 저작과 관련되며, 들뢰즈의 텍스트에서도 매우 중요한 역할을 한다. 이에 알랭 바디우는 잠재적인 것이 들뢰즈의 사유에서 존재Being를 일컫는 말이라고 주장하기도 한다. 베르그손과 들뢰즈는 잠재적인 (연속적인) 다양체와 현실적인 (불연속적인discrete) 다양체를 구분하고, 잠재적인 것의 현실화 과정 ─ 그보다 덜 창발적inventive이고 덜 창조적인 가능한 것의 실현[실재화] 과정과 대조되는 ─ 으로 생명의 진화를 개념화하며, 지각과 기억이 모두 잠재적인 이미지들과 연관된다는 것을 드러내고자 한다. 들뢰즈의 경우 사건을 잠재적인 것(순수한 보존pure reserve)으로 이해하기도 한다. 들뢰즈는 잠재적인 것을 차이의 생산적인 역량으로, 단순성simplicity과 잠재력potentiality으로 파악하는데,[4] 이는 불완전하거나 불충분한 존재 양태를 가리키는 것이 아니다. 『되찾은 시간』*Le Temps retrouvé*[『잃어버린 시간을 찾아서』 7권]에서 프

---

1) [옮긴이] 여기서 잠재적인 것이라고 번역된 the virtual은 인공적으로 구성된 공간이나 환경을 가리키는 '가상'의 의미로도 쓰인다.

2) [옮긴이] notion과 idea는 관념으로, concept은 개념으로 번역하되, idea(Idea)가 이데아나 이념을 의미할 때는 원어를 함께 표기했다.

3) 예를 들면, M. Heim, *The Metaphysics of Virtual Reality*, Oxford: Oxford University Press, 1993; P. Levy, *Becoming Virtual: Reality in the Digital Age*, trans. R. Bononno, London: Plenum, 1998; N. K. Hayles, *How We Became Posthuman: Virtual Bodies in Cybernetics, Literature, Informatics*, Chicago: University of Chicago Press, 1999 참고.

4) [옮긴이] potentiality는 '힘' 혹은 '역량'을 의미하는 라틴어 어원 potentia를 고려하여 잠재력으로 번역했다. virtuality(잠재성)와 구분하기 위해 potential과 관련된 용어는 원어를 함께 표기했다.

루스트가 말하듯, "잠재적인 것은 현실적이지 않으면서 실재적이고, 추상적이지 않으면서 관념적ideal이다". 잠재적인 것은 지각과 기억, 시간과 주체성, 그리고 진화론적 관점에서 본 생명에 대한 통상적인 개념들에 대해 존재론적인 이의를 제기한다. 앞으로 보게 될 것처럼, 잠재적인 것은 존재론적 중요성을 지니며 철학의 시초부터 중심이 되어 온 문제들과 연관된다. 잠재적인 것은 또한 진화, 의식, 기억과 시간의 본질에 관한 특수한 현대적modern 문제들의 맥락에서 작동하는 관념이라 하겠다.

이 책에서는 베르그손의 특정 주저들과 베르그손주의에 대한 들뢰즈의 글들(특히 1956년과 1966년의 저작들, 1980년대 나온 영화에 대한 두 권의 책)에 주목하여 베르그손 사유의 전개 과정을 살펴보고 『물질과 기억』과 『창조적 진화』와 같은 주된 저작들을 자세히 독해한다. 나는 이 텍스트들이 20세기 철학에서 중심적인 위치를 차지할 뿐 아니라, 오늘날 철학적 문제의 지평 형성에도 중대한 기여를 하고 있다는 신념하에 서술할 것이다. 1966년에 출간된 들뢰즈의 『베르그손주의』는, 『시간과 자유의지』[『의식에 직접 주어진 것들에 관한 시론』, 약칭은 『시론』]에서의 정신적 상태들에 대한 논의로부터 『창조적 진화』에서의 새로운 진화 개념에 이르기까지 베르그손의 사유를 통합하는 것이 잠재적 다양체라는 관념임을 최초로 보여 준 독해라는 점에서 중요하다. 이 책의 과제는 한편으로 꽤 구체적이라 할 수 있는데, 이는 카오스의 새로운 과학과 복잡성 이론에 근거한 잠재적인 것에 관한 오늘날의 사유와는 거리가 멀다. 잠재적인 것의 현대적 적용과 활용, 최신 건축이론과 실천, 새로운 이론 일반의 영역에 관심이 있는 독자들은 카슈와 라이크만의 글을,[5] 카오스와 복잡성 이론에 관해서는 곧 출간될 마누엘 데란다의 책[6]을 보기를 권한다. 이 책이 수행하는 구체적이고 제한적인 과제는 다음의 두 가지라 하겠다. 하나는 후기-칸트주의 철학에서 베르그손의 지위를 복구하는 것이고, 다른 하나는 들뢰즈의 독특한 철학 개념과 철학적 비전을 이해하는 데 기여하는 것이다.

베르그손과 들뢰즈 연구자를 비롯한 많은 독자들에게 잠재적인 것은 여전히 불가사의하고 까다로운 관념이다. 이 책에서 필자는 이 관념이 차지하는 위상을 명시하고 그것이 어떤 종류의 철학적 작업을 수행하고 있고, 또 할 수 있는지 보여 주고자 한다. 1장에서는[7] 잠재적 다양체의 관념을 시간과 관련해서, 그리고 우리가 연속성을 사유하는 방식과 관련하여 소개하고, 그 주된 특징들을 볼 것이다. 2장에서는 상대성 이론에 대한 베르그손의 입장을 설명함으로써 '단일한 시간'single time이라는 관념의 의미를 파악해 본다. 3장에서는 지속과 진화를 주제로 잠재적인 것과 가능한 것 사이의 차이가 진화를 창조적이고 창발적인inventive 것으로 이해하는 데 있어 왜 중요한

---

5) B. Cache, *Earth Moves*, trans. A. Boyman and M. Speaks, Cambridge, Mass.: MIT Press, 1995. J. Rajchman, *Constructions*, Cambridge, Mass.: MIT Press, 1998. J. Rajchman, *The Deleuze-Connections*, Cambridge, Mass.: MIT Press, 2000.

6) [옮긴이] Manuel DeLanda, *Intensive Science and Virtual Philosophy*, London: Continuum, 2002; 마누엘 데란다, 『강도의 과학과 잠재성의 철학』, 김영범·이정우 옮김, 그린비, 2009.

7) [옮긴이] 편의상 '1장'으로 번역했지만, 원문은 '첫번째 에세이'다. 이는 이 책의 장들을 구성하는 일곱 개의 글이 독립적으로 읽힐 수도 있음을 암시하는 듯하다.

지 살펴볼 것이다. 4장에서는 단일 잠재성the simple virtual이라는 관념을, 새롭게 본renewed 일자—者의 존재론이라는 관점에서 고찰한다. 여기서 나는 들뢰즈의 사유를 잠재적인 것의 플라톤주의라고 해석하는 바디우의 관점을 비판하면서, 일자에 대한 새로운 사유가 다원론에 대한 들뢰즈의 투철한 신념에 있어 본질적이라는 것을 보여줄 것이다. 5장에서는 베르그손 사유의 핵심적 측면들을 해명하기 위해 칸트에 대한 그의 대응을 살펴본다. 사유의 이미지로서 고려될 때 생의 약동élan vital은, 단지 (목적론적 판단에 대한 칸트의 비판으로 수립된) (합)목적성finality의 문제 안에만 머무르지 않는다는 것을 주장할 것이다(베르그손이 목적성을 잠재성의 관념으로 대체하였다는 점에서, 이 장 역시 잠재적인 것에 대한 논의다). 6장과 7장은 베르그손의 책『물질과 기억』에 관한 것으로, 첫째로는『물질과 기억』1장과 4장에 나오는 실재적인 것의 형상과 이미지에 관한 물음을, 둘째로는 2, 3장에 나오는 기억의 잠재성에 대한 설명을 다룬다.

들뢰즈를 베르그손적Bergsonian이라고 묘사하는 것이 부적절한 것은, 단지 [들뢰즈 철학의] 사상적 기원이 다양하기 때문이 아니라 그의 베르그손주의가 상당히 독창적이기 때문이다. 따라서 7장에서는 베르그손적인 기획에서 드러나는 들뢰즈의 참신성을 살펴봄으로써 그가 시간에 대한 베르그손의 사유에 어떤 복잡한 조작들을 가하는지 알아본다. 시간을 사유함에 있어 들뢰즈는 철저히 베르그손적이기도 하고 베르그손과 급진적으로 다르기도 하다. 이 장에서는 어떤 형태의 '현재주의'presentism[8]도 넘어서서 시간을 사유하려는 들뢰즈의 시도들을 설명하고, 어떻게 그가 순수 과거의 시간과, 어떤 현재로도 환원될 수 없는 열린 미래의 시간을 사유할 수 있는지 보여 줄 것이다. 시간에 대한 이와 같은 사유는 베르그손이 정의한 철학의 임무, 즉 인간의 조건을 넘어서는 것이 어떻게 가능한지 가장 극적인 방식으로 보여 주며, 이는 놀라운 결과로 이어진다.

1966년에 출간된 『베르그손주의』에서 들뢰즈는 '이와 같은 [인간의 조건을 넘어서게 하는] 철학'을 하려면 잠재적인 것의 관념이 더 이상 '모호하거나 미규정적'이지 않은 것이 되어야 한다고 주장하는데, 이는 마치 잠재적인 것이 본성상 모호하고 미규정적이라는 사실을 간과하는 것처럼 보인다. 그러나 들뢰즈가 『베르그손주의』외 여러 저작들에서 제시하는 바는 잠재적인 것이 규정들과 분화/차이화들differentiations[9]을 지니는 것으로 볼 수 있다는 것이다. 그렇다고 잠재적인 것이 실재reality의 특수한 양태라고 단순히 말할 수는 없다. 들뢰즈가 엄밀한 철학적 사유를 통해 입증하려 하는 것은 잠재적인 것이 '~있음/임'*what is*의 양태라는, 더 강력한 주장이기 때문이다. 잠재적인 것은 거의 실재적인 것이 아니라 온전히 실재적이며, 실재는 잠재적인 것 없이는 마주할 수도, 사유할 수도 없다는 것이다. 물론 이 관념은 가변적이라서 그 의미를 단일한 층위에만 한정하기는 어렵다. 잠재적인 것의 실재는 엄밀하게 말해 다음과 같은 다양한 층위들과 맞물려 변화한다. 예컨대, 생의 약동으로서 잠재적 실재는 순수 기억의 존재existence를 규정하는 잠재적 실재와는 전혀 다르다. 두

---

8) [옮긴이] 철학적 현재주의. 과거나 미래는 존재하지 않으며 현재만이 실재한다고 보는 입장.
9) [옮긴이] differentiation이 진화 개념과 관련될 때는 '분화'로 번역한다.

경우 모두 잠재적인 것의 현실화actualization와 연관된다는 점에서는 공통점이 있지만 말이다. 베르그손은 [잠재적인 것이라는] 관념을 가능한 것the possible과 거의 구분하지 않고 중립적인 방식으로 자주 사용하는데, 이는 양자를 혼동하는 것이 위험하다고 주장하는 들뢰즈와 상반된다. 들뢰즈는 차이(자기-차이화self-differentiation하는 것으로서의 생명)의 철학으로 이해되는 하나의 완결된 생명철학을, 또한 그를 바탕으로 기억의 철학을 구축한다. 그렇다면, 잠재적인 것이라는 관념은 들뢰즈의 베르그손주의가 발명한 것이라 해야 할까? 자크 마리탱Jacques Maritain은 일찍이 베르그손을 순수 현실성의 사상가로 이해한 주석가이며 제자였다. 마리탱은 관념적인, 선행하는 가능성으로서의 잠재적인 것을 부정하면서, 베르그손에서 사물의 생성은 하나의 현실적 상태로부터 다른 하나로의 이행이라고 주장한다.[10] 여기서 우리는 들뢰즈의 베르그손주의가 어떤 점에서 혁신적인지 알 수 있다. 즉, 잠재적인 것이냐 가능적인 것이냐에 따라 차이의 존재the Being of difference에 대한 사유가 완전히 달라지는 것이다. 잠재적인 것이란 미리 형성된 가능성의 질서라는 의미의 잠재성이 아니다. 이는 베르그손의 텍스트를 충분히 독해하면 입증된다.

　철학적 사유에 있어 일종의 혁신으로서 잠재적인 것의 관념은 일—과 다多, 실체와 주체, 그리고 시간과 공간 개념에 대한 존재론적 도전이라 하겠다. [잠재적인 것의 관념을 통해] 우리는 다양체/다양

---

10) J. Maritain, *Redeeming the Time*, London: The Centenary Press, 1943, p. 71.

성*multiplicity*을 새로운 방식으로 사유하게 된다. 앞으로 전개될 논의를 통해 드러나겠지만 이 문제는 다소 복잡한데, 이는 잠재적 다양체가 일—과 다多 사이의 특정한 대립을 넘어 사유할 수 있는 가능성을 제시하는 반면, 이 다양체는 또한 자신에게 특유한 하나의 일자a One 로 간주될 수 있기 때문이다. 잠재적인 것의 개념은 베르그손의 첫 번째 주저인 『시간과 자유의지』에서 소개되는데, 1889년에 출간된 이 초기 저작에서 그는 연속적인 것과 불연속적인 것the discrete 사이의 구분을 사유하는 하나의 방식으로서 다양체들의 유형학을 발전시킨다. 여기서 잠재적인 것은 주관[주체]적인 것과 객관[대상]적인 것 사이의 구분을 드러내는 데 사용된다. 베르그손은 우리가 통상적으로 둘을 구분하는 방식, 즉 '주관적인' 것을 [우리가] 완전히, 또 충분히 알고 있는 것으로 상정하고, '객관[대상]적인' 것을 어떤 사물에 대한 우리의 관념에 새로운 인상들이 추가 혹은 대체되면서 알게 되는 것으로 보는 입장을 역전시킨다. 베르그손은 잠재성을 갖지 않는 것이 객관[대상]적인 것 ― 예컨대 물질처럼 ― 이라고 주장한다. [이렇게 볼 때] 대상은 수없이 분할 가능하지만, 이러한 분할은 [실제로] 행해지기 전에 사유 안에서 포착될 수 있기 때문에 대상에 대한 총체적인 관점에서는 어떠한 변화도 일으키지 않는다. 실현되지 않을 때조차도 그러한 변화들은 항상 '가능한'possible 것이어서 실제로 지각되거나, 혹은 원리상 지각될 수 있기 때문이다. 즉, 대상과 '대상[객관]적인' 것은 양적인 분화/차이화나 정도의 차이들만을 보여 줄 뿐이다. [이러한 의미에서] 그것들은 잠재성을 지니지 않는다고 할 수 있는데, 잠재성은 지속이나 '주관적인' 것에 속하는 것으로서 분화/차이화를 통해 분할되고, 종류상의 변화[질적 변화]를 상정한다. 산술적인 단위 역시 분할의 모델이 될 수 있지만, 이 분할은 종류상의 변화를 동반하지는 않는다. 베르그손이 말하듯, 수數를 형성하는 단위들은 '잠정적인'provisional 것으로서 무한히 재분할될 수 있다. 하나의 단위를 우리가 원하는 만큼 더 많은 부분들로 분할할 수 있다는 것은 잠재적으로potentially 무한한 분할이 외연[연장]적인 것에 불과하다는 것을 보여 준다. 반면 지속이 분할 불가능한 것은, 그것이 단지 다양체일 뿐 아니라 종류상의[질적] 변화를 일으키는 잠재력potential을 가지는 것으로서, 현실화될 때 항상 질적 분화/차이화를 수반하기 때문이다. 베르그손의 첫 저작에서 본성이나 종류에 있어서의 차이를 보여 주는 예로는 심적psychical 삶이 제시되는데 이는 그 안에 항상 타자성이 있으나 수數나 일자一者와 다자多者 간의 대립은 없기 때문이다(일자는 다자일 수 있고, 다자는 일자들의 집합일 수 있다). 삶의 어떤 순간에도 우리는 단순히 하나이거나 여럿이기보다는, 펼쳐지고 접혀 들어가는 잠재적 다양체이다. 우리 삶의 시간은 연속적인 동시에 이종적heterogenous이기도 한 것이다. 그러나 잠재적인 것이나 지속이 '주관적'이라고 해서 그 유래가 온전히 혹은 단순히 심리학적인 것은 아니다. 1장 이하 다른 장들에서 논의되겠지만, 지속은 존재론적인 것이다. 심리적 지속은 그 자체로 존재론적 지속으로 개방되어야 하는, 하나의 한정된 경우라 할 것이다. 또한 7장에서 볼 것처럼, 주체성의 시간을 사유할 때도 잠재적인 것의 존재론—이 경우에는 기억의 잠재적 존재를 통해—으로의 확장이 가능하며, 이를 통해 우리는 심리학의 영역을 초월할 수 있게 된다.

들뢰즈는 지속이나 잠재적인 것이 자신으로부터 차이 나는 것(자기-차이(화), 내적 차이, 차이 자체)이고, 따라서 '실체와 주체의 통일성'[11]이라고 주장한다. 생물학에서도 발생학적 연구와 종의 진화를 통해 분화[차이화] 과정을 볼 수 있지만, 들뢰즈에게 있어 차이는 '생기[생명]적'vital이기는 해도 생물학적인 개념은 아니다. 들뢰즈는 어떤 의미로, 또 어떤 이유로 이런 주장을 하는 것일까? [생물학에서도] 차이[발생]의 영역(변이, 다양성, 발산 등)으로서 '생명'Life 관념을 발전시킬 수 있겠지만, 차이의 본성과 그 복잡성complications(본성의 차이를 규정하는 것, 본성nature의 차이를 자연nature 안에 위치시키는 것, 본성의 차이들이 본성[본질]nature이 되는 방식을 보여 주는 것 등)을 설명하는 것은 철학의 임무라 하겠다. 생명에 대한 [학문으로서] 생명과학biological science은 진화의 메커니즘을 외생적인 인과나 우연적 규정의 관점에서 설명할 수 있을 뿐이고, 정도의 차이로만 사유할 수 있을 뿐이다. 반대로 들뢰즈에게 있어 "지속은 그 자체로 의식이며, 삶은 그 자체로 의식이다. 이는 권리상 그러하다".[12] 잠재적인 것은 ― 또한 그것이 함축하는바, 지속 역시 ― 하나의 개념으로 고안되어야 한다.[13] 차이를 행위나 현실화로서의 분화différenciation라는

---

11) G. Deleuze, "Bergson's Conception of Difference", trans. M. McMahon, in ed. J. Mullarkey, *The New Bergson*, Manchester: Manchester University Press, 1999, pp. 42~66.

12) Ibid., p. 52.

13) 1956년에 나온 베르그손과 차이에 대한 글에서 이미 들뢰즈는 개념을 과학적 기능이 아닌 사건으로 사유하고 있다(잠재적인 것은 체험된 것의 기능이 아니라 생명의 사건이다). 개념과 기능의 구분에 대해서는 Deleuze and Guattari, *What is Philosophy?*, trans. H.

관점에서만 한정하여 사유하는 것이 부적절하기 때문이다. 차이화/분화가 충분한 것이라면 차이의 개념은 불필요할 것이다. [분화의 관점에서만 차이를 사유하는 것이] 불충분한 이유는, 스스로 차이화/분화하는 것이 무엇보다도 그 자신과 차이 나는 것이기 때문이며, 이것이 바로 잠재적인 것(잠재적 다양체 혹은 창조적 진화로서의 생명으로서, 혹은 기억으로서)이기 때문이다. 들뢰즈가 주장하는 것처럼 "차이화/분화는 개념이 아니라, 그 개념 안에서 자신들의 근거reason를 발견하는 사물들의 생산이다".[14] 이처럼 잠재적인 것이 자기 자신과 차이 나는 역량을 지니는 것으로서 유일하게 적합한 차이의 개념을 제시한다면, 이는 그것이 "스스로 분화[차이화]하게 하고 대상들을 생산할 수 있게 하는 객관[대상]적 일관성objective consistency을"[15] 지닌다는 것을 의미할 것이다.

이를 예증하기 위해 들뢰즈는 색에 관한 베르그손의 논의에 주목한다. 베르그손은 다음과 같은 물음을 제기한다: 색상들이 공통적으로 지니는 특성은 어떻게 규정되는가? 이 문제에 철학적으로 접근하는 방법은 두 가지다. 첫째로는 추상적이고 일반적인 색의 관념을 이끌어 내는 것으로, 붉은색에서 그것이 붉은색이게 하는 것을 제거

Tomlinson, London: Verso, 1994, 5장과 6장, 예컨대 p. 144 참고. 과학에서 기능에 대해, 또한 지속으로서의 시간의 물음과 관련해서는 Hermann Weyl, *The Continuum: A Critical Examination of the Foundation of Analysis*, trans. S. Pollard and T. Bole, New York: Dover, 1987, pp. 45~46, 93~94 참고.

14) Deleuze, "Bergson's Conception of Difference", p. 54.
15) Ibid.

하고, 파란색에서 그것이 파란색이게 하는 것을, 초록색에서 그것이 초록색이게 하는 것을 제거하는 것이다. 이와 같은 추출의 결과 우리는 색의 개념에 도달할 수 있는데, 이는 하나의 유*genre*에 지나지 않는 것이다. 즉, 동일한 개념을 공유하는 여러 대상들을 통해, 일반적이고 추상적인 관념을 근거로 하는 통일성[단일성]unity에 이르게 되는 것이다. 이렇게 도출되고 분절화되는 색의 개념은 어떤 구체적인 색(이 빨강, 이 파랑, 이 초록)도 표상하지 않는 방식으로만 정의될 수 있다는 점에서 부정적인 개념이다. 일반적인 관념으로서 색의 개념을 베르그손은 "부정들로 이루어진 긍정, 진공을 경계짓는 형식"[16]이라 하였다. 뿐만 아니라 이러한 방법은 대상과 개념을 철저히 포섭의 관계로 이해함으로써 양자를 이원적인 것으로 본다. 이와 같이 개념을 이끌어 내는 방식의 원리는 다음과 같다. 개념은 공간적*spatial* 구분에 근거하는데, 이러한 구분에 있어 차이는 대상에 외부적인 것이 된다. 그렇다면 이와 다른 방식이 어떻게 가능할까? 베르그손은 이를 보여 주기 위해 무지개 색, 즉 파랑, 보라, 초록, 노랑의 색상들을 수렴렌즈에 통과시켜 하나의 점으로 모을 때 순수한 백색광이 얻어진다는 예를 제시한다. 이 빛은 다색 광선들의 무제한적 다양성이라는 관점에서 색상들 사이의 차이를 이끌어 낸다.[17]

　이러한 예가 어떻게 잠재적인 것의 개념을 드러내는 데 기여하

---

16) H. Bergson, *The Creative Mind*, trans. M. L. Andison, Totowa: Littlefield, Adams & Co., 1965, p. 229.

17) *Ibid.*, p. 225.

는 것일까? 이는 그것이 다른 색들을 하나의 개념에 포섭되는 것으로서가 아니라, 강도적이고 분할되지 않은 단일성으로 이해된 개념 자신의 정도나 뉘앙스들로서 제시하기 때문이다. 즉, "차이의 정도이지 정도의 차이가 아닌" 것이다.[18] 여기에는 포섭은 없고, 백색광이 구체적 보편으로 기능하는 참여만 있을 뿐이다. 개념과 사물은 더 이상 대립되지 않으며, 사물 자체는 어떤 종류나 일반성이 아니다. 베르그손은 [참된 철학자라면] 철학 논문 전체에서 찾을 수 있는 것보다 더 응집된 진리를 고대의 대리석 [조각]을 응시함으로써 얻을 수 있다고 말한다. 이에 따르면 형이상학의 대상과 과제는 "각 개체에 고유의 색채를 부여하면서 그 존재를 보편적 빛으로 연결시키는 특수한 광선을 개체 존재 안에서 다시 파악하고, 그 광선이 흘러나온 근원까지도 추적하는 것이다".[19]

이와 같은 색의 예시가 들뢰즈에게 중요한 것은 그것이 내적 차이 ─ '차이의 개념이 된 [차이] 개념'the concept become concept of difference ─ 를 제시한다는 점에 있다. 이러한 '철학의 우월한 목적'을 추구하기 위해 우리는 공간적으로 사유하기를 멈추고, 공간적 구분들에서 벗어나야 한다. 차이와 개념은 '시간 안에' 위치되어야 한다.[20] 주체와 대상, 신체와 정신, 물질과 기억 간의 차이들은 시간적 차이들이며, 이러한 측면에서 정도의 문제라고 볼 수 있다. 그러나

---

18) Deleuze, "Bergson's Conception of Difference", p. 54.

19) Bergson, *The Creative Mind*, pp. 225~226.

20) Deleuze, "Bergson's Conception of Difference", p. 54.

그렇다고 해서 이들이 단순히 정도'의' 차이들인 것은 아니다. 이 차이들은 내적 차이에 속하는 것으로, 추상적이고 일반적인 방식으로 정도를 측정하는 외적 차이에 귀속되지 않는다. 차이[를 포착하기]에 적합한 개념으로서 잠재적인 것은, "정도들과 뉘앙스들의 가능한 공존"[21]이다. 이는 다음과 같은 결론으로 귀결된다: 잠재적인 것은 '완전히 긍정적인 존재 양태'를 규정한다. 이에 우리는 잠재적인 것을 스스로 실현/실재화realization하는 것으로서, 모순과 부정의 논리 혹은 추상적 보편성이나 일반성에 호소하지 않고 그 자신what it is ── 순수한 타자성과 순수한 차이 ── 이 되는 것으로 이해할 수 있다. 실제로 들뢰즈는 우리가 모순과 부정의 논리[교설]doctrine에 고착되어 있는 유일한 이유가 잠재적인 것에 대한 무지ignorance라고 주장한다. 두 항의 대립은 그 두 항을 모두 품고 있는 잠재성의 실현일 뿐이라는 점에서, 차이는 부정이나 모순보다도 심오하다.[22] 4장에서 보게 될 것처럼 잠재적인 것은 단순한 역량이다. 그 자체로 이해될 때 그것은 '비-활성적인'non-active 양태인데, 이는 그것이 스스로 분화/차이화함으로써만 활동하고 그 자신what it is(타자성)이 되기 때문이다. [분화/차이화할 때 잠재적인 것은] 그 자신이기를 그치는 동시에 그 자신의 어떤 것을 간직한다는 점에서 '~임[상태나 존재 규정]의 양태'the mode of *what is*[23]로 이해될 수 있다. 베르그손은 사유하기가,

---

21) Ibid., p. 55.
22) Ibid., p. 53.
23) Ibid.

생각을 추상적인 형이상학의 방향으로 이행시킴으로써가 아니라 그 반대로 이루어진다고 주장한다.[24] 즉, 잠재적인 것은 일반 관념 혹은 추상적이고 텅 빈 것이 아니라 적절하게 이해된 차이의 개념(그것이 잠재적인 것이라는 점에서 생명의 개념이기도 한)인 것이다. 잠재적인 것의 개념은 우리에게 생명/삶의 시간을 제시한다.

그렇다면, 우리는 어떻게 해서 본성상의 차이를 잃어버리게 되었는가? 이는 우리가 시간을 상실하여, 지속의 관점에서 사유하는 방법을 알지 못하기 때문이다. 들뢰즈에게 베르그손주의는 형이상학에 대한 비판이자 과학에 대한 비판인데, 이는 다음과 같은 점에서 그러하다. 형이상학은 공간화된 시간과 영원 사이에 정도의 차이만을 구성하였다. 여기서 영원은 본래적인primary 것이 되고, 시간은 [영원한] 존재의 타락이나 쇠퇴에 불과한 것으로, 모든 존재들은 극도의 완전함과 무無 사이 강도의 등급에 의해 규정된다. 과학에서 기계론은 공간화된 시간에 온전히 의지하기 때문에, 그 안에서 존재들은 정도의 차이들(위치, 차원, 비율에 있어서의)만을 드러낸다. 예컨대 다윈의 진화론에서는 하나의 생명 조직이나 체계가 단순한 매개나 전이, 정도의 변이들에 의해 다른 것으로 이행한다고 보는 단선적인 진화 [개념]이 제시된다. '생기적vital 차이들'이나 변이들이 순수하게 외적인 인과성과 메커니즘[기계론]을 통해서만 해석된다면, 본성상 그것들은 추상적으로 조합되고 합쳐져야 할 요소들 혹은 '수동

---

24) Bergson, *The Creative Mind*, pp. 223~224.

적인 결과들'에 불과한 것이 된다. 들뢰즈는 진화론의 오류가 생기적 변이들을 "단일한 선상에서 결합되어야 하는 수많은 현실적인 규정들로"[25] 생각한다는 점이라고 주장한다. 이에 들뢰즈는 생명 철학의 조건으로 다음의 세 가지를 제시한다. 첫째로, 생기적 차이는, 그 안에서 변화의 경향성이 우연적accidental이지 않고 우연적일 수도 없는, 내적 차이로 생각되어야 한다는 점(이것이 적합한 진화 개념을 제시한다). 둘째로, 변이들은 연합이나 부가의 관계가 아닌 분리dissociation나 분할division의 관계를 맺는다. 셋째, 변이들은 [진화의] 분기하는 선들 안에서 실현[현실화]될 수 있는 잠재성과 연관되며, 따라서 진화는 "동질적이고 단선적인 계열 안에서 하나의 현실적[이미 실현된] 항으로부터 다른 현실적 항으로의 이행이 아니라, 분기하는 계열들을 따라 현실화하는 잠재적인 항에서 이종적인 항들로의 이행"으로 이해되어야 한다는 것이다.[26] 첫번째 조건이 적절한 진화 개념을 제시한다면 후자의 두 조건은 창조적 진화라는 흥미롭고 놀라운 개념을 제시한다 하겠다.

　하나의 '전체'로 볼 때 이 책은 잠재적인 것이 어떻게 하나의 존재론(존재자들의 존재the Being of the beings, 존재의 일의성)으로서, 또한 선험적인 것the transcendental의 재구성으로서 현실적 존재들(개체화 individuation)과 현실적 경험(지각, 기억 등)의 잠재적인 조건들을 제공

---

25) G. Deleuze, *Bergsonism*, trans. H. Tomlinson and B. Habberjam, New York: Zone Books, 1991, p. 99.

26) *Ibid.*, p. 100.

하는 것으로 기능하는지 보여 주기 위한 노력이다. 두 경우 모두에서 우리는 잠재적인 것이 초월성transcendence의 질서가 아니라는 것을 입증해야 한다. 즉, 존재론의 관점에서 잠재적인 것은 내재적이되, 우월[탁월]eminent하지는 않은 역량으로 이해되어야 하고, 경험의 영역과 관련하여 잠재적인 것은 경험의 개념을 확장시켜 그 자체를 넘어서게 하는 것이 어떻게 가능한지 보여 주어야 한다. 이어지는 장들은 사유에 있어 일련의 특수한 마주침들을 상연하면서 잠재적인 것에 대한 중요한 직관들을 제시할 것이다. 이와 같은 잠재적인 것으로의 모험을 진행하기 위해서는 재현의 특정한 습관들을 극복하고, 경험의 서로 다른 면들planes을 가로질러 사유하며, 지식의 다양한 영역을 연관시켜야만 한다. 여기서 제시된 일련의 연구들에 있어 내가 채택한 방법은 전형적이지 않다. 베르그손의 텍스트에 대한 연대기적 접근을 채택하는 대신 문제의식을 먼저 제시하고 베르그손주의와 사유의 다른 양태들 사이의 조우들을 보여 주거나, 베르그손 사유의 핵심 문제들을 먼저 제기하는 식이다. 이 책을 통해 내가 이루고자 하는 바가 있다면, 그것은 베르그손의 철학적 입지에 있어 게으르고 자기만족적인 평가 — 그의 사상과 텍스트와의 슬픈 마주침들만을 만들어 내는 — 들을 극복하는 데 기여하는 것이다. 베르그손은 단순한 생기론자도, 신비주의적 직관주의자도 아니며, 급진적인 경험주의자이자 진정 위대한 형이상학자이다. 진정한 형이상학자는 급진적인 경험론자이어야 하며, 급진적인 경험론자는 형이상학자이어야 하기 때문이다.

차례

| 일러두기 |

1 이 책은 Keith Ansell-Pearson, *Philosophy and the Adventure of the Virtual: Bergson and the Time of Life*(Routledge, 2002)를 완역한 것이다.

2 주석은 모두 각주이며, 원주 외에 옮긴이가 삽입한 주석은 내용 앞에 '[옮긴이]'라고 표시했다.

3 본문 중에 옮긴이가 첨가한 내용은 대괄호로 표시했다.

4 단행본·정기간행물의 제목에는 겹낫표(『』)를, 논문·단편·영화·작품 등의 제목에는 낫표(「」)를 사용했다.

5 외국어 고유명사는 2002년에 국립국어원에서 펴낸 외래어표기법을 따르는 것을 원칙으로 하되, 관례가 굳어서 쓰이는 것은 관례를 따랐다.

베르그손과 생명의 시간

1장 잠재적 다양체로서의 시간

실재에는 하나의 지속의 리듬이 있는 것이 아니다. 서로 다른 종류의 의식의 긴장과 이완의 정도를 측정하는, 느리고 빠른 다양한 다른 리듬들을 상상할 수 있다. [···] 서로 다른 긴장들의 지속을 이해하는 것이 어렵기도 하고 이상하게 느껴지는 것은 우리가 진정한 지속을 동질적이고 독립적인 시간으로 대체하는 유용한 습관을 습득했기 때문이다. (베르그손, 『물질과 기억』, 1896)

차이에는 두 종류가 있다. [···] 하나는 수*number*의 차이이며, 다른 것은 종류*kind*의 차이이다. (흄, 『인간 본성에 관한 논고』, 1739~40)

서론

이 장에서는 베르그손적 사유 방식의 두드러진 특징들을 살펴보려 한다. 나는 먼저 지속의 본질적인 특성들을 소개할 것이다. 이들이 독자들에게 처음에는 난해하고 어쩌면 신비한 것으로 보일 수 있겠지만, 그러한 [모호성이] 책의 말미에 이르러서는 분명해지리라 희망한다. [여기서 제기될] 문제의 시작점이자, 지속적인 근원이 되는 것은 다음과 같은 들뢰즈의 말이다:

『시간과 자유의지』[『시론』]에는 잠재성이라는 근본적인 관념이 등장하는데, 이는 『물질과 기억』에서 다시 논의되고 발전된다. 불가분한 것the indivisible으로서 지속은 분할할 수 없는 것이라기보다는 [분할될 경우] 스스로 분할하면서 본성상 변화하는 것이다. 이와 같은 방식으로 변화하는 것이 잠재적인 것과 주관적인 것을 규정한다. 그러나 우리가 필수적인 정보를 얻게 되는 것은 무엇보다 『창조적 진화』에서다.[1]

지속은 [그 자체로] 경험(충분히 직관된 것 혹은 체험된lived 것이다)이지만, 또한 확장되어 경험 자체를 넘어선 경험이기도 하다. 이러한 지속을 사유하는 것은 곧 "인간의 조건을 넘어" 사유하는 것이다.[2] 즉, 시간을 공간의 관점에서 이해하는 재현[적 사유]의 지배적인 습관들을 넘어선 것이다. 나의 지속은 '더 열등'하거나 '더 우월한' 다른 지속들에 의해서 드러나는데, 이러한 다른 지속들은 나의 지속을 함축하기도 하고 펼쳐내기도 하는 것이다.[3] 베르그손이 '커

1) G. Deleuze, "Bergson's Conception of Difference", trans. M. McMahon, in ed. J. Mullarkey, *The New Bergson*, Manchester: Manchester University Press, 1999, p. 50.
2) H. Bergson, *The Creative Mind*, trans. M. L. Andison, Totowa: Littlefield, Adams & Co., 1965, pp. 50, 193.

다란 의미를 지니는 작은 사실'로 제시하는 예로서 한 잔의 물에 설탕을 넣고 녹을 때까지 기다리는 경우를 보자.[4] 여기서 기다려야 하는 시간은 수학적 시간, 즉 마치 공간 안에 동시에 펼쳐진 것으로 상정되는 물질 세계의 역사 전체에 적용할 수 있는 시간이 아니다. 그보다 이는 내가 의지로 연장하거나 수축할 수 없는, 또한 나의 지속의 한 부분을 구성하는 어떤 조바심과 연관된다. 이것이 체험된 경험이며, 상대적이지 않고 절대적인 경험이다. 이러한 경험에서 잔에 담긴 물, 설탕, 물 속에서 설탕이 녹는 작용들은 그것 모두를 함축하고 있는 전체로부터 나의 감각과 이해력[오성]이 재단해 낸 추출물이다. 또한 나의 지속은 다른 지속들을 드러낼 뿐 아니라 그 자신과 다른 지속들을 망라할 수 있는 무한한 역량을 지닌다.[5] 베르그손은 흐름들의 동시성에 대한 사례로, 강둑에 앉아 있을 때 물의 흐름과 새의 비행, 영속되는 삶의 끊이지 않는 중얼거림들이 각기 다른 세 [흐름]이기도 하지만 하나로 생각될 수도 있다는 것을 제시한다. 여기에는 분할 없는 배당apportioning이, 동시에 일一과 다多인 존재가 있

---

3) *Ibid.*, p. 184; G. Deleuze, *Bergsonism*, trans. H. Tomlinson and B. Habberjam, New York: Zone Books, 1991, p. 28.
   '열등'하고 '우월'한 다른 지속들에 대한 설명에는 플로티노스적 울림이 있다. 그러나 다른 실재들은 물론 열등한 물질 혹은 육체적 생명/삶과 우월한 지성적 생명/삶[의 대비]로 이해해서는 안 된다. 플로티노스에 대해서는 Pierre Hadot, *Plotinus or The Simplicity of Vision*, trans. M. Chase, Chicago: University of Chicago Press, 1993, pp. 26~27 참고. 베르그손과 들뢰즈에서 플로티노스 [사상]의 역할에 관해서는 이 책의 4장을 참고.

4) H. Bergson, *Creative Evolution*, trans. A. Mitchell, Lanham MD: University Press of America, 1983, p. 9, 또한 p. 339 참고.

5) Deleuze, *Bergsonism*, p. 80.

다. 나의 지속은 다른 지속들을 포괄하기도 하고 [상관적으로] 드러내기도 하는 것이다.

　지속을 새롭게 사유하려는 베르그손의 시도는 철학에 있어 하나의 출발점을 표시한 데 불과하지만, 이 출발점이란 감춰진 잠재성들potentialities의 반복으로서, 철학이 언제든 다시 취할 수 있는 것이다. 이러한 시도가 지니는 의의를 가장 잘 알아보고 평가한 것은 레비나스가 아닐까 한다. 레비나스는 '동시대 철학 전반의 문제'에 대해 베르그손주의의 중요성을 강조하려 하기 때문이다. 이는 정신esprit의 존재론적 제약들에 의문을 제기하면서 새로움의 타자성alterity을 '의식의 동화 작용'으로 환원하지 않았다는 점에서 그러하다. 이러한 의미에서 [베르그손의 사유는] 더 이상 동등한 것the equal의 사유나 '사유의 기준에서 벗어나지 않고 실재를 드러내는 이성'에 대한 사유가 아니다. 영속성permanence에 대한 지속의 우선성을 주장하면서 전통 철학에 대한 '전복'을 시도하는 베르그손은 "동일성의 존재론에 기대지 않고 새로움에 접근하는"[6] 사유를 제시한다. 시간을 사유함에 있어 철학은 시간이 지니는 절대적인 타자성에 충실해야 한다는 것이다. 들뢰즈에서 철학의 참된 의미를 구성하는 것은 우리의 지속을 그보다 '열등'하거나 '우월'한 다른 지속들과 관련시키려는 노력인데, 이는 그가 지속으로서의 시간에 대한 충분한 사유를 통해서만 우리가 사유에 있어 어느 정도의 정확성을 얻을 수 있

---

6) Levinas, *Time and the Other*, trans. R. A. Cohen, Pittsburgh: Duquesne University Press, 1987, p. 132.

다고 보기 때문이다. 우리가 잘못 분석된 혼합물 사이에 살게 되고, '우리 스스로 잘못 분석된 혼합물이 되는' 운명에 처하게 된 것은 다름 아닌 인간의 조건 때문이다.[7] 이는 무엇 때문에 그러한가?

[여기서] 인간의 조건이란 어떤 실존 상태가 아닌 사유나 행동 패턴에 있어 축적된 진화의 습관들을 가리킨다. 이 습관들이야말로 우리 스스로 실존의 창조적 조건들을 인식하지 못하게 하고, 행동의 영역을 사회적 유용성의 영역으로 한정시키는 것이다. 베르그손은 인간의 지성이 발생하게 된 유래 —5장에서 물질과 지성의 이중발생a *double* genesis이라는 형태로 제시될 —를 밝혀야 할 필요성을 주장하는데 이는 크게 보면 칸트의 코페르니쿠스적 혁명에 대한 그의 대응에 있어 핵심을 이룬다. [칸트의] 혁명은 혁신적인 것이기는 했지만, 받아들이기 어렵고 불필요한 지식의 상대성에다 우리를 구속하는 것이었다. 절대적인 것에 대한 베르그손의 사유는 전체(그리고 전체들)에 대한 사유와 결부된 것으로서 과학과 형이상학을 연결하는 새로운 토대를 제공한다. 과학과 형이상학은 양자 모두 우주의 실재 혹은 '자연적 분절들'을 추상적인 지성에 의해 인위적으로 구성하여 보여 줄 수 있는 것이라는 점에서 상호 협력하고 있는 것이다. 베르그손의 기획에 대해 들뢰즈가 지적하듯 '과학적 가설'과 '형이상학적 논제'는 "온전한 경험을 재구성하는 가운데"[8] 끊임없이 결합된다. 베르그손이 제시하는 지속은 '근/현대modern 과학의 형이상

---

7) Deleuze, *Bergsonism*, p. 28.

8) *Ibid*., 후기 p. 118.

학적 상관물'이며, 시-공간의 새로운 과학이 여전히 추상적이거나 무의미한 것으로 남아 있지 않기 위해서는 '내재적이고 끊임없이 변화하는 지속'의 형이상학이 마련되어야 한다.[9]

철학은 '실재적인' 혹은 '전체적인' 것과 합치하는 방식으로 사유하려는 노력이다. 이러한 실재적인 것과 전체적인 것 ── 주어지지 않고 주어질 수도 없는 어떤 것으로서(만약 그럴 수 있다면 이는 공간의 문제이지 시간의 문제가 아닐 것이다) ── 의 정확한 본질은 재현[적 사유]의 습관들을 넘어서고 지각의 지평을 확장하려는 노력을 통해서만 드러나게 될 것이다. 형이상학에 대한 과학의 자연[본질]적 우선성이 독단적으로 지지될 수 없는 것은, [이러한 가정하에서] 제기되는 비판이 기계론에 정당화되지 않은 특권을 부여함으로써 단지 형이상학의 경계와 한계를 수립하는 것이기 때문이다. [따라서 우리는] 존재의 범주들이나 재현[적 사유]의 공간적인 습관들을 설명함으로써 어떤 의미에서 그것이 인간 진화와 적응 과정의 일부일 뿐인지, 또한 다른 방식의 사유들이 어떻게 가능한지 보여 주어야 한다. 정적인 존재에 적용되는 범주들은 그저 환영들이 아니며 우리의 진화론적 존재[실존]의 조건에 그 근거를 두고 있다. 예컨대 공간은 물질의 도식schema으로서 모든 가능한 연장들의 외적 범위external envelope로 경계지어지는 확장 운동의 한계를 나타낸다. 이러한 의미에서 물질과 연장성extensity이 공간 '안에' 있다고 말하는 것은 적절치 않으

---

9) *Ibid.*, p. 116.

며, 오히려 그 반대다.

이후 베르그손주의에 신비주의나 유심론spiritualism이라는 수식이 붙기는 했지만, 베르그손 생존 당시에 그는 주로 경험주의자로 독해되었다. 초기에 제자였으나 후에 신랄한 비평가가 된 자크 마리탱은 베르그손의 사유를 "극렬한 실험적 경험론"wild experimentalism[10]이라 말한 바 있다. 마리탱은 베르그손이 형이상학 내에서 "경험주의의 진정한 정신soul"을 깨우치며 "헤겔의 범논리주의라는 방식을 따라서"가 아니라 "총체적 경험론integral empiricism의 방식에 따라"[11] 생성의 존재론을 만들어 낸다고 지적했다. 합리론자인 쥘리앵 방다Julien Benda는 사유의 새로운 방식이나 철학의 새로운 방법에 대한 베르그손의 요구에 강력히 대항하면서 스피노자로 회귀할 것을 주장하기도 했다.[12]

들뢰즈는 '우월한 경험론'superior empiricism이라는 용어를 스피노자와 니체, 베르그손의 철학[13]을 정의하는 서로 다른 경우에 사용

---

10) J. Maritain, *Bergsonian Philosophy and Thomism*, trans. M. L. Andison, New York: Philosophical Library, 1955, p. 66.

11) J. Maritain, *Redeeming the Time*, London: The Centenary Press, 1943, p. 65.

12) J. Benda, *Sur le succès du Bergsonisme*, Paris: Mercvre de France, 1954와 니스의 연구 R. J. Niess, *Julien Benda*, Ann Arbor: University of Michigan Press, 1956, pp. 112~113 참고. 또한 베르그손에 대한 제임스의 저작 W. James, *A Pluralistic Universe*, London: Longmans, Green & Co., 1909, pp. 237ff 역시 참고. 또한, 멀라키의 최근 논평 J. Mullarkey, *Bergson and Philosophy*, Edinburgh: Edinburgh University Press, 1999, pp. 158~159를 참고.

13) 후자에 대해서는 Deleuze, "Bergson's Conception of Difference", *The New Bergson*, p. 49 참고. Deleuze, *Difference and Repetition*, trans. P. Patton, London: Athlone Press, p. 57과 pp. 143~144도 참고.

한다. 자신의 [철학적] 기획을 발전시켜 나가는 가운데 들뢰즈는 사건들이나 관계들, 전-개체적 특이성들을 중심으로 하는 급진적, 혹은 우월한 경험론의 권리들을 끊임없이 지지한다.[14] 이러한 '우월한' 경험론과 제임스의 '급진적 경험론' 사이에는 유사성이 있다. 제임스에게 경험론이 급진적인 이유는 그것이 경험을 원자적인 감각들로 잘게 쪼개는 것이 아니라, 대상들 사이의 연속성과 연쇄concatenation를 파악하는 것(연속주의synechism)이기 때문이다. 전자의 경우 감각들은 "높은 곳에서 아래로 낚아채어" "자기 고유의 연결 범주 안에" 접어 넣는, 순수하게 추상적인 원리의 측면에서만 통합될 수 있다. 이에 반해 제임스는 "인접한 경험소들이나, 직접 이웃하고 있는 것들을 통해 구체적으로 느낀 경험의 지나가는 매 순간 흐름을 엮어 내는 철저한 결합"을 강조한다.[15] 그는 연속성을 강조하는 이러한 입장이 다원적 경험론을 수반하고, 헤겔적인 일원론과는 뚜렷이 구분되는 것임을 반복적으로 주장한다. 두 이론은 원자론에 대한 비판이라는 측면에서 유사하게 보이지만 이는 표면적인 것에 지나지 않으며 중요한 점은 이들 사이의 차이에 있다는 것이다. 베르그손 자신은 급진적 경험론에 대한 언급에 있어 신중한데, 이는 1905년 2월 15일과 1909년 4월 30일에 제임스에게 쓴 편지에서 나타난다.[16] 베르그손이 급진적 경험론과 자신의 기획을 연관짓는 데 있어 조심스러운

---

14) G. Deleuze and F. Guattari, *What is Philosophy?*, trans. H. Tomlinson, London: Verso, 1994, pp. 47~48.

15) James, *A Pluralistic Universe*, pp. 326~327.

16) H. Bergson, *Mélanges*, Paris: PUF, 1972, pp. 652, 791.

태도를 취하는 것은, 비-의식적인 것the non-conscious과 무의식적인 것the unconscious(사실상 잠재적인 것의 핵심적인 차원이라 할 수 있는)에 주된 역할을 부여하는 동시에 보여지고 느껴지는 (시각적이고 촉각적인) 경험[의 근본성]을 주장하기란 쉽지 않기 때문이다. 우리가 시각과 촉각을 위주로 사유하게 되면 변화[를 담지]하는 대상들 없는 변화나 운동체 없는 운동은 이해하거나 인정하기 어려워진다. 시각은 특권적인 감각으로서 [시각적 이해 방식하에서] 눈은 시야에서 상대적으로 불변하는 형상들, 즉 형태 변화 없이 장소를 이동하는 형상들을 분리해 내는 습관을 발달시키게 되며, 이 안에서 "운동은 운동체mobile에 부가적으로 덧붙여지는 우연적인 것[우유성]으로 여겨진다".[17] 이처럼 시각은 촉각의 '선도자'로서 [운동 자체보다는 운동체로서의] 대상들과 관계 맺도록 꾀하고, 이를 통해 외부 세계에 대한 우리의 행위를 준비시키는 역할을 한다. [운동 자체의 체험이라는 측면에서] 청각은 [시각보다는] 더 나은데, 이는 우리가 멜로디를 들으면서 마음을 달랠 때 잠재적 다양체로서 이해되는 순수한 질적 운동에 접근할 수 있기 때문이다.

현상학과 같이 베르그손주의는 순수한 것에 대한 집념을 보인다.[18] 들뢰즈는 이것이 종류상의[질적] 차이를 회복하려는 베르그손

---

17) Bergson, *The Creative Mind*, p. 147.
18) 레비나스와 들뢰즈 모두 베르그손주의와 현상학 사이의 깊은 유사성에 주목했다. Levinas, *Time and the Other*, trans. R. A. Cohen, Pittsburgh: Duquesne University Press, 1987, p. 131과 Deleuze, *Bergsonism*, trans. H. Tomlinson and B. Habberjam, New York: Zone Books, 1991, pp. 117~118. 베르그손과 후설은 거의 동일하게 두 가지 다

의 노력의 일환이라고 주장한다. 예컨대 우리는 복합물이나 혼합물을 양적이고 질적인 경향들로 구분하는데, 이때 그것은 운동의 방향성들로 규정된 연장성과 지속을 결합하면서 '지속-수축'과 '물질-이완'으로 나타난다. (사실상 직관이라 할 수 있는) 이러한 분할의 방법은 설명 불가능한 방식으로 그저 주어지는 것inexplicable given으로서의 경험을 넘어, 경험의 조건들로 우리를 인도한다는 점에서 초월론

양체의 관념을 발전시켰다(베르그손은 1889년의 『시간과 자유의지』[국역본은 『의식에 직접 주어진 것들에 관한 시론』]에서, 후설은 1891년의 『산수의 철학』에서). 후설은 지속을 연속적 다양체로 간주한다. Husserl, *The Phenomenology of Internal Time-Consciousness*, ed. M. Heidegger, trans. J. S. Churchill, The Hague: Martinus Nijhoff(based on lecture courses 1893-1917), 1964, p. 24. 그는 지각과 기억 사이의 구분을 단순히 정도가 아닌 종류상의 구분으로 상정할 필요가 있다는 것을 인식한다(만약 차이가 정도상의 것이라면 기억은 흐릿해진 지각의 형태에 지나지 않게 된다). 그는 또한 철학이 인간의 조건을 넘어서야 할 필요성을 인식하고, 인간적 습관의 정지와 직관에의 호소를 전제로 하는 판단 중지[에포케]와 [현상학적] 환원을 통해 자연적 태도를 버려야 할 필요성을 주장한다(에포케에 관해서는 Husserl, *Ideas: General Introduction to Pure Phenomenology*, trans. W. R. Boyce Gibson, London: Allen & Unwin, 1931, pp. 110~112 참조). 마지막으로 후설은 초월론적[선험적] 기획과 급진적 경험주의에 대한 헌신이 모순되지 않음을 인정한다. 순수 의식의 순수 현상학을 추구하면서 후설은 초월론적인 것과 심리적인 것을 엄격하게 분리할 것을 주장하게 된다. 초월론적 자아에 의한 경험적 자아의 극복은, 지향성과 의미 및 의미-부여에 있어 순수한 의식을 발견하기 위한 인간 조건 너머의 사유에 해당한다. 의미의 존재는 후설이 노에마(noemata)라 부르는 특수한 실재를 드러낸다. 본질의 범주적 직관은 감각적 직관으로 환원될 수 없는 직접적 직관에 해당하나, 타당성을 얻기 위해서는 그것과 관련되어야 한다(지적 직관은 없다). 이는 우리가 경험의 진정한 특성들인 보편과 개념(사태, 관념적 의미들)에 접근할 수 있다고 주장한다는 점에서 급진적 경험주의다. 그러나 베르그손주의는 이와 같은 지향성과 의미(Sinn)로의 이행을 거부한다. 현상학적 작업이 아니라는 것이 분명한 『창조적 진화』와 같은 텍스트뿐만 아니라, 현상학과 연관된다고 생각하기 쉬운 『물질과 기억』 역시 실제로는 의식과 기억을 매우 다른 평면에 배치함으로써 권리상 순수 의식(순수 지각)과 지향성[의도] 너머의 과거(순수 기억)를 제시한다. 주관성이나 지향성은 결코 자기-구성적인 것이 아니라 항상 구성되는 것이다. 베르그손주의와 후설 현상학 사이의 관계, 그리고 들뢰즈와 현상학(후설과 사르트르) 사이의 관계는 폭넓은 연구를 요하는 주제라 하겠다.

적[선험적]transcendental 분석의 형식과 비교할 수 있겠다. 현실적으로 가장 심오한 차이가 종류의[질적] 차이임에도 우리는 자주 정도에 있어서의 차이들(동일한 것의 많고 적음)만을 찾아내려 한다. 즉, 우리는 정도의 차이(물질과 그 지각)와 종류상의 차이(지각과 기억) 사이의 경계를 긋지 못하는 것이다. 경험 자체는 공간화된 시간이나, 연장성과 지속의 혼합물과 같은 합성물만을 제공할 뿐이다. 이처럼 잘못 분석된 합성물만을 드러내는 고착된 습관들을 넘어서기 위해서는 직관의 방법이 필요하다. 직관만이 지성의 추상화, 구체화 [작용]을 넘어설 수 있게 하며, 지속의 관점에서 사유하는 것이 어떻게 가능한지 보여 준다. 들뢰즈가 지적하듯, 이러한 [직관의] 방법과 실천 행동을 배양하는 과정이 없다면 지속은 심리학적 경험으로만 남게 될 것이다. 직관이 그 자체로 지속인 것은 아니지만, "우리 자신의 지속으로부터 우리를 출현하게 하는 운동"이며, "다른 지속들의 존재를 확인하고 인식하기 위해 우리 자신의 지속을 활용하는 것"으로서 그 과정에서 관념론과 실재론 모두를 넘어선다.[19] 이러한 방식으로 철학을 실천하면서 우리는 경험을 넘어 경험의 조건에 이르게 되는 것이다(실제 경험을 통해서는 합성물만을 얻게 될 뿐이다). 이는 앞서 밝힌 것처럼 칸트의 초월론적 방법과 어떤 유사성을 띠지만, 가능한 모든 경험의 조건들을 가리키지 않는다는 점에서 다르다. 오히려 이는 "실재의 분절들articulations로의" 이행으로서, [경험의] 조건

---

19) Deleuze, *Bergsonism*, p. 33. 이 넘어섬에 대한 설명은 6장 참고.

들이 일반적이거나 추상적이지 않고 조건 지어진 것보다 더 크지 않다.[20] 초월론적인 것은 이제 단순히 가능한 경험의 조건들을 확보하는 데 머무르지 않고, 나아가 실재적 경험의 조건들을 각각의 특유성 peculiarities을 보존하는 방식으로 보여 줌으로써 확장되어 경험 자체를 넘어선 경험의 조건들을 제시하는 것이다. 경험[을 다루는 데] 있어서 이러한 전환은 체험된 것에 대한 어떤 순박한naïve 개념화도 넘어서게 하여, "물질 전체와 동일한 순수 지각을 사유할 것을 강요하는 놀라운 확장"과 "과거 전체와 동일한 순수 기억"을 발생시킨다.[21] 이 모든 것은 경험에 있어서의 전환, 즉 항상 유용성을 향해 있는 우리의 편향된 관점을 넘어서는 것이 가능함을 보여 준다. 이러한 구체적인 전환을 통해 우리는 "마침내 종류에 있어서의 [질적] 차이를 발견하는" 지점에 이르게 되며, 실재적인 것을 더 이상 실용적인 분류들에 포섭하지 않을 수 있게 된다.[22]

두 가지 다양체

불연속적[이산적]인 다양체들과 연속적인 다양체들 사이의 구분(들뢰즈가 '현행[현실]적' 다양체와 '잠재적' 다양체라 일컫는)이 처음 소개된 『시간과 자유의지』부터 생명 자체의 진화를 잠재적 다양체의 관

---

20) *Ibid.*, pp. 26~27.
21) *Ibid.*, p. 27. 순수 기억에 대한 설명은 7장 참고.
22) *Ibid.*

점에서 접근한 『창조적 진화』에 이르는 베르그손의 사유를 통일하는 것은 잠재적 다양체로서의 지속 개념이라 할 수 있다.

　먼저 우리가 도달하려는 지점이 무엇인지부터 살펴보자. 지속은 논리적이거나 수학적으로 접근할 수 있는 주제가 될 수 없는데, 이는 그것이 잠재적 다양체로서의 특성을 지니기 때문이다. 『창조적 진화』 3장 후반에서 베르그손은 생명을 '충동'impetus(그 악명 높은 생의 약동*élan vital*)으로 설명하는 것에 관해 언급한다. 그는 명시적으로 이것을 '잠재적 다양체'*virtuellement multiple*의 관점에서 파악한다. 베르그손은 생명을 충동의 관점에서 설명하는 것이 하나의 이미지(독단적이지 않은 사유의 이미지)를 제공하는 것에 지나지 않는다는 것을 인정한다. 그러나 이 이미지는 생명의 본질적인 특성, 즉 그것이 수학적이거나 논리적인 질서가 아니라 심리적인psychological 것이라는 점을 드러내기 위해 고안된 것이다. 심리적이라는 말은 이 맥락에서 사용할 때 문제가 될 것처럼 보이기도 하지만, 베르그손은 이것을 다음에서 드러나는 바와 같이 특수한 이유로 사용한다: "실재에 있어 생명/삶은 심리적 질서에 속하며, 상호 침투하는 항들의 모호한 복수성을 감싸는 것이 정신적인psychical 것의 본질이다."[23] 여기서 그가 대조하고 있는 것은 공간으로서, 다양체가 공간에 놓여지고 발견될 때는 전혀 다른 종류의 것, 즉 병치나 외부성의 관계들로 관련맺고 있는 불연속적인 요소들이나 구성 부분들로 이루어진다는 점이

---

23) Bergson, *Creative Evolution*, p. 257.

다. 베르그손은 '추상적인 단일체[통일성]'와 '추상적인 다양체'가 공간의 규정들과 오성the understanding[24]의 범주들이라고 주장한다(즉, 이것들은 실재를 균일하고 규칙적이며 계산 가능한 것으로 만들기 위해 우리가 부여한 도식들인 것이다). 이러한 관점에서 베르그손이 '공간성과 지성intellectuality'이 서로를 본떠 형성되었다고 보는 것은 타당하다 하겠다. 그는 정신적인 것이 본성상 공간에 완전히 대응되거나 오성의 범주들에 딱 들어맞지 않는다고 주장한다. 예컨대 다음과 같은 물음을 생각해 보자. 한순간에 어떤 사람은 하나인가 여럿manifold 인가? 통일성[단일체]과 다양성[다양체] 사이의 대립은 오성이 상정하는 것이다. 나의 '내적인 삶/생명'과 '삶/생명 일반' 사이에는 대응 관계가 있기 때문이다. 이를 지적하면서 베르그손은 아래와 같이 중요한 구절을 제시한다.

생명은 물질과 접촉했을 때 추진력이나 충동에 비교되지만 그 자체로 고찰되었을 때는 막대한 잠재성이며 수천 가지 경향들의 상호 침투이다. [물론] 이 경향들이 '수천 가지'가 되는 것은 서로 외부적인 것으로 간주될 때, 즉 공간화될 때다. 이러한 분리를 규정하는 것이 물질과의 접촉이다. 물질은 단지 잠재적으로 다수였던 것을 실제적으로 분할하며, 이런 의미에서 개체화는 부분적으로는 물질의 작품이고 부분적으로는 생명 스스로의 성향의 결과이다.

24) [옮긴이] 베르그손의 '지성'(the intellect) 개념과 구분하기 위해, 칸트 철학에서 인식능력을 의미하는 understanding은 '오성'으로 번역했다.

[예컨대] 시詩적 정서가 서로 다른 구, 절과 시어들로 피어날 때, 우리는 그 정서가 이러한 다수의 개별적 요소들 안에 이미 포함되어 있었다고 말할 수도 있겠지만, 사실 그것을 만들어 내는 것은 언어의 물질성이다.[25]

이 단락에는 해명되어야 할 것들이 무척 많다. 생명과 물질은 정확히 어떤 관계를 맺고 있는가? 경향성들의 내포적[강도적]인 잠재적 다양체 ── 생명을 그것의 충동적인 형식으로 특징짓는 경향성들 ── 와 물질성의 현실화 사이에는 어떤 관계가 있는가? 물질은 잠재적 다양체로 존재하는 것을 어떻게 분할하고 현실화할까? 이는 매우 중요한 물음들로서, 베르그손의 창조적 진화 개념을 중점적으로 다루는 장들(3, 4장)에서 제기될 것이다.

앞에서 나는 '심리적'psychological이라는 말이 베르그손이 사용하기에 어색한 용어라는 점을 지적했다. 베르그손에서 존재론이 심리학을 우선한다고 보는 한 해석자로서 들뢰즈는, 이 점에 주목하지 않으면 시간과 기억에 대한 베르그손의 사유가 가져오는 새로운 통찰들을 놓치게 된다고 주장한다(기억은 단순히 심리적 주체의 것이 아니라 잠재적인 것의 존재에 속한다). 그러나 베르그손은 『창조적 진화』[의 앞서 인용된 구절]에서 상호 침투하는 경향들의 복수성이라는 관점에서 생명을 논하면서, 그의 첫 저서인 『시간과 자유의지』에 나타

---

25) *Ibid.*, p. 258.

난 정신적psychic 상태에 대한 논의, 즉 정신적 상태들의 현실성이 지속이라는 잠재적 다양체를 전제로 한다는 점을 다시 언급한다. 정신 상태의 다른 정도들은 질적 변화에 대응하며, 이 변화는 단순한 측량이나 수數로 설명되지 않는다는 것이다. 시간에 대해 이야기할 때 우리는 통상 의식의 상태들이 마치 공간에서처럼 나란히 놓여서 이산[불연속]적인 다양체를 형성할 수 있는 동질적인 매체homogeneous medium를 떠올린다. 문제는 정신적 상태들의 다양체가 수적인 단위들의 다양체와 닮아 있는가, 또한 지속은 공간과 관계가 있는가 아닌가에 있다. 만약 시간이 우리의 의식 상태들을 헤아릴 수 있는 불연속적[이산적]인 계열로 꿰어 내는 하나의 매개체라면, 시간은 사실상 공간이 되고 말 것이다. 베르그손주의가 제기하는 물음은 시간을 그러한 매체로 보는 것이 정당한가의 물음이라 할 수 있겠다.

『시간과 자유의지』 2장에서 베르그손은 두 가지 다양체 사이의 구분을 논변의 중심부로 가져온다. 그가 제시하는 불연속적[이산적]인 것과 연속적인 것 사이의 구분은 수학자 리만G. B. Riemann이 처음 소개했던 구분을 다시 고찰하는 작업을 바탕으로 한다. 리만은 「기하학의 근거를 이루는 전제들에 대하여」라는 제목의 1854년 교수 자격 취득 논문에서 이러한 구분을 사용했다.[26] 기하학은 공간의 관념과 공간 구성의 제1원리들을 주어진 것으로 가정한다. 기하학은 공리axioms의 형식들을 가정하면서 구체적인 규정들을 통해 이

---

26) [옮긴이] 리만의 논문이 지니는 철학적 의의에 대해서는 이정우, 「리만 다양체의 존재론적 의의」, 『시대와 철학』 제30권 2호(통권 87호), 2019 참고.

들에 대한 명목적인 정의만을 제시한다. 그러므로 과제는 우리의 가정들과 원리들 사이의 연관성이 얼마만큼 필연적인 것인지, 또한 그것들이 실제로 가능한 선-경험적*a priori*인지를 결정하는 것이다. 리만은 '여러 겹으로 확장된 크기들'multiply extended magnitudes의 일반 관념이 공간-크기들spacemagnitudes을 포함하는 것으로서 그 당시까지 알려진 것보다 더 큰 정밀함을 요한다고 보았다. 다차원적 multi-dimensional(*Mannigfaltigkeit*) 크기란 다양한 측정-관계들에 [적용될 수] 있는 것으로, 이 관계들 안에서 공간은 이러한 크기에 있어 특수한 하나의 경우일 뿐이다. 이는 또한 기하학의 명제[정리]들이 크기의 일반 관념들로부터 파생될 수 없다는 것을 의미한다. 공간을 다른 연장[확장]된 크기들과 구별하는 속성들은 오히려 경험에서만 추론될 수 있다. 그러므로 공간의 측정-관계들을 규정할 수 있게 하는 가장 단순한 사실들을 발견해야 하는 것이다. 그러나 여기서 우리는 이러한 관계들을 규정하기에 충분한 사실 체계들이 여럿 있을 수 있다는 문제에 직면하게 된다(유클리드의 체계가 이 많은 가능한 체계들 중 하나가 될 것이다). 이러한 '사실들'이 가설들로 간주될 수밖에 없다면, 중요한 것은 이것들을 관찰[할 수 있는 것]의 한계를 넘어, 무한히 큰 것과 무한히 작은 것 모두에 있어 [얼마만큼] 확장하느냐를 결정하는 문제다. 리만의 해법은 [두 다양체 사이의 구분, 즉] 계량적 분할의 원리(한 부분의 측정은 다양체 안에서 요소들의 숫자로 주어진다)를 담지하는 다수성[잡다]manifoldness이나 불연속적 다양체와, 계량적 원리가 다양체를 접합하는 힘에 위치하는 연속적 다양체 사이를 구분하는 것이다.[27] 다양체의 명확하고 구별되는 부분들은 표식이나 경계로 식별된다. 그러므로 두 다양체 모두 '양자'Quanta의 문제와 관련된다. 이산적[불연속적] 크기의 경우 셈을 통해 양적 비교를 하고, 연속적인 크기의 경우에는 측량을 통해 비교하는 것이다. 측량은 비교할 크기들을 포개거나(어떤 것의 크기를 다른 것의 기준으로 사용하여), 이것이 불가능할 경우 하나가 다른 하나의 부분인 두 크기들을 비교(이 경우 더 크고 작음만 파악할 수 있고 얼마만큼인지는 알 수 없다)함으로써 가능하다. 이는 크기에 있어 흥미로운 사례 즉, 위치와 독립적으로 간주될 수 없고 단위로 나타낼 수 없으며 오히려 '다수성[잡다] 내 영역들'로 표현될 수 있는 크기들을 보여 준다.

들뢰즈는 베르그손이 리만이 공헌한 바를 잘 알고 있었으며, 『지속과 동시성』*Durée et simultanéité*에 나타난 상대성 이론에 대한 그의 입장이 이를 간접적으로 반영한다고 주장한다(상대성 이론은 리만의 관념들에 의존한다고 알려져 있다).[28] 베르그손이 기여한 것은 지속의 영역과 연속적인 것을 연계함으로써 두 다양체 간의 구분을 본질적

---

27) 베르그손의 구분에 있어 리만의 중요성에 대한 추가적인 고찰은 Deleuze and Guattari, *A Thousand Plateaus*, London: Athlone Press, 1988, pp. 482~483 및 Durie, "Splitting Time: Bergson's Philosophical Legacy", *Philosophy Today* 44, 2000, pp. 154~155 참고. 듀리의 글은 베르그손에 대한 하이데거의 단정적인 비판에 대한, 또한 아리스토텔레스적 전통에 의거한 시간 개념의 시간성(temporality)을 넘어서는 데 실패한 하이데거의 사유에 대한 훌륭한 반론을 제기한다. 들뢰즈가 리좀학에 대한 작업에서 어떻게 다차원적 다양체를 위상학적 관점에서 관련시키는지에 대한 고찰에 관해서는 필자의 책 『싹트는 생명』 (*Germinal Life: The Difference and Repetition of Deleuze*, London: Routledge, 1999, pp. 155~159) 참고. 또한 리만과 다양체에 대한 후설의 저작 *Formal and Transcendental Logic*, trans. D. Cairns, The Hague: Martinus Nijhoff, 1969, pp. 193~194 참고.

28) Deleuze, *Bergsonism*, p. 39.

으로 변형시킨 것이다.

[…] 베르그손에게 지속은 단순히 나눌 수 없는 것이나 측정할 수 없는 것이 아니었다. 오히려 지속은 본성상 변화함으로써만 나누어지는 것, 나눔의 각 단계에서 측정의 원리를 변화시키면서만 측정될 수 있는 것이었다. 베르그손은 지속에 대한 철학적 통찰과 공간에 대한 과학적 개념을 대립시키는 것에 그치지 않고, 이 문제를 두 종류의 다양체의 영역에 위치시켰다. 그는 지속에 고유한 다양체가 과학만큼이나 큰 '엄밀함'을 갖고 있다고 생각했다. 게다가 그 엄밀함은 과학에 역으로 영향을 끼쳐야만 하고, 리만이나 아인슈타인이 택한 길과 꼭 동일하지 않은 어떤 길을 과학에 열어 줘야 한다고 생각했다.[29]

들뢰즈는 베르그손이 다양체라는 용어를 사용하는 방식이, 특히

---

29) *Ibid.*, p. 40. 베르그손이 연속체에 대한 물음에 있어 수학과 물리학에 제기한 문제를 분명히 인식하고 계승한 것은 수학자 헤르만 바일이었다. '수의 개념과 연속체'(*Das Kontinuum*, 1918년 초판)에 대한 글에서 바일은 『창조적 진화』의 서두를 인용하면서 다음과 같이 지적한다: "수학적 개념의 세계와 현상적 시간의 직접 경험된 연속성(지속*la durée*) 사이의 심오한 구분을 지적한 것은 베르그손 철학의 공헌이다."(Hermann Weyl, *The Continuum: A Critical Examination of the Foundation of Analysis*, trans. S. Pollard and T. Bole, New York: Dover, 1987, p. 90) 그가 더욱 적절히 지적하듯 "흐름을 점들로 구성된 것으로 보고, 따라서 점들로 분해되는 것으로 보는 관점은 잘못된 것으로 밝혀진다. 우리가 놓치는 부분은 점에서 점으로의 흐름, 연속성의 본성이다. 즉, 지속하는 현재가 어떻게 흐려지는 과거 속으로 계속해서 사라지는지에 관한 의문이 남는 것이다"(pp. 91~92). 수와 지속, 혹은 두 가지 다양체 사이의 갈등에 대한 바일의 설명은 베르그손과 후설의 통찰 및 관념에 기초한다.

나 그것이 연속체와의 관계 안에서 생각될 때, 전통적인 어휘와 구분된다고 주장한다. 이에 대해 나는 잠재적 다양체의 관념에 내포된 사유가 베르그손에게만 특유한 것이 아니라 이해력[오성]의 한계를 넘어 사유하려는 어떤 형이상학에서도 발견되는 것임을 주장하고 싶다(예를 들어 헤겔에서도 이 문제, 혹은 용어를 발견할 수 있을 것이다).[30]
로빈 듀리가 날카롭게 지적하듯, 베르그손은 "이미 규정된 시간 개념에서 시작"하여 그로부터 시간적 관계들의 본질을 이끌어 내는 방식을 택하지 않는다. 오히려 그는 "서로 다른 구역을 구성하는 '대상들'을 규정하는 형식적 규정 관계들"을 발견하는 것에서 출발하여, 이로부터 다양체들을 규정하는 관계들을 바탕으로 시간의 두 개념(지속과 공간적 시간)을 분절해 내는 과정을 택한다.[31] 다음에서 잠재적인 혹은 연속적인 다양체의 두드러진 특성들을 살펴보자.

---

30) 특히 크기(magnitude)에 관한 헤겔의 논의는 *Science of Logic*, trans. A. V. Miller, New York: Humanities Books, 1999(1812), pp. 190ff 참조. 이는 물론 베르그손주의와 헤겔주의 사이에 중요한 차이들이 있다는 것을 부정하는 것이 아니다. 들뢰즈는 1966년에 쓴 텍스트[『베르그손주의』]에서 이러한 차이점을 주장하며, 헤겔적 변증법에 나타난 순수 사유의 추상적 운동에 비해 베르그손의 직관 방법이 지니는 구체적·경험적 풍부함을 강조한다(또한 베르그손을 담론-이전의 철학이라 묘사한 그의 스승의 독해에 대해 이의를 제기하는 Hyppolite, *Logic and Existence*, trans. L. Lawlor & A. Sen, New York: SUNY Press, 1997, pp. 48~49 참조). 사유의 두 양태들 간의 근본적인 차이점에 대한 심층적 고찰은 Baugh, "Deleuze and Empiricism", *Journal of the British Society for Phenomenology* 24: 1, 1993, pp. 15~31 참조. 최근에 나온 헤겔의 다양체 해석에 대한 심도 깊은 논의로는 Haas, *Hegel and the Problem of Multiplicity*, Evanston: Northwestern University Press, 2000이 있다. 여기서 쟁점은 헤겔이 자연을 순수 외연성(공간)으로 보는가의 문제다. 만약 그렇다면 잠재적 다양체와 같은 것은 오로지 마음 혹은 정신의 특성이 될 것이다.

31) 듀리(Robin Durie)가 쓴 『지속과 동시성』 서문(*Duration and Simultaneity*, trans. L. Jacobson and M. Lewis, Manchester: Clinamen Press, 1999, p. xix)을 볼 것.

a. 수치화되지nonnumerical 않는 다양체에 있어 우리는 분할의 각 단계에서 '분할되지 않는 것'에 대해 말할 수 있다. 질적 지속과 같은 다양체는 분할되지만 분할될 때마다 종류상의[질적] 변화를 겪는다. 이와 같은 방식으로 '여럿several이 아니면서 다른other 것이 있게 된다. 수는 잠재적으로potentially만 존재한다.[32] 지속은 운동과 변화alteration 모두를 포함하므로, 소크라테스가 제시한 '흐르는' 시간 혹은 변화change에 대한 정합적이고 입증 가능한 개념화 [방식]의 조건을 만족시킨다.[33]

b. 이는 다양체 안에서 '다른/타자적인' 것은 잠재적이며, 변화는 항상 질적이라는 것을 의미한다. 분할은 단지 정도에 있어서가 아니라 종류에 있어서의 변화라 할 수 있는 분화/차이화의 질서다. 이것은 수치화되지 않는 다양체가 연속적이지만 이질적이며 질적이기 때문이다. 이것이 어느 한 시점에 현실적으로 나타나는 것 이상의 무엇이 있기 때문이라고 단정하기는 어려운데, 이는 관점주의의 문제가 아니기 때문이다. 잠재적인 것은 어떤 가능한 경험의 전체를 명명하거나 지칭하는 것이 아니다. 잠재적 다양체의 질적인 운동은 오히려 이러한 종류의 다양체의 본성(융합, 강도적[내포적]intensive 변화 등)과 관련된다.

c. 이러한 잠재적인 유의 다양체에 대한 들뢰즈의 가장 중요한 통

---

32) Deleuze, *Bergsonism*, p. 42.
33) 플라톤, 『테아이테토스』, 182c; Plato, *Theaetetus*, trans. R. A. H. Waterfield, Harmondsworth, Middlesex: Penguin, 1987, p. 83.

찰은 그것이 현실화actualization와 관련된다는 점이다. 실재적인 것the real에는 두 가지 질서가 있는데, 잠재적인 것은 실재적이며 전적으로 실재적이다. 하나의 다양체는 그것이 현실화되는 한 잠재적이고, 자신의 현실화 운동과 불가분적이다. 이 현실화는 분기하는 선들을 만들어 내고, 종류에 있어서의 차이들을 생산하는 분화[차이화]를 통해 이루어진다. 현실화를 통한 잠재적인 것의 이중화doubling와, 잠재적인 것과 '가능한 것'의 뚜렷한 분리가 들뢰즈의 베르그손주의([같은 제목의] 1966년 책과 『차이와 반복』 같은 책)에 있어 중요한 역할을 수행하며, 최근 들어서는 들뢰즈의 저작에 대한 해석과 그 유산(예컨대 알랭 바디우의 들뢰즈 해석)에서도 중요한 것이 되었다. 여기서는 일단 들뢰즈가 잠재적인 것이 선-존재하는 보편 혹은 포괄적인 힘global power([이러한 해석에 따르면] 잠재적인 것은 플라톤적인 것이 되거나 공간화하게 된다)으로 구체화될 수 없음을 보여 주려 했다는 점만 지적하기로 하자.

d. 수치화되지 않는 다양체에 있어서는 모든 것이 현행[현실]적actual이지 않다. 이와 대조적으로, 수적인 다양체에서는 실현/실재화realized되지 않았더라도 모든 것이 현행적이다. 그러므로 어떤 것이 실재화되면, 그것은 단순히 존재[라는 특성을] 획득하게 되는 것이지 본성상 달라지지는 않는다(3장에서 이를 진화에 대한 사유와 연계하여 볼 것이다). 반대로 잠재적 다양체에는 잠재성의 조건에서 현실화로 이행하는 시간적 운동이 있는데, 이것이 비-유사성의 선들로서 분화/차이화의 선들을 창조한다. 즉,

잠재적인 것은 **가능한 것과 반드시 구분해야** 하고, 현행적인 것
과 비대칭적인 것으로 상정해야 한다. 들뢰즈에 따르면 잠재적
인 것과 가능한 것은 완전히 다른 두 과정들을 따르기 때문에 이
를 혼동하는 것은 심각한 문제가 된다. '가능성'은 우리의 사유
에 있어 거짓 문제들의 근원이 되기 때문에 닫힌 체계의 분석에
만 한정해야 하는 반면, '잠재성'은 열린 체계 고유의 특성으로
서 베르그손의 기억과 생명의 철학이 세워질 토대가 되는 개념
이기 때문이다.

수數의 시간

『시간과 자유의지』에서 베르그손은 두 종류의 다양체를 구분하여
사유하는 것이 수number의 개념에 기초한다는 것을 보여 주려고 한
다. 산술의 단위는 종류상의[질적인] 변화 없이 나누어지는 것의 전
형이기 때문이다. 이러한 측면에서 그것은 현행/현실적이거나 이산
적[불연속적]인 다양체의 예시라 할 것이다. 수는 '대상'의 환영을 만
들어 내고 자신의 작용을 은폐한다. 어떻게 그러한가? 『시간과 자유
의지』의 2장은 수에 대한 논의로 시작하는데,[34] 이는 강도와 다양체

---

34) 러셀은 베르그손이 수가 무엇인지 알지 못하거나 수에 대한 명확한 개념이 없다고 말한 것
으로 유명하다. Russell, "The Philosophy of Bergson", *The Monist* 22 : 3, 1912, p. 334.
러셀과 윌든 카의 교신은 Wildon Carr, "On Mr Russell's Reasons for supposing that
Bergson's Philosophy is not True", in *The Collected Papers of Bertrand Russell*, ed. J.
G. Slater, London : Routledge(originally published in *The Cambridge Magazine* 2, 1913),

의 관계를 다루는 책의 첫 장의 결말 바로 뒤에 나온다. 여기서 베르그손은 강도에 대한 우리의 관념이 '두 흐름들의 교차점'에 위치하는 것임을 보여 주려 한다. 두 흐름들이란 외연적 크기의 관념(크기가 다른 두 개의 나무토막과 같이 정확히 비교하고 측정할 수 있는 것)과 '내적 다양체'의 이미지이다. 베르그손은 정신적 상태와 같은 것을 크기로 생각할 수 있는지를 묻는다. 예컨대 나는 어제보다 두 배로 행복하고 즐겁다는 말이 성립될 수 있을까? 질투의 아픔을 경험하는 것과 질투에 찬 정념에 사로잡히는 것을 구별할 수 있다 하더라도, 오셀로의 질투는 셀 수 없이 많은, 찌를 듯한 질투의 아픔들로 이루어졌다고 하는 것이 말이 될까?[35] 베르그손은 다음과 같이 묻는다.

1992, pp. 344~346 및 456~460 참조. 러셀의 신랄한 견해는 수학과 베르그손 철학의 연관성을 강조한 바일의 입장과 대조된다. 러셀의 베르그손 해석에 대한 답변으로 Čapek, *Bergson and Modern Physics*, Dordrecht: Nijhoff, 1970, pp. 147~150과 특히 「러셀의 숨겨진 베르그손주의」(Russell's Hidden Bergsonism)라는 부록(pp. 335~345)을, 또한 보다 최근에 나온 Dale Adamson, "Henri Bergson: Time, Evolution, and Philosophy", *World Futures* 54: 1, 2000, pp. 53~86, 60~70을 참조. 또한 들뢰즈와 가타리에서 비계량적 다양체들의 '소수의' 기하학을 개방하는 것으로서 '번호 매기는 수'(numbering number)와 '번호 매겨진 수'(numbered number)의 구분을 참조: "수는 매끄러운 공간에서 자신을 분배한다. 그것은 매번 본성을, 또한 단위를 바꾸지 않고는 나누어지지 않는데, 각각의 단위는 크기가 아닌 거리를 나타낸다."(*A Thousand Plateaus*, pp. 484~485) 거리의 다양체들이 연속적인 변화의 과정과 분리될 수 없는 반면, 크기의 다양체들은 항상 상수들과 변수들을 분배해야 한다. *Ibid.*, p. 483.

35) F. C. T. Moore, *Bergson. Thinking Backwards*, Cambridge: Cambridge University Press, 1996, p. 45; H. Bergson, *Time and Free Will*, trans. F. L. Pogson, New York: Harper & Row, 1960, p. 73. 무어가 지적하듯, 베르그손은 감각과 감각의 인식 문제에 대해 '사적 언어 논증'의 관점에서 접근하지 않는다: "베르그손은 비트겐슈타인만큼이나 강하게 감각에 대한 고전적 경험주의적 접근에 반대한다 — 이들의 사적 본성(*privacy*) 때문이 아니라 개별성(*distinctness*) 때문이다. […]"(Moore, *Bergson. Thinking Backwards*, pp. 44~45)

"우리는 왜 높은 강도에 대해 그것이 더 크다고 말하는가? 우리는 왜 더 많은 양이나 더 큰 공간에 대해 생각하는가?"[36] 그는 의식의 상태들을 서로 분리할 수 없으며, 융합fusion과 상호 침투, 즉 질적 다종성heterogeneity을 특징으로 하는 '구체적 다양체'의 관점에서 접근해야 한다고 주장한다. 이러한 융합과 상호 침투가 이루어지는 것은 의식의 상태들이 공간에서 펼쳐지는 산술의 단위와 달리, 지속 안에서 자신을 펼쳐 내기 때문이다. 정신적 상태의 증가하는 강도는 질적 진행이나 시간의 생성과 불가분적이다. 들뢰즈가 주장하듯, 강도적 크기의 관념은 "종류상 차이 나는 규정들 사이의 불순한 혼합과 관련"되므로, 결과적으로 "하나의 감각이 얼마만큼 증대되고 강렬해질 수 있는가?"라는 물음은 잘못 제기된 문제로 되돌아가게 한다.[37]

이제 베르그손이 수數에 대한 착각을 어떻게 드러내는지 살펴보자. 이러한 착각은 양과 질, 내포[강도]와 외연 사이에 혼동을 일으킨다. 『시간과 자유의지』는 수가 일―과 다多의 종합으로 규정될 수 있다는 주장으로 시작한다. 즉, 불연속적인 단위들의 집합체로서 다多이지만, 이 안에서 각각의 수는 단일한 직관의 '하나'인 것이다. 수의 통일성은 총합의 통일성이라 할 수 있는데, 이는 그것이 따로 뗄 수 있는 부분들의 다수성[다양체]을 포함하기 때문이다. 그러나 수를 이렇게 특징짓는 것은 수의 집합체의 단위들이 동일함identical을 인식하지 못한다는 점에서 불충분하다. 다시 말해, '단위들이 동일하다면

36) Bergson, *Time and Free Will*, p. 7.
37) Deleuze, *Bergsonism*, p. 19.

어떤 수의 단위들 사이의 차이는 무엇인가?'라는 물음을 제기해야 하는 것이다. 베르그손은 번호 매기기나 숫자 세기가 동일한 부분이나 단위들의 다수성[다양체]에 대한 직관에 의존하므로, 이들 사이의 차이는 오로지 공간상의 위치 [차이]에 머무르게 된다고 답한다.[38] 현행[현실]적인 혹은 이산[불연속]적인 다양체들의 구성물이나 요소들은 구별되지 않으면 단일한 단위를 형성하게 된다.

베르그손은 양떼의 예를 들면서 다음의 작용을 수행하도록 권한다. 양들을 세어 50마리가 있다고 말할 수 있는데, 이렇게 단위들의 집합으로 양을 셀 때 우리는 그 개별적 차이들(양떼의 주인은 알고 있을)을 무시한다. 그러고 나서 양을 무리들로 묶을 수는 있지만 이들은 공간에서 각기 다른 위치를 차지하고 있다고 말할 수 있다. 이는 공간의 직관을 요하는 것이다. 이것이 바로 칸트가 초월론적[선험적] 감성론에서 공간이 그 내용물과 독립적으로 존재한다는 것을 보여 주고, 공간이 다른 감각의 추상들과 같은 것으로 여겨서는 안 된다는 것을 주장하면서 논증하려던 내용이다. 베르그손은 이 논증이 어느 정도는 옳다고 인정한다.[39] 대상들의 단일한 집합에 대한 이미지는 어떻게 형성되는가? [양을 셀 때] 우리는 양을 관념적인 공간에 나란히 위치시키는 것인가, 아니면 하나의 양의 이미지를 잇달아 반복하는 것인가? 이때 잇따르는 이미지들을 보유하는 하나의 합성된

---

38) 공간에 의해 주어진 것으로서 수적 차이와 다수성에 관해서는 칸트의 『순수이성비판』(I. Kant, *Critique of Pure Reason*, trans. N. Kemp Smith, London: Macmillan, 1950[1781/1787]) '동일성과 차이', A264/B320 참조[이하 책명의 약자 *CPR*과 A판/B판 쪽수로 간략히 표기함].

39) Bergson, *Time and Free Will*, pp. 92~95.

그림이 만들어진다는 것은 분명하다. 우리가 단위들의 집합체를 구축하는 것에 비례해서 숫자가 계속 증가한다고 할 때 이미지를 보유하는 것은 필수적이다. 베르그손은 이처럼 구축된 이미지들을 나란히 배열하는 행위가 지속 안에서가 아니라 공간 안에서 이루어진다고 주장한다. 여기서 주목할 것은 지속 안에서는 셈하지 않는다는 것이 아니라, 우리가 지속의 순간들을 공간에서의 점들을 통해 셈한다는 점이다.[40]

수는 모든 수들이 단위들의 집합(분수의 합이거나 분수로 나누어지는 것으로서의 1)인 동시에 그 자체로 단위라는 점에서 기이한 것이다. 단위 자체로 생각될 때 어떤 수건 그 전체는 단순하고 분할 불가능한 직관에 의해 포착될 수 있다. 그러한 직관은 모든 숫자들이

---

40) *CPR*, A143/B182와 비교: "[…] 오성의 개념으로서 크기(*quantitatis*)의 순수한 도식은 동질적인 단위의 계기적인 추가로 구성되는 표상으로서 수(數)다. 그러므로 수는 단순히 동질적인 직관 일반의 잡다한 종합의 통일성, 직관을 포착하면서 내가 시간 자체를 생성하는 데서 오는 통일성이다." 칸트는 세는 행위와 그것의 함축보다는 오히려 셀 수 있는 것들이 함축하는 것에 주목한다. 단위의 계기적인 표식과 더불어 우리는 동시에 포착된 전체의 정신적 종합을 갖게 된다. 우리는 계기적으로 [수를] 세지만 동시에 직관할 수 있으며, 이는 다수성을 공간으로 보냄으로써만 가능하다. 총합은 부분들의 동시적 존재를 함축하며, 우리가 단일 행위를 통해 총합의 전체를 포착하지 않는 한, 계기하는 단위들을 세는 것은 총합으로 이어질 수 없다(우리는 언제 셈을 멈출지 알아야 한다). 이것은 숫자가 종합적 통일의 행위라는 것을 의미한다. 그러나 이것은 공간의 직관뿐 아니라 시간의 직관에도 의존한다. 크기의 개념은 "어떤 단위가 몇 번이나 그 안에 상정되는지 생각할 수 있게 하는 사물의 규정"으로 설명된다(*CPR*, A241/B300. 강조는 인용자). 칸트는 이 '몇 번'이 계기적인 반복, 즉 시간에 있어서 동질적인 것의 종합으로서의 시간에 기초한다고 말한다. 베르그손의 주장은 칸트가 동질적인 매체로서의 공간에 대한 논의를 부당하게 시간으로 확장했다는 것이다. 칸트가 1770년의 취임 논문(Kant, *Kant: Theoretical Philosophy 1755-70*, trans. D. Walford, Cambridge: Cambridge University Press, 1992, p. 400)에서 현행적 다양체로서의 수에 대해 제시한 논의도 참조.

분할 불가능한 요소들로 이루어져 있다고 믿게 한다. 그러나 여기서 우리는 불연속적인 것의 층위들(불연속적인 것을 더하고 빼고 곱하고 나누기)만을 구축하고 있을 뿐이다. 수의 어떤 단위도 현행적이고 이산[불연속]적인 다양체 안에 잠재적으로 함축되어 있으며, 이 다양체 안에서 그 요소들이 변할 때 질적 변화는 일어나지 않는다(이 요소들은 작아지거나 커질 수 있지만, 이는 순전히 양이지 질이 아니다). 3을 1+1+1의 총합과 동일하다고 할 때 각 단위들이 분할할 수 없는 단위들이라고 생각하지 않을 이유는 없어 보이지만, 이는 단지 내가 다양체를 각각의 단위 안에 닫힌 것으로 사용하지 않으면 그렇지 않다(2분의 1이나 4분의 1 단위의 수들을 조합하는 것을 선택할 수도 있었다). 하나의 단위가 원하는 만큼 많은 부분으로 나뉠 수 있다는 것을 생각한다면 이는 크기에도 적용될 수 있다. 수가 완전한 상태라고 가정할 때만 우리는 그 전체가 연속성의 특성을 드러낸다고 믿을 수 있으며, 이때 번호 매기기라는 측면에서 일반적인 환상이 성립하게 된다(우리는 수의 불연속성을 간과하고 있는 것이다). 이에 베르그손이 형성 과정에 있는 수와 형성된 수 사이의 차이에 주목하게 하는 것이다. "단위는 우리가 그것을 사유하는 동안 환원 불가능하며, 수는 우리가 그것을 구축하는 동안 불연속적이다. 그러나 우리가 수를 그 완성된 상태로 생각하여 객관화하면, 무한한 정도로 분할할 수 있는 것으로 보인다."[41] 수는 '대상[객관]성'의 영역에 적용되는데, 이는 [수

---

41) Bergson, *Time and Free Will*, p. 83.

에 있어] 새로운 요소들이나 구성물들이 언제든지 부가되거나 대체될 수 있지만 이러한 부가나 삭감이 (어떤 다양체의) 대상에 있어 종류상의 차이를 가져오지 않기 때문이다. 이와 같은 다양체에 잠재성이 없다고 베르그손이 주장하는 이유가 여기에 있다. 베르그손이 '다양체의 두 종류' 사이를 구분하는 것도 수의 특유한 작용에 대한 이러한 사유에서 비롯된다.

베르그손은 연장성의 지각과 등질적 공간의 개념을 구분하려 한다. 지성적 존재들만이 후자의 독립을 누릴 수 있다. 대다수 동물들에게는 연장성의 지각만 있다. 공간은 이들에게 등질적인 형식으로 가정되지 않는다. 성질 없이 공간을 생각하는 능력은 추상화의 능력이라기보다는 인간 지성에게 셈하고 추상하고 명확한 구분들을 그을 수 있게 하는 능력이라 할 수 있다. 공간은 동일하고 동시적인 감각들을 서로 구별할 수 있게 하는 양적 분화의 원리로서, "우리 경험의 근거인 이종성"[42]을 은폐한다. 등질적 공간의 개념화와 연장성의 지각에 대한 베르그손의 구분에 따라 구체화하는 것에는 그가 『물질과 기억』에 이르러서야 드러내고 극복하는 위험이 있다. 추상적 공간은 한정-개념으로, 즉 행위의 필요의 결과로 받아들여져야지, 인간적 관점의 불변적 특성으로 구체화되어서는 안 되는 것이다.[43] 이는 후에 다시 논의될 것이다.

---

42) *Ibid.*, p.97.
43) 이 점을 예리하게 지적한 것은 A. D. Lindsay, *The Philosophy of Bergsonism*, London: J. M. Dent & Sons Ltd., 1911, pp.131ff이며, 필자는 이를 근거로 삼아 논의할 것이다.

이제 우리는 『시간과 자유의지』의 중심적인 논변으로 돌아올 수 있게 되었다. 다른 수보다 더 큰 수가 있다는 것의 의미가 완전히 성립한다고 해서, 이를 강도적인 감각에 대해서도 동일하게 말할 수 있을까? 더 강도 높은 감각이 어떻게 더 낮은 강도를 포함할 수 있을까? 수의 법칙과 달리 강도들의 관계는 서로 다른 강도들을 다른 것 위에 겹쳐 놓으면서 내용물과 용기의 관점에서 접근할 수 없다. 적절하게 이해될 때 강도는 크기와 동일시될 수 없다.

시간은 공간인가?

여기서 제기할 물음은 다음과 같다. 지속은 이산적 다양체라 생각될 수 있는가? 즉, 의식의 상태들은 서로 외부적이며 공간적 매체처럼 시간 안에 분산되어 있는가? 순수 지속의 측면에서 볼 때, 우리의 [심적] 상태는 상호 간 뚜렷한 경계나 수적 관계 없이 침투하여 서로 섞여 있는 것으로 볼 수 있다. 그 안에서 과거와 현재 상태가 전체를 형성한 채 마치 어느 선율의 음들을 떠올릴 때처럼 서로 녹아들어 있는 것이다.[44] 이는 '순수한 이종성'(연속적인 변이[변주])을 드러내는 질적 변화와 관련된다. 우리가 어느 한 음을 오래 끌어 선율의 리듬이 깨진다면 이때 잘못되었음을 알리는 것은 그 [음의] 과장된 길이가 아니라 음악 전체에서 나타난 질적 변화인 것이다.

---

44) Bergson, *Time and Free Will*, p. 100. 이 주제에 관해 베르그손과 놀랄 만큼 유사한 후설의 멜로디에 관한 논의도 참고할 것.

그러므로 우리는 구분 없이도 계기[연속]를 생각할 수 있으며, 이를 [구성] 요소들의 상호적 침투, 상호 접속과 유기적 구조로 볼 수 있다. 여기서 요소 각각은 전체를 재현하며, 추상적 사유를 제외하고는 전체와 구별되거나 분리될 수 없다.[45]

지속은 표상적이지 않으며, 우리가 그것에 대해 생각하는 즉시 공간화할 수밖에 없는 것이다(이는 분명 지속에 대한 사유에 있어 극복하기 어려운, 혹은 중대한 문제를 제기한다[46]). "만약 강도를 크기라 할 수 있다면",[47] 지속은 강도적 크기라 부를 수 있을 것이다. 베르그손은 지속을 양으로 취급하고 싶지 않았기 때문에 이러한 규정을 두고 망설인다. 우리는 우리의 [심적] 상태들을 나란히 배치할 수 있는 공간의 개념을 가지고 이것을 동시적으로 지각하려 한다. 시간을 공간에 투사하고, 지속을 연장성의 관점에서 표현하며 계기를 연속적인 사슬의 형태로 가정하는 것이다. [이로써] 우리가 통상 알지 못하고 있던 결정적인 운동 혹은 변화가 사유 안에서 일어나게 된다.

그렇게 형성된 정신적 이미지는 계기적이지 않고 동시적인, 이전과 이후의 지각을 함축하며, [따라서] 하나의 계기/연속succession인 동시에 동일한 한순간에 담겨 있는 계기를 가정하는 것은 모순

---

45) *Ibid.*, p. 101.

46) H. Weyl, *The Continuum: A Critical Examination of the Foundation of Analysis*, p. 87.

47) Bergson, *Time and Free Will*, p. 106.

이라는 점에 주목하자.[48]

　　중요한 것은 우리가 항들에다 순서를 매기려면 먼저 그것들을 구별해 내고, 각각이 차지하는 공간을 비교해야 한다는 점이다. 이에 베르그손은 "우리가 계기하는[연속되는] 것에 순서를 매기는 근거는, 계기를 동시성으로 전환하여 공간 안에 투사하는 데 있다"[49]고 적고 있다. 더욱이, 지속 내에서 가역적인 계열이라는 관념, 혹은 시간 안에서 계기의 특정한 순서라는 관념조차 그 자체로 공간의 표상을 함축하는 것이기 때문에 지속을 규정하는 데 사용될 수 없다.

　　시간을 위치의 이동으로 단순히 환원하는 것은 시간을 공간과 혼동하는 것이다. 이는 제논의 역설에서처럼 움직임motion과 가로질러진 공간 사이의 혼동이다.[50] 두 점 사이의 간격은 무한히 분할 가능하며, 그러한 간격들과 같은 부분으로 움직임이 구성된다고 볼 수 있다면, 그 간격은 결코 좁혀질 수 없을 것이다. 그러나 이 문제의 실상은 이와 다르다.

　　[…] 아킬레스의 걸음 각각은 분할 불가능한 단일한 행위이다. […]

---

48) *Ibid.*

49) *Ibid.*, p. 102.

50) 이 혼동에 대해서는 Plotinus, *The Enneads*, III, 7 참조. "먼저 공간이 있다; 운동은 그것이 지나가는 영역에 상응하며, 이 영역은 그것의 범위다. 그러나 이는 우리에게 여전히 공간을 제공할 뿐 시간을 보여 주지는 않는다."(Plotinus, *The Enneads*, Harmondsworth, Middlesex: Penguin, 1991, p. 223)

이러한 행위가 주어진 수만큼 일어난 후 아킬레스는 거북이를 앞지르게 될 것이다. 엘레아 학파는 이 각기 독특하고 분할 불가능한 일련의 행동들을 그 저변에 놓인 동질적인 공간과 동일시하는 오류를 범했다.[51]

공간은 어떤 추상적인 원리에 의해 분할되었다가 다시 조합될 수 있기 때문에, 아킬레스의 운동을 그의 걸음이 아니라 거북이의 걸음으로 재구성할 수 있다는 환상이 생기는 것이다.[52] 사실은 동일한 종류의 걸음을 걷거나 동시적인 행위를 하는 두 마리 거북이만이 서로를 잡을 수 없다. 그러면 이번에는 어느 지점에서도 날고 있지 않은, 날아가는 화살의 역설을 보자. 화살이 항상 어느 지점에 있다면 언제 그것이 날아가게 되거나 운동체가 되겠는가? 그러나 우리는 다음과 같이 물을 수도 있을 것이다. 여기서 화살이 자신의 경로 가운데 어느 지점에 있다고 말할 수 있게 하는 것이 무엇인가? (우리는 화살이 특정한 지점을 지나가 멈춘다는 의미에서만 그렇게 말할 수 있다. 이때 지점은 화살의 운동이 멈추어 머무르게 되는 곳이다.) 움직임 없는 포물선을 가정한다면 우리는 원하는 만큼 많은 부동의 점들을 헤아릴 수 있을 것이다. 그러나 여기서 우리는 "이 포물선이 일정한 시간이 걸리기는 해도 한번에 만들어진다는 점, 그리고 이미 그려진 포물선

---

51) Bergson, *Time and Free Will*, p. 113.
52) 에이어는 단순히 수학에 호소하는 것이 불충분하다고 본다: "중요한 것은 [···] 연속적인 계열의 단계들에 계기적으로 도달할 수 없다는 점이다."(A. J. Ayer, *The Central Questions of Philosophy*, Harmondsworth, Middlesex: Penguin, 1973, p. 20)

은 분할할 수 있다 하더라도 사물이 아닌 진행 중인 행위로서 그 포물선의 생성은 나눌 수 없다"는 점을 보지 못한다.[53]

여기서 중요한 점은 연장[외연]성과 강도[내포] 사이의 차이라 할 수 있다. 가로질러진 공간은 (분할 가능하다는 점에서) 연장과 양 quantity과 관련되지만 운동은 강도적인 작용이며, 질quality과 관련된다. 베르그손은 "우리가 양의 질을 통해서 질 없는 양의 관념을 형성하게 되는 것"이지 그 반대가 아니라는 점을 강조한다. 질적인 작용[과정]은 수의 형성에서도 나타난다(세번째 단위를 다른 두 단위에 더하게 되면 전체의 본성, 리듬이 바뀌게 된다. 공간화하는 습관 때문에 우리가 이러한 관점의 변화가 지니는 중요성을 간과하게 된다 하더라도 말이다).[54]

처음 출판된 베르그손의 글에서 지속은 순수한 이종성 heterogeneity으로서, 종합하는 의식의 국면으로 나타난다. 즉, 지속은 그 실재에 있어 오로지 심리적인 것이다. 베르그손은 심적 시간을 시계의 시간과 대조한다. 시간을 크기로 취급하는 것은 후자의 경우다.[55] 그러나 움직임은 그것이 한 지점에서 다른 하나로의 이행이라는 점에서 "정신적인 종합이며, 심적이고 연장되지 않은 과정이다.

---

53) Bergson, *Creative Evolution*, p. 309. 이 문제에 대한 베르그손의 사유는 집합론과 무한에 대한 최신 논의에 의해 지지된다. 특히 Tiles, *The Philosophy of Set Theory: An Historical Introduction to Cantor's Paradise*, Oxford: Basil Blackwell, 1989, pp. 10~22와 Moore, *The Infinite*, London: Routledge, 1990, pp. 103~104, 158의 탁월한 연구를 참조.

54) Bergson, *Time and Free Will*, p. 123.

55) *Ibid.*, pp. 107~108.

[…] 의식이 [대상의] 위치들 이상을 파악한다면, 이는 그것이 계기하는 위치들을 마음속에 가지고 있으면서 종합하기 때문이다".[56] '지속의 간격'은 우리에게만, 우리 의식의 상태들의 상호 침투라는 점에서 있는 것이다.[57] 우리 밖에서 우리는 공간만을, 따라서 동시성만을 발견하게 될 뿐이다. "이에 대해서 우리는 그것들이 객관적으로 계기하는[연속적인] 것이라고 말할 수도 없는데, 계기란 현재와 과거를 비교함으로써만 생각될 수 있는 것이기 때문이다." 변화의 질적인 인상은 그러므로 의식 밖에서 감지될 수 없는 것이다. 지속과 움직임은 대상들이 아니라 '정신적 종합들'이다.[58] 우리 의식의 상태들은 서로 침투하며, 지각 불가능한 방식으로 자신들을 전체로 구성해 내면서 과거를 현재에 묶는다. 잠재적이고 질적인 다양체라 생각할 때 이러한 지속은 "아리스토텔레스가 말했듯 잠재적으로만 수를 포함한다".[59]

베르그손은 이후 출간된 텍스트들에서 이와 같이 지속을 의식으로 한정시키는 것을 넘어선다. 이러한 이행이 지니는 중요성은 이 장 후반에서 논의될 것이다. 여기서는 이러한 이행을 위해 『시간과 자유의지』에 나타난 마음과 세계에 대한 베르그손의 입장을 구성하는 형상-질료 간의 대립을 해체해야 한다는 점만 짚고 넘어가기로 하자. 이 책에서도 베르그손은 물질에 부과되는 형상이라는 관점에

---

56) *Ibid.*, p. 111.
57) *Ibid.*, p. 116.
58) *Ibid.*, p. 120.
59) *Ibid.*, p. 121.

서 마음과 세계의 관계를 파악하려는 모든 시도들이 지니는 문제점들에 대해 이미 인지하고 있다. "물질을 재단하는 형상들이 전적으로 마음으로부터 유래한다고 가정할 때, [우리가] 형상들을 대상들에 계속해서 적용하면 대상들도 자신의 표식을 형상에 남긴다고 봐야 한다. [⋯] 대상들에 적용 가능한 형상은 순전히 우리 자신의 작용일 리가 없다. [⋯] 우리가 물질에다 많은 것을 부여하면 아마 우리도 물질로부터 무언가 받게 될 것이다."[60] 6장에서 보게 될 것처럼 『물질과 기억』에서 베르그손은 물질과 지각에 대한 매우 다른 설명을 제시한다.

이 절을 마치면서 나는 『시간과 자유의지』에 나타나는 공간 개념으로 돌아가려 한다. 베르그손 자신도 은연중에 인정하고 있는 것처럼, 그의 설명은 동질적인 공간조차 질적으로 차이 나는 공간적인 차원들을 전제하고 있다는 점을 충분히 평가하지 못한다. 린지가 지적하는 것처럼, 공간적 규정의 가능성을 배제하면 공간 자체가 아무것도 아닌 것이 되어 셈의 바탕을 제공하지 못하게 된다.[61] 이러한 규정은 단지 각각의 분할이 한정적인definite 방식으로 이루어진다는 것, 그리고 잠정적인 [분할]단위들의 한정[확정]적 분할이 어떤 이종성을 함축한다는 것을 보여 줄 뿐이다. 대상들이 사실상 완전히 동일하여 질적인 차이들을 전혀 갖지 않는다면 어떤 구별도 불

---

60) *Ibid.*, p. 223.

61) A. D. Lindsay, *The Philosophy of Bergsonism*, London: J. M. Dent & Sons Ltd, 1911, p. 133.

가능할 것이다. "셈이나 구별 없이 우리는 단지 분할 가능한 어떤 것을 개념화할 수도 없다."[62] 그러므로 우리는 질적 차이들을 수학적인 점들에 유사해지는 것으로 이해할 수는 있지만, 이 차이들이 완전히 사라지면 공간적 관계들이 구성되는 바탕이 되는 근거 역시 사라지게 된다. 린지는 만약 시간의 경우도 이러하다면, 필요한 부분만 수정하여*mutatis mutandis* "시간과 공간이 동질적인 매체들일 수는 있지만 둘은 [각각] 지속과 연장성의 한계라는 점에서 충분히 구별될 수 있다. 마치 두 수학적 함수들의 극한이 [동일하게] 무nothing일지라도 그것들이 한정하는 함수들이 [다르다는] 측면에서 구별될 수 있는 것처럼 말이다"[63]라고 말한다. 공간과 시간은 동질적인 측면에서 볼 때, 선-경험적*a priori* 실재(감성의 직관들)로 볼 수 없으며 사회적 행위의 관점에서 요구되어 생겨난 창발적 특성으로 보아야 할 것이다. 무한한 분할 가능성이라는 정신적 도식[다이어그램]으로서 추상적 공간과 추상적 시간은 우리 행위의 중심이 되는 지점을 확보하기 위해, 또한 행위에 실재하는 변화를 도입하려는 목적으로 움직이는 연속성을 고체화하고 분리한 결과인 것이다. 베르그손은 칸트에 반대하면서 이러한 이행의 필요성을 『물질과 기억』에서 분명히 제시한다.[64] 실재적인 것은 연장성과 지속 모두로 구성되지만, 여기서 '[연장적] 범위'는 지성이 모든 것이 구축되고 발생하는 장소로 상정

---

62) *Ibid.*, p. 134.

63) *Ibid.*

64) H. Bergson, *Matter and Memory*, trans. N. M. Paul and W. S. Palmer, New York: Zone Books, 1991[1896], p. 211.

하는 어떤 무한하고 무한히 분할 가능한 공간, 혹은 저장소receptacle 로서의 공간이 아니다. 그러므로 다양화되는 동시에 조직화되는 구체적인 연장은 '그것의 한계를 설정하는 무형적, 비활성적인 공간'과 구분되어야 한다. 이것이 무한정 분할되는 공간이며, 그 안에서 운동을 동시적인 위치들의 다양체로 생각할 수 있게 하는 공간이다. 따라서 동질적 공간은 물질적 대상들보다 논리적으로 선행하지 않으며, 그를 뒤따르는 것이다.

연속성에 관한 베르그손과 러셀의 입장

이제 러셀이 어떤 점에서 베르그손주의를 비판하면서, 연속성에 대해 순수하게 수학적인 접근을 할 것을 주장하는지 살펴보자. 이를 통해 우리는 시간에 대한 사유나 잠재적인 유형의 다양체에 대한 이해와 관련된 쟁점들을 더 잘 파악할 수 있을 것이다.

러셀은 『외부 세계에 대한 우리의 지식』의 5강 '연속성 이론'에서 연속성은 순전히 수학적인 주제이며 엄밀히 말해 철학의 일부가 아니라고 주장한다. 변화의 관념은 논리적 구조에 맞추어져야 하며, 논리적 필연성은 '지속 없는 순간들'을 개념화하는 것으로 귀결된다는 것이다.[65] 같은 해 「신비주의와 논리학」이라는 글에서 러셀은, 시간을 '실재의 중요치 않고 피상적인 특성'으로 보면서 자신의 입장

---

65) B. Russell, *Our Knowledge of the External World*, London: Allen & Unwin, 1922 [1914], p. 158.

을 니체, 실용주의, 베르그손, 다윈과 진화론을 비롯한 시간에 관한 다양한 현대적 논의들과 대립시킨다.[66] 이 글에서 러셀은 베르그손의 직관의 철학이 과학과 상식에서 유래한 지식에 대한 전적인 비난에 근거하고 있다고 주장하는데, 이는 베르그손에 대한 그의 이해가 피상적이라는 점을 입증한다.[67] 베르그손은 『물질과 기억』의 서문에서 철학적 회의론에 맞서 상식적 실재론을 지지하고 있으며, 과학이 지식의 절대성에 있어 절반의 몫을 담당한다고 보면서, 양자 모두를 단순하게 비난하지 않고 있기 때문이다. 러셀은 스스로의 선입견 때문에 보지 못했지만 여러 측면에서 베르그손과 유사하다. 「물질에 관하여」(1912)에 나타난 실재론과의 절충[적 태도]는 예컨대, 『물질과 기억』에서 베르그손의 입장과 매우 근접해 있다. 그러면서도 러셀은 이 글에서, 물질에 대한 우리의 지식이 단지 기술적descriptive이어서 [물질의] 내적인 본질을 드러내지 않는다는 주장을 고수한다. 즉, 우리의 지식은 '그 상호관계의 논리적 성격'을 드러내는 수준에

---

66) B. Russell, "Mysticism and Logic", in *Collected Papers of Bertrand Russell*, ed. J. G. Slater, London: Allen & Unwin, 1986[1914], pp. 42, 43~45. 차펙이 지적한 바와 같이, 러셀은 1912년에 베르그손에 대한 비판을 발표한 지 불과 몇 년 후인 1915년에 현재 안에 과거의 내재성을 인식하는 측면에서 매우 베르그손적이라 볼 수 있는 시간에 관한 글을 학술지 『모니스트』에 출판한다. "현재에는 뚜렷한 경계가 없다. […]" Russell, "On the Experience of Time", *The Monist* 25, 1915, p. 223(Čapek, *Bergson and Modern Physics*, Dordrecht: Nijhoff, 1970, pp. 341~342에서 인용). 이 글에서 러셀은 두 가지 시간-관계들, 즉 주체와 대상 사이(과거, 현재, 미래의 관계)와 대상과 대상 사이(이전과 이후, 즉 계기)에 나타나는 시간-관계들을 구분한다. 그는 이를 정신적 시간과 물리적 시간의 구분으로 설명하면서, "경험이 존재하지 않는 세계에는 과거도 현재도 미래도 없겠지만 이전과 이후의 관계는 있을 수 있다"고 주장한다(Russell, "On the Experience of Time", p. 212).

67) Russell, "Mysticism and Logic", p. 38.

만 머무를 뿐이라는 것이다.[68] 러셀은 주관주의를 철학을 우리의 정신적 습관들로 한정했던 칸트의 시도와 동일시하며 불만을 표했지만, 정작 자신의 논리주의가 주관주의에 갇혀 있음은 알아채지 못한 것이다.

1912년 학술지 『모니스트』에 출판된 베르그손에 대한 비판적이지만 예리하고 공정한 해석을 제시하는 글 외에도 러셀은 『외부세계에 대한 우리의 지식』[1914년]에 실린 강의들에서 베르그손을 언급한다. 연속성에 대한 수학적 접근 방식을 우위에 두면서도, 러셀은 연속성에 대한 베르그손의 강조 자체에 이의를 제기하거나 불연속적인 상태들에 의존하지 않았다는 점은 분명히 할 필요가 있다. [양자의 관점에 있어] 차이는 연속성을 어떻게 사유하고 배치하는지에 있다. 이 때문에 러셀은 제논의 역설에 대한 베르그손의 설명이 설득력 있다고 인정하면서도, 움직임의 연속성을 베르그손의 '상호 침투' 논변과는 다른 방식으로 사유해야 한다고 주장할 수 있는 것이다. 러셀이 보기에 베르그손의 설명은 제논의 역설이 제기하는 문제 자체의 효력을 받아들여야만 유효한데, 그는 이를 받아들이지 않는다. "어떤 영사기 안에 무한한 필름들이 있고 그 중 어느 두 필름 사이에도 무한한 수가 있다면 다음 필름이라는 것이 있을 수 없겠지만, 그럼에도 이 영사기는 완벽하게 연속적인 동작을 재현해 낼 것이다. 그렇다면 제논의 논변이 지니는 힘은 어디에 있는가?"[69] 연속성 이

---

68) Russell, "On Matter", in *Collected Papers of Bertrand Russell*, vol. 6, ed. J. G. Slater, London: Routledge, 1992[1912], p. 95.

론에 대한 강의를 통해 이 문제를 자세히 살펴보기 전에, 먼저 러셀 자신의 입장이 지니는 역설적 성격에 주목해 보자(러셀은 제논의 역설을 다른 역설로 대체함으로써 답하고 있다). 움직임에 있어 다음에 오는 것이라는 것이 있을 수 없기 때문에 그것이 연속적이라 할 수 있다는 논변을 제시하면서 러셀은 잠재적 시간의 운동(과거와 현재의 공존 혹은 내재성)으로서 시간의 운동 자체가 지니는 유효성을 제거했으며, 이러한 운동을 무한한 수의 불연속적인 동작들로 대체했다. 즉, 그는 불연속성으로부터 연속성을 구축하려 했던 것이다. 앞으로 보게 될 것처럼 러셀은 시간에 대한 철학적 접근(잠재적 다양체)을 수학적 접근(수적인 다양체)으로 대체함으로써 연속성에 대한 1914년의 강의에서 변화와 시간에 관한 난점에 이르게 된다. 이들은 실재적인 것인가, 혹은 단순히 논리적인 것인가?

　이 강의에서 러셀은 철학적인 것과 논리적인 것을 화해시키려

---

69) B. Russell, "The Philosophy of Bergson", *The Monist* 22: 3, 1912, p. 339. 리처드 소랍지는 이와 유사한 연속성 개념을 바탕으로, 『자연학』에서 시간을 수로 정의한 아리스토텔레스의 입장과 관련하여 오래도록 주석가들을 괴롭혀 온 문제를 종식할 수 있다는 견해를 펼친다. 이는 플로티노스의 비판과 연관된다. 시간의 연속적인 본성이 어떻게 이산적인 수로부터 생성될 수 있는가? 즉, 연속성인 시간이 어떻게 수가 될 수 있는가? 소랍지는 우리가 [수로] 세려는 단계들은 불연속[이산]적이지만 이로 인해 시간이 불연속적이 되지는 않는다고 주장한다. "반대로 그것은 무한히 분할 가능하다. 서로 아무리 가까운 단계들도 나눌 수 있다는 것, 무한히 분할 가능하다는 것은 바로 그것이 연속적이라는 증거다." Sorabji, *Time, Creation and the Continuum*, London: Duckworth, 1983, p. 89. 그러나 이러한 문제의 종식은 시간을 단지 현행적이거나 이산적인 다양체라는 관점에서만 해석해야 가능하다. 다양체에 대한 다른 개념은 허용되지 않는다. 플로티노스에 대해서는 『엔네아데스』 III권의 7과 거슨의 훌륭한 해석 Gerson, *Plotinus*, London: Routledge, 1994, pp. 115~124, 특히 pp. 120~121 참조.

노력한다. 점들이나 순간들의 관점에서 시간을 다루는 수학적 접근이 어떻게 시간이 연속성이라는 —— 많은 철학자들이 시사하듯 —— 우리의 느낌과 조화될 수 있을까? 러셀은 이에 대해 시간을 유한한 수의 점들과 순간들로 나누는 것은 오류이지만 무한한 점들이나 순간들에 호소하는 것은 올바른 방법이며, 이를 통해 우리는 제논에 대한 베르그손의 애매한 답변으로 빠져들지 않을 수 있다고 답한다. 그러나 무한히 많은 점들 역시 단속적인 동작이나 서로 다른 부동체들의 연속만을 드러내는 것이 아닐까? 러셀은 스스로 이와 같은 물음을 제기하며, 이렇게 생각하는 것은 상상으로나 추상적으로나 수학에서 이해되는 연속적인 계열의 성격을 파악하지 못하는 것이라고 답한다. 즉, 우리는 이러한 연속성을 이해할 만한 직관을 가지지 못하므로 그것의 완전한 적합성과 타당성을 느끼는 방법을 배워야 한다는 것이다.[70]

　　러셀은 수학에서 연속성은 계열적인 항들의 속성으로 생각되며, 이는 무언가가 다른 것들에 선행하도록 하는 시간의 '순서'나 배열을 가정한다는 것을 보여 주고자 한다(비록 기수의 경우에는 반드시 그렇지 않지만). 즉, 연속성은 집합을 이루는 항들 자체에 귀속되는 것이 아니라 특정한 순서[질서]를 따르는 집합set에 속하는 것이다(이 경우에 우리는 연속성의 사례에서 수립된 관계들은 항상 그 항들에 대해 외부적이라고 말할 수 있다).[71] 그러면서 러셀은 어떤 계열의

70) Russell, *Our Knowledge of the External World*, p. 136.

배열 안에서 가장 낮은 정도의 연속성을 설명하는 방식으로서 '조밀성'의 관념을 제시한다. "하나의 계열은 어느 두 항도 연속되지 않으나, 어떤 두 항 사이에도 다른 것들others이 있을 때 '조밀하다'고 말할 수 있다"[72]고 하면서, 크기의 순서에 있어 분수들의 계열이라는 간단한 예를 제시한다. 아무리 차이가 작은 어떤 두 분수들 사이에도, 무수히 많은 다른 분수들이 놓일 수 있는 것이다. 수학적 공간과

---

71) 일찍이 1953년에 들뢰즈가 경험론을 옹호하게 된 것은 바로 이러한 관계들의 이론 때문이다. 그에게 경험론이란 지성적인 것보다 감각적인 것이 우선시된다는 주장에 관한 것이 아니다. 들뢰즈는 이러한 외적 관계의 경험론을 흄뿐만 아니라 윌리엄 제임스와 그가 러셀의 실재론이라 부르는 것에서도 찾아볼 수 있다고 본다. Deleuze, *Empiricism and Subjectivity: An Essay on Hume's Theory of Nature*, trans. C. V. Boundas, New York: Columbia University Press, 1991[1953], p. 99. 또한 『디알로그』(Deleuze, *Dialogues*, trans. H. Tomlinson and B. Habberjam, London: Athlone Press, 1987, pp. 54~59)에 나오는 경험론에 대한 논의도 참조. 이 책에서 필자는 들뢰즈와는 다른 방식으로 러셀의 경험론이나 실재론에 의문과 의의를 제기했다. 베르그손 자신의 경험론이 지니는 복잡한 성격은 이 책의 여러 장들에서 다룰 것이다. 베르그손주의는 잠재적 다양체들을 통해 사유하면서, 러셀의 논리주의와는 상당히 다른 방식으로 관계의 본질을 생각해야 한다는 점을 우리는 이해할 필요가 있다. 관계에 대한 베르그손의 입장에 대해서는 Karin Stephen, *The Misuse of Mind: A Study of Bergson's Attack on Intellectualism*, London: Kegan Paul, Trench, Trubner & Co., 1922, pp. 62~65 및 70~74를 참조. 바디우는 들뢰즈의 경험주의를 완전히 무시하고, '관계'에 대한 강조는 들뢰즈가 남몰래 플라톤주의자라는 것을 확증한다고 해석한다. Badiou, *Deleuze. The Clamour of Being*, trans. L. Burchill, Minneapolis: University of Minnesota Press, 2000, p. 63. 관계에 대한 러셀의 입장에 대해서는 그의 중요한 진술 *The Philosophy of Logical Atomism*, ed. with an Introduction by D. Pears, Chicago: Open Court, 1985, pp. 68~70과 170~174를 참조. 윌리엄 제임스의 경우 「사물과 사물의 관계들」("The thing and Its Relations", James, *Essays in Radical Empiricism*, Lincoln: University of Nebraska Press, 1996[1912], pp. 92~123, 특히 110~116)을 참조. 흄에서 '관계'에 대해서는 『인간 본성에 관한 논고』 1권, 1부, V절 참조. 이러한 경험주의에 대한 반대 입장으로는 Hegel, *Science of Logic*, trans. A. V. Miller, New York: Humanities Books, 1999[1812], pp. 711ff를 참조.

72) Russell, *Our Knowledge of the External World*, p. 138.

시간이 조밀성의 속성을 지닌다 해도, 이를 실제적인 공간과 시간으로 확장할 수 있을지는 분명하지 않다. 수학은 이 지점에서 경험적 한계에 이르는 듯 보인다. 그럼에도 러셀은 시공간의 논리화를 고집하며 이러한 논리의 타당성을 직관하고 느끼기를 호소한다.

즉, 러셀은 하나의 상태나 위치에서 다른 것으로 변화하는 어떤 것에 불연속적인 비약은 없다는 관점에 이른다. 연속성은 오히려 무한한 위치들의 관점에서 고려되어야 한다는 것이다. 이는 무엇이 다음 순간에 있을 것이거나 그것의 다음 위치에 이르게 될 것이라고 말하는 것이 왜 부적절한지를 설명한다. 이러한 '다음'이란 없다. 시간의 운동은 연이어지는consecutive 점들이나 순간들의 관점에서가 아니라 무한한 점들이나 순간들의 연속적인 계열continuous series의 측면에서 사유되어야 하는 것이다. 이 지점에서 논리적인 실수를 범하지 않고 러셀을 바로 이해하는 것이 중요하다. 러셀이 이 모델을 통해, 대상의 위치나 상태들 사이에 공간이나 시간에 있어 무한소의 거리들이 있다고, 그래서 점이나 순간들을 무한정 증가시킬 수 있다고 주장한다고 가정하는 것은 오류다. 이는 분명 사실이 아니다. 러셀의 논변은 오히려 연속적인 동작에 있어 두 위치나 순간들 사이의 간격은 항상 유한하다는 것이다. 연속성은 아무리 가까이 있는 두 위치나 순간들을 취하더라도 "서로 더 가까운 순간들이 차지하는 서로 더 가까운 위치들이 무한히 있다"[73]는 사실 때문에 가능하다. 이는 곧 움직이는 신체는 "하나의 위치에서 다른 위치로 건너뛰지 않으며, 항상 무한한 중간 매개들을 통해 점진적인 전이를 거친다"는 것을 의미한다. 그러므로 어느 순간도 한정된 시간 동안 지속된다고 말할 수 없고 한순간이 시작과 끝을 갖는다고 말할 수도 없다. 결국 사실들이나 논리 자체가 점이나 순간들에 관한 특정한 개념화라는 관점에서 이러한 연속적인 동작의 모델을 필요로 하는 것은 아니지만 최소한 이것이 사실들이나 논리와 '일관적'이기는 하다는 결론이다(이러한 방어가 악순환에 근거하는 것인지는 여기서 다루지 않겠다). 필자는 이러한 수학적 모델에 근거한 사유가 시간과 멀어지고 만다고 보는데, 이는 그 모델이 연이어지는 점들에 대해 비판적이면서도 여전히 이산적[불연속적]이고 현행적인 다양체에 상응하는, 점들과 순간들의 모델이기 때문이다.

이제 우리는 다음의 물음을 던질 수 있다. 연속성에 대한 수학적 접근과 실제 시공간은 어떤 관계에 있는가? 다시 밝히지만 이는 러셀 자신이 제기한 문제이다. 러셀은 점들이나 순간들을 실제 물리적으로 존재하는 실재entity로 상정할 수는 없지만, 실제 시공간의 연속성과 수학에서의 연속성 간의 유비는 가능하다는 입장을 취한다. 한편으로 러셀 역시 수학적 연속성 이론이 추상적인 논리적 이론으로서 그 타당성에 있어 실제 공간과 시간에 의존하지 않는다는 점을 강조하려 한다.[74] 그러나 이것이 러셀의 입장의 전부는 아닌데, 그는 자신이 주된 라이벌로 보는 베르그손의 이론을 포함한 다른 어떤 이론보다 논리적 이론이 경험적 가치를 더 많이 지닌다고 주장하기도 하기 때문이다. 그는 물리학의 명제들을 "일종의 사전 같은 것에 따

73) *Ibid.*, p. 142.
74) *Ibid.*, pp. 135~158, 137.

라" 감각에 주어진 대상들에 관한 명제로 번역하는 것에 대해 이야기한다.[75] 뒷받침할 만한 근거가 있는 것은 아니지만, 그는 직접적인 감각-자료의 영역 안에서 대상의 상태들을 조밀한 계열을 형성하는 순간적인 상태들로 구별해 내는 일은 필수적이며 이는 다른 어떤 관점들보다 사실들과 일치한다고 주장한다. 러셀이 인정하지 않는 것은 잠재적 다양체로서 베르그손의 시간 개념이 어떤 식으로건 경험적인 가치를 지닌다는 점이다. 이는 오히려 경험의 환상이거나 가능한[취할 수 있는] 감각-자료들에서 잘못 추론된 것으로 이해되어야 한다. 러셀의 논리주의의 측면에서 보면 이는 명백한 독단론의 증거인 것이다. 러셀은 감각-자료라는 증거로는 시공간의 경험적 성격을 파악하기 힘들다고 말하면서도, 선택은 시간에 대한 철학적 사유와 수학적 사유 중에서가 아니라 다양한 수학적 대안들 사이에서 이루어져야 한다는 점을 고집하기 때문이다. 따라서 러셀은 사유에 있어 진정한 경험론을 고안해 내기보다 제한적인 경험론에 머무르는데 만족한다. 이는 러셀이 우리가 '오컴의 면도날'을 수용할 때 얻어지는 단순성의 가치에 호소하고 있음에도 불구하고 독단적으로 언표된다. 그에게 경험적 자료는 온갖 종류의 방식으로 독해될 수 있으며 이는 곧 우리가 단지 특정한 논리적 난점들——즉, 수학에서 무한수의 관점에서 연속적 계열이 어떻게 생각될 수 있는지를 평가함에 있어 상상력이나 추상능력의 실패와 같은——을 극복하려 하는 것임

---

75) *Ibid.*, p. 147.

을 의미한다. 이는 사실상 연속성에 대한 수학적 설명 방식이 그 타당성에 있어 실제적 시공간에 의존하지 않으면서, 시공간에 대한 적절한 철학적 설명이 어떠해야 하는가를 결정하는 권리를 부당하게 요구하고 있음을 의미한다.

하나의 시간, 하나의 공간

『순수이성비판』에서 시간에 대한 칸트의 설명은 베르그손이 보기에 시간을 공간으로 전환한 전형적인 사례다. 칸트는 내적 직관이 어떤 형태shape를 지니지 않기 때문에 공간과의 유비를 통해, 공간 안에서 무한히 진행하는 선을 그림으로써 시간-순서time-sequence를 드러내야만 한다고 말하는 대목에서 그러한[공간화된] 시간의 이미지를 제시하고 있는 듯 보인다. "우리는 시간-연속을 무한히 진행하는 선으로 표상하며, 여기서 잡다雜多는 일차원만을 갖는 계열을 구성한다. 또한 우리는 이러한 선의 속성들에서 시간의 모든 속성들을 추리해 낸다." 다만 부분들 간 관계의 양상으로서 [선에서 나타나는] 동시성을 [시간에서는] 계기succession로 대체한다(*CPR*, A33/B50. B155~156, B292도 참고).[76] 우리는 이 책의 7장에서 칸트의 시간의 이미지를 자세히 다루게 될 것이다. 여기서는 시간을 공간인 것처럼

---

76) 칸트가 취임논문에서 제시하는 '이미지'와 비교할 것: "[…] 공간은 이미지로서 시간 개념 자체에 적용되는데, 이때 공간은 그것[시간]을 선으로 표상하고 그것의 한계(순간들)를 점으로 표상한다."(Kant, *Kant: Theoretical Philosophy 1755-70*, p. 399)

생각하는 습관에 대한 베르그손의 비판이라는 맥락에서 시간에 관한 칸트의 입장을 살펴볼 것이다.

『순수이성비판』에는 시간에 대한 설명이 한 번 이상 등장하는데, 첫번째는 초월론적[선험적] 감성론에서, 두번째는 초월론적 분석론에서 각각 나타난다. 최근 한 주석가가 간명하게 주장한 것처럼 칸트의 논변에는 근본적인 모순은 없다. 칸트는 첫번째 부분에서는 직접적인 직관의 단계에서 시공간의 형식에 대한 설명을 제시하고, 두번째 부분에서는 우리가 어떻게 구체적이고 규정적인 공간적 영역이나 시간적 기간에 대한 인식을 가질 수 있는지를 설명하려 하기 때문이다.[77] 차이는 [형식으로서의] 공간Space이나 시간Time과 [인식된] 공간들이나 시간들 사이에, 혹은 이들의 통일성과 다수성 사이에, 그리고 일자와 다자 사이에 있다. 그러나 이처럼 표현하는 것이 혼란을 가져올 수도 있는데, 이는 칸트가 [시간에 대한] 두 번의 설명 모두에서 하나의 공간과 하나의 시간만이 있다고 강하게 주장하고 있기 때문이다. 칸트는 하나의 전체로서 시공간의 직관을 주장한 후에 그것의 분할이나 부분들에 대한 설명으로 나아간다는 점에서, 일관적이지 않은 것은 아니다. 다만 칸트는 감성론에서 시공간의 순수한 직관의 미규정적 성격에 주목하다가, 분석론에서는 [이러한 직관들이] "필연적으로 현상들의 시공간적 위치들에서 출발하는 개념적 종합

---

77) S, Gardner, *Kant and the 'Critique of Pure Reason'*, London: Routledge, 1999, p. 84; H. Caygill, *A Kant Dictionary*, Oxford: Basil Blackwell, 1995, p. 398, '시간'에 대한 논의도 참고.

에 종속됨으로써"[78] 규정적 성격을 지니게 되는 것에 대한 설명으로 관심을 옮겨 가는 것이다.

칸트는 직관이 우리의 인식 방식과 대상들 사이의 직접적인[매개 없는] 관계를 의미한다는 말로 초월론적 감성론을 시작한다. 직관Anschauung이 발생하기 위해서는 대상이 우리에게 주어져야 하며, 이는 곧 마음이 어떤 방식으로든 영향을 받아야 함을 의미한다. 이처럼 수용적인affective 방식으로 표상을 갖는 능력을 우리는 '감성'이라 부른다. 우리에게 주어진 것을 사유하기 위해서 개념이 필요하기는 하지만, 이 수용적 감성의 1차적인 바탕이 없이는 지식이 불가능한 것이다. 대상들이나 사물들은 경험적 직관을 통해 우리에게 나타나거나 감각된다. 여기서 칸트는 그러한 현상에 대해 그 '질료'와 '형식'을 구분한다. 질료는 후험적인a posteriori 질료적 감각을 가리키고, 후자는 마음에서 동일한 감각에 대한 아 프리오리한[선-경험적]a priori 질서화나 조직화를 가리킨다. 칸트에 있어 순수 직관을 도입하게 한 것은 감각의 아 프리오리한 요소이다. 모든 직관은 그것에 해당하는 잡다의[다양한] 측면을 갖지만, 그것을 관계들의 측면에서 배열하는 것은 감성의 순수한 형식이라 할 수 있다. 감성의 순수한 형식은 감각의 형식이지만, 감각과 독립적인 것이다. 예컨대 신체를 단단함이나 색깔과 같은 그 2차 성질에 대한 경험적 직관으로 구성된 것으로 생각할 수도 있지만, 연장과 형상figure(1차 성질)과 같이 경

---

78) Gardner, *Kant and the 'Critique of Pure Reason'*, p. 85.

험적 요소를 제거했을 때 남겨질 것들의 측면에서 생각할 수도 있는 것이다. 즉, 실제적인 감각들을 제거해도 우리의 마음에는 감성의 형식으로서 순수 직관은 남는다. 칸트는 감각 내의 이 순수한 요소를 '초월론적 감성론'이라 이름 붙이고, 감성적 직관에는 순수한 두 형식으로서 공간과 시간이 있고 이는 각각 외감과 내감의 형식이라 할 수 있다고 주장한다. 전자[외감의 형식, 공간]를 통해 우리는 대상들을 우리에게 외부적인 것으로 표상할 수 있고, 후자[내감의 형식, 시간]를 통해 우리의 마음은 그 내적 상태들을 직관할 수 있다.

칸트는 공간도 시간도 경험적 개념들이 될 수 없으며, 실제적 경험들에서 이끌어 내어야 하는 것이라고 주장한다. 가능한 경험의 조건들로서 시공간은 모든 실제적 경험들에 근거를 제공한다. 실제적 경험은 가능한 경험의 조건들이 먼저 있지 않고서는 불가능하다. 이러한 조건들 없이 그것[실제적 경험]은 맹목적이 된다. 공간을 예로 들어 보자. 내가 밖에 있는 사물들을 병치나 외부성과 같은 특정한 관계들로 표상하는 것이 가능하지 않으면, 대상들에 대한 나의 감각들을 나 자신 바깥의 어떤 것에도 관련시킬 수조차 없을 것이다. 그러므로 "공간의 표상은 미리 전제되어야 한다"(*CPR*, A23/B38). 공간을 대상들을 비워 낸 것으로 생각할 수는 있지만, 대상들 사이의 관계를 구성해 낼 [바탕으로서] 이 등질적인 공간의 부재를 생각할 수는 없다. 순수 직관으로서 공간은 단지 하나의 공간으로만 표상될 수 있다(칸트는 시간에 대해서도 동일하게 말한다). 물론 우리가 서로 다른 공간들의 다양성에 대해 말할 수 있고 말하기도 하지만, 이것은 하나이며 동일한 공간의 부분들이다(공간은 분할 가능성이나 구획짓기 이상이 아니다). 공간의 모든 부분들은 무한히 공존하는데, 이는 칸트에 따르면 우리가 이것을 "주어진 무한한 크기"(CPR, A25/B40)로 볼 수 있기 때문이다. 공간과 시간을 주어진 무한한 크기들로 볼 수 있는 것은 시공간 모두가 통합된 전체로서 "가능한 한계들에 대한 유일한 근거"를 제공하기 때문이다.[79] 하이데거가 지적하는 것처럼, 이러한 전체는 부분들에서 도출될 수 없다는 것이다. 그러므로 전체는 그 부분들과 독립적이고 다른 '존재'를 갖는 것이다. 이에 칸트는 공간이 외감의 모든 현상들의 형식이며, 그러한 자격으로 감성의 주관적 조건이라는 결론에 이르게 된다. "그러므로 우리는 오로지 인간의 입장에서만 공간에 대해, 연장된 사물들 등에 대해 말할 수 있다."(CPR, B43) 그리고 칸트는 이후 시간에도 적용될, 공간의 위상에 대한 자신의 주장을 제기한다. 공간의 '경험적 실재성'은 그 '초월론적 관념성'에 의해 가능하다는 것이다. 이는 공간이 감성적 경험의 주관적 조건이라는 점에서 객관적 타당성을 지님을 의미한다. 우리가 공간과 시간의 관점에서 대상들의 형식을 직관하는 것은 꿈을 꾸거나 환영에 사로잡혀서가 아니다. 공간과 시간은 진정 '실재적'이지만 실제 경험의 초월론적이고 '관념적인' 조건들이라는 점에서만 그러하다. 이러한 답변이 시공간의 '진정한' 실재성과 관련하여 칸트의 입장을 해답 없는 혼란이나 해결 불가능한 곤경에서 구제할

79) M. Heidegger, *Phenomenological Interpretation of Kant's 'Critique of Pure Reason'*(1927-8 lecture course), trans. P. Emad and K. Maly, Bloomington: Indiana University Press, 1997, p. 83.

수 있는지의 여부가 칸트 당시 사람들이 그를 수용함에 있어 가장 중대한 문제였다.[80] 분명한 것은 칸트에게 있어 경험적으로 실재적인 것과 초월론적으로 관념적인 것 모두가 인간의 관점에서만 타당한 것으로 제시된다는 점이다. 이 때문에 칸트는 형이상학의 근거를 그가 '일반 현상학'이라 부르는 부정 학문에 있다고 주장한다.[81]

이제 감성론에서 시간에 대한 칸트의 설명으로 넘어가 보자. 이는 공간에 대해 이미 논의된 바를 철저히 따른다. 공간처럼 시간은

---

80) 이 문제는 지금도 여전히 남아 있다. 예를 들어 1987년 출간된 가이어의 연구(Guyer, *Kant and the Claims of Knowledge*, Cambridge: Cambridge University Press)를 보라. 칸트의 첫 비판서에서 시간의 역할에 대한 매우 창의적인 고찰로는 Heidegger, *Phenomenological Interpretation of Kant's 'Critique of Pure Reason'*(1927-8 lecture course)과 *Kant and the Problem of Metaphysics*(enlarged fifth edition), trans. R. Taft, Bloomington: Indiana University Press, 1997[1929] 참조.

81) 칸트가 람베르트(J. J. Lambert)에게 보낸 1770년 9월 2일자 서신(Kant, *Kant: Philosophical Correspondence 1759-99*, p. 59)을 보라. 들뢰즈는 1963년에 나온 그의 '칸트' 책에서 칸트의 '현상'(phenomenon)은 '가상'(appearance)이 아니라 '나타남'(appearing)을 가리킨다고 주장한다. 현상이 공간과 시간에 나타난다면, 공간과 시간은 선-경험적 현현들(*a priori presentations*)로 이해하는 것이 가장 적절하다. "따라서 공간과 시간 안의 경험적인 현상적 다양성만이 아니라, 공간과 시간 자체의 순수한 선-경험적 다양성 역시 스스로 현현한다." Deleuze, *Kant's Critical Philosophy: The Doctrine of the Faculties*, trans. H. Tomlinson and B. Habberjam, London: Athlone Press, 1984, p. 8. 들뢰즈는 칸트에 대한 이러한 해석을 1978년 칸트 강의에서 다시 다룬다. 여기서 들뢰즈는 칸트가 현현과 재현을 구분함으로써 철학에 새로운 것을 도입하고 초월론적인 것에 새로운 의미를 부여했다고 주장한다. 칸트는 현상학의 창시자로 볼 수 있는데, 이는 "현상이 더 이상 가상(*apparence*)이 아니라 나타남(*apparition*)으로 정의되는 순간부터" 현상학이 시작되기 때문이다. 이 구분의 의의는 다음과 같다. 가상은 그 배후에 있는 본질을 함축하는 반면, '나타남'은 그러한 본질을 함축하지 않고 "[우리에게] 나타나는 한에서 나타나는 것"을 가리킨다. 이러한 모델에서 초월론적 주체는 나타남을 구성하는 것이 아니라, 자신에게 나타나는 것이 실제 나타나도록 하는 조건을 구성한다(1978년 3월 14일 강의 참조). 칸트에 관한 들뢰즈의 해석과 시간의 초월론적 형식에 대한 고찰은 이 책의 7장을 볼 것.

경험에서 이끌어 낼 수 있는 경험적 개념이 될 수 없다. 이는 오히려 우리 스스로 대상의 잡다를 하나의 동일한 시간에(동시성), 혹은 다른 하나에 이어지는 하나처럼 각기 다른 시간들에(계기) 존재하는 것으로 표상할 수 있게 하는 것으로서 감성적 경험의 조건이다. 시간에 대한 이와 같은 서언에서 우리는 베르그손이 예리하게 주목하는 전제, 즉 시간이 공간의 관점에서 사유된다는 가정을 확인할 수 있다. 사물들을 위치들의 계기라는 관점에서('이전', '이후' 등) 발생하는 것으로 보는 것은 공간능력을 전제하는 것이다. 시간은 병치(동시성)와 외부성(계기)의 관계들에 의해 좌우되는 이산적 다양체의 관점에서 사유된다. 칸트는 우리가 현상들을 비워 낸 것으로 시간(동시적으로나 계기하는 것으로 관련된 실제적 사물들을 비워 낸)을 생각할 수는 있지만 우리 감성의 조건들에서 시간 자체를 제거할 수는 없다고 계속해서 주장한다. 시간은 대상들이 우리에게 현상하는 방식에 있어 "대상들의 가능성의 보편적 조건"이다. 시간의 공리들이나 원리들은 경험에서 도출될 수 없는 것인데, 만약 그렇다면 이것들은 경험에 엄격한 보편성도 필연적인 확실성도 줄 수 없을 것이기 때문이다(*CPR*, B47). 앞서 말한 것처럼 공간과 동일한 방식으로 시간은 본질적으로 하나이다. 시간의 단일한 차원은 칸트에게 계기의 관점에서 발생하는 각기 다른 시간들의 차원이다. "다른 시간들은 하나이고 동일한 시간의 일부이다."(B47) 이러한 명제는 시간에 대한 우리의 직관과 표상 안에 포함된 종합적인 것이다. 그러므로 시간의 무한성 ──시간은 한정됨이 없다는 점 ──에 대해 말하는 것은, 모든 한정된 시간량은 "그것을 뒷받침하는 하나의 시간에 대한 제한으로만 가능하다"(B48)는 것을 의미한다. 이러한 표상은 무제한적인 것으로 주어져야만 한다. "한 대상이 그 부분들과 시간량에 있어 제한들을 통해서만 규정적으로 표상될 수 있다면, 전체 표상은 개념에 의해서는 주어질 수 없다. 개념에는 부분적인 표상들만 포함되어 있을 뿐이기 때문이다. 반대로 이러한 개념들 자신이 직접적 직관에 기대고 있어야 한다."(B48, 강조는 인용자) 시간의 무한성은 오직 우리의 직관에 있는 것이지, 다른 데 있는 것이 아니다.

이어서 칸트는 변화alteration와 공간이동의 개념들을 이러한 시간의 직관과 표상에다 위치시킨다. 시간은 그 자신은 변화하지 않는 변화의 형식이다(변화 자체는 그러므로 초월론적 경험의 자료들 사이에서 생각될 수 없다). 이 점은 이후에 비판서의 '분석론' 부분에서 다시 제시된다. 여기서 칸트는 시간을 내적 직관의 영속적인 토대로 구성해 내면서(A182/B225), '항상' 존재해야 하는 '근저의 바탕'으로 논한다(A182/B226). 변화의 바탕으로서 시간은 토대나 영속적 실체로서 머무른다Bleibendes. 지속의 관념은—앞서 말한 것처럼 경험 가능성의 초월론적 조건으로 제시될 때—우리가 시간 안에서 변화들을 표상할 수 있게 하는 영속적인 토대를 준다. 따라서 칸트는 "변화는 시간 자체에 작용하지 않으며, 시간 안의 현상들에만 작용한다"(A183/B226)고 말한다. 시간의 양상이 계기라면 "시간의 어떤 부분도 공존하지 않기 때문에 시간의 양상으로서 공존을 배제하게 된다"(A183/B226)는 것이다. 우리는 시간의 영속성을 인지할 때만 변화alteration에 대해 올바르게 이해할 수 있게 되는데, 이는 "생성하고 소멸하는 것은 생성하고 소멸하는 것들의 변화가 아니라는 것이다"(A187/B230). 실체가 생성되고 소멸한다면 시간의 경험적 통일을 보증할 수 있는 하나의 조건을 폐기하게 될 것이며, 이는 곧 현상들이 두 가지 다른 시간들과 두 평행적 흐름들 안에 있는 실존에 관련될 수 있게 됨을 의미하는데, "이는 불합리한 것"이라고 칸트는 말한다. 그러므로 오로지 단 하나의 시간만이 있을 수 있고 여기에 모든 상이한 시간들이 위치지어질 수 있는 것이다(공존이 아닌 계기의 시간). 여기서 칸트의 실체에 대한 논의는 현상appearance의 영역이라는 층위에서 이루어진다는 점을 지적할 필요가 있다. [이렇게 볼 때] 실체는 실재하는 것의 존재가 아니라 현상하는 것의 존재라 말할 수도 있겠다. 이는 현상학적인 것과 존재론적인 것의 뚜렷한 대립이 칸트에 의해 만들어졌다고 말하려는 것이 아니다. 오히려 제1비판서가 논증하려 했던 것이 존재론의 현상학적 조건들이었다고 볼 수 있지 않을까 하는 것이다. "[…] 오성이 아 프리오리하게 얻을 수 있는 최대치는 가능한 경험 일반의 형식을 예취하는 것이다. […] 그것의 원리들은 현상appearances을 설명하는 법칙들에 불과하므로, 하나의 존재론Ontology이라는 자랑스러운 이름은 […] 따라서, 순수 오성의 분석론이라는 겸손한 이름으로 대체되어야 할 것이다."(A247/B303)

공간과 같이 시간은 경험적 실재성과 초월론적 이념성을 모두 지니는 것이라 할 수 있는데, 시간이 경험의 주관적 조건이라 해도 그 현상학적 존재는 모든 현상들과 우리의 경험 안에 들어올 수 있는 모든 것들에 대해 객관적이기 때문이다. 우리는 대상들이 시간 '안'에 있다기보다는 대상들이 특정한 시간적 관계들(과거, 현재, 미래 등) 안에 포함된 것으로 우리에게 현상하며[나타나며], 감성적 경험이 지성적 경험이 되려면 그러한 방식으로 현상해야 한다고 말해야 하는 것이다. 시간은 절대적이지는 않으나 상대적인 실재성을 지닌다. 실재성은 우리의 직관에 상대적인 것이지 사물들 자체에 내속하거나 내재적이라고 할 수는 없는 것이다. 칸트는 시간이 '객체'[대상]로서가 아니라 '표상의 방식[양상]'으로서 실재적이라고 주장한다. 칸트는 자신이, 시간이 단지 환각에 불과하다거나 현상이 환영과 동일하다고 주장하고 있지 않다는 것을 보이기 위해 이 점을 강조한다. 선-경험적 *a priori* 지식[인식]에 '객관적 실재성'을 부여하는 것은 '경험의 가능성'(A156/B195)이다. 칸트는 자신의 초월론적 관념론을 두 가지 다른 관념론, 즉 자신이 데카르트의 '문제적 관념론'('코기토'를 우리가 할 수 있는 유일한 의심 불가능한 경험적 주장이라고 보면서 자아의 존재 바깥의 대상들에 경험적 실재성을 부여하지 않는)과 버클리의 '독단적 관념론'(모호함 없이 독단적으로 공간 안의 대상들이 상상적인 것이라고 주장하는)이라 부르는 것과 구분한다. 칸트는 독단적 관념론을 반박하기 위해서는 우리가 외부 대상들에 대해 상상만이 아니라 실재적 경험을 한다는 점을 증명해야 한다고 말한다. 즉, 내적 경험이 그 의심 불가능한 측면에서 "외적 경험을 전제해야만 가능하다"는 점을 보여야 하는 것이다. 따라서 "나의 존재에 대한 의식은 동시에 나 외부의 다른 대상들의 존재에 대한 직접적인 의식이다"(B276). 칸트의 기획에 대해서는 그 형식적 성격을 평가하는 것이 중요하다. 그것은 경험의 실제적인 구체성materiality을 초월론적인 방식으로 규정하려 하지 않고 그 형식만을 제시하기 때문이다.

앞서 살펴본 것처럼 시간에 대한 칸트의 설명에서는 지속의 관넘이 논의되고 있다. 그러나 이는 경험 가능성의 초월론적 규정이라는 맥락에서 그렇다. 시간에 계기를 부여하려면 연속sequence을 가능하게 하는 또 다른 시간을 설정해야 한다.

> 시간-계열의 상이한 부분들 안에서 존재는 영속하는 것을 통해서만 지속Dauer이라 칭할 수 있는 크기를 획득한다. 단순한bare 계기 안에서 존재는 항상 사라지고 시작되기 때문에 최소한의 크기도 갖지 못한다. 그러므로 영속하는 것 없이는 시간-관계도 없다. (*CPR*, A183/B226)

그러나 우리가 시간 자체를 지각할 수 없고 현상의 층위에서만 직관적 표상으로서만 지각할 수 있기 때문에 모든 시간 규정들의 토대로 간주되는 이러한 영속적인 것은 지각들의 종합적인 통일성, 즉 경험 가능성의 조건으로 보아야 하는 것이다. 지속은 그 자신은 변화가 아니며, 시간 안에서 변화는 "계속되거나 존속하는 존재의 양상"(A184/B227)이다. 이러한 지속으로서의 영속성은 "단지 우리가 우리 스스로에게 현상[의 영역]에서 사물들의 존재를 재현하는 방식"(A186/B229)이라는 점에 있다. 그러므로 지속은 이 영역에 속하는 것이다. 칸트의 시간에 대한 설명에는 표상들의 시간적 순서와 대상들의 시간적 순서 사이의 구분이 있음을 주목해야 한다. 칸트가 경험의 유비 안에서 인과성이나 실체의 관념들을 설명하는 것은 '객관적 시간-질서'에 대한 현상학적 가정에 대한 요청 때문이다.[82) 그렇지 않다면 주체는 대상들[객체들]을 어떤 규정된 시간적 방식[시간적인 규정]으로도 위치지을 수 없을 것이며, 자신의 내적 상태나 내적 표상들에 대한 경험만을 가질 수 있을 것이다. 시간 안에서 대상들이나 사건들의 객관적 질서의 이러한 규정 ─ 천둥소리를 수반하는 번개의 번쩍임과 같은 ─ 은 현상의 영역에 관해 철저히 현상학적 층위에서 작동하며 보편적 주체에 대해서만 객관적이다.[83]

이제 칸트가 초월론적 분석론에서 제시한 크기로서의 시간에 대한 논의를 간단히 살펴보자. 이는 앞서 이미 실체의 문제와 관련하여 논의된 바 있다. 칸트는 현상을 '직관의 공리'에서 양적인 측면(외연적 크기)에서 다루고, '지각의 예취'에서 질적인 측면(내포적[강도적] 크기)에서 논한다. '예취들'에 있어 우리의 논의와 연관되는 것은 칸트의 '연속량'*quanta continua*으로서 시간과 공간의 개념이다. 앞서 '공리들'을 제시하는 절에서 칸트는 현상의 형식적 측면이 시간과 공간을 아 프리오리한 것으로 조건화하는 시공간적 직관을 포함한다고 주장한다. 이는 잡다의 종합을 수반하며, 이 종합 안에서 "동질적인 잡다의 조합과 종합적 통일성의 의식"(*CPR*, B203)을 통해 한정[규정]적 시간과 공간의 표상들이 산출된다. 이러한 측면에서 모든 현상은 예외 없이 외연적 크기라 할 수 있다. 크기는 부분들의 표상이 전체의 표상을 가능하게 하고 그것에 선행할 때 외연적이라 할 수 있다. 칸트는 선을 표상하는 예시를 든다. 이를 위해서는 먼저 한

---

82) Gardner, *Kant and the 'Critique of Pure Reason'*, p. 172.
83) 이 점에 대한 하이데거의 독해는 매우 유익하다. Heidegger, *Phenomenological Interpretation of Kant's 'Critique of Pure Reason'*(1927-8 lecture course), pp. 100~111, 특히 pp. 101~102.

점에서부터 선의 부분들을 하나에서 다른 하나로 만들어 나감으로써 사유 속에서 선을 그려야 한다. "이러한 방식으로만 직관은 얻어진다."(A163) 이와 유사하게 시간-크기 역시 얼마나 작은 시간의 부분들이 생각될 수 있건 간에, 한 순간에서 다른 순간으로 계기적으로 나아감을 생각함으로써만 산출될 수 있다. 이는 칸트에 있어 모든 현상들이 집합체로서, 즉 "선행적으로 주어진 부분들의 복합체로서"(B204) 직관된다는 것을 의미한다. 시공간이 연속적인 양quanta이라는 점에 대한 칸트의 주장을 이해하기 위해서는 내포적[강도적] 크기에 대해 생각해 보아야 한다. 강도적 크기는 단일성[체]unity으로 파악되는 것으로, 정도들의 다수성[다양체]을 '부정성=0에 대한 접근성'이라는 측면에서 제시하는 것이다(A168). 칸트는 현상의 영역 안에서 모든 실재는 이러한 크기(열이나 색 등의 정도)를 갖는다고 주장한다. 어떤 강도적 크기도 항상 소멸할 수 있다는 점에서 이는 정도의 크기이다. "실재성과 부정성 사이에는 가능한 실재들과 가능한 더 작은 지각들 사이의 연속성이 있다."(B211) 크기의 어떤 부분도 가능한 최소가 될 수 없는, 이러한 크기의 속성을 우리는 연속성이라 부른다. 시간과 공간은 연속적인 양으로 볼 수 있는데 "그것의 어떤 부분도 한계 사이에 닫혀진 것으로가 아니고는 주어질 수 없"기 때문이다. 이러한 한계들이란 칸트가 각각의 부분이 그 자체로 공간과 시간인 점들이나 순간들로 보는 것으로서, "공간은 공간들로만, 시간은 시간들로만 구성된다"는 주장을 도출한다. 점과 순간은 공간과 시간을 한정하는 위치들을 부여한다는 점에서 한계로 작용한다. 여기서 칸트는 얼핏 보기에 완전히 베르그손적으로 보이는 발언을 한다. 이는 시공간에 선행하여 주어질 수 있는 구성 요소들로서 위치들을 가지고 공간과 시간을 구성하는 것이 불가능하다는 점이다. 이는 공간Space과 시간Time의 아 프리오리한 직관이 선행하며, 이것은 시공간의 정도나 부분들([상이한] 공간들의 공간이나 [상이한] 시간들의 시간)을 가능하게 하는 직관이지 그것들에서 파생될 수 있는 직관이 아니기 때문이다. 이러한 크기들은, 그것을 생산하는 정신적 행위——칸트가 생산적 상상력이라 부르는——가 '시간적 진행'의 관점에서 발생하는 한 '유동하는' 것이라 할 수도 있을 것이다. 그러나 시간의 연속성에 대한 이러한 개념화는, 순간들의 진행하는 연속성에만 근거하고 있다는 점에서 베르그손의 지속과 정확히 일치하지는 않는다. 시간의 연속성이 이러한 순간들에서가 아니라 하나의 시간에 대한 직관에서 구성된다 하더라도 말이다.

시간에 대한 물음에 있어 칸트와 베르그손 사이에는 분명 중대한 차이들이 있다. 베르그손이 나의 내적 경험과 사물들의 삶에 공통적인 '하나의 시간'이 있다고 말할 때 이는 칸트가 '하나의' 유일한 시간만이 있다고 강조하는 것과는 동일하지 않다. 베르그손의 단일한 시간은 잠재적 다양체를 의미하는 것이지만, 칸트에서 하나의 시간은 모든 실제적 경험에 선행하는anticipates 불연속성들discreteness의 전체를 가리킨다(베르그손에서 '단일한 시간'이 지시하는 바에 대해서는 다음 장에서 논한다). 베르그손에서 나의 지속은 다른 지속의 긴장이나 리듬에 의해 드러나게 되는데 이는 단지 가능한 경험의 형식만이 아니라 실재적 경험의 구체성materiality을 필요로 한다. 칸트에서 연속성은 크기의 질서라는 측면에서 가정되지만, 베르그손에서는 반대로 강도는 결코 크기가 아니며 공간화된 표상을 통해서만 그렇게 된다. 한 상태의 강도는 양(무엇인가의 많고 적음)이 아니며 그것의 '질적 기호'이다. 베르그손이 관심을 갖는 것은 공간의 관점에서만 생각할 때 시간에 대한 우리의 관념은 어떻게 되는가의 문제, 그리고 우리의 심적인 삶에 대해 그것이 생산하는 왜곡된 이미지이다. 이는 증감하는 양적 크기의 측면에서 생각할 때 잘못 이해될 수밖에 없는 것이기 때문이다.

칸트와 달리 베르그손은 시간이 계기의 연속성뿐 아니라 과거와 현재의 잠재적 공존을 포함한다고 주장한다. 순수 지속은 "우리의 의식적 상태들의 계기가 우리의 자아가 스스로 지속*live*하고자 할 때, 그래서 현재 상태를 그 이전의 상태와 분리시키지 않기 위해"[84] 가정하는 형식이다.[85] 그러나 그 생성의 차원에 있어 자아의 시간에 대한 설명으로서 베르그손의 주장은 적절치 않아 보인다. 베르그손과 칸트의 새로운 종합이 이러한 시간에 대해 좀 더 적실한 개념화의 방식을 제공한다는 것을 7장에서 보일 것이다. 여기서는 칸트의 직선적 시간이 새롭고 놀라운 방식으로 주름 접으면서 시간의 '텅 빈 형식'을 사유하는 방식을 제안할 것이다. 이 특별한 '형식'은 그 자신은 변하지 않으면서 변화의 형식인 칸트의 시간 이미지에서 발견될 수 있다. 직선은 미로가 될 수 있으며 자아의 시간은 현기증 나는 것

---

84) 5장에서 볼 것처럼 베르그손은 진화 개념에 목적성을 들여오는데, 이는 '특별한 의미'에서의 목적성이다.

85) Bergson, *Time and Free Will*, p. 100.

으로 볼 수 있다. 이를 통해 우리는 단순히 공간적 의미의 불연속성이 아니라 임계점들(특이성들)이나 접혀 들고 펼쳐지는 시간을 고려하는 시간의 위상학을 사유하게 된다. 즉, 칸트와 베르그손의 방법을 조합하여 사용하면서 시간[에 대한 관념]을 조작함으로써 우리는 잠재적 자아(시간 '안'에서 스스로 현실적인 법이 없는 자아)를 표상하는 시간 '안에서의' 생성들을 제시할 수 있게 된다. 이는 시간 안에 있는 존재가 된다는 것 ── 주체로서의 시간 ── 과 시간을 지속한다[버텨낸다]는 것이 무엇을 의미하는가에 대한 우리의 개념을 확장함으로써 가능하다.

베르그손은 『시간과 자유의지』에서 칸트의 시간 이해와 자신의 지속 개념을 날카롭게 구별하고 있기는 하지만, 그 역시 지속을 종합하는 의식의 특성으로 본다. 우리 밖에는 공간과 동시성만 있다는 것이다. 베르그손의 사유는 이제 마음과 세계 사이에 놓인 근본적인 이율배반을 극복하기 위한 방식을 탐색하는 것으로 나아가게 된다. 지속은 단지 마음이 세계에 드리우는 형식일 수가 없기 때문이다.

지속의 존재론을 향하여

시간에 대한 베르그손의 사유는 『시간과 자유의지』 이후에 중요한 지점에서 급격히 변화한다. 이 책에서 베르그손은 지속의 경험이 분명 정신적 종합의 행위를 필요로 하기 때문에, 시간은 의식의 현상이며 단지 내적이고 심리적인 것(외적 실재는 공간이다)이라는 관점을 고수한다. 이는 시간을 공간적이지 않고 연속적인 다양체로 개념화한다는 점에서 혁신적인 작업이었다. 『물질과 기억』에서 베르그손은 공간적이지 않은 시간 혹은 지속이 외부 대상들로 확장될 수 있는지 ── 대상들은 자기 고유의 방식으로 지속하는가? ── 에 대해 고찰하면서, (그가 보기에 우리의 지성을 피로하게 할) 물질에 대한 견해를 제시하기는 하지만 [문제에 대한] 입장은 보류하고 있다. 『창조적 진화』에 이르러서야 베르그손은 지속이 "우주에 내재적"이라는 관점을 가지고, 창조적인 (기계적이지 않고, 목적론적이지 않은) 진화를 사유하기 위해서 지속의 관념이 꼭 필요하다는 것을 보여 주려 한다. 또한 베르그손은 물리학이 시간이 제거된 인위적이고 닫힌 체계만을 고려한다는 점을 드러내면서, 우리 스스로를 '전체'의 운동에 적용해 보면 지속을 생명의 진화에 대한 설명 안으로 들여올 수밖에 없다고 말한다.[86]

들뢰즈는 베르그손[의 저작]에서 지속이 점차 심리적 경험으로 환원되기 어려운 것으로 나타나면서, '사물의 가변적인 본질'variable essence of things이 된다고 주장한다. 즉, 지속이 복잡[한 것의] 존재론

---

86) 베르그손의 저작 가운데 특히 난해한 것은 『지속과 동시성』인데, 이에 대해서는 다음 장에서 다룰 것이다. 여기서 베르그손은 지속을 어떤 심리적 의식으로 제한하는 것과 이 의식의 지속을 '단일 지속'의 '비인격적' 시간 ── 애초에 지속의 장으로 이해된 인격적 의식이 '제거된' ── 안에 함축하는 것 사이에서 흔들린다. Bergson, *Duration and Simultaneity*, trans. L. Jacobson and M. Lewis, with an introduction by R. Durie, Manchester: Clinamen Press, 1999, p. 32. 베르그손은 다음과 같이 제한하는 말을 덧붙인다. "비인격적이고 보편적인 시간이 만약 존재한다면 그것은 헛되이 과거에서 미래로 끝없이 연장하는 것이다. 그것은 [처음과 끝이] 일관적인 것이다. 그 안에서 우리가 골라내는 부분들은 단지 그것의 궤적을 나타내고 우리 눈에 그와 동등해 보이는 공간의 부분일 뿐이다. 우리는 펼쳐지는 것이 아니라 펼쳐진 것을 나누는 것이다."

이 되는 것이다.[87] 심리적 경험의 관점에서는 '외부 대상들은 지속하는가?'의 물음이 답할 수 없는 것으로 남겨지게 된다. 외부 사물들은 지속하지 않고 지속이 의식의 현상일 뿐이라면, 지속이 (단지 가상[현상]에 대한) 주관적 규정에 그칠 위험이 발생하는 것이다. 들뢰즈는 이 문제에 대한 베르그손의 서술을 인용한다. "사물들이 우리와 같은 방식으로 지속하지는 않는다 하더라도, 현상이 단번에 만들어지는 게 아니라 하나하나 계기하는 것으로 보이는 어떤 파악할 수 없는 이유가 있음에 틀림없다."[88] [그러므로] 들뢰즈의 과제는 운동이 의식만큼이나 대상에도 속한다는 것을 보여 줌으로써 운동을 심리적 지속과 혼동하지 않게 하는 것이라 할 수 있다. "심리적 지속은 오히려 분명히 한정된 경우이며, 존재론적 지속으로의 개방이다."[89]

이에 들뢰즈가 제기해야 할 물음은 다음의 두 가지이다. 어떤 다양체가 존재론적 지속인가? 또한 어떤 의미에서 여러 지속들이 있다고 말할 수 있으며, 서로 다른 지속들의 다수성(리듬들, 템포들, 수축들 등) 너머에 단일한 시간이 있다는 것을 드러낼 수 있는가? 들뢰즈가 지적하는 것처럼 『물질과 기억』에서는 우주가 변양들modifications이나 동요, 혹은 긴장과 에너지의 변화로 이루어진 것으로 묘사된다는 점에서, 지속들의 근본적인 다수성이 극도로 강조된다. 이것이 지속의 다른 리듬들인 것이다. 심리적 지속은 여러 경우들 중 하나로

---

87) Deleuze, *Bergsonism*, p. 34.
88) *Ibid.*, p. 48.
89) *Ibid.*, pp. 48~49.

서, 특정한 방식으로 명확히 규정된 긴장이라 할 것이다. 들뢰즈는 베르그손의 글에 나타나는 망설임과는 대조적으로 시간Time의 일원론을 확정적으로 내세운다. 베르그손은 적어도 세 가지 입장들을 두고 고민하는데, 첫째, 우리 자신의 지속들의 다양체는 그 밖의 물질적 우주로 연장되는 것이 아니다. 둘째, 우리 외부의 물질적 대상들은 절대적으로 다른 지속들로 구별되는 것이 아니라, 우리의 지속에 참여하고, 형태와 패턴을 부여하는 상대적인 방식으로 구별된다. 셋째, 우리의 의식이나 생명체들, 물질 세계 전체를 비롯한 모든 것이 참여하는 단 하나의 시간 혹은 지속만 있다. 들뢰즈는 마지막 입장을 지지하는데, 이는 상대성 이론과의 만남을 통해 [수립된] 베르그손의 진정한 입장이라 볼 수 있을 것이다.

지속을 우주 전체에 내재적인 것으로 규정articulation한다는 것은 『창조적 진화』에서 베르그손이 닫힌, 혹은 고립된 체계들만을 다루는 물리학이나 화학 이론들보다 생명이나 생명계에 대한 연구를 강조한다는 점을 보여 준다. 진화는 역사를 가지고 있으며, 이에 대한 불가역성 또한 지닌다. 베르그손은 『시간과 자유의지』에서 에너지 보존의 법칙을 심리학의 영역에 적용할 것을 주장하면서 심적 상태만을 기계적이지 않고 비결정적인 것으로 보았으나, 『창조적 진화』에서는 이를 생명의 진화에 대한 논의로 확장하려는 것이다. 여기서 베르그손은 다시 한번 열역학 제1, 2법칙을 들여오는데, 이는 창조적 진화를 사유하기 위해 그 함축을 이끌어 내기 위해서였다.[90] 이 지점을 좀 더 자세히 살펴보기로 하자.

『창조적 진화』는 '우주는 지속한다'는 논의로 시작된다. 베르그손은 "우리가 시간의 본성을 탐구할수록 지속이 발명이며, 형태의 창조이자, 끊임없이 새로운 것을 만들어 내는 것임을 이해하게 된다"(즉, 단순히 부분들의 재배열이 아닌 것이다)고 적고 있다.[91] 또한 동일하게 핵심이 되는 주장으로, "과학이 고립시키는 체계들을 전체 the Whole에 통합한다면 지속을, 따라서 우리와 같은 존재 형태를 부여하지 못할 이유는 없다"는 것이다.[92] 우리의 지각이 명확한 윤곽을 [부여하면서] 대상을 구성해 내는 방식을 생각해 보자. 대상의 명확한 개체성은 공간의 특정한 공간적 지점에 행사할 수 있는 일종의 영향을 그려 내는 것에 불과하다. [여기서] 사물들 간의 전반적인 universal 상호작용은 정지된다(이를 통해 우리는 베르그손이 '전체'라는 말로 의미하는 바가 무엇인지 알 수 있게 된다). 과학 역시 이와 동일한 방식으로 체계들을 포괄하는 전체의 운동에서 이끌어 내어 분리 가능한 체계들을 구성한다. "나는 질점質點, material point들의 닫힌 체계에 있어 미래 상태들을 계산할 수 있으며 이를 그 [체계의] 현재 상태에서 볼 수 있다는 점에 전적으로 동의한다. 그러나 이 체계는 비활성적이고 조직화[유기화]되지 않은 물질에 더해져서 유기체를 구성하는 어떤 전체에서 추출되고 추상된 것이다."[93] 베르그손은 물질 세계가 개별화된 물체들(유기체들)로 만들어진다는 것, 혹은 자연 스

---

90) 열역학 법칙에 관한 베르그손의 입장에 대한 독해는 필자의 『싹트는 생명』(*Germinal Life: The Difference and Repetition of Deleuze*), pp. 60ff, 1장을 보라.

91) Bergson, *Creative Evolution*, p. 11.

92) *Ibid.*

93) Bergson, *The Creative Mind*, p. 103.

스로 상대적으로 닫힌 체계들을 재단해 낸다는 것을 부정하지 않지만, 이는 전체 그림이 아니라 대체로 우리의 정신적인 습관이나 진화론적 요구에 따르는 것, 즉 실재에 대해 우리가 도식적으로 그려 낸 바라 할 수 있다. 오성의 범주들 ─ 과학을 상당 부분 특징짓는 범주들이기도 한 ─ 은 실재의 한 갈래에 접근할 수 있도록 해주지만 다른 갈래들, 즉 그저 '형이상학적'일 뿐이어서 비판을 필요로 한다고 여겨지는 갈래들을 차단한다.

그러므로 이하의 뿌리 깊은 마음의 습관들, 과학이 실재에 접근하는 방식을 구성하는 습관들이 극복되어야 한다고 말할 수 있을 것이다.

a. 변화가 부분들의 배열 혹은 재배열로 환원될 수 있다거나, 불변하는 대상들의 위치 변화일 뿐이라고 보는 관점.

b. 시간의 불가역성은 우리의 무지로 인한 현상일 뿐이며, 되돌려놓는 것의 불가능성은 대상들을 어떤 장소에 다시 가져다 놓을 수 없는 인간의 무능함일 뿐이라고 보는 관점.

c. 시간은 생명계living system에 대해 모래시계만큼의 실재성만을 갖는다는 관점. 우리는 시간을 순간들(수학적인 점들)로 환원하는 일에 집중한다. 이는 시간의 실재성을 완전히 부정하는 것이며, 시간을 공간적으로 사유하는 것이다. 예컨대 상대성 이론에서 측정되는 것은 두 시계의 시간을 읽어 내는 추상적이고 양적인 동시성이며, 어떤 조건하에서 이들을 동시적이라 보아야 하는가를 결정하는 관습에 의거한 동시성이다.

진화에 대한 기존의 지배적인 개념화 방식에는 지속이나 발명이 결여되어 있다. 실현[실재화]됨으로써 존재로 출현되는, 미리 형성된 가능성들만 있을 뿐이다. 베르그손은 다윈주의가 진화론에 중대한 기여를 했다고 평가하면서도, 형태의 각 세대는 존재[실존]의 구체적인 지속의 조건을 반영하는 고유의 역사와 밀접하게 관련된다고 주장한다.[94] 다시 말해서 다윈주의적인 생명의 조건, 적응은 진화하는 생명-형식으로 수립되는데, "이 조건들은 생명이 형태를 생산할 순간에 놓이게 되는 자신의 역사의 국면에 특유한 것이다". 생명이 실제로 기계장치mechanism라고 가정해 보자. 여전히 이것이 어떤 종류의 기계장치인가라는 물음은 남는다. "우주 전체에서 인위적으로 분리될 수 있는 부분들의 기계장치인가, 아니면 실재 전체의 기계장치인가?" 베르그손은 이 물음을 통해 무엇을 말하려고 하는가? 우리가 '실재 전체'를 분할 불가능한 연속성으로 상정한다면 우리가 그 안에서 재단한 체계들은 엄밀히 말해 부분이라기보다는 "전체 위에서 취해진 부분적 관점들"이 된다는 것이다.[95]

지속 전체

우리는 전체의 관념을 구하면서 관념의 정확한 위상에 대해서는 생각해 보지 않았다. 이것이 베르그손주의가 추상적인 형이상학에 머

무르고 있다는 명백한 신호는 아닐까? 또한 지속에 대해 생각한다는 명목하에 우리가 (유한한) 인간적 사유의 한계를 받아들이기를 거부하는 것은 아닐까?

　베르그손주의는 무엇보다도 다원론이고, 경험론이다. 철학의 실천으로서 베르그손주의는 '전체'나 '일자'―者, the One, '이미지'와 같은 전형적인 관념론의 범주들을 사용한다는 점에서 난해한 특성을 지닌다.[96] 이어지는 장에서 이러한 관념들이 '우월한' 경험론을 구성하기 위한 부분으로 기능한다는 점이 드러날 것이다. 예컨대 '전체'는 유기적 전체성totality의 미리 만들어진 기준을 바탕으로 접근할 수 없는 것이다.[97] 다원론자나 경험론자는 탈중심화된 유동적인 연속성의, 움직이는 부분들이나 전체들의 연속성이라는 의미에서만 전체 [관념]을 구하고 요청할 것이다. [이와 같이 생각할 때] 전체들이 주름 접혀 있는 '전체'는 미리 주어진 유기적 통일성을 의미하지 않는다. 또한 이러한 실재 전체는 조정mediation이나 부정, 지양과 같은 변증법적인 용어들로는 생각될 수 없는 것이다. 생명이나 그 진화와

---

96) 이러한 측면에서 베르그손주의는 윌리엄 제임스가 경험론과 합리론 사이의 '가장 풍요로운(pregnant) 차이'를 규정하는 방식을 복잡화하는데, 이는 즉 경험론은 전체들을 부분들로 설명하려 함으로써 다원론으로 기울게 되고, 합리론은 부분들을 전체로 설명함으로써 일원론으로 흐른다는 점이다. James의 *A Pluralistic Universe*, London: Longmans, Green, & Co., 1909, pp. 7~8과 *Some Problems of Philosophy*, Lincoln: University of Nebraska Press, 1996[1911], pp. 35~37을 보라.

97) Deleuze, *Proust and Signs*(the complete text), trans. R. Howard, London: Athlone Press, 2000, p. 131을 보라: "[…] 모든 파편[단편]들을 모으는 로고스는 없으며, 따라서 이들을 되찾거나 형성되어야 할 하나의 전체에 종속하는 법칙은 없다." 또한, "시간은 바로 모든 가능한 공간들 ― 시간의 공간을 포함하여 ― 을 횡단하는 것이다."(p. 130)

관련하여 생각할 때, 전체는 논리적이거나 변증법적인 발전으로 상정될 필요가 없다.[98] 4장에서 볼 것처럼 들뢰즈의 잠재적인 것의 존재론은 이처럼 헤겔적 용어의 바깥에서 작동한다.

들뢰즈는 1966년의 『베르그손주의』에서 "지속의 전체가 분명 있다"고 쓰고 있다.[99] 『시네마 1』에서 베르그손주의로 돌아오는 들뢰즈는 이러한 전체의 본성을 분명히 한다. 전체가 주어진 것도 주어질 수 있는 것도 아니라는 사실이, 그것이 무의미하고 추상적인 관념일 뿐임을 뜻하지는 않는다. 전체가 어떤 의미에서도 주어지지 않는다면, "그것이 '열린 것'the Open이기 때문이며, 그것이 본성상 끊임없이 변하거나 새로운 것을 출현시키는, 즉 지속하는 것이기 때문이다".[100] 우리가 우리의 지속을 드러내거나 하나의 지속이 우리에게 드러날 때마다 "우리는 변화하는 전체가, 어딘가 열려 있는 전체가

---

98) 들뢰즈가 루크레티우스적 경험주의의 보호하에 자연을 사유하면서 수행하는 과제는 '다양한 것을 다양함으로' 생각하는 것이며, 그가 다양성을 종합하는 일자나 전체에 대한 논의를 배제한다는 점에 주목할 필요가 있다. "자연은 집합적이 아니라 분배적이다. [⋯] 속성이 아니라 연접과 관련된다: 그것은 '-임'(is)을 통해서가 아니라 '그리고'를 통해 자신을 표현한다." Deleuze, *Logic of Sense*, trans. M. Lester with C. Stivale, London: Athlone Press, 1990에 실린 Appendix(부록) 2: 'Lucretius and the Simulacrum'(루크레티우스와 시뮬라크르), pp. 266~267. 나아가 필자는, 전체에 대한 베르그손의 사유(심지어 일자에 관한 베르그손주의)는 이러한 경험주의와 양립 불가능하지 않으며, (부정) 신학적 형태를 띠는 거짓 철학을 재도입하지 않는다고 주장할 것이다. 4장에서 논의되는 바와 같이, 베르그손의 열린 전체는 단순 잠재성에 의해 그것에 주어진 것들 —— 제한된 힘이라는 측면에서 —— 을 조합하지 않는다.

99) Deleuze, *Bergsonism*, p. 105.

100) Deleuze, *Cinema 1: The Movement-Image*, trans. H. Tomlinson and B. Habberjam, London: Athlone Press, 1986[1983], p. 9.

어딘가에 존재한다고 결론지을 수 있을 것이다".[101] 지속은 단순히 현상학적 의식의 속성일 수 없는데, 이는 의식이 자신을 전체에, 들뢰즈가 말하듯 전체 지속에 스스로를 개방함으로써만 존재하기 때문이다. 유사하게 그 자체로 스스로를 전체로 간주하는 어떤 생명체를 우주 전체에 비교할 수 있다면, 이는 우리가 두 개의 닫힌 체계들, 즉 하나의 소우주로서 다른 하나를 다루고 있기 때문이 아니라, "그 것이 하나의 세계에 대해 열려 있고, 세계, 우주가 그 자체로 개방성 the Open"이기 때문이다.[102] 순간이 운동에 있어 부동의 단면이나, 변이transition의 스냅샷에 불과하다면, 운동은 지속의 동적인 단면이라 할 것이다. 운동은 질을 결여하는 것이 아니며 ── 예컨대 동물은 목적을 띠고 움직인다 ── 잠재적potential 차이들을 전제한다. 운동은 전체의 상태에 있어 변화가 일어나고 있음을 함축한다. 거북이가 아킬레스에게 추월당했을 때 변화하는 것은 거북이, 아킬레스, 그리고 이 둘 사이의 거리를 포괄하는 전체 상태이다. 들뢰즈는 질적인 변화의 중요성을 강조하고자 한다.

> [⋯] 한 물체의 추락은 그것을 잡아당기는 다른 물체를 전제하며, 둘 다를 포함하는 전체 안에서의 변화를 표현하고 있다. 순수한 원자들에 대하여 생각해 보면, 물질의 모든 부분들의 상호작용을 나타내는 그 원자들의 운동은 필연적으로 전체 안에서의 에너지의

---

101) *Ibid.*
102) *Ibid.*, p. 10. Deleuze, *Bergsonism*, p. 105와 비교.

수정, 간섭, 변화들을 표현한다. 베르그손이 이동의 배후에서 발견하는 것은 진동, 발광이다. 우리의 오류는 운동하는 것이 특질들의 외부에 존재하는 불특정한 요소들이라고 믿는 것이다. 그러나 특질들조차도 이 요소들이라고 하는 것들의 운동과 동시에 변화하는 순수한 진동들이다.[103]

전체 지속이 있다면 이는 관계들로 이루어진 전체이다. 이는 또한 전체가 폐쇄되거나 주어진 것일 수 없게 하는 힘으로서 시간이 작용하는 전체이다. 들뢰즈는 전체를 정의해야 한다면 '관계'를 우선시해야 한다고 말한다. 들뢰즈에게 경험주의는 감성적인 것의 중요성을 주장하여 지성적인 것을 제거하는(무익한 이원론을 발생시키는 완전히 추상적인 제1원리를 상정하는) 이론으로 생각될 수 없는 것이다. 오히려 경험론은 관계들의 외부성에 관한 이론이다.[104] 이는 추상적인 원리나 (머릿속에서 진행되는 일들과 관련된) 마음의 작동에 대한 발견이 아니다. 이는 생명의 운동과 세계의 구성에 관한 '생기적vital 발견'이다. 들뢰즈는 사유하기에 폭력을 가하는 것으로서 하나의 실

---

103) Deleuze, *Cinema 1: The Movement-Image*, pp. 8~9.
104) 외부적 관계의 예시로는 Russell, *The Philosophy of Logical Atomism*, pp. 171~172; Deleuze, *Cinema 1: The Movement-Image*, pp. 10~11 및 *Dialogues*, trans. H. Tomlinson and B. Habberjam, London: Athlone Press, 1987, p. 55 참조. 러셀은 관계 안에 함축된 두 항을 연결하는 '제3의 항'이 아니라고 주장한다('질Giles은 버티Bertie보다 작다' 혹은 '와인은 테이블 위에 있다'). 그렇다면 그것은 구체적이지 않고, 추상적일 것이다. 브래들리(F. H. Bradley)에 대한 제임스의 비판으로 James, *Essays in Radical Empiricism*, pp. 107ff 참조.

험으로 이와 같은 발견을 생각하기 위해서는, [우리의] 사유가 강요당해야 한다고 주장한다. 존재의 세계(무엇'인' 것들의 세계, 즉 하늘은 푸른색'이다', 혹은 신은 '-이다')만 있는 것이 아니라, '바깥의 존재'extra-being나 '사이-존재'inter-being의 세계도 있다. 후자의 세계에서 대상들 사이의 관계를 만들어 내는 '그리고'And는 단순히 접속사가 아니라 모든 관계들에 대응하면서 관계를 관계의 항들이나 항들의 집합 외부에다 가져다 놓는다. '-이다'Is보다는 '그리고'를 사유하는 것이 바로 경험론의 '비밀'이다.[105] 또한 경험론은 다양체를 항들 자체나 항들의 집합 혹은 전체성 안에 거주하지 않는 것으로서 다르게 사유할 수 있는 방식을 제시한다. 다양the multiple이 그저 형용사로서 스스로 변화하지 않는 무언가(술어의 주어)에 고정된 술어[속성]일 필요는 없으며, 명사(각각의 대상에 잠재적으로potentially 내재하는 명사substantive 자체)로 구성될 수 있는 것이다. 관계는 대상들이나 항들 자체의 속성이 아닐뿐더러 끊임없이 변화하는 '개방성'과도 불가분적이다. 들뢰즈는 이러한 전체와 그 안에서 형성되는 전체들을, 인위적인 폐쇄[닫힘]에 항상 종속되는 것으로서 집합들sets(*ensembles*)

---

105) 윌리엄 제임스는 '다원적 경험론'을 '모든 것이 환경'이라는 관념을 통해 정의했으며 (James, *A Pluralistic Universe*, London: Longmans, Green & Co., 1909, p. 90), '그리고'의 관점에서 사유하는 것의 중요성에 대해 다음과 같은 통찰을 제시한다. "실용주의적으로 해석할 때, 다원론은 [⋯] 실재의 여러 부분들이 외부적으로 관련될 수 있다는 것을 의미한다. 우리가 생각할 수 있는 모든 것들은, 그것이 아무리 방대하거나 포괄적이더라도, 다원론적 관점에서 보면 진정한 '외부' 환경이라는 것을 일정 정도 지닌다. 사물은 다양한 방식으로 서로 '함께' 있지만 모든 것을 포함하거나 지배하는 것은 없다. 모든 문장 뒤에는 '그리고'라는 단어가 따른다. 무언가는 항상 [포착되지 않고] 빠져나가기 때문이다."(p. 321)

과 혼동하지 말 것을 주장한다. 하나(집합들)는 공간 안에 있지만 다른 하나(전체와 전체들)는 지속 안에 있다. 이는 집합의 대상들이 공간 안에서의 운동에 의해 위치를 바꾸는 반면, 전체를 변형시키고 질적 변화를 발생시키는 것은 관계들이기 때문이다. 운동은 두 측면을 지닌다. 질적으로 변화함으로써 지속은 대상들로 나누어지고, 대상들은 자신의 윤곽을 잃어버리면서 "지속 안에서 합해진다". "그러므로 우리는 운동이 닫힌 체계의 대상들을 열린 지속과 관련짓고, 지속을 [지속이] 개방하기를 강요하는 체계의 대상들과 관련짓는다고 말할 수 있다. 운동은 대상들 사이에서 구성되고 그 대상들을 운동이 표현하는 변화하는 전체와 연관시키는데, 이는 역으로도 성립한다."[106]

들뢰즈는 關係[관계Relation]에 관한 경험론적 설명을 도입함으로써 [관계라는] 문제에 대해 논리주의나 단순 연합주의(공간 안에 기계적으로, 추상적으로 병렬된 불연속적인 요소들)가 아닌 베르그손주의의 시각(지속으로서의 시간, 열린 전체의 잠재적 다양체)에서 접근할 수 있는 새로운 관점을 보여 준다. 집합들이나 닫힌 체계들은 정의상 식별 가능한 대상들이나 구별되는distinct 부분들로 한정된다. 베르그손주의가 경험적 가치에 있어 한계를 지적하는 부분이 바로 이러한 식별 가능성과 구별성distinctness에 대한 강조이다. 이는 우주의 한 국면, 즉 우리의 오성이 주의를 집중할 수 있는 한 국면에만 적용

---

106) Deleuze, *Cinema 1: The Movement-Image*, p. 11.

될 수 있기 때문이다. 이 때문에 베르그손주의에서는 전체의 관념이 요청되는 것이다. 들뢰즈는 다음과 같이 정리한다.

전체는 닫힌 집합이 아니다. 반대로 그것은 집합이 결코 절대적으로 닫히지 않도록, 결코 완전히 격리될 수 없도록 하는 것이며, 흡사 아주 가는 실 하나가 그것을 나머지 우주에 매어 놓고 있듯이 그것을 어딘가 열려 있게 만드는 것이다.[107]

집합론이 현행적이고 공간적인 다양체의 측면만을 고려하는 것과 달리, 베르그손주의는 잠재적 다양체들을 사유한다는 점에서 혁신적이다.[108] 베르그손의 철학은 집합적 사유가 이러한 잠재적인 열린 전체 혹은 들뢰즈가 '내재면'plane of immanence이라 부르는 것으로부터 특정한 방식으로 추출 혹은 추상된 것을 대표하는 것이라는 점을 보여 줌으로써, 그러한 사유의 가능성에 관한 설명을 제시하기도 한다. 닫힌, 유한한 집합은 이러한 면의 부분들이 외부성을 지니기 때문에 가능해지는 것이다. 그러나 이 면 자체는 집합이 아니며, '모든 집합들의 집합'이라는 역설 혹은 문제를 중심으로 하는 모순을 벗어나 있다. 체계들의 부분들을 넘어서서 다른 체계들을 연결시킴으로써 절대적으로 닫힌 것이 되지 않도록 하는 열린 전체는, 집합

---

107) *Ibid.* 실에 관해서는 Bergson, *Creative Evolution*, pp. 10~11과 비교할 것.
108) G. Deleuze and F. Guattari, *What is Philosophy?*, trans. H. Tomlinson, London: Verso, 1994[1991], p. 127.

론적 지식으로는 접근할 수 없다.

> 내재면은 각 체계의 부분들 사이에서, 그리고 하나의 체계와 다른
> 체계 사이에서 성립되는 운동(운동의 바깥면)으로서, 그것은 그 모
> 두를 가로지르며, 그들을 뒤섞고, 그것들이 절대적으로 닫히지 못
> 하게 하는 조건을 부과한다. […] 이는 기계론mechanism이 아니라
> 기계주의machinism다.[109]

집합이나 닫힌 체계에 대한 인위적인 나눔은 근거 있는well-
founded 환영을 바탕으로 한다. 상대적으로 닫힌 체계들이 존재하는
것은 물질 스스로의 유기물화[조직화]에 의한 것임에도, 우리가 공간
적 습관의 적절한 배치를 통해 이 체계들을 우리에게 필요한 것으로
만들어 버린 것이다. 들뢰즈가 지속을 열린 전체의 자유로운 운동으
로 규정하고, 어떤 특정한 체계의 영역 안에도 위치시키지 않으려 했
던 것도 이 때문이다.

들뢰즈는 이러한 내재면이라는 관념이 베르그손과 동떨어진 것
처럼 보일 수 있다는 점을 인정하면서도, 자신이 베르그손에게 충실
하다는 점을 강조한다.[110] 베르그손이 윌리엄 제임스에게 (1903년
3월 25일에) 보낸 서신에 나타난 몇 가지 사항들을 보면, 베르그손에
대한 들뢰즈의 곡해bending와 그가 주장하는 이러한 시도의 충실성

---

109) Deleuze, *Cinema 1: The Movement-Image*, p. 59.
110) *Ibid.*, p. 226, note 11.

이 어느 정도 그럴듯해 보인다. 이 편지에서 베르그손은 '단순 논리' 와 '전체의 통일성을 자명한 것으로 가정하는, 지나치게 질서 정연한over-systematic 철학의 방법들'을 넘어설 필요성에 대해 언급한다. "참된 긍정의 철학이 가능하다"면 "이를 통해서만 가능하다"는 것이다.[111] 필자는 '긍정의' 철학이, 전체를 개념화함에 있어 진정 실험적인 철학을 의미한다고 본다. 이는 받아들이거나 거부할 수 있는, 형이상학의 닫힌 체계와 대조된다. 베르그손은 "무한히 점진적으로 나아갈" 수 있는 형이상학의 열린 체계의 가능성을 보고 있는 것이다.[112]

내재면은 '기계론'이 아닌 '기계주의'와 관련된다. 만약 닫힌 체계들만이 있고, 생성이 그러한 체계들의 자기-주도적 운동으로 환원 가능한 것이라면 이는 기계론이라 해야 마땅할 것이다. '기계주의'가 무엇에 의거하고 있는지 아주 분명하지는 않지만, 이것이 변증법적 유기체론의 관점에서 (지속의, 창조적 진화의) '전체'를 구성하거나 '전체'에 접근하지 않으려는 들뢰즈의 의도를 반영하고 있다는 점은 분명하다. 기계주의는 경험주의나, 항들에 대해 외부적인 관계들의 이론에 우선성을 부여하는 들뢰즈의 노력이 드러나는 한 측면인 것이다. 들뢰즈가 이러한 특정한 면인 내재면을 탐구하려는 것

---

111) Bergson, *Mélanges*, p. 589. 후자의 번역과 5장에서 다루는 회프딩(Harald Høffding), 들라트르(Floris Delattre)에게 보낸 베르그손의 서신들의 번역에 대해서는 멀리사 맥마흔(Melissa McMahon)에게 깊은 감사를 표한다. 맥마흔은 앞으로 나올 *Bergson: Key Selected Writings*의 개정판(ed. K. Ansell Pearson and J. Mullarkey, London: Continuum)[2002년 출간]에 실릴 베르그손 서신 번역의 미간행본을 너그럽게 제공해 주었다.

112) Bergson, *Mélanges*, p. 652.

은 경험주의적이고 다원주의적인 이유들 때문이다.[113] 내재면은 그 자체로 동적이고 시간적인 단면이며 관점이라 할 수 있는데, 이는 '시공간의 권역bloc'으로서 내재면 안에서 발생하고 있는 운동의 시간이 또한 모든 시간의 일부이기 때문이다. 그러나 이러한 일원론이 권역들이나 동적인 단면들의 무한한 계열, 즉 '[내재]면의 현현들 presentations'[114]이 있다는 점과 충돌하지는 않는다. 오히려 일원론은 다원론의 관점에서만 적절하고 적실하게 논의될 수 있다. [한편] 이 면이 내재성의 면인 것은 그것이 표현하는 운동이 열린 전체의 지속의 운동이기 때문이다. 이 전체는 끊임없이 생성하고 변화하며, 이것을 초월하는 것은 없으나 이것 자체는 초월성의 힘이 아니다. 이러한 용어들을 통해 생각할 때 내재성은 자신에게만, 즉 항상 생성하고 변화하는 열린 전체의 운동에만 내재적이라 할 수 있다(이는 물질에도 정신esprit에도 내재하지 않는다). 이에 대한 논의가 이어지는 두 장에서도 진행될 것이다.

---

113) 여기서 우리는 칸트가 인간 이성의 범위에 있어 '면'과 대조되는 영역(sphere)의 이미지를 통해 접근한다는 점에 주목할 수 있는데, 이는 그가 지식의 지평이 지식만큼이나 좁은 경험의 장으로 한계지어진다고 생각하기 때문이다. 면에 대한 칸트의 거부에 대해서는 *CPR*, A762/B790 참조.

114) Deleuze, *Cinema 1: The Movement-Image*, p. 59.

2장 '실재적인 것의 생명/삶'과 단일한 시간
: 상대성 이론과 잠재적 다양체

시간은 그것이 아무것도 아니라고 소리 높여 주장하는 자들에게까지 자신의 경이적인 실재성을 드러낸다. (셸링, 『세계 연대』*Ages of the World*, 1813)

아이온은 과거-미래로서, 추상적인 순간의 무한한 나눔 안에서 자신을 끊임없이 양방향으로 단번에 흩뜨리면서 영원히 현재를 피해 가는 것이다. 어떤 현재도 모든 체계들의 체계, 혹은 이상 집합 abnormal set으로 생각되는 우주Universe에 고정될 수 없기 때문이다. (들뢰즈, 『의미의 논리』, 1990, p. 77)

베르그손의 철학은 모든 것이 긴장 속에서의 변화이며 그 외엔 아무것도 아니라는 우주론에서 승리를 거둔다. (들뢰즈, 「베르그손에서의 차이 개념」, 1956; *The New Bergson*, p. 59)

이 장에서는 고대 철학과 현대modern 과학에 나타나는 사유의 공간적 습관들에 대한 독해라는 맥락에서 지속에 대한 베르그손의 사유를 살펴볼 것이다. 이는 베르그손과 상대성 이론 사이의 만남의 본질을 더 잘 이해하기 위한 토대를 제공할 것이며, 이 만남을 통해 베르그손 사유의 강점과 한계점이 상당 부분 드러나게 될 것이다. 베르그손으로 넘어가기 전에 우리는 아인슈타인에 대한 포퍼Karl Popper의 독해를 먼저 살펴볼 것이다. 상대성 이론이 시간의 공간화에 의존한다고 비판한 것은 베르그손만이 아니다. 포퍼 역시 자신 이전에 베르그손이 그랬듯이, 이를 보여 주기 위해 고대의 사유라는 원천에 의존한다. 포퍼는 '아인슈타인은 파르메니데스적인가?'라는 단순한 물음을 제기한다. 우리는 [뒤에서] 변화의 실재성을 옹호하는 포퍼의 입장이 지니는 힘과 한계를 모두 보게 될 것이다. 포퍼의 논제는, 베르그손이 그랬던 것처럼 상대성 이론이 그 모든 새로운 통찰들에도 불구하고 또 다른 방식으로 시간을 공간화한다고 주장한다는 점에서 고찰할 만하다.

베르그손과 아인슈타인의 만남은, 물리학자와 철학자가 시간에 관한 견해를 나누었던 1922년 4월의 콜레주 드 프랑스에서 실제로 이루어졌다. 아인슈타인은 이러한 교류에 대해, 물리학자의 시간과 철학자의 시간 사이에 메울 수 없는 골이 있다는 결론을 내렸다. 철학자의 시간은 자신에게 완전히 미스터리라는 것이다. 양자 사이의 좁혀지지 않는 차이는 시간에 관한 물음에 있어 철학과 물리학의 관계를 다시 한번 확인하는 것이었다.[1] 상대성 이론은 모든 물질이 동시적으로 실재하는 특정한definite 현재 순간(절대적인 현재)을 상정하는 모든 이론에 치명적인 타격을 가했다.[2] [사실] 인간의 마음은 우주 전체에 퍼져 있는 거대한 동시적인 '지금'Now이라는 관념에 익숙해져 있다. 아인슈타인은 시간의 흐름이나 시간의 실재성을 믿지는 않았지만, 순간이라는 가상fiction은 고수하고 있었다. 순간들의 동시성이 바로 상대적인 것이라고 본 것이다. [그렇다면] 다음의 물음을 계속해서 제기할 수 있다. 아인슈타인은 시간을 공간화하였는가? 혹은 들뢰즈의 베르그손주의의 용어로 좀 더 정확히 말해, 상대성 이론은 잠재적인 것과 실재적인 것을 혼동하였는가? 이 물리학자[아인슈타인]는 시간이 독립적인 의미를 지니지 않는 시공간space-time [관념]을 제시한다. 반면 이 철학자[베르그손]는 이러한 시공간이 사실은 공간화된 시간으로서 전혀 시간이 아니라고 본다. 이에 대해 이 물리학자는 다시, 이 철학자의 시간이 현상학적이거나 심리적인 것일 뿐이라고 반박한다. 이러한 난점을 넘어설 수 있는 시간에 대한 사유방식이 있을까?

---

1) 폴 데이비스는 『시간에 대하여』라는 책에서 결정론을 고수하고 시간의 흐름을 부정하는 데 있어 아인슈타인이 뉴턴이나 라플라스(Pierre Simon Laplace)와 과연 다른지를 묻는다. Paul Davis, *About Time: Einstein's Unfinished Revolution*, Harmondsworth, Middlesex: Penguin, 1995, p. 283. 그러나 필자가 보기에 이러한 문제제기는 부적절한데 이는 그가 "가장 훌륭한 수수께끼는 물리적 시간과 주관적 혹은 심리적 시간 사이의 역력한 불일치에 관한 것"이라고 제안하는 지점에서 나타난다. 이는 곧 우리가 주관적 혹은 심리적 시간이 무엇이고 어떻게 구성되는지 이미 알고 있다고, 또한 소위 '현상학적' 시간 경험을 통해 알 수 있는 것은 시간이 '흐른다'는 것뿐이라고 가정하는 것이다.

2) 들뢰즈의 '순수 형식의 텅 빈 시간'(아이온) 개념에 따르면 절대적 현대의 우위는 급진적으로 소멸되는데, [이런 의미에서] 이 개념은 상대성 이론의 혁명을 인지하는 것이다. Deleuze, *Logic of Sense*, trans. M. Lester with C. Stivale, London: Athlone Press, 1990, 특히 Twenty-Third series, pp. 162ff 참조.

이 장에서는 두 가지 과제를 다룬다. 포퍼와 베르그손 모두가 상대성 이론에 대해 지적하고 있는 공간화의 문제를 고찰하고, 잠재적 다양체로 시간을 개념화하는 것이 물리학에 영향을 줄 수 있다면 그것이 무엇인지를 명시하는 것이다.[3] 우리는 모든 입장들에 대해 공정하게 접근하고자 한다.

파르메니데스에 대한 포퍼의 독해

포퍼 사후에 출판된 전집 『파르메니데스의 세계』 6장은 파격적인 주장으로 시작된다. 서구 문명은 과학, 특히 코페르니쿠스, 갈릴레오, 케플러, 뉴턴이 기반을 마련한 과학에 근거하는 문명이며, 이러한 과학은 그리스[문명]의 연장선상에 있다는 것이다. 이렇게 볼 때, 뉴턴에 대해 말할 수 있는 것은 시공간space-time에 대한 사유에 있어 파르메니데스적인 아인슈타인에 대해서도 말할 수 있는 것이 된다. 포퍼는 소크라테스 이전의 철학자들이 몰두한 것은 우주론적 물음 — 탈레스, 헤라클레이토스 등은 모두 이 주제에 대해 다양한 견해를 내놓았

---

3) 들뢰즈는 과학과 철학이 다른 두 종류의 다양체와 관련됨으로써 서로 분리된 동시에 연결되어 있다고 일관되게 주장했다. "비록 과학적 형태의 다양체 자체가 다양하지만, 이는 베르그손이 지속으로 정의하는 특수한 지위를 차지하는 엄밀히 철학적인 다양체들은 포함하지 않는다. 지속 혹은 '융합의 다양체'는, 혼합물을 질서짓고 변수 또는 독립 변수들을 가리키는 공간, 수 및 시간의 다양체와 대조적으로 변이들의 불가분성을 나타낸다. 따라서 과학적 및 철학적, 담론적 및 직관적, 외연[연장]적 및 강도적 다양체들 사이의 이 대립이 과학과 철학 사이의 조화, 협조 가능성 및 상호적 영감을 고려하는 데 적합한 것이다." Deleuze and Guattari, *What is Philosophy?*, trans. H. Tomlinson, London: Verso, 1994, p. 127.

다(모든 것은 물이다, 모든 것은 불이다) ── 그리고 인식론[지식이론]적 물음이었지 존재론은 아니었다고 주장한다. 이들에게 일차적인 문제는 존재의 문제가 아니라 변화의 문제였기 때문이다. 이 두 가지는 그리스적 사유에서 서로 뗄 수 없이 연관된 것이다. 이 책의 첫 장에서 포퍼는 "모든 학문은 우주론이다"라고 쓰고 있다(비트겐슈타인의 『논리-철학 논고』는 그에 따르면 언어철학의 실행으로서가 아니라 우주론에 관한 논고로서 흥미로운 것이다). 포퍼는 우주론에 관한 그리스적 사유에서 비판적 합리론의 씨앗을 발견한다.

포퍼에게 있어 존재론이란 없는 것이기 때문에, 변화의 문제 또한 존재론적이기보다는 우주론적인 것이다. "우리는 파르메니데스의 문제를 우리의 세계가 변화하는 우주인가, 생기 없는 닫힌 우주인가의 문제로 설명해 볼 수 있다. 또한 이는 존재의 문제나 '존재'being라는 용어의 문제, 혹은 연결사 '~이다/있다'is의 문제가 아니라 우리 우주의 특성에 관한 문제다."[4] 그러므로 포퍼에게 변화나 시간의 본성은 심리적인 것이나 의식의 문제로 한정되는 게 아니라 우주와 관련된다. 시간과 변화에 관한 물음은 우주론과 진화에 관한 물음인 것이다. 존재론에 대한 거부 혹은 부인은 포퍼의 사유에 깊이 뿌리박혀 있으므로 여기서 그 이유를 모두 살펴보기는 어렵다. [여기서는] 파르메니데스적 합리론과 관련하여, 포퍼가 생성의 존재론을 용인하지 않는다는 사실이 그의 비판적 대응의 범위를 심각하게 제한한

---

4) K. R. Popper, *The World of Parmenides*, ed. A. F. Petersen and J. Mejer, London: Routledge, 1998, p. 114.

다는 점만 간단히 지적하기로 한다.

엘레아학파의 파르메니데스B.C. 515~445는 포퍼에게 있어, 「자연에 관하여」라고 불리는 철학서를 주된 저서로 하는 자연철학자이다. 여기서는 아낙시만드로스나 헤라클레이토스와 같은 이오니아 학파의 저작들, 선조들[의 과업]이 암시된다. 「자연에 관하여」는 '진리의 길'The Way of Truth과 '억견의 길'Way of Opinion(doxa)이라는 두 개의 주요 부분으로 이루어진 시의 형태를 띤다. 여기서 [정의의 신] 디케는 파르메니데스에게 진리의 세계와 가상의apparent 세계 사이의 구분에 대해 알려 준다.[5] 첫번째 세계인 진리의 세계는 합리론적, 반-감각주의적 인식론에 의해 만들어지는데, 이는 변화가 환영이라는 주장을 가능하게 하는 논리적 증명으로 이어진다. 세계는 아무것도 일어나지 않는 거대한 부동의 구체globe인 고체 덩어리로 되어 있다는 것이다. 과거나 미래는 없다. 생성과 변화, 운동과 발전, 다채로운 대비의 (빛과 어두움, 성장과 부패의) 세계로 파악되는 세계는, 환영의 베일에 사로잡힌 평범한 유한자들ordinary mortals의 세계인 것이다.

파르메니데스 당대의 사람들은 모두 그의 체계가 [일종의] 스캔들이 될 만한 역설("변화는 실재하지 않는다")을 일으킨다고 생각했다. 이는 파르메니데스적 사유에 영향을 받은 제논의 역설이 오늘날까지도 스캔들이 되고 있는 것과 마찬가지다.[6] 여기에는 분명 무엇

---

5) 이 시는 플라톤의 『파르메니데스』에서 논의된다.

6) 예컨대 R. Morris, *Achilles in the Quantum Universe: The Definitive History of Infinity*, London: Souvenir Press, 1997을 볼 것.

이 상식적인가에 관한 논쟁이 있다. 베르그손에게 있어 상식은, 운동motion을 환영이라고 보는 제논의 관점으로 대표된다. 현대 세계에서 스캔들이 되는 것은 오히려 헤라클레이토스적인 관점인데, 이것이 재현[적 사고]라는 우리의 뿌리 깊은 습관을 넘어서는 것이기 때문이다. 『파르메니데스』편에서 감각주의에 대한 반대recoil는 주기에 따라 달이 차고 기우는 것에 대한 관측이 거짓이라는 발견에 의거한다. 달의 외견상 변화는 환영들이므로, 변화나 운동에 대한 명백한 관찰도 전혀 신뢰할 수 없다는 결론이 도출되는 것이다. 달은 항상 동일한 크기와 모양을 갖는 구체globe이다. 물론 이러한 발견은 또 다른 관찰, 즉 달은 태양에게서 빛을 받는다는 관찰 없이는 도출될 수 없다. 달의 외견상 물질적인 변화는 결국 그림자 놀이에 불과한 것이 된다. 그러므로 관찰은 [다른] 관찰의 오류를 포함할 수도 있는 것이다. 여기서 포퍼의 관심은 어떻게 이 모든 것이 그가 파르메니데스 사유의 특성으로 보는 논리적 추론을 통해서만 수립될 수 있는가의 문제다.

이에 파르메니데스는 모든 변화와 운동이 환영이라는 결론에 이르게 된다. 운동이 불가능하다는 증거는 경험 독립적이고a priori 엄격한 논리적 용어들, 그리고 논박의 형식을 통해 성립한다. 증명에 있어 경험적인 것은 없다.[7] 이는 가설-연역적이고 반-실증주의적이다.[8] 추측과 논박을 만들어 내는 방식으로 과학을 실천한다는 점에

---

7) Popper, *The World of Parmenides*, p. 86.

8) *Ibid.*, p. 126.

서 포퍼는 결정적인 측면에서 비판적 합리주의자다. 파르메니데스는 인식론을 철학적 사유의 중심에 두고, "상식, 개연성, 경험과 전통보다는 순수한 사유, 비판적인 논리적 논변을" [강조하는] 합리론의 강령programme을 제시한 최초의 인물이다.[9] 그러나 그 역시 변화를 환영이라 본 점에 있어서는 오류를 범했다. 포퍼는 변화가 환영일 수 있지만, 이는 실재적 환영*a real* illusion이라고 말한다. [여기서] 포퍼는 애매하고 모호한 입장에 이르게 된다. 물론 환영이 실재적일 수는 있지만 문제는 우리가 변화를 어떻게 구성하는가, 우리가 시간의 조건을 주체성이라는 측면에서 이해하는가, 또한 이러한 주체성이 지속 자체(물질의 구체적 긴장과 수축들이라는 관점에서)에 근거하고 있고 함축하고 있음을 보여 줄 수 있는가의 여부를 가려내는 데 있다. 우리는 이러한 환영이 어떻게 발생하는지에 관한 설명을 제시하는 것으로 만족할 수도 있지만, 변화가 실재하며 동결된 부동성이 지속을 사유함에 있어 우리 지성의 무능함 때문에 만들어진 환영임을 보일 수도 있을 것이다. 이것이 바로 베르그손의 이행 방향이다.

포퍼는 자신이 비판적 합리론자이자 실재론자임을 고백한다. 포퍼는 파르메니데스가 뉴턴에서 아인슈타인과 슈뢰딩거에 이르는 현대modern 과학에 중대한 영향을 끼쳤다는 점을 주장한다. 신-파르메니데스적neo-Parmenidean 전통에 대해 포퍼가 반대하는 이유 중 하나는 그것이 합리론을 한정시킨다는 점, 즉 과학은 불변의 것[상수] 혹

9) *Ibid.*, p. 159.

은 변화 가운데에서도 변하지 않는 것에 대한 탐구에 한정된다는 점 때문이다. 과학을 제한짓는 것에 대한 이러한 반대는 합리론에 대한 비합리론자들의 공격에 가치 있는 측면이 있을 수 있다는 점을 인식하는 것이 그에게 있어 왜 필요한가를 설명해 준다. [포퍼는] '창조적' 혹은 '창발적인'emergent 진화를 이야기한 비합리론자들이 지니는 중요성을 보았다.[10] 이것은 베르그손에 대한 암시일 수도 있지만 포퍼의 관점에서 소위 비합리론에 대한 양보 이상[의 수용]을 드러낸다.[11] 이는 파르메니데스적 합리론의 관점에서 변화의 문제를 적합하게 다룰 수 없다는 점에 근거한다. 포퍼가 보기에 비합리론적 대안들의 문제점은 어느 한 사람도 제대로 된 생성이론을 내놓지 않았다는 점인데, 여기서 제대로 된 생성론이란 합리적이고 비판적으로 논의될 수 있는 이론을 의미한다.[12]

---

10) *Ibid.*, p. 154.

11) 베르그손 외에도 포퍼는 로이드 모건(Lloyd Morgan)의 '창발적 원리'로부터 창발적 진화의 관념을 이끌어 낸 새뮤얼 알렉산더(Samuel Alexander) 역시 염두에 두었을 수 있다. 알렉산더는 1916~18년에 기퍼드(Gifford) 강의를 했으며 이는 1920년에 『공간, 시간, 신성』(*Space, Time, and Deity*)으로 출판되었다. 알렉산더, 베르그손, 아인슈타인, 화이트헤드 등에 관한 재미있는 설명으로는 Wyndham Lewis, *Time and Western Man*, London: Chatto & Windus, 1927이 있다. 창발적/창조적 진화의 개념은 K. R. Popper and J. C. Eccles, *The Self and Its Brain: An Argument for Interactionism*, London: Routledge, 1990, pp. 15~16에도 나온다.

12) Popper, *The World of Parmenides*, p. 172.

변화의 문제

변화의 문제는 다음과 같이 나타낼 수 있다.

1. 모든 변화는 무언가의 변화이다. 변화하는 어떤 것이 있어야 하고, 변화하는 동안 그것은 자기 자신과 동일한 것으로 남아 있어야 한다. 그러나 동일한 것으로 남아 있다면 그것이 어떻게 변화할 수 있는가? (변화는 실제로는 절대로 변화하지 않는 어떤 것a thing, 실체의 속성이다.)

2. 헤라클레이토스의 해답은 다음과 같다. "모든 것은 흐르며, 정지해 있는 것은 없다." 이는 변화하는 것이 '어떤 것/대상들'things 이라는 것을 부정하면서, [변화하는] '것/대상들'이란 없고 변화와 과정들만이 있다는 것을 드러낸다. 이는 또한 자아에도 적용되는데, 헤라클레이토스가 "나 자신을 살펴보았다"라고 말할 때 그가 살펴본 것은 어떤 대상이 아니라 과정들이며, 만약 그 과정이 정지한다면 우리 역시 [우리 자신이기를] 멈추게 되는 것이다. 우리는 대상들이 아니라 타오르는 불 혹은 불꽃이다. 니체가 『차라투스트라는 이렇게 말했다』에서 경구를 빌려 말한 것처럼, "너는 너 자신의 불꽃에서 스스로를 불태울 준비를 해야 한다. 네가 먼저 재가 되지 않는다면 어떻게 새로워질 수 있겠는가?"('창조자의 길에 대하여') 우리는 변화에 관한 물음에 있어 베르그손이 변화하는 대상들 없이 변화를, 운동체를 포함하거나 요구하지 않는 운동[의 관념]을 생각해야 할 필요성을 제기했음

을 다시 한번 상기해 볼 수 있을 것이다.[13]

3. 파르메니데스는 변화가 역설적이며, 논리적으로 불가능하다는 점을 보여 주려고 했다. 변화의 존재는 논리적으로 입증될 수 없는 것이다. 무無 혹은 허虛, nothingness는 존재할 수 없고 충만한 것만이 존재하는데, 존재하는 것이란 [그 자체로] 충만하기 때문이다. 이러한 입장에는 두 가지 주장이 담겨 있다. '-임/있음'is은 모두 연속적이며 하나(분할 불가능)이다. 존재하는 상태the existing는 움직임이 없고, 자기-동일적이며 자기가 있던 곳에, 움직이지 않은 채로 있다. 그러므로 존재하는 상태가 분할 불가능하고 모든 것이 충만하다면, 운동할 공간은 없다. 우주는 움직임 없는 거대한 블록인 것이다.

이것이 포퍼가 경험적으로 시험해 볼 수 있다고 주장하는 결론으로서, 이는 실제로 경험에 의해 논박된다. 하나의 논박 — 원자론을 통한 — 은 다음과 같다.

운동motion은 하나의 사실이다. 그러므로 운동은 가능하다. 그러므로 세계는 하나의 가득 찬 블록일 수 없다. 오히려 이는 많은 (분할 가능한) 블록들과 무無(빈 공간)를 모두 포함하고 있다. 가득 찬 블록들은 빈 공간 안에 있는 것이다. 그러나 이는 여전히 파르메니데스적이다. 이 블록들은 빈 공간을 돌아다니는 불변의 원자들이기 때문이

---

13) H. Bergson, *The Creative Mind*, trans. M. L. Andison, Totowa: Littlefield, Adams & Co., 1965, p. 147.

다. 결론은 모든 변화, 모든 질적 변화가 공간적 운동에 의한 것이며, 모든 변화는 재배치일 뿐이라는 것이다(원자는 절대 변하지 않는다). 포퍼가 지적하는 것처럼 이러한 모델에서 내적 변화나 새로움은 없으며 '내적으로 항상 동일한 대상인 어떤 것의 새로운 재배치'만이 있을 뿐이다(이는 베르그손의 논변과 놀랄 만큼 유사하다. 「가능한 것과 실재적인 것」[14]이라는 글을 참고하라). 포퍼는 2천 년 이상 이론적인 물리학의 근거를 형성했던 것이 이와 같은 변화의 이론이라고 주장한다. 즉, 서구 과학은 파르메니데스적 합리론에 의해 지배되어 왔으며, 여전히 그러하다는 것이다. 일례로 모든 변화가 발생해도 단 한 가지, 즉 에너지의 총량과 운동량momentum은 변하지 않는다는, 에너지 보존의 법칙을 들 수 있다.

파르메니데스주의자로서 아인슈타인에 대한 포퍼의 독해

파르메니데스적 사유에 따르면 아무것도 일어나지 않으며 내적 새로움이란 없는 것이 된다. 발생하고 존재하는 모든 것은, 어떤 형상 안에서 혹은 신의 완전함 가운데 하나로서 신 안에서 발생했고 존재해 왔다(결과는 항상 원인 안에 존재하거나 미리 형성되어 있다). 베르그손에게 그런 것처럼 포퍼에게도 이는 각기 다른 모습일지라도 근대 합리론자(데카르트, 라이프니츠, 스피노자) 모두에게 나타나는 이

---

14) Bergson, "The Possible and the Real", in *The Creative Mind*, pp. 91~107.

론이다. 포퍼는 파르메니데스의 생각이 "아인슈타인의 연속성이론에서 가장 잘 실현된다"고 주장한다.[15] 포퍼는 자신이 이 점에 관해 아인슈타인과 논의했으며, 이러한 주장에 대한 독립적인 확증은 없지만 이처럼 특징짓는 것을 [아인슈타인 역시] 받아들였다고 말한다. "아인슈타인의 결정론적 우주론은 4차원적인 파르메니데스적 블록-우주다." 이는 일반 상대성 이론의 시공간 연속체를 시간을 포함하는 기하학 혹은 공간으로 읽어 내는 것이다. 객관적이고 물리적인 시간이 공간 좌표들space co-ordinates에 동화되는 것이다. 따라서 시간의 흐름을 시간 안에서 전진하는 역사적 과정으로 경험하는 것은 우리의 의식일 뿐이게 된다. 즉, 세계는 그저 있는 것이지, 발생하는 것이 아니다. 세계의 일부가 시간에 따라 계속 변화하는 공간 안에서 스쳐 가는 이미지로서 생겨나는comes to life 것은 내 의식의 시선에서 바라본 것일 뿐이다. 4차원적인 객관적 실재성에 있어서 변화란 없으며, 유한자로서의 인간에게 경험된 세계에만 나타나는 것이 된다.

포퍼는 변화의 실재성이라는 문제가 사실상 시간의 실재성 문제(시간의 화살이나 방향성)라고 본다. 주된 물음은 '이전과 이후'라는 근본적인 시간적 관계가 객관적이냐, 환영에 불과한 것이냐에 있다. 포퍼는 시간이 초월론적[선험적]으로 관념적이면서 경험적으로 실재적이라는 칸트의 논제를 제기하지 않는다. 그는 시간이 세계에서 일어나는 변화들의 객관적 특성이며, 초월론적 주체에게만 객관

---

15) Popper, *The World of Parmenides*, p. 165.

적인 것이 아니라고 분명히 주장하려 한다. 포퍼는 변화가, 따라서 시간이 객관적이라는 점, 그리고 이러한 시각에 반하는 그럴듯한 논변이 제시된 적이 없다는 점을 확신한다고 말한다(괴델의 타임머신은 그 주장에 대한 전제들이 타당했다면 강한 논변이 될 수 있었을 테고, 작동할 수도 있었을 것이다). 심지어 엔트로피 법칙에 대한 볼츠만의 책에서도 시간은 객관적인 방향성을 지니지 않은 것으로 상정된다고 포퍼는 지적한다. 반대로, 볼츠만에서는 시간의 공간화 혹은 시간에 대한 기하학적 연구가 나타나는데, 이는 이 이론에서 시간이 제거되었음을 말하는 게 아니라 시간이 어떤 화살이나 방향성의 의미를 지니지 않는 것으로 짜 맞춰진, 하나의 [공간적] 좌표로서 존재한다는 것을 의미한다. 볼츠만 스스로 주장했듯, 공간에서 객관적인 높고 낮음이 없는 것처럼 우주 전체를 놓고 볼 때 시간의 두 방향들이란 분별 불가능한 것이다. 세계의 어디에선가 중대한 동요fluctuation가 있을 때마다, 어떤 생명 유기체나 관찰자도 시간의 방향을 경험할 것이며 미래가 엔트로피가 증가하는 방향에 있다는 것을 경험할 것이다. 이는 두번째 법칙을 설명하는 것이지만, 여기에 시간의 화살을 우주의 객관적인 특성으로 제시할 수 있다는 주장은 없다. 포퍼가 보기에 엔트로피에 대한 볼츠만의 사유는 여전히 '변화는 환영'임을 함축하고 있으며, 이를 포퍼는 '파르메니데스적 변론apology'이라 부른다.[16]

여기서 한 가지 명확히 할 것이 있다. 포퍼는 자신에 앞서 베르그손이 그랬듯이, 상대성 이론이 시간에 대한 상식적인 견해에 치명타를 가한다고 주장한다. 이러한 [상식적] 견해는 새로운 비판적 발견이라는 관점에서 수정되어야 하는 것이다. 공간과 시간은 분명 우리가 소박하게 가정하는 속성들을 지니지 않는다(하나의 우주적 시간이란 없다. 앞으로 보게 될 것처럼 이는 베르그손에서 '단일한' 시간을 상정하는 것과 배치되지 않는다. 단일한 시간이란 상대성 이론의 복수적 시간들에 선행조건으로 가정되는 시간이다). 시간은 운동과, 운동은 공간과 분리될 수 없다. 공간과 시간은 서로 연관되어 있는 것이다. 이 이론에서 주체성이나 의식은 없다(이론에서 '관찰자'는 기록하는 장치이거나 기구이다). 그러나 포퍼는 베르그손처럼 우리가 상식의 편에 설 필요가 있다고 주장한다. 미래는 결정된 것이 아니라 미결정적이며, 우리가 실제로 변화를 경험하는 이상, 변화의 환영은 실재적인 것이라는 점이다. 이제 철학적 문제는 다음과 같은 것이 된다. 객관적으로 불변하는 우주에서 이러한 변화를 어떻게 설명할 것인가? 포퍼는 변화하는 환영들이 있다면 변화가 있는 것이라고 말한다. 예컨대 영화 필름은 단번에 주어지지만 변화의 환영을 만들어 내기 위해서는 이것이 영사기를 통해 돌려져야 하며, 이는 곧 움직이고 변화해야 함을 의미하는 것이다. 포퍼의 근본적인 입장은 의식이 변화의 경험을

---

16) *Ibid.*, p. 170. 들뢰즈는 『의미의 논리』에서 볼츠만에 대한 매우 다른 해석을 내놓았는데, 여기서 그는 볼츠만을 파르메니데스적 합리주의를 변호하는 사람이 아니라 크로노스를 넘어 아이온의 시간을 여는 물리학자로 읽어 낸다. 아이온은 과거에서 미래로 사정없이 흘러가는 시간의 화살을 가로지른다. 크로노스는 과거와 미래의 시간을 두 방향의 차원들로 만드는 현재의 시간으로, 크로노스의 시간 안에서는 부분적인 세계 및 체계들 안에서 이어지는 현재의 계열이라는 측면에서 운동 방향이 한 차원에서 다른 차원으로 향한다. 그러나 '전체'(모든 체계들의 체계로서의 우주)의 관점에서 보면 현재는 결코 고정되어 있을 수 없다. Deleuze, *Logic of Sense*, p. 77. 또한 Deleuze and Guattari, *A Thousand Plateaus*, London: Athlone Press, 1988, pp. 263ff 참조. 볼츠만에 대한 들뢰즈의 논의(*Difference and Repetition*, trans. P. Patton, London: Athlone Press, 1994, pp. 225~226)와 비교.

하는 데 있어 핵심적인 역할을 한다 하더라도 변화가 단지 의식의 환영일 수 없다는 것을 주장하는 것이다. 오히려 의식은 환경 안에서 일정한 사실들을 해독*decoding*해야 하며, 이러한 사실들 가운데 하나가 변화인 것이다.[17]

베르그손의 상대성 이론과의 조우에 대해 알아보고 (시간이 잠재적 다양체라는 견해와 양립 가능한 것이어야 하는) 단일한 시간이라는 관념을 명료히 하기 전에, 고대 철학과 현대 과학을 연결하는 지점에 대한 베르그손 자신의 사유를 살펴보자.

고대인들과 현대인들에 대한 베르그손의 독해

베르그손은 기계론 철학과 근[현]대인들의 과학이 여전히 수많은 비가시적인 끈들로 "이데아를 중심으로 하는 고대 철학"에 매여 있다고 주장한다. 실천으로서의 학문[과학]은 또한 우리 이해[오성]의 요구에 대한 하나의 대응이라는 것이다. 첫번째 주장은 강력한 것이라 할 수 있다. 베르그손은 이것을 어떻게 주장하고 드러내는가?

이를 이해하기 위해 우리는 아무리 그 과정이 추상적일지라도 베르그손의 생성의 존재론에서 출발해야 한다. 베르그손의 논변은 우리의 지각과 이해[오성]가 그 토대로 "유동적"이고 움직이는, "실재적인 것의 연속성"을 전제해야 한다는 것이다. 이것이 실재의 생

---

17) Popper, *The World of Parmenides*, p. 176.

명[삶]이다. 사물들의 존재론과 사물들 간의 관계의 기초적인 근거로서 움직이는 연속성에 대한 조명이 『물질과 기억』이 이루어 낸 코페르니쿠스적 혁명이라 할 수 있다. 진동하는 단순한 존재들에서부터 단일한 지각 안에서 수천만 번의 진동과 동요를 수축할 수 있는 복잡한 존재들에 이르기까지, 삶을 영위하는 모든 것은 지각한다. 실제로 베르그손에게 지각의 근본적이고 원초적인 기능은, 기초적인 변화(환경 안에서의 운동들)의 계열을 성질 혹은 하나의 상태라는 형식에 따라 포착하고, 응축의 작용을 통해 이 과정을 수행하는 것이다. 실재적인 것의 움직이는 연속성 안에서 우리는 (단순한 원형질의 수축에서부터 고도로 발달된 신경체계를 지닌 생명계에 이르기까지) 개별화의 다양한 정도들로 존재하는 물체의 경계들을 설정하고 위치지을 수 있다. 이 모든 물체들은 자신을 요소적인 운동의 연속[계기]으로 이루어진 한 무리의 성질들로 분해하면서 '매 순간' 변화한다.[18] 물체의 안정성은 그 불안정성 안에서 발견된다. 하나의 물체는 변화하기를 그치지 않으며, 무엇이기를 혹은 무엇이 되기를 그치지 않고 성질들을 변화시킨다. 우리가 물질의 연속성 내에서 분리하려고 명명하는 것이 바로 비교적 닫힌 체계로 간주되는 물체인 것이다. '실재적인' 것은 두 가지, 즉 전체의 움직이는 연속성과 살아 있는 물체 안에서 형태의 지속적인 변화이다. 여기서 우리는 이와 같은 '형태'가 "변이의 단면"일 뿐임을 인지해야 한다. 실재적인 것 혹은 열

---

18) H. Bergson, *Creative Evolution*, trans. A. Mitchell, Lanham MD: University Press of America, 1983, p. 302.

린 전체의 유동적 연속성을 불연속적이고 이산적인 이미지들로 고체화하는 것이 우리의 지각이 수행하는 일이다. 이는 지각의 진화 혹은 적응의 조건으로서 필연적으로 수행된다. 그러나 전체에서 일어나는 변화는 생명의 지각 체계들perceptual living systems에게 마치 표면에서 [일어나는 것]처럼 받아들여진다. 우리와 같이 진화된 재현의 습관을 가지고 있는 생명계는 생명의 운동을 외면하거나, 운동 자체보다 운동에 있어 부동적 면이나 부분에만 관심을 갖게 되는 것이다. 이에 모든 종류의 행위가 단순한 운동이나 운동 일반의 이미지로 환원되고, 지식은 변화보다는 상태에 근거하게 된다. 즉, 우리는 말words의 세 범주에 상응하는 세 종류의 표상들, 즉 성질(형용사), 본질의 형식(명사), 행위(동사)를 만들어 낸다. 앞의 두 가지가 상태를 포착하기 위한 것이라면, 후자는 운동과 연관되며, 우리가 사유하기 어렵다고 여기는 것(잠재적인 것 혹은 부정사로서의 삶[생명])을 표현하는 것이다.

베르그손은 생성은 무한히 변이되는데, 우리가 '생성 일반'의 이미지를 얻기 위해서 이러한 변이들에서 추출해 내는 습관을 길러 왔다고 주장한다. 베르그손은 다음과 같이 적고 있다.

서로 다르게 채색된 생성의 무한한 다양체는 [⋯] 우리의 눈앞을 지나간다. 우리는 색의 차이들만을 보려 하면서, 이 상태의 차이들 아래에는 언제나 어디서나 동일하게 변함없이 무색인 생성이 우리 시선에 잡히지 않게 흐를 것이라 생각한다.[19]

즉, 우리는 사회적 삶과 언어를 위해 실재의 '영화적'cinemato-graphic 모델을 만들어 낸cultivate 것이다. 이는 다시 말해, 우리가 실재적인 것의 운동성mobility을 병치된 계기적 부동성immobility들로 재구성하고 조합하여 우리 스스로 연속성의 환영을 일으킨다는 것이다. 전체의 움직이는 실재적 연속성은 그러므로, 매우 공간적인 성격을 띠는 우리의 표상의 습관에 의해 감추어져 있다. 우리에게 운동은 비인격적이고, 기계적이며, 추상적이고, 단순한 것이다. 자연의 작용에 대한 우리의 지식과 그러한 작용의 실제적 유효성이 일치하는 데에는 충분한 이유가 있다. "사물에 대한 우리 지식의 영화적 특성은 그것에 대한 우리의 적응이 만화경적인 성격에 기인"하기 때문이다.[20] 우리의 신체가 만화경 안에 있는 유리 조각들처럼 배열이라는 측면에서 다른 신체들과 연관되어 있다면, 만화경이 흔들릴 때마다 우리가 흔들림 자체보다는 변형되어 나타나는 새로운 상만을 발견하거나 읽어 낼 뿐이라고 말할 수 있는 것이다. 즉, 변화가 환영이라는 환영이 발생하는 것은 우리의 이해나 지능의 실용적인 특성 때문이다. 우리는 변화를 거의 의지에 따라 상태들로 분해할 수 있는 것으로 보며, 이러한 분해를 통해 우리는 부동체의 계열에서 이끌어 낸 운동을 만들어 낸다.

베르그손에게 있어 엘레아 학파에서 출발하는 일이 중요한 것은, 제논을 포함하여 이들이 현대적 사유를 계속해서 혼란스럽게 하

---

19) *Ibid.*, p. 304.
20) *Ibid.*, p. 306.

는 환영들을 만들어 내는 학파이기 때문이다.[21] 실재적인 것을 감각 가능한 것과 지각 가능한 것이라는 관점으로 분리하는 것은 변화의 실재성을 부정하기 위한 노력에서 시작된다. 질적인 생성 혹은 '진화적 생성' 아래에, 변화를 무색케 하는 어떤 것, 즉 형상, 본질, 목적이 분명 있으리라는 것이다. 이는 플라톤의 형상形相, Form 혹은 이데아Idea의 철학으로 우리를 인도한다. 베르그손은 '에이도스'eidos[형상]라는 말이 질[성질], 형상 또는 본질, 목적 혹은 (행위가 실행되도록 미리 그려 내는 의도라는 의미에서) 계획design을 가리키는 것으로, 세 가지 의미를 지닌다고 말한다. 형용사와 명사, 동사 등과 같은 언어의 한정사attributes에 따르는 것이 바로 이 세 가지 관점이다. 에이도스[형상] 혹은 '이데아'는 사물의 불안정성에서 취한 안정적 관점을, 또한 생성의 한순간인 성질을, 진화의 한순간으로서 형식[형태]을 가리키는 것이다. 이데아의 철학은 그러므로 지성의 영화적 구조[장치mechanism]와 실재에 대한 이것의 관계에 완전히 상응하는 것으로 나타난다. 실재의 움직이는 연속성의 바탕에다 불변의 이데아Ideas나 영구적인 형상Forms을 위치시킴으로써 하나의 온전한 물리학, 우주론, 신학이 만들어지는 것이다. 베르그손은 고대 사유 안에서 고도로 복잡화된 운동[인 것]을 자신의 관점에서 압축하고 있다는 점을 인정한다. 그러나 베르그손은 플라톤에서 플로티노스, 아

---

21) 이것이 지속적, 보편적 환영의 투사로서 '시네마'가 우리에게 늘 있었다는 의미인지에 관해서는 Deleuze, *Cinema 1: The Movement-Image*, trans. H. Tomlinson and B. Habberjam, London: Athlone Press, 1986, p. 2 참조.

리스토텔레스에서 스토아에 이르는 전통의 전개에 있어 우연적이 거나 우발적인 것은 거의 없다고 주장하는데, 여기서 우리는 변하지 않는 것에 머무르는 체계적 지성으로 얻은 실재적인 것의 상을 발견 하게 되기 때문이다. 이렇게 사유가 변하지 않는 것에서 출발한다면 변화의 관념은 부정적인 용어들[음수의 항들]negative terms로만 산출 될 수 있다. 변화는 이데아에 첨가되는 긍정적[적극적]인 실재로 간 주되지 않는다. 변하지 않는 것들에서 생성으로의 이행은 오히려 플 라톤의 '비-존재'나 아리스토텔레스의 '질료'처럼, "단위에 산술적 0이 부착되듯 이데아에 참여하여 공간과 시간 안에서 배가되는 형 이상학적 0"처럼 감소 혹은 희박화의 측면에서 발생하게 된다.[22] 이 데아들 사이에서 마음은 "마치 두 연인 사이에 끼어든 의심처럼 끝 없는 동요와 영원한 불안disquiet을 일으키는 불가해한 무"[23]를 본다. "존재Being의 이론적 평형"은 불변적 이데아나 형상들을 관조할 때 만 지속될 수 있다. 자신의 잠재적-현실적 조건인 생성에서 인위적 으로 절단되어 형상은 자신의 정의 안으로 물러나며, 개념은 구체화 되고, 사유는 이제 영원성에 있게 된다. 시간과 독립적인 것으로 가 정되면서 형상은 지각 안에서는 찾아질 수 없고 개념이어야만 하는 것이 된다. 개념의 실재성이 비연장적이고 시간 외적이기 때문에 공 간과 시간은 동일한 근원을 가지게 되며, 동일한 가치를 지니게 된 다. "존재의 동일한 감소가 공간 안에서의 연장과 시간 안에서의 지

---

22) Bergson, *Creative Evolution*, p. 316.
23) *Ibid*.

연[이완]detention으로 표현되는 것이다."[24)]

실재적인 것의 전도가 일어나면 영원성은 더 이상 추상으로서 시간 위를 떠다니지 않고 시간을 근거짓는 실재로 가정되며, 형상은 생성의 적극적인 측면만을 재현하게 된다. 영원성과 시간 사이에는 "금 덩어리와 잔돈과 같은 관계, 즉 잔돈[의 단위]가 너무 적어서 무한히 지불해도 결코 빚을 갚을 수 없는 관계"[25)]가 성립된다. 그러나 이 빚은 금 한 덩이면 갚을 수 있으며, 이 갚음은 베르그손에게 있어 세계를 영원하게 만들 수 없어서 '영원성의 움직이는 이미지'인 시간을 세계에 준 신에 관한 플라톤의 "멋진 언어"로 표현된다.[26)] 그러나 이것은 항상 불완전하고 부적실한 실재, 혹은 자신을 따라잡으려 하나 실패하여 무한히 자신에게서 비켜나는 실재로서의 시간의 이미지이기에, 우리는 시간의 타락한 창조물로서 시시포스적 헛된 노력을 선고받게 된다.

하나의 상상의 추, 그저 수학적인 점을 그 평형 지점에서 움직여 보라. 영구적인 진동이 시작되고 이 진동을 따라 점들이 점들 옆에 놓여지고, 순간들이 순간들에 계기하게 된다. 이렇게 발생하는 공간

---

24) *Ibid.*, p. 318.

25) *Ibid.*

26) 플라톤의 『티마이오스』 7: 51~52절을 볼 것. 플라톤은 이러한 움직이는 이미지가 '영원히 하나에 머무르며' 시간은 자신의 원형인 '영원과 가능한 한 유사한' 것으로 만들어진다고 적고 있다. 따라서 '영속적인 생명체[존재]'(Living Being; 원형)와 실제 우주(모상)의 관계는 유사성(*resemblance*)이다. 원형에 대한 모상의 유사성에 관해서는 69~70절을 볼 것.

과 시간은 운동 자체보다 더 많은 '적극성'을 갖지 않는다. 이것들은 추에 인위적으로 주어진 위치와 그 추가 정상적인 위치 사이의 거리remoteness, 즉 그 추가 자연적 안정성을 되찾기 위해 자신에게 결핍된 것을 나타낸다. 추를 정상적인 위치로 가져다 놓으면 공간과 시간, 이동은 수학적 점으로 응축된다shrink. 마찬가지로 인간의 추론은 끝없는 연쇄를 따라 나아가지만, 직관에 의해 포착된 진리 안에서는 단번에 잠겨 버리는데are swallowed up, 이는 시간과 공간 안에서 이 추론들의 연장이 말하자면 사유와 진리 간의 거리일 뿐이기 때문이다. 그러므로 순수 형상들과 이데아들에 대한 연장과 지속의 관계에서도 […] 공간 안에서 연장[이완]된 것은 순수 형상 안으로 수축된다. 또한 과거, 현재, 미래는 영원성이라는 하나의 순간으로 응축된다. 이는 물리학이 변질된 논리학이라는 말이 된다.[27]

이러한 플라톤의 모델에서 "논리적 질서의 쇠퇴"로 간주되는 물리적 질서는 "논리적인 것의 시공간 안으로의 타락"을 나타낸다. 그러나 지각된 것에서 개념으로 거슬러 올라간 철학자는 물리적인 것이 가질 수 있는 모든 적극적인 실재성이 논리적인 것 안에 응축되어 있음을 발견한다. 존재는 물질성이 부정되는 한에서만 포착된다.

베르그손은 아리스토텔레스가 이데아의 독립적인 영역을 부인하면서 지각에 대한 개념의, 실재적인 것에 대한 이데아[이상적인

---

27) Bergson, *Creative Evolution*, pp. 319~320.

것]의, 항상 변화하는 것에 대한 부동적인 것의 이러한 우월성을 전혀 전복하지 못했다고 주장한다. 아리스토텔레스의 신은 모든 것이 그것으로부터 흘러나오고, 이것이 우월한eminent 힘으로부터 나오는 것이라는 점에서, 잠재적인 신이다. 베르그손은 아리스토텔레스의 사유가, 세계 안에서 작용하는 인과성을 어떤 제1의prime 부동의 운동자가 세계 전체에 가하는 추진력impulsion으로 본다고 말한다. 베르그손은 아리스토텔레스가 제1 운동자의 필요성을, 사물의 운동이 시작점을 가지고 있어야 함을 주장함으로써가 아니라 이러한 운동이 시작하지도 끝나지도 않을 수 있다는 논변을 통해 보여 준다고 지적한다. 다시 말해 운동이 존재한다면, 그리고 잔돈을 헤아릴 수 있다면, 금 덩어리가 어딘가에 있어야 한다는 것이다. 게다가 이 헤아림이 무한하며 실제로 시작된 적이 없다면, "탁월하면서eminently 그것과 동일한 단일항이 영원해야만 한다".[28] 운동의 영구성은 "시작도 끝도 없이 연쇄 안에서 풀려 나오는" 불변성의 영원성을 근거로 수립된 것이다. 그러나 우리는 아리스토텔레스에 대한 베르그손의 독해의 세부적인 부분들까지 따라갈 수는 없다.[29] 우리가 지적하려

---

28) *Ibid.*, p. 325. 강조는 인용자.

29) 베르그손은 아리스토텔레스를 상세하고 탁월하게 읽어 낸 독자로서, 1883~8년에 아리스토텔레스의 장소 개념(『자연학』 IV)에 관한 라틴어 논문을 저술했다는 점을 지적할 필요가 있다. 베르그손은 이 작업과 동시에 그의 박사학위 논문인 『의식에 직접 주어진 것들에 관한 시론』(*Les Données immédiates de la conscience*. 영역판은 『시간과 자유의지』*Time and Free Will*)을 쓰고 있었다. 전자에서 그는 텅 비고 무한한 것으로서 수학적 공간 개념의 타당성을 보여 주려 했고, 후자에서는 시간의 이종성과 대조되는 공간의 동질성에 관해 썼다. 베르그손이 이 두 가지 연구 논문에서 채택한 접근 방식을 중재하는 것은 『순수이성비판』에 나타난 칸트의 공간론이다.

는 바는 『창조적 진화』에 나타난 아리스토텔레스에 대한 이러한 비판적인 설명이 생명의 근원적인original 추진력에 대한 베르그손의 개념화 방식을 아리스토텔레스의 것과 분리해야 하는 필요성을 드러내 준다는 점이다. 생의 약동*élan vital*의 내재적이고 잠재적인 실재성은 [아리스토텔레스와는] 다른 종류의 것이어야 하며, 이러한 차이는 확인되고 규정될 필요가 있다. 이러한 차이의 본성에 대한 실마리는 베르그손이 제1의 운동자에 대한 아리스토텔레스의 설명, 즉 그 잠재성이 우월한 힘이라는 본성에 대한 것이라는 점을 서술하는 방식에 있다. 그렇다면 이 차이는 (단순한) 잠재적인 것이 우월성*eminence*에 있는가, 내재성*immanence*에 있는가의 문제가 된다.

　고대의 사유 안에서 다다르게 된 과학의 모델은 두 가지 주된 특성을 지닌다. 물리적인 것은 논리적인 것의 측면에서 규정되고, 필름이나 슬라이드가 풀리는 것처럼 우리에게 나타나는 변화하는 현상 아래에는 "서로에게 종속되고 대응되는 개념들의 닫힌 체계"[30]가 있다는 것이다. 근대 과학은 어떻게 이 모델 위에서 수립되며, 어떻게 이것과 다른가? 과학은 그 형태가 사변적인 것일지라도, 혹은 즉각적인 목적ends을 동기로 하는 것이 아닐지라도 과학은 실제적인 유용성[을 지니는 것]으로 알려져 있으며, 인간의 지성과 언어를 특징짓는 시간의 간격들intervals 사이에서 일어나는 일들이 아니라 그 한계와 동일한 부분을 점유한다. 고대와 근대 과학의 차이는 변화에 대

---

30) Bergson, *Creative Evolution*, p. 328.

한 태도에 있다. 고대 과학이 대상을 그 특권적인 순간들을 격리함으로써 알고자 하는 반면(여기서 목적은 사물의 정수quintessence를 아는 것이다), 근대 과학은 대상을 어떤 순간에건 고려할 수 있다. 이러한 차이는 떨어지는 물체를 받아들이는 데 있어서 아리스토텔레스와 갈릴레이의 접근 방식을 생각해 볼 때 드러난다. 아리스토텔레스의 목적론finalism은, 떨어지는 물체의 가장 중요한 순간으로 설정되는 최종 항 혹은 최고점에 (그러므로 '높고' '낮음'의 개념을, 자발적이거나 강요된 변위displacement들을 점유하는 방식에) 관심을 둔다. 그러나 갈릴레이에게는 특권적 순간이나 가장 중요한 순간이란 없다. 이는 근대 과학에 있어 시간이 '자연적인 마디들'을 갖지 않으며 모든 순간들이 동등하게 여겨진다는 것을 의미한다. 이제 문제는 현상 자체나 현상의 요소적인 부분에 있어 변화의 양적인 변이들이 된다. 근대 과학이 겨냥하는 더 큰 정밀함은 변이된 크기들 사이에 일정한 관계를 수립하는 '법칙들'을 세우려는 데 있다. 베르그손에게 근대 과학은 그 요체의 측면에서 천문학의 후손daughter of astronomy이다. 근대 과학의 주된 관심은 어떤 물질 체계의 대상이나 힘(예컨대 행성들과 같은)의 위치를 계산하는 데 있고, 이 체계 안에서 모든 순간들은 동등한 것으로 취급된다. 이제, 베르그손에게 핵심이 되는 지점은 근대 과학이 시간을 자신의 체계를 산출함에 있어 독립적인 변수로 취급하려 하고, 모든 다른 크기들을 시간의 크기와 관련시키려 한다는 점이다. 그러나 물음은 이러한 근대 과학의 '시간'이 무엇인가이다. 베르그손이 볼 때 이것은 지속의 시간이나, 잠재적인 질적 다양체일 수 없는데, 이는 '상호 침투의 연속성'으로서 이산성[불연속성]이 아닌 것으로 특징지어지는 반면[31] 근대 과학은 모든 순간들을 동등하게 '잠재적인 정지-장소들'로, 즉 사실상 부동체들로 여기기 때문이다.[32] 시간은 과학이 원하는 대로 어떤 순간에도 나누어지거나 쪼개고 잘라 낼 수 있게 된다. 과학은 시간의 흐름이나 이 흐름이 의식에 끼치는 결과들에는 관심이 없다. 과학은 흐름을 직관하거나 총괄적으로 펼쳐보기보다는 동시성들을 고려한다. 또한 과학에 있어 '대상'은 항상 순간들의 동시성이지 흐름들의 동시성이 아니다.[33] 근대 물리학은 전체에서 분리된 고립된 체계들, 즉 사건들과 사건의 체계들을 다룸으로써 "이러한 시간을 구성하는 사건들과 그 궤적 위에서의 이동점mobile T의 위치들 사이의 동시성만을" 고려한다.[34] 그러므로 근대 물리학은 임의의 순간을 고려한다는 점에서 고대 과학과 구분되지만, 그것 역시 '시간-발명'을 '시간-길이'로 대체한 것에 기반하는 것이다.

근대 과학과 생성의 관계는 시냇물을 가로지르는 다리들과 그 아래로 흘러가는 물을 따라가는 것 사이의 관계에 비할 만하다. 이에 베르그손은 근대 과학에 반하여, 사물들 안에 실제적인 계기succession가 있고, 이 계기는 숫자 이상이며 공간과 동등하지 않다고 주장하려 한다. 베르그손이 물리학의 법칙에 있어 가장 '형이상학적인' 것이라고 보는 엔트로피의 법칙은 물질-생명matter-life의 경향을

---

31) *Ibid.*, p. 341.

32) *Ibid.*, p. 336.

33) *Ibid.*, pp. 337~338.

34) *Ibid.*, p. 342.

의미할 뿐, 종국의 목적으로 읽히거나 목적론적으로 설정될 수 없는 것이다.[35] 또한 베르그손은 단번에 주어진 시간 혹은 임의의 속도로 흐르는 시간은 진정한 지속이 아니라는 점을 지적하고자 한다. 베르그손이 묻고 있는 것처럼, 왜 우주의 생명은 영사기의 필름처럼 단번에 주어지지 않을까? 사물들은 왜 (자신의) 시간을 취하며, 다른 지속들에 접혀 들어가 있는[함축된]implicated 지속의 존재로서 우리는 왜 시간을 배워야 하는가? 시간이 주어지지 않는다면, 물질적 우주의 현재 상태에서 생명계나 형태들의 미래를 읽어 낼 수 없다면, '발명' 혹은 '창조적 진화'의 시간이 있어야 할 것이다. 이것이 우리가 다음 장에서 살펴보게 될 시간이다.

　우리는 베르그손이 시간의 계측에 있어 근대 과학의 유효성을 부정하지 않는다는 점을 지적해야겠다. 그보다 베르그손은 근대 과학의 시간의 '이미지'가 어떤 점에서 여전히 영화적 모델에 기대고 있는지를 보여 주고, 물리학자의 시간과 철학자의 시간 사이에 어떤 조정이 가능한지를 묻고자 하는 것이다. 상대성 이론과 베르그손의 만남을 관찰하면 우리는 그의 사유가 마주한 진정한 과제와 그 한계점 모두를 밝히는 데 유익한 통찰을 얻을 수 있을 것이다.

---

35) 엔트로피의 법칙을 '형이상학적'이라고 묘사하면서 베르그손은 그것에 긍정적인 의미를 부여한다. 두번째 법칙은 상징적 표상에 지나치게 의존하지 않고 우주의 일반적인 방향성을 가정한다. 베르그손과 두번째 법칙에 대한 심화된 고찰은 필자의 『싹트는 생명』 (*Germinal Life: The Difference and Repetition of Deleuze*), pp. 60ff 참조.

베르그손과 상대성 이론

베르그손은 아인슈타인이 새로운 물리학뿐 아니라 새로운 사유의 방식을 제시했다는 점을 확신한다고 말한다. 그러나 상대성 이론과의 조우는 대체로 베르그손 자신의 사유를 [심화하기] 위한 것이었다. 그는 지속의 관념이 시간에 대한 아인슈타인의 관점과 어느 정도 양립 가능한지 파악하려 했다.[36] 베르그손은 이 조우를 서투르고 불분명하게 설명한다. 이는 그가 『물질과 기억』이나 『창조적 진화』와 같은 글에서 보여 준 지점들을 강조하기보다는, 지속의 '직접적이고 매개 없는 경험'에 방점을 두었기 때문이다. 『지속과 동시성』에서 베르그손은 자신의 첫 저작인 『시간과 자유의지』에 나타난 논변들에 주로 의지하는 듯하다. 즉, 계기[연속]는 지속의 질적인 측면들('이전'과 '이후')을 종합할 수 있는 의식을 전제한다는 것이다. 이 때문에 베르그손 비평가들은 그가 상대성 이론을 논의하면서 관찰자를 현상학적 의식으로 만듦으로써 '관찰자' 문제를 오인했다고 쉽게 주장한다.[37] 그러나 베르그손이 상대성 이론에 대해 제시한 도전은

---

36) H. Bergson, *Duration and Simultaneity*, trans. L. Jacobson and M. Lewis, with an introduction by R. Durie, Manchester: Clinamen Press, 1999, 'preface'.

37) 이러한 비판은 베르그손이 그 이론[상대성 이론] 내에서 '시계들'의 실제적 지위를 모른다는 것을 가정하는데, 이는 분명 사실과 다르다. "'시계들'과 '관찰자들'은 물리적인 것일 필요가 없다. '시계'는 규정된 법칙이나 원칙에 따른 시간의 관념적 기록을, '관찰자'는 이렇게 관념적으로 기록된 시간에 대한 관념적인 독자를 의미할 뿐이다. 그럼에도 우리는 체계 내에서 모든 시점들에 [존재하는] 물리적 시계들과 살아 있는 관찰자들의 가능성을 상상한다." *Ibid.*, p. 28.

단순히 현상학적인 것이 아니다. 사실상 시간의 현상학은 시간의 우주론에 대해 어떤 도전도 감행할 필요가 없다. 후설이 지적하듯 시간의 현상학은 (현상학적으로 객관적인) 시간-의식 내에 놓여진 시간이 '실재하는 객관적Objective 시간' 혹은 실제 시간적 간격들과 구체적 지속, 세계-시간 등과 어떻게 연관되는지의 물음에 대해 언급할 필요가 없다.[38] 의식의 흐름의 '내재적 시간'은 실제 시간과 지속을 가리키지만, 이는 '절대적 자료'[주어진 것]absolute data로서 그 '나타남'appearing이라는 점에서만 그렇다. 후설적인 현상학에서 현상학적 수여givens로 보는 것을 베르그손주의에서는 그렇게 하지 않으며 할 수도 없는데, 이는 베르그손주의가 철학의 기획과 임무를 근본적으로 다른 방식으로 보기 때문이다.

필자는 『지속과 동시성』에서 베르그손이 자기 자신의 입장, 즉 자신이 과학에 대해 현상학적 문제제기([그가 보기에는] 제기할 필요가 없는 문제)와 다른 주장을 하고 있다는 점을 그처럼 서투르게 표현하는 데에는 특정한 이유가 있다고 생각한다. 이는 베르그손이 자신의 사유와 근대 물리학에 일종의 제한적 경험론을 위치시키고 있기 때문이다. 이러한 경험론은 간략히 말해, 우리가 생각할 수 있는 모든 시간은 지각되고 [삶에서] 체험되거나lived, 그럴 수 있어야 한다는 (그래서 우리가 사유된 시간 = 지각된 시간 = 영위한 시간이라는 등식을 얻을 수 있다는) 논변으로 구성된다.[39] 이는 우리가 지각할 수 없는

---

38) E. Husserl, *The Phenomenology of Internal Time-Consciousness*, ed. M. Heidegger, trans. J. S. Churchill, The Hague: Martinus Nijhoff, 1964[1928], p. 23.

시간, 즉 지각 가능함의 잠재력the potential을 갖지 않은 시간은 실재적이지 않으며 환영적phantasmatic이라는(앞으로 베르그손이 주장하겠지만, 상대성 이론의 다수의 시간들이 그런 것처럼) 것을 의미한다. 베르그손은 현상들appearances이 환상illusion에 근거한다는 것이 증명될 때까지는 실재적이라고 말한다. 그러나 「변화의 지각」(1911)이라는 글에서 베르그손은 철학이 우리의 지각 능력의 불충분함에서 출현한다고 단언하면서, 우주에 대한 우리의 경험과 지식이 자연적 지각의 주장들을 바탕으로 할 수 없음을 주장한다.[40] 철학은 '인간의 조건 너머'를 사유하는 법을 배워야 한다는 것이다. 한편 『지속과 동시성』에서 취하는 입장에 따르면 베르그손은 과학의 실천에 엄격하고 정당화되지 않은 제한을 가할 뿐 아니라, 자기 자신의 사유에도 불필요한 제약(다른 글들에서는 그저 주어진 것으로 받아들이지 않는 제약들)을 가한다. 『지속과 동시성』의 논변이 지니는 문제점은 그것이 『시간과 자유의지』의 이율배반으로 되돌아간다는 점인데, 이는 우리 외부에는 "동시성의 표현" 혹은 "계기 없는 상호적 외부성"만이 있으며 지속은 "상호적 외부성 없는 계기"로 생각되는, "우리 안에" 있는 것의 속성이나 특성일 뿐이라는 것이다.[41] 『지속과 동시성』에서 베르

---

39) Bergson, *Duration and Simultaneity*, p. 33.

40) Bergson, "The Perception of Change", in *The Creative Mind*, pp. 132, 135.

41) H. Bergson, *Time and Free Will*, trans. F. L. Pogson, New York: Harper & Row, 1960, p. 227. 베르그손에 대한 필자의 독해를 지지하는 논의로 Gunter, "Bergson's Theory of Matter and Modern Cosmology", *Journal of the History of Ideas*, XXXII: 4, 1971, pp. 533ff 참조.

그손은 실제 체험된 시간과 공간화된 시간 사이의 구분을 복귀시키면서 상대성 이론에 대항하기 위해 이것에 상당 부분 의존한다. 이것이 시간을 사유하기 위한 가능성들의 전부라고 가정한 지점에서 베르그손은 오류를 범한다.

이제 상대성 이론과 베르그손의 만남을 자세히 살펴보자. 먼저 베르그손이 상대성 이론 이전 물리학을 부활시키려는 욕구가 없었다는 점은 분명히 해두어야 한다. 상대성에 관한 이론들에 있어 베르그손이 수용하거나 자신의 사유와 양립 가능하다고 보는 점들도 많다. 베르그손은 속력의 일정함the constancy of the speed이나 빛의 속도the velocity of light의 수학적 표현을 받아들인다. 또한 베르그손 역시 어떤 절대적인 준거 체계[기준계]frame of reference가 있다는 생각을 거부하며, 부동의 에테르(그 안에서 빛의 속도가 상대적이고, 절대적이지 않은 일종의 운동motion 운반체[매질媒質]로서)라는 관념을 버릴 필요성을 인정한다. 상대성 이론은 이전의 물리학에 대한 이론적·경험적 진보라 할 수 있다. 우주는 정적이지 않으며 공간은 절대적이지 않다는 것이다. 그러나 『지속과 동시성』의 관점이 혼란스러운 것은, 상대성 이론의 다수적 시간들을 포함하는 모든 시간들에 공통적인 '단일한 시간'이 있다는 주장(다른 글들에서도 나타나는) 때문이다. 베르그손의 단일한 시간이라는 관념을 어떻게 이해할 수 있을까? 여기에는 두 가지 난점이 있다. 먼저 잠재적 다양체의 관념과 단일한 시간이라는 관념을 조화시키는 문제, 그리고 둘째로 단일한 시간의 관념은 존재하는 모든 것이 동일한 시간의 리듬에 따라 박동함을 의미하는 것이 아니라는 점(『물질과 기억』에서 베르그손은 지속의 다양한 긴장들이 있으며, 우리의 지속은 다수 중 하나라고 주장한다)을 드러내는 문제이다. 단일한 시간을 우주에는 지속의 단일한 긴장만 있다는 주장과 혼동하는 오류를 범해서는 안 되는 것이다.

아인슈타인 스스로 말하고 있는 것처럼 상대성 이론이 이루어 낸 혁명은 공간에 대한 우리의 개념화 방식에 대해 특정한 변형들을 가했다는 점이며, 그 주된 관심은 "유사-공간space-like 개념들"에 대한 것이다.[42] 실제로, 아인슈타인이 밝히듯 일반 상대성 이론은 비어 있는 공간은 없다(공간이 어떻게 그것을 채우고 연장하는 물질적 대상들과 독립적으로 존재하는가?)는 데카르트의 직관을 "방식"으로 확증할 수 있다.[43] 아인슈타인은 사물들과 독립적인 공간의 관념이 과학-이전의pre-scientific 것이라는 점에 동의하지만, 운동motion 안에 서로 상관적인 무한 수의 공간들이 존재한다는 생각은 지지한다. 간략히 말해, 시공간space-time 블록들과 시공간 사건들의 실제적 다수성[다양체]이 있다는 것이다. 들뢰즈가 간파하고 있듯, 상대성 이론의 성취는 이전보다 '공간화'를 더 심도 있게 진행시켰다는 점, 그리고 시공간space-time 블록의 다수성이 있다는 관념을 과학에 도입한 점이다. 물체들은 수축되고 시간들은 팽창된다. 여기서 [우리는] 동시성의 해체dislocation가 일어났음을 알 수 있다. 고정된 체계 안에서 동시적인 것은 운동하는 체계 안에서는 더 이상 동시적이기를 그

42) A. Einstein, *Relativity: The Special and the General Theory*, London: Routledge, 1999[1920], p. 141.

43) *Ibid.*, p. 136.

친다. 아인슈타인은 고전 물리학과 현대 물리학의 핵심적인 차이가 4차원의 연속적 다양체manifold를 어떻게 생각하느냐에 있다고 지적한다. 고전 물리학에서 사건은 상대성 이론의 현대 물리학에서와 마찬가지로, 3개의 공간 좌표와 하나의 시간 좌표로 구성된 네 가지 수치로 국지화된다. 그러나 고전 물리학에서는 4차원 연속체가 객관적으로 한 차원의 시간과 3차원적 공간 구역으로 나누어지며, 동시적 사건들은 공간의 차원에만 포함된다. 그렇다면 이러한 해명은 모든 관성계에 대해 동일한 것으로 받아들여지는데, 이 체계에서 하나의 관성계에 대한 두 사건의 동시성은 모든 관성계에 대한 동일한 사건들의 동시성을 포함한다. 우리는 바로 이와 같은 방식으로 고전 역학의 모델에서 시간이 상대적이지 않고 절대적이라고 단언한다. 특수 상대성 이론은 이러한 시간의 이미지를 완전히 바꾸어 놓는다. 하나의 선택된 사건과 동시적이라 할 수 있는 '사건 전체 총합'이 존재한다 하더라도, 이것은 관성계의 선택과 독립적으로 성립될 수 없다. 다시 말해, 4차원 연속체는 더 이상 객관적으로 동시적인 사건들을 포함하는 부분들sections로 분석될 수 없다는 것이다. '지금'은 공간적으로 연장된 세계에 대해 모든 객관적인 의미를 잃어버리게 된다. 만약 "어떤 불필요한 관례적 자의성도 배제한 객관적 관계들의 의미를 표명하려 한다면"[44] 공간과 시간을 객관적으로 해명 불가능한 4차원 연속체로 간주해야 하는 이유가 여기에 있다. 그렇다면 모든

---

44) *Ibid.*, p. 149.

체계에 객관적으로 유효한 것으로서 우주 전체에 펼쳐진 하나의 보편적 시간이란 없는 것이 된다. 오히려 모두 동등하게 실재적이지만 각각 하나의 기준계에 대해 특유한peculiar, 서로 다른 속도의 흐름을 지닌 시간들의 복수성만 있다. 아인슈타인이 지적하듯, "모든 기준-체(좌표계)는 자신만의 특정한 시간을 가지며", 우리가 시간을 진술함에 있어 기준이 되는 기준-체를 언급하지 않으면, 한 사건의 시간과 관련하여 그것에 어떤 의미도 부여할 수 없다.[45] 즉, 시간의 진술이 지시되는 물체의 운동 상태와 독립적일 만큼 절대적인 중요성을 지닌다는 생각은 더 이상 물리학 내에서 받아들여지지 않는다.

여기서 우리가 짚고 넘어가야 할 부분이 있는데, 이 역시 상대성 이론에서 공간에 관한 물음을 새롭게 공식화하는 방식과 관련된다. 이 문제와 관련하여 아인슈타인은 특수 상대성 이론에서 일반 상대성 이론으로의 이행을 일으키는 [사유의] 전환점에 주목한다. 아인슈타인은 고전 역학과 특수 [상대성] 이론 모두에서 공간과 시공간이 물질과 독립되게 존재한다고 지적한다. 그러나 일반 이론에서는 공간이 '공간을 채우는 것'과 대조되고 좌표와 독립적인 것으로서, 따로 존재하지 않는다. 일반 이론에서 공간은 힘들의 장field(중력장과 같은) 안에 함축되며, 시공간은 독립적인 존재를 지니기보다는 "장의 구조적 특성으로만"[46] 존재한다. 아인슈타인은 앞서 말한 데카르트의 딜레마에 다음과 같은 방식으로 해답을 제시한다. 장에 있어 비어

---

45) *Ibid.*, p. 26.
46) *Ibid.*, p. 155.

있는 공간은 없다.

이를 바탕으로 볼 때, 베르그손주의가 이 사유에 대해 제기하는 문제는 무엇일까? 이 지점에서 들뢰즈가 도움이 되는 설명을 제시한다. 들뢰즈는, 상대성 이론이 시공간과 관련해서 확장, 수축, 긴장, 팽창과 같은 [베르그손과] 유사한 개념들을 이끌어 낸다는 사실 때문에 [양자의] 대립이 불가피하다고 지적한다. 게다가 이 대립은 추상적이거나 자의적으로 생기는 것이 아니라, 다양체의 관념과 관련해 만들어진 것이다. 베르그손은 『시론』에서 두 다양체에 대한 리만의 구분을 다시 고찰하고, 아인슈타인은 리만의 새로운 기하학에 대해 여러 번 언급한다.[47] 베르그손의 문제제기는 다음과 같은 통상적인 물음에서 출발한다. 시간을 잠재적이고 연속적인 다양체로 보아야 하는가, 아니면 실제적이고 불연속적인[이산적인] 다양체로 보아야 하는가? 또한 상대성 이론은 잠재적인 것과 실제적인 것을 혼동하고 있는가? 들뢰즈는 제기해야 할 적절한 물음은 '지속은 하나인가, 여럿인가?'가 아니라 '자신에게 특정하고specific 고유한peculiar 다양체는 무엇인가?'라고 주장한다. 지속을 단지 다수인 것으로 해석할 필요는 없다. 지속은 (자신의 다양체의 형태를 따르는) 하나[일자]One일 수 있다.[48] 베르그손에 있어 가장 중요한 논변은 시공간의 네번째 차원이, 동시적인 순간들의 상대성이 고정되고 놓여질 수 있는 '보충적

---

47) *Ibid.*, pp. 86, 108, 111, 154 참조.

48) G. Deleuze, *Bergsonism*, trans. H. Tomlinson and B. Habberjam, New York: Zone Books, 1991, p. 85.

차원'의 역할을 담당한다는 것이다. 이를 통해 볼 때 베르그손이 비판하려 했던 것은 상대성 이론이 이처럼 공간화에 집중했다는 점이 아니라 그 결과로서 특정한 방식으로 시간을 공간화했다는 점임을 알 수 있다.

베르그손은 과학이 오로지 측정으로만 작동하며, [과학에 있어] 시간의 측정은 동시성들을 헤아리는 것에 있다고 주장한다.[49] 이에 시간을 다룸에 있어 물리학의 관심은 시간의 경계들extremities에 관한 것이 되고, 한 간격의 경계들은 그 간격 자체와 동일하다는 환영이 만들어진다. 이 간격들 안에서 발생하는 것 — 실제 지속 — 은 간과되거나 잊혀지는데, 이는 동시성들을 헤아리는 것이 순간들을 헤아리는 것의 형태만을 취하게 된다는 것을 의미한다. 여기서 베르그손은 한 걸음 더 나아간다. 시간이 어떤 속도로 흐르는지는 중요하지 않게 되는데, 경계들의 수가 무한정 증가한다면, 혹은 간격들이 무한히 좁아진다면, 이러한 변화는 물리학자가 수행한 시간 계산에 어떤 큰 영향도 끼치지 않을 것이기 때문이다.

이러한 외부적, 수학적 시간이 펼쳐지는 속도는 무한해질 수 있고, 우주의 모든 과거와 현재, 미래 상태들은 단번에 경험되는 것으로 나타날 수 있다. 여기에는 펼쳐짐 대신 펼쳐진 것만이 있을 것이다. 그렇다면 시간을 표상하는 운동은 선이 될 것인데, 이 선의 분할된 부분에는 펼쳐지고 있는 우주 이전에 그에 대응되었던, 펼쳐진 우

---

49) Bergson, *Duration and Simultaneity*, p. 40.

주의 동일한 부분portion이 대응하게 될 것이다. 과학의 눈으로 볼 때에는 아무것도 변화하지 않을 것이다.[50]

그러나 측정을 허락하지 않는 질적 지속의 관점에서는 생명계에 속해 있는 것처럼 지속과 시공간의 역학이 자연 대상의 흐름이나 그 환경과 밀접하게 관련되어, 모든 것이 변화하게 될 것이다. 베르그손은 상대성 이론의 동시성들이 구체적 지속에서 인위적으로 추상해 낸 순간성들이며, 심지어 순전히 심적인 관점들과 습관들이라고 주장한다.[51] 게다가 베르그손은 물리학자가 측정한 순간들의 동시성은 그것이 자신의 조건으로 간과한 흐름들의 동시성에 기대고 있다고 말하기도 한다.[52] 순간[찰나]instant의 동시성은 시계의 눈금moment에다 그 동시성을 고정하기 위해 필요한 것이다. 그러나 베르그손은 시간을 측정하기 위해 가져온 우리 외부의 두 운동의 동시성이 '내적 지속'의 순간들과 연결되지 않으면 실제적인 시간의 측정[방식]을 공식화할 수조차 없을 것이라고 주장한다. 이 때문에 베르그손은 상대성 이론에 있어 '실재적인 것'the 'real'이 물리학자의 등식들equations 바깥 어딘가에 있는 것이 아닌지 물음을 제기한다.

베르그손은 상대성 이론이 논의를 진전시키기 위해 상징적인 책략trick을 사용하며, 지성의 관례적 습관을 끌어오고 있다고 주장

---

50) *Ibid.*, p. 41.
51) *Ibid.*, p. 42.
52) *Ibid.*, p. 37.

한다. 상대성 이론의 다수적 시간들이 얼마만큼 실재적인가? 이 시간들이 어느 체계에 의해 체험될 수 있는 것인가? 한편으로는, 어떤 생명계도 동시에 하나 이상의 기준계 안에 존재할 수 없기 때문에 이는 분명 불가능하다. 그러므로 어떤 관찰자도 그 국소적local 시간의 팽창을 경험할 수 없다. 그러나 이것이 베르그손이 보는 것처럼, 상대성 이론의 복수적 시간들이 상상적이거나 허구적인 시간에 불과하다는 것을 의미하는 것일까? (베르그손은 이 시간들이 경험적 입증을 허락하지 않으며, 이는 곧 오류임이 증명되었다고 보는 관점을 택했다.) 이 물음에 답하기 어려운 것은 부분적으로는 베르그손이 일반 이론의 출현 이전에는 분명치 않았던, 이 이론의 핵심적인 측면을 오해했다는 데 있다. 이는 가속의 요인과 관련된다. 베르그손이 상대적인 것으로 오인하여, 유명한 쌍둥이 역설의 불합리함을 지적하도록 했던 것이 바로 이 요인이다. 가속이 상대적이고 각각의 좌표계가 완벽하게 상호적이라면 우리는 진짜 역설을 갖게 되는데, 이는 우리가 선택하는 기준계가 무엇이냐에 따라 두 쌍둥이 모두가 2년과 200년의 나이를 먹게 되기 때문이다(또한 이 모델에서 지구와 발사체 가운데 체계의 선택은 순전히 임의적인 것이다). 두 개의 시계(지구의 시계와 발사체의 시계)는 다른 하나보다 더 느리거나 빠르게 간다. 그러므로 우리는 베르그손이 예리하게 지적하는 불합리함에 직면하게 된다. 그러나 이 예시에서 가속이 상대적이 아니라 절대적인 것으로 인지되면, 지구에 남아 있는 쌍둥이만 200년의 나이를 먹고 우주로 발사되었다가 돌아온 쌍둥이는 2년밖에 나이를 먹지 않기 때문에 이러한 역설은 해소된다. 즉, 우리가 이 예시를 허구적인 것이라고 단언하는 것은 가속을 상대적으로 가정할 때만 가능하다. 이 문제에 관해 일반 이론이 진전시키는 바를 고려하지 않았기 때문에(들뢰즈가 1966년의 글 4장에서 베르그손과 상대성 이론에 대해 독창적이고 신중한 평가를 내릴 때 반복하는 오류) 베르그손은 두 쌍둥이들이 경험하고 체험하는 시간이 절대적으로 동일하다는 관점을 지지하게 되었던 것이다. 이러한 오류 때문에 베르그손은 우리가 두 체계 중 하나에 임의로 특권을 부여함으로써만 다수적 시간의 역설적 공식을 갖게 된다는 관점을 제시한다. 이와 같은 시간들은 선택된 체계 안에서 만들어 낸 투사일 뿐이라는 것이다.[53] 이를 지적한 후 베르그손은 단일한 시간만이 있다는 관념과 두 체계에 의해 체험된 동일한 시간을 같은 것으로 보는 치명적인fatal 이행을 한다. 베르그손은 (폴과 피터라는) 쌍둥이들을 언급할 때마다 어떤 의식이 현실적으로 체험될live 수 있는지를 생각한다. 우리가 발사체 안에서 비행한 쌍둥이인 폴이 실제로 얼마나 살았는지 알고 싶다면, 해야 할 일은 다른 쌍둥이가 그에 대해 갖는 이미지를 고려하는 것이 아니라 살아 있는 의식 주체인 폴 자신에게 물어보는 것이다. "우리가 폴에게 관심을 기울이면, 우리는 그와 함께하게 되고, 그의 관점을 받아들이게 된다."[54] 베르그손은 또한 우리가 이러한 관점을 채택하게 되면, 발사체는 멈추었고 움직이는 체계는 이제 지구임을 알게 된다고 주장한다. 두 체계들은 완전히 교환 가능한 것이다. 이로부터 베르그손은 상대성 이론에서 우리가

---

53) *Ibid.*, p. 56.
54) *Ibid.*, p. 54.

'체험된' 시간이 아닌 '부여된'attributed 시간만을 생각한다고 결론 내린다. 이제 베르그손이 '단일한 실재적 시간'으로 보는 것은 이러한 체험된 시간이며, 다른 시간들은 상상의 것이다. 쌍둥이의 예에서 이들은 사실 하나의 동일한 시간을 살지만, 단지 서로에게 상이한 시간들을 부여하는 것이다.[55]

어쩌면 베르그손이 한 체계 안에서 실제로 체험된 시간이 모든 체계에 대해 동일해야 한다는 관점을 사실상 지지하지 않는다고 주장할 수도 있겠다. 베르그손의 논지는 오히려 각각의 체계는 그 체계만을 절대적인 것으로 간주할 수 있다는 것이다. 베르그손이 지적하듯 "모든 움직임이 상대적이며, 절대적인 기준점이나 특권적 체계가 없다면 체계 안의 관찰자는 자신의 체계가 움직이는지 휴지하고 있는지 전혀 알 길이 없다".[56] 다시 말해, 우리는 항상 시공간의 특정한 관점 혹은 지평에 묶여 있는 체계 안에 있으므로 상이한 체계들을 자유롭게 오갈 수 없다. 로빈 듀리Robin Durie가 밝히고 있듯 베르그손은 한 관찰자의 관점에서 다른 사람이 체험한 시간은 자신이 체험한 시간과 다르기 때문에 실재적이지 않다고 주장하는 것이 아니다. 베르그손의 논변은 한 관찰자가 다른 관찰자의 기준계에 투사한 시간은 어떤 관찰자에 의해 체험된 시간이 아니라는 점에서 상상의 시간이라는 점이다.[57] 그러나 이것은 진부한 사실이 아닌가? 상대성 이

---

55) *Ibid.*, p. 56.
56) *Ibid.*, p. 24.
57) Durie, "Introduction", in Bergson, *Duration and Simultaneity*, p. xxiii note 12.

론이 제기하는 문제를 완전히 놓치고 있는 건 아닌가? 혹시 상대성 이론이 '투사'의 관점에서 복수적 시간을 가정하는 것이 아니라면 말이다(쌍둥이의 예에서 베르그손이 물리학자의 관점으로 등반하기climb the ascent를 거부했다는 점은 분명하다).[58] 베르그손은 우리 자신의 체계 밖으로 나갈 수 없다고 주장하고 있는 것인가?

밀리치 차페크Milič Čapek는 베르그손이 다소 허술한spurious 추론을 통해 자신의 입장에 도달한다는 것을 보여 주었다. 베르그손은 각각의 관찰자가 자신의 국소적 시간만을 지각한다는 통찰로부터, 사실 어떤 현실적[실제적]인 시간의 팽창도 발생하지 않았다는 것을 추론한다(시간의 팽창과 지속의 길이들의 수축은 원리상 관찰 불가능하다). 로렌츠 방정식을 통해 우리는 우리 자신의 지속이, 우리 체계의 관점에서 특정한 속도로 움직이는 다른 어떤 체계에서도 팽창된 것으로 보여져야 한다고 추정한다. 그러나 이와 같은 외관상 팽창은 우리가 다른 체계와 만나는 즉시 사라지게 된다. 이를 근거로 베르그손은 우리가 다른 체계와 만나게 되면 상대성 이론이 상정하는 시간과 길이의 변형이 순전히 환영phantasmatic임이 드러난다고 주장하는 것이다. 이는 특정한 관찰자에 의해 경험되는 것이 아니라, 그의 관점에서 움직이고 있는 어떤 외적 관찰자에게 '부여되는' 것일 뿐이다.

---

58) 이 지점에 기반한 베르그손 비판으로 Deleuze and Guattari, *What is Philosophy?*, p. 132 참조. "베르그손처럼 과학적 관찰자(예컨대 상대성[이론]에서 고속 여행자)는 변이들의 상태를 표시하는 단순한 상징과 동화하는 반면, 철학적 인물에게는 스스로 변이들을 겪는 체험된 것(지속하는 존재)으로서 우위를 부여하는 것은 불충분하다. 과학적 관찰자가 상징적이지 않은 만큼이나 철학적 인물도 체험적이지 않다."

다시 말해 환영이 만들어지는 것은, 실제 관찰자가 자신을 외부적 관찰자에 심리적으로 동일시하고 시공간의 변형들을 지각한다고 상상하기 때문인데, 이 변형들이란 실제 관찰자가 다른 체계에 들어서는 순간 사라져 버린다. 베르그손에게는 상대성 이론의 다수적 시간들 가운데 오로지 하나만이 실재적인 것으로 판명될 수 있다. 이 하나가 선택되면 나머지는 '수학적 허구들'로 밝혀지는 것이다.[59] 그러나 어떤 관찰자도 자신의 시간의 팽창을 팽창으로 경험할 수 없다고 가정하는 것이 맞더라도, [이로부터] 어떤 관찰자도 자신의 체계 바깥에서 일어나는 일을 지각할 수 없다고 베르그손이 결론 내린 것은 타당치 않다.[60] 차페크가 지적하듯, 이는 거의 유아론적 입장이며, 『물질과 기억』과 『창조적 진화』에서 제시되는 관점과 일치하지 않는다(오히려 이 저작들은 정확히 반대 입장을 취한다). 베르그손의 논리에 따르면, 질량mass의 상대적 증가는 관찰 불가능할 것이다(각각의 관찰자가 자신의 체계와 연결된 질량만을 지각할 수 있고 모든 질량은 일정하게 남아 있다). 따라서 베르그손이 『지속과 동시성』을 쓰기 전에 수행된 실험들, 즉 전자량의 증가를 보여 주었던 실험은 불가능한 것이었을 수 있다. 상대성 이론과 대치되는 베르그손의 사유는 세계를 불연속적이고 자기-충족적인 라이프니츠적 모나드의 지각으로 환원한다. 차페크가 지적했듯이, 이러한 사유는 단순 정위의 오류the fallacy of simple location를 범하고 물질 세계를 특징짓는 보편적 연속성과 상호

---

59) Bergson, *Duration and Simultaneity*, p. 20.

60) M. Čapek, *Bergson and Modern Physics*, Dordrecht: Nijhoff, 1970, p. 244.

작용에서 사유하기를 시작하는 것이 중요하다고 본 베르그손의 논점에 심각하게 반하는 것이다.

베르그손의 글을 읽는 독자들이 의문을 품을 수 있는 부분은 물리학자들이 실험하는 시간이 '잠재적인 시공간'인 반면, 지속 혹은 체험된 시간은 항상 현실적이라는 점이다.[61] 체험된 시간은 항상 지각된 시간이다. 따라서 잠재적인 시간이란 없다! 이것이 그가 상대성 이론에 대해 제기하는 주된 비판, 즉 그것이 현실적인 것과 잠재적인 것을 동일한 평면에 둔다는 점이다.[62] 그렇다면 우리는 어떻게 베르그손을 잠재성의 철학자이자 존재론자라고 주장할 수 있는가? 이러한 방식으로 잠재적인 것과 현실적인 것을 서술할 때 베르그손은 상상과 실재를 대조하고 있을 뿐이다. 상대성 이론은 체험된 시간 ── 생명 체계들의 지속적 시간 ── 의 본질을 무시하고 수학적 시간을 포함한 모든 시간을 동일한 평면 위에 두기 때문에, 우리에게 시간이 무엇인지 말해 주지 못한다. 베르그손은 특수한 종류의 다양체로서 시간에 대한 자신의 사유를 입증하기 위해 잠재적인 것과 실제적인 것을 구분해야 했다. 이러한 구분 없이 시간에 대한 베르그손의 사유는 시간들의 텅 빈 다양성(각각은 상대적이지만 스스로를 절대적인 것이라 여기고, 모든 지속의 시간이 동일한 긴장을 갖는다[는 의미에서])을 상정하는 데 그칠 것이기 때문이다. 베르그손의 사유가 정합

---

61) Bergson, *Duration and Simultaneity*, p. 115.
62) P. A. Y. Gunter(ed.), *Bergson and the Evolution of Physics*, Knoxville: University of Tennessee Press, 1969, p. 174의 베르그손 논의 참조.

성을 잃지 않기 위해서는 단일한 시간의 개념을 수정할 필요가 있다.

차페크는 위상학의 관점에서 이 문제에 접근한다. 그는 모든 수학적 시간들에 공통적인 하나의 시간이 없다면 "이 시간들이 동시적contemporary이며, 동일한 간격 안에 담겨 있다는 것은 어떤 의미일까?"[63]를 묻는다. 분리되어 있는 동안 동일한 순간을 살고, 이후에 다시 만났을 때 동일한 순간에 있는 쌍둥이의 역설을 예로 들어 보자. 이 순간은 계량적 시간을 의미하는 것이 아닌데, 이는 우주선의 시간과 지구의 시간이 계량적으로는 다르기 때문이다. 그러나 상이한 계량적 시간들이 동일한 계기적 순간들로 경계지어지므로 동시간적이라면, 이는 곧 이 시간들이 보편적 지속의 하나이며 동일한 길이[확장]stretch의 두 보완적인 측면이라는 것을 의미한다.

> 우리가 분리의 순간을 A로 회귀의 순간을 B라 부른다면, A를 뒤따르는 B의 계기succession는 [다른] 모든 체계들에서도 계기로 나타나는데 이는 A에 대한 B의 인과적 의존 관계 때문이다. 이러한 계기는 따라서 하나의 위상학적 상수topological invariant로서 상대적인 운동[이동]motion의 영향이나 가속으로 인한 동역학적 영향을 받지 않는다. 변형되는 것은 국지적 시간들의 리듬들인데, 이는 곧 상이한 중력장 안에서 시간 단위들의 상이한 팽창 정도가 두 체계에서의 상이한 시간 측정이 되는 국지적 시간 단위다. 그러나 이러한 계량적 차이는 기저에 있는 공통 지속의 […] 불가역성에 영향을 미

---

63) Čapek, *Bergson and Modern Physics*, p. 248.

치지 않는다.[64]

즉, 상대적인 항들의 다양성을 아우르는 시간의 위상학적 혹은 비-계량적 단일성은 변하지 않는다. 모든 준거체계frames of reference 에 내재하는 시간의 단일성은 비-계량적인 의미로 이해해야 하며, 동일한 길이stretch의 지속은 [상호]불일치하는 계량적 시간 계열들 의 [공통]근거가 될 수 있다. 따라서 차페크는 "어떤 준거체계 안에 서도 계기들로 남아 있는 특정한 종류의 계기들이 있다"는 주장을 견지한다.[65] 시간의 상대화로 파악되는 동시성의 상대화는 단순히 병치의 상대화일 뿐이지만, 지속적 시간이 함축하는 비가역성은 '절 대적인' 의의 혹은 지위를 가지며, 우리가 선택한 준거[기준] 체계에 독립적이라는 점에서 '객관적인' 실재성을 갖는다.[66] 사실 베르그손 은 자신이 저지른 근본적인 오류, 즉 계량적으로 불일치하는 시간들 을 근거짓는 (우주적) 지속의 통일성과 계량적 의미의 단일성oneness 에 대한 혼동을 간과했다.

베르그손의 논변에 대한 좀 더 급진적인 재해석의 맹아는 1966년에 출간된 들뢰즈의 『베르그손주의』에서 찾을 수 있다. 특유 한 의미에서 어떤 일자a One로서 잠재적 다양체를 강조했다는 것이 베르그손의 주요 텍스트들, 특히 『물질과 기억』, 『창조적 진화』, 『지

---

64) *Ibid.*, p. 249.
65) *Ibid.*, p. 232.
66) *Ibid.*, p. 233.

속과 동시성』에 대한 들뢰즈의 독해가 지니는 공통된 특징이다.『지속과 동시성』에 대한 독해에 있어 들뢰즈는 단일한 시간에 대한 '강력한' 독해라 부를 수 있는 것을 제안한다. 이는 단일한 시간이 모든 시간들에 공통적인 지속(상호 침투의 연속성 또는 위상학적 통일성)을 의미하는 것이 아니라 잠재적인 전체를 의미한다는 논변에서 나타난다. 들뢰즈에게 이것은 상대성 이론이 전제하고 확증하는 단일한 시간이다. 단일한 시간에 대한 이러한 해석을 주장하면서 들뢰즈는 『지속과 동시성』에서 특별히 모호한 구절[67]에 대한 특정한 독해 방식을 제시한다. 단일한 시간의 물음에 대한 들뢰즈의 독해가 지니는 중요성은 그것이 의식에 관한 물음을 관찰자 문제로부터 분리함으로써 그것이 '보편적이며 비인격적인' 시간으로서 지속의 잠재적 전체와 관련한 문제임을 보여 주기 때문이다.

이와 관련된 주장들은 베르그손의 텍스트에 다음과 같이 나타난다:

a. (기억을 포함하여) 의식을 삽입하지 않고 지속되는 실재에 대해 말하는 것은 불가능하지는 않더라도 어렵다. 지속은 "본래 더 이상 존재하지 않는 것에서 존재하는 것으로의 연속"으로서, 두 순간을 연결하는 기초적인 기억 없이는 둘 중 하나만 있게 되고, 전후도 계기도 없고 시간도 없을 것이다.[68]

---

67) 특히 Bergson, *Duration and Simultaneity*, pp. 31~32, 33~34.
68) *Ibid.*, p. 33.

b. 그렇다면 베르그손에게 이러한 의식은 무엇인가? 그의 논변이 흥미로운 측면은 지속하는 사물을 이해하기 위해 우리 자신의 기억을 다른 무언가의 내부로 옮겨 놓을 필요가 없고 오히려 반대 과정을 따라야 한다고 제안하는 대목이다. 의식의 지속은 "사물들이 지속하는 시간을 가지고 있다는 바로 그 이유 때문에 사물의 중심에 위치할 수 있다".[69]

이것은 들뢰즈가 '시간의 일원론'이라고 부르는 비인칭적이고 보편적인 시간을 사유하는 방식이며, 베르그손과 달리[70] 들뢰즈는 이러한 [시간의] 실재성을 확신한다. 한편으로 베르그손은 지속이 물리적 세계 전체의 특징으로서 우리 신체의 체험된 실재성에만 국한되지 않는, 하나의 '단일한 전체'를 형성하는 우주를 생각한다. "우리 주변에 있는 부분이 우리의 방식대로 지속한다면, 그 부분을 둘러싸고 있는 부분에 대해서도 [이 사실이] 적용될 것이며, 이러한 과정은 무한하다[무한히 확장 가능하다]. 따라서 우주의 지속이라는 관념 […] [즉] 모든 개체화된[개별적] 의식들을, 또한 의식들과 그 밖의 자연을 연결하는 비인칭적 의식"이 생겨나게 된다.[71] 다른 한편, 베르그손은 서로 다른 종류의 의식들 사이에서 긴장이 더 높고 낮음을 구별할 수 있다 하더라도, "이러한 지속들의 다양체의 이론을 물리적

---

69) *Ibid*.

70) *Ibid*., p. 34.

71) *Ibid*., p. 31.

154 베르그손과 생명의 시간

우주로" 확장할 타당한 이유는 없다고 주장한다. 이 두 구절은 명백하게 모순되는 듯하지만, 이는 '물리적 우주'라는 용어가 특수한 무언가, 즉 우리 자신의 우주 외부에 존재할 수 있는 세계들(다중우주의 우주들이라고도 할 수 있는)을 지칭한다는 것을 깨닫는 즉시 해소된다. 이는 어떻게 베르그손이 바로 다음 문장에서 "하나이며 보편적[우주적]인" "물리적 시간"이 있다는 가정으로 나아갈 수 있는지를 설명한다. 이것이 "[지속하면서] 물리적 세계 전체의 사건들"을 끌어 모으는 "단일한 지속"의 관념에 대해 생각하는 것이다.[72]

　베르그손의 설명이 갖는 진정한 난점은 ――이미 언급한 대로 『지속과 동시성』에 나타난 문제적 측면이 드러나는 지점으로서 ―― 전체의 단일한 시간과 지속을 개념화하는 데 있어 그가 지속으로서 오로지 하나의 시간적 실재만 있다(모든 의식들과 존재의 모든 양태들은 지속의 동일한 긴장을 경험한다)고 보는지 여부에 있다. 이것이 텍스트 자체에서는 불분명하지만,[73] 나는 베르그손이 이 입장을 견지하지 않았다고 주장하고 싶다. 나의 지속은 그와 다르고('열등'하거나 '우수'한) 종류상[질적으로] 다른 지속들을 드러내고 포괄할 수 있는 힘을 지닌다. 다른 지속들이 나 자신의 지속과 동일하거나 일치할 수는 없다. 우리가 찾고 있는 대안적 개념은 들뢰즈의 1966년 글에서 찾아볼 수 있다. 들뢰즈는 지속이 단순히 분할 불가능한 것이 아니라 "매우 특별한 분할의 양식을 가진 것"이라고 주장한다.[74] 단일한 시

---

72) *Ibid.*, p. 32.
73) *Ibid.*, pp. 32~33 참조.

간은 어떤 분할도 수행되지 않은 잠재적인 것의 층위에 위치해야 한다. 잠재적 다양체로서 지속은 종류상[질적으로] 다른 요소들과 선들로 (두 개의 다른 흐름들의 다른 단체들처럼 아킬레스의 흐름과 거북이의 흐름도) 나누어진다. 이러한 종류상의 차이는 곧 긴장, 수축과 이완에 있어 나타나는 차이들로 이해되며, 이 후자의 차이들은 (그것들을 아우르는, 또한 그 차이들 안에서 현실화되는) 잠재성 안에 존재한다.[75] 이에 들뢰즈는 하나의 시간(일원론)이 동일한 잠재적 전체(제한적 다원론)에 참여하는 현실[실제]적 흐름의 무한성(일반화된 다원론)을 포함한다는 결론에 도달한다. 후자는 지속이 자신을 드러낼 수 없고 오로지 다른 지속을 통해서만 드러날 수 있으며, 모든 지속들은 항상 잠재적인 전체와 관계 안에서 펼쳐진다는 사실을 의미한다.

필자가 보기에 이 문제에 있어 들뢰즈를 따르기는 대단히 어렵다. 이는 그것이 잠재적인 것의 실재성에 대한 일련의 물음 전체를 촉발하기 때문이다. 들뢰즈는 잠재적인 것을 어떤 의미로 사용하고 있는가? 잠재적인 것은 현실적으로 존재하는 모든 것들 이전에 이미 존재하는가? 혹은 이러한 물음이 잘못 분석된 복합물(여기서는 시간과 공간)로 인해 제기되는 것인가? 우리는 어떻게 잠재적인 것과 그 현실화에 대해 (현실적으로!) 사유할 수 있을까? 이러한 물음들을 제기하고 응답하는 작업은 다음 장에서 진행될 것이다.

---

74) G. Deleuze, *Bergsonism*, trans. H. Tomlinson and B. Habberjam, New York: Zone Books, 1991[1966], p. 81.

75) *Ibid.*, p. 82.

포퍼와 베르그손의 만남

우리는 앞에서 『파르메니데스의 세계』를 구성하는 글들을 다루면서, 포퍼가 창조적 진화라는 문제와 관련하여 비판적 합리론이 '비합리주의'[적] 원천에 의존해야 함을 공개적으로 인정하는 것을 확인했다 (변화는 실재적인 것이지 단지 실재적인 것의 현상학적 재현의 일부가 아니다). 포퍼의 주장에 따르면, 유일한 문제는 생성에 관한 어떤 이론도 논의할 가치가 있다고 아직 입증되지 않았다는 점이다. 베르그손에 대한 우리의 독해가 아마도 이를 시험해 볼 수 있을 것이다. 이러한 시험을 여러 층위에서 수행함으로써, 우리는 포퍼주의적 합리론자에게 직관은 비합리주의적인 방법이 아니라 지성의 한계들을 극복하려는 적극적인 방법이라는 것을 확신시켜야 할 것이다. 그러나 이러한 과제를 여기서 수행하기는 어려운데, 직관에 대한 베르그손의 입장을 심층적으로 고찰하는 일은 5장에서 칸트에 대한 베르그손의 대응을 살펴본 후에나 가능하기 때문이다. 5장에서는 직관의 철학을 정교화하는 일이 그 핵심에 있어 어느 정도로 칸트의 비판적 합리주의에 대한 베르그손의 대응과 관련되는지 볼 것이다. 여기서는 베르그손주의에 대한 다른 몇 가지 중요한 사항을 지적하고자 한다.

베르그손과 포퍼 모두 고대 사유의 고전적 원리들 —특히 파르메니데스의 합리주의와 플라톤의 형상론— 에서 그 근대적 변이들에 이르는 계보를 추적함으로써 상대성 이론에 나타나는 시간의 공간화 문제에 접근한다는 점은 흥미롭다. 베르그손은 고대와 근대 사유 사이의 단절이, 후자에게는 시간의 특권적인 순간이 없으며 어떤 것이든 관계없는 시간의 임의적 순간을 강조한다는 점에서 기인함을 보여 준다. 이러한 '임의적' 순간은 그러나 여전히 공간화된 시간 개념을 따르는 것이다. 플라톤주의적 사유에 있어 시간은 '영원의 움직이는 이미지'(시간은 영원에 속한다 ── 들뢰즈는 이러한 이미지를, 영원이 시간의 잠재성 안에 거주함을 보여 줌으로써 [플라톤주의를] 전복하는 데 사용한다)이다. 이와 같은 이미지에서 시간은 영원의 결핍 deprivation으로서 부정적인 것이다. 근대적 사유에서 시간은 두 순간들의 상대적 동시성을 측정하는 불변의 크기로 간주된다. 이와 같은 닫힌 체계의 지형mapping 바깥에서 시간은 지속하지 않으며 실제로 지속은 물리학에서 어떤 의미도 갖지 않는다. 이 때문에 상대성 이론에 대한 혼동에도 불구하고 베르그손이 이 이론의 '철학적 의미'가 명시되지 않으면 "수학적 표상에 초월적 실재의 지위를 부여"[76]할 위험이 있다고 말한 점은 전적으로 옳다. 이를 피하기 위해서는 (닫히고 열린, 인공적이고 자연적인) 체계들에 관한 이론을 발전시키고, 철학과 과학 모두를 생명과 생명계에 대한 연구와 관련지어야 한다.

포퍼에서 나타나는 어떤 [통찰]보다 더 심도 깊은 베르그손의 업적은, 지속으로서의 시간 관념, 즉 상호 침투하는 연속성을 포함하는 잠재적 다양체를 명시한 점이다. 포퍼가 이러한 관념을 비합리주의적 형이상학의 표현으로 간주했다는 점에는 의심의 여지가 없다. 그러나 베르그손에게 영감을 받은 사람들은 합리론 전통에서 제시하

---

76) Bergson, *Duration and Simultaneity*, p. 114. 강조는 인용자.

는 지식과 형이상학의 정의를 받아들이는 것이 '비합리적'이라는 이유로 이러한 꼬리표를 분명 거부할 것이다. 베르그손이 옳다면, 우리의 지성과 지성의 공간화된 표상의 습관에 있어 자연스럽거나 주어진 것이란 없다. 오히려 그러한 습관들은 (진화적) 생명/삶의 조건들에 깊이 뿌리박고 있으므로 지성의 발생론[적 고찰]이 요구되는 것이다. 베르그손은 "지속을 결핍, 순수 부정으로 취급"하는 것은 오성 understanding이라고 주장한다.[77] 시간의 완전히 긍정적인 실재를 복원하는 것이 '형이상학적 구성construction'을 만들어 내는 것을 의미하지는 않는다.[78]

앞에서 나는 단일한 시간이 베르그손의 해석과 달리, 상대성 이론의 시간들을 모두 상상적이라고 단언할 수 있게 하는 체험된 혹은 체험 가능한 실재적 시간을 명명할 수 없다고 주장했다. 모든 시간들에 공통적인 단일한 시간은 지속의 시간이며, 여기서 지속은 잠재적 다양체(그 자신에게 특유한 어떤 일자a One를 갖는 다양체)로 파악된다. 이것이 아인슈타인이 어떤 존재나 실재성도 지니지 않는다고 보았던 '철학자의 시간'이다. 나의 논점은 이러한 시간이 단순히 철학자의 시간이 아니라는 것이다. 이는 생명/삶의 시간이기도 하다. 잠재적 다양체로서 지속이 단지 심리학적이거나 현상학적인 것에 국한되지 않고, 물질의 진동하는 리듬들을 아우른다는 점이 중요한 이유가 여기에 있다. 『물질과 기억』에서 베르그손은 이러한 진동이 순

---

77) *Ibid.*, p. 112.
78) *Ibid.*, p. 111.

간적이지 않다고 주장하는데, [만약 순간적이었다면] 자연과 물질의 시간이 불연속적[개별적] 순간들의 하나의 계기[연속]에 불과할 것이기 때문이다.[79] 또한 아인슈타인의 상대성 이론은 너무 근시안적으로 공식화되어, 철학자의 시간이 그것을 어느 정도로 정합적이고 일관성 있는 것으로 묘사해야 하는지 그 정도를 평가할 수 없다. 이 점은 필립 투레츠키가 예리하게 지적한다.

> 상대성 이론은 리만 공간에 펼쳐진 시간의 전체를 그려 낸다. 그러나 이것조차도 시간을 완전히 공간화하지는 않는다. 두 사건 사이의 시공간 분리에 대한 공식은 시간적 요소의 기호를 통해 공간적 구성요소와 시간적 구성요소 사이의 질적 차이를 표시하기 때문이다. 이 분석을 통해 상대성 이론은 완전히 현실화된 시간을 표상하려 하며, 우주를 완전히 현실[실제]적이고 이미 완성된 것으로 취급함으로써 질적인 것을 양적 다양체로 분석한다. 거의 공간화에 가까운 이러한 시도는, 잠재적인 것의 전개를 그것의 현실화 안으로 복원시킴으로써 베르그손의 지속과 공존할 수 있는 것이 된다.[80]

베르그손의 사유에서 우리는 철학자의 시간과 물리학자의 지형 mapping 사이의 새로운 동맹의 가능성을 발견한다. 『지속과 동시성』

---

79) H. Bergson, *Matter and Memory*, trans. N. M. Paul and W. S. Palmer, New York: Zone Books, 1991[1896], p. 269.
80) Philip Turetzky, *Time*, London: Routledge, 1998, p. 210.

에서 베르그손은 물질적 연장의 연속성에서 시작해야 할 필요성을 다시 언급하면서 그러한 연속성에서 출발하는 것은 어떤 "인위적이고 관습적이며, 단지 인간적인 [관점에서 비롯된]" 것과도 무관하다고 주장한다.[81] 이는 『물질과 기억』이 개괄하는 그의 입장을 반영하는 지점이다. 이러한 연장[확장]성은, 수축되고 이완된 물질의 특질들로 채워져 있으므로 "질적인qualified 혹은 질적으로 변형된 연속성"을 만들어 낸다. 예를 들어, 우리와 같은 생명계에서의 신체에 대한 시각적 지각은 하나의 채색된 연장[물]을 분할하고, 연장의 연속성에서 절단해 낸 결과다. 색상들이 다른 방식으로 형성되면 우리 눈에는 다르게 보이겠지만, 그럼에도 불구하고 물리학에서 기본적 진동으로 분해되는 어떤 실재적인 것은 [여전히] 있을 것이다(색과 진동은 다르지만 둘 다 실재적이다. 색은 단지 우리 머릿속에만 있는 것이 아니다).[82] [물질적] 연장의 연속성을 절단fragmentation하는 [과정은] 동물의 종에 따라 다르게 수행된다. 철학적 분석과 물리학 모두가 연속성과 불연속성에 대한 통찰을 제공한다. 예를 들어, 물리학은 한편으로 물체[신체]를 잠재적으로 무한한 수의 소립자로 분해하고, 다른 한편으로 물체가 수많은 상호 작용과 반작용을 통해 다른 물체와

---

81) Bergson, *Duration and Simultaneity*, p. 25.
82) 여기서 베르그손주의와 최근의 '심리철학'적 사유 사이의 일치를 발견할 수 있다. 특히 대니얼 데닛이 "Instead of Qualia"에서 제기하는 논변(Daniel Dennett, *Brainchildren: Essays on Designing Minds*, Middlesex: Penguin, 1998, pp. 142~152) 참조. 이 글에서 눈과 뇌가 "관찰자에게 보여지는 대상과 다름없는 물리적 세계의 일부"(p. 142)라는 점을 지적하면서 색상은 세계가 아닌 보는 사람의 눈과 뇌에만 존재한다는 주장에 대응하는 지점에서 데닛은 『물질과 기억』의 베르그손과 유사한 방식으로 접근한다.

어떻게 연결되어 있는지를 보여 준다.

물질적 연장의 연속성에 대한 이러한 강조는 상대성 이론에 대한 우리의 평가와 관련된다. 앞서 진행된 논의가 시사하듯 공간에 대한 아인슈타인의 재평가transvaluation의 핵심이 장field의 관념에 대한 강조이기 때문이다. 아인슈타인 자신이 지적했듯, 이 개념은 처음 출현했을 때 시공간의 문제와 아무 관련이 없었다.[83] 그러나 이 개념은 결국 그의 사유에서 시공간에 관한 모든 것과 관련을 맺게 된다. 먼저 시공간이 펼쳐지는 휴지 중인 구체적 공간the incarnated space at rest을 가리키는 에테르라는 모호한 개념을 대체한다. 또한 그 이상으로 장의 관념은 물질적인 점들로 이해되는 입자들이 있다는 생각을 대체한다. 장이 없는 공간에 대한 관념이 환상이라면, 이는 곧 시공간을 ('장의 구조적 성질'로서) 장의 역학과의 관계 안에서 사유해야 한다는 것을 의미한다. 시공간의 블록을 힘의 역학적 장 안에서 이해하는 것은 잠재적으로, 전체the whole를 자신의 움직이는 연속성의 차원에서 다시금 생각할 수 있게 한다. 원자들은 원자들 사이의 융합과 상호 침투가 나타나는 원자 내적 작용에 있어 함축관계 implication와 별도로 사유할 수 없는 것이 된다. 우리가 물질의 불연속적[이산적] 미립자들corpuscles로 간주되는 원자들을 힘의 장에서의 존재로부터 추출하는 것은 인위적으로만 가능하다. 베르그손이 지적하듯,

---

83) Einstein, *Relativity: The Special and the General Theory*, p. 144.

우리는 힘이 점점 더 물질화되고 원자가 점점 더 관념화되면서 공통의 한계로 수렴하는 두 항들과, 이를 통해 자신의 연속성을 회복하는 우주를 목도한다. 우리는 여전히 원자에 대해 말할 수 있다. 원자는 그것을 고립시키려는 마음[지성의 작용]에게는 개체성[개별성]을 유지할 수 있을지 몰라도, 원자의 고체성과 관성은 상호적 연대를 통해 우주[보편]적 연속성을 회복하는 힘의 선들이나 운동들 안으로 녹아 없어진다.[84]

결론: 생명의 시간을 향하여

막스 셸러는 '관념론과 실재론'에 관한 글에서 시간과 공간에 대해 성찰하면서, 우리가 감성의 초월론적[선험적] 형식으로서의 공간[개념]에서 출발해서는 안 된다고 주장한다. 오히려 우리는 근본적인 현상들인 변이, 운동, 변화alteration에서 시작하여 이 현상들과 관련하여 공간성을 규정해야 한다는 것이다.[85] 이는 경험의 대상들이 유클리드 기하학과 같은, 지성이나 상상력의 기하학에 부합하도록 강제되지 않는다는 것을 의미한다. [그러면] 기하학의 선택이 오히려 '관찰 가능한 운동의 법칙'에 적응하게 될 것이다. 운동 능력에 대한 이러한 객관화가 오로지 가능한 경험들만의 통일을 표상하는지, 아

---

84) Bergson, *Duration and Simultaneity*, p. 200.
85) M. Scheler, *Selected Philosophical Essays*, trans. D. R. Lachterman, Evanston: Northwestern University Press, 1973, p. 339.

니면 '물자체'와도 연관되는지에 대한 물음은, 셸러가 '단일한, 초-개체적supra-individual' '생명'을 가정하는지 혹은 그것을 형이상학적인 관념으로 배제한다고 보는지에 달려 있다. 어느 쪽이든 '생명 일반에 대한 공간성의 존재적 상대성existential relativity'[이라는 입장]을 견지할 수 있다. 그러나 시간은 어떠한가? 시간 역시 존재적으로 상대적인가?

셸러는 여러 생명체에 공통적으로 나타나는 가장 원시적인 시간 경험은 미래라고 주장한다. 여기서 미래는 동물의 자기-변형self-modification을 가리킨다. "미래는 자발적인 자기-변형을 통한 자발적인 자기-생성의 가능성이다."[86] 이러한 자발적인 생명[생기]적 행위를 고려하지 않을 때 우리는 사건이 발생하는 실제[현실적] 형식으로서 오로지 '이론적인 시간'을 상정하고 우선시하는 방향으로 사유하게 된다. '물리적 시간'에 있어서는 과거, 현재, 미래의 차원이 특정한 생명 체계에 실존적으로 상대적인 것으로 취급되기 때문에, 구조와 리듬 모두에서 시간은 제거해야 하는 것이 된다. 따라서 사건의 모든 시간적 규정은 완전히 서로에게 상대적인 것이 되고, 유동적인 체계와 고정된 체계 사이의 관계 바깥에는 존재하지 않게 된다. 셸러가 지적하듯, "여기서 지속은 처음부터 그저 허울뿐인 것으로 가정된다."[87] 물리적 시간은 '공간적 규정들'의 시간으로, 이 안에서 지속하는 것은 측정 가능한 단위들뿐이다. 생명체나 생명형식/형태의 특유

---

86) *Ibid.,* p. 341.
87) *Ibid.,* p. 348.

성과 무관한 '지금 [순간]들'이 연속하는 계열[순서]이 있는 것은 '현재'의 시간이며, 이 생명체들의 '지금'이 바로 이 순간들이다. [따라서] "물리적 시간에는 '사건들'만 있지 '역사'는 없다."[88] 모든 순간에 과거가 활성적인active 것으로 남아 있고, "이러한 과거의 내용이 미래에 수행할 임무에 의해 다양한 방식으로 뚜렷해지는 것"이 역사의 본성이기 때문이다.[89] 물리적 시간에서는 하나의 동일한 사건이 되풀이될 수 있고, 시간의 배열이 공간 안에서의 사건 배열에 전적으로 의존하기 때문에, 세계의 동일한 상태가 되풀이되면(힘들의 동일한 배치) 시간 자체가 자신에게로 되돌아간다는 것을 의미한다(이것이 적어도 하나의 가능한 해석으로서 니체가 『힘에의 의지』 1066절에서 영원회귀의 이론을 제시하는 방식이다).[90]

물리적 시간은 '생명'이라는 관념이 도입될 때 그 한계에 도달한다. 생명의 진화는 (목적론적으로 이해된 것은 아니지만) 역사와 결부되어 있다. 셸러는 물리적 시간이 상대성 이론에 고유하다고 제안한다. 그는 '절대 공간'이라 부를 수 있는 것이 있다는 생각을 받아들이지는 않았지만, '절대 시간'을 생각하는 것은 가능하다고 보며, 이것이 곧 생명의 시간이 될 것이라고 생각한다. 생명의 시간은 과거, 현

---

88) *Ibid.*

89) *Ibid.*

90) 이 점에 관해서는 니체와 보스코비치(Roger Joseph Boscovich)에 대한 필자의 글 Ansell-Pearson, "Nietzsche's Brave New World of Force: Thoughts On the Time Atom Theory Fragment and Boscovich's Influence on Nietzsche", *Journal of Nietzsche Studies* 20, 2000 참조.

재, 미래의 차원이 단순히 특정한 형태나 생명/삶 또는 생명체에 대해 상대적인 것이 아니라는 의미에서 절대적이다. [생명의 시간은] 오히려 생명의 진화가 고유하고 비가역적인 과정임을 보여 준다. 이 '생명'은 우주의 역사 전체가 참여하는 것으로서, 동일한 사건은 "인위적으로 고립된 체계 안에서"만 되풀이될 수 있다.[91] 질서cosmos는 주어지는 것이 아니라 생성되고, 우주가 단순히 역사를 '가지는' 것이 아니라 그 자신이 스스로의 역사다. 고유하고 비가역적인 생성으로서 생명의 과정으로 이해되는 시간의 시간성the temporality of time은, '생명 자신의 과정 자체의 형식'이기 때문에 실존[존재]적으로 상대적일 수 없다.

그렇다면, 시간에 '적극[긍정]적인 실재성'을 부여한다는 것은 무엇을 의미하는가? 우리가 순간 안에 놓인 지속duration at instantaneity의 지연을 진지하게 고려한다면, (시간은 그저 주어지고 사물은 미리 형성된 가능태들로서 존재하면서 실현되기만을 기다리는) 기계적 진화가 아닌 '창조적' 진화를 사유할 수 있게 된다. 이러한 지속의 '지연' 또는 유보를 통해 우리는 '머뭇거림'과 '비결정성'에 대해 생각할 수 있는데, 이는 비록 모호하고 막연하지만 시간과 생성의 전적으로 긍정[적극]적인 측면이라 하겠다.

---

91) Scheler, *Selected Philosophical Essays*, p. 350.

3장 지속과 진화: 생명의 시간

[…] 변화에 대한 수학적 계산이 변화를 설명하기보다는 부정하는 경향이 있다는 것을 알면, 우리는 '~안에 포함된'과 같은 문구에 함축된 필연성과 규정에 대해 의혹을 제기하고, 수학적 인과성 안에서 현재가 과거에 포함된다고 주장하는 것은 변화를 공간화하는 오류에서 기인한다는 것을 알 수 있을 것이다. 시간을 실재로 간주한다면, 우리는 현재는 과거 안에 포함된 것으로 볼 수 없으며 새로운 것의 출현과 창조라는 것이 존재함을 인식해야 할 것이다. (린지, 『베르그손주의 철학』, p. 42)

[…] 베르그손주의는 이러한 범논리적 문명에 반하여 평가할 수 없을 만큼 귀중한 메시지를 시사한다. 그것은 변화 안에서, 또한 어떤 정체성에도 정착하지 않는 타자로의 끊임없는 이행 안에서 심령주의 ─ 이러한 묘사가 가능하다면 ─ 의 본질을 지각한다. 베르그손주의는 또한 시간을, '움직이지 않는 영원의 움직이는 이미지'로서가 아니라 ─ 서구 사상사를 통틀어 그러했던 ─, 원초[근원]적

변화의 측면에서 가르쳐 준다: 그저 존재의 영속성의 상실이나 영원의 타락이 아닌 시원적 탁월성으로서의 시간과 정신*esprit*의 바로 그 우월함을. (레비나스, 『시간과 타자』, p. 129)

새로운 것은 어떻게 사유되어야 하는가? 이러한 물음은 철학적 논쟁의 전면에 남아 있으며, 흥미롭게도 베르그손주의와 그 비판자들 사이의 조우라는 형태로, 즉 1930년대 베그르손에 반대하며 바슐라르Gaston Bachelard가 제기한 문제들을 반복echoing하는 바디우와 들뢰즈 사이의 논쟁으로 다시 나타난다. 들뢰즈의 베르그손주의에 이의를 제기하면서 바디우는 '창조적 지속'보다는 근원적 단절founding break을, '흐름'flux보다는 '사건의 탁월한stellar 분리'를 지지하는 논변을 펼쳐 왔다. 사건의 발생에 있어 창조적 잉여가 있다면, 바디우에게 있어 이 창조성은 세계의 무궁무진한 충만함 때문이 아니라 오히려 사건이 세계에 유착되지 않기 때문에, 그리고 '연속성의 부재' 때문이다(이는 사건이 분리되고 중단interrupted되어 있기 때문이다).[1] 또한 바디우는 이전 세대 베르그손주의 비판의 선봉에 있는 바슐라르와 똑같이, 잠재적 다양체에 의존한 [설명에] 도전하는 방식으로서 집합이론과 그에 따른 실제[현실]적actual 다자에 대한 논의에 의지한다. 정확히 지적되어야 할 점은 이것이 새로움의 실재성reality에

---

1) A. Badiou, "Gilles Deleuze, The Fold: Leibniz and the Baroque", in eds. C. V. Boundas and D. Olkowski, *Gilles Deleuze and the Theater of Philosophy*, London: Routledge, 1994, p. 65.

관한 논쟁이 아니라 새로운 것의 생산과 창조가 어떻게 사유되어야 하는지에 관한 논쟁이라는 점이다. 바슐라르와 바디우에게 새로움은 그 정의상 선행 조건들을 넘어서는, 그러므로 선행 조건들을 통해서는 설명할 수 없는 것이다. 베르그손주의에 대한 불만은 새로움이 과거와 얽혀 있는 한 그 관계가 아무리 복잡하다고 하더라도 진정한 새로움일 수 없다는 주장에 기반하는 듯하다. 예컨대 바슐라르가 연속성에 대한 베르그손의 지지 자체를 완전히 거부하려고 했던 것은, [베르그손의 연속성이] 현재가 이미 과거에 새겨져 있음을 의미하는 것으로 해석했기 때문이다. 즉, "과거와 미래의 결속"과 "지속의 점성粘性"은 "현재 순간은 과거의 현상과 다를 바 없다"[2]는 것을 의미한다고 본 것이다. 바디우에게 사건은 지속과 아무런 연관이 없는 것으로서, 시간과 존재의 질서[순서]에 있어 구두점과 같은 것이다(만약 사건에 시간성이 부여될 수 있다면 이는 회고적인 방식으로만 가능하다).

그러나 베르그손과, 베르그손을 계승하는 들뢰즈에게 있어 새로운 것이란 창조적 진화[3](들뢰즈의 몇 가지 텍스트에서 고도로 복잡한

---

2) G. Bachelard, "The Instant", in ed. R. Durie, *Time and the Instant*, Manchester: Clinamen Press, 2000, p. 64.

3) 제임스(William James)에 의하면 퍼스(Charles Sanders Peirce)의 저작과 그의 '우연주의'와 '연속주의'(synechism)를 결합한 이론에 새로움에 관한 이와 동일한 설명이 등장한다. 실제로 그는 퍼스의 교설이 베르그손의 『창조적 진화』와 완전히 동일한 것을 의미한다고 주장한다. 윌리엄 제임스의 「변화하는 것으로서의 실재 관념에 관하여」(*A Pluralistic Universe*, London: Longmans, Green & Co., 1909, p. 399) 참조.

개념이 되는)[4]와 밀접하게 관련을 맺는다. 새로움은 지속 바깥에서 파악될 수 없다. 바디우에 반하여 들뢰즈는 새로운 것, 혹은 사건을 이와 다른 방식으로 사유한다는 것은 철학에 다시 초월성을 도입하는 일이며, 새로운 것의 생산을 중단이나 근원적 단절founding break로 설명하는 것은 이를 불가사의하고 거의 설명 불가능한 것으로 만드는 일이라고 주장한다. 이 장에서 필자는 바슐라르에서 바디우에 이르기까지 베르그손주의에 대한 비판에 대항하여, 지속을 새로움의 조건으로 파악하는 것이 어떻게 가능한지를 보여 줄 것이다. 필자가 주목할 저작은 『창조적 진화』인데, 이 책에서 베르그손은 지속을 현상학적 유래provenance를 갖는 것으로만 제한하지 않는다. 이는 현재를 그저 과거의 잔인한 반복과 다를 바 없는 상태로 축소하는 문제일 수 없다. 만약 그러하다면 베르그손의 창조적 진화 개념에 있어 시간이 어떻게 주어질 수 있는지를 이해하기 어려울 것이다(여기에는 어떤 창조적인 요소도 없을 것이고, 우리가 진화라고 부를 만한 현상조차 없을 것이다). 오히려 지속은 "그 안에서 각각의 형태가 선행하는 형태들에서 흘러 나오면서 그 형태들에 새로운 무언가를 더하는, 그래서 이 형태가 이전의 형태들을 설명하는 만큼 그것들에 의해 설명되는"[5] 그러한 것이다.

---

4) 들뢰즈의 저작에서 변화하는 '진화'[개념]의 지형도에 관해서는 필자의 『싹트는 생명』(*Germinal Life: The Difference and Repetition of Deleuze*, London: Routledge, 1999) 참조.

5) H. Bergson, *Creative Evolution*, trans. A. Mitchell, Lanham MD: University Press of America, 1983(1907), p. 362.

잠재적 다양체로서의 생명

앞서 살펴본 것처럼, 들뢰즈가 보기에 베르그손의 철학이 혁신적인 지점 중 하나는 지속을 다양체로 사유하는 방식이다. 들뢰즈가 지적하듯, 연속체를 지칭하는 것으로서 다양체는 철학에서 사용되는 전통적인 용어가 아니다.[6] 불연속적 혹은 실제[현행]적 다양체와 연속적 혹은 잠재적 다양체 사이의 구분은 곧 대상들과 사물들이 병렬과 외부성을 통해 상호 관련된다고 보고 이를 불연속적으로 사유하는 방식과, 한 체계의 구성요소들을 혼합과 침투라는 측면에서 사유하는 방식 사이의 차이를 드러낸다. 잠재적 다양체가 진화에 대한 사유에 있어 중요한 관념이 되는 것은, 이것이 우리가 이종성heterogeneity과 연속성을 반대되는 것으로 볼 필요가 없다는 것을 보여 주기 때문이다. 지속은 어떤 분할도 허용하지 않는 단순한 불가분성a simple indivisible이 아니라 분할하면서 종류상[질적으로] 변화하는 것이다. 이 때문에 들뢰즈는 지속을 수치화되지 않는non-numerical 다양체로서, "분할의 각 단계에서 '분할 불가능한 것들'에 대해 말할 수 있는"[7](아킬레스의 경주에서처럼, 수number는 있으나 잠재적으로potentially만 있는) 것으로 본다. 그러나 진화의 경우 무엇이 나누어지는 것인가? 이 물음에 대한 답은 잠재적 '전체'로서 생의 충동vital impetus

---

6) G. Deleuze, *Bergsonism*, trans. H. Tomlinson and B. Habberjam, New York: Zone Books, 1991, p. 38.

7) *Ibid.*, p. 42.

에 대한 베르그손의 개념에서 찾아볼 수 있을 것이다. 이는 분리 dissociation를 통해 진행하며 현실[현행]화와 불가분하다는 점을 본성으로 한다. 그렇다면 진화에 있어서는 이종성(식물과 동물과 같은 분기선들divergent lines)이 분명 존재하지만, 연속성(분기선들을 가로질러 존속하며 계속해서 펼쳐지는 생의 충동이라는 측면) 또한 존재한다.

잠재적인 것이라는 개념은 가능성 개념과 대립한다. 가능성 개념은 닫힌 체계에 한해서만 적용된다. 생명의 진화와 같은 열린 체계에서는 그 체계를 특징짓는 성격을 조명하기 위해 잠재적 다양체 개념이 필요하다. 가능적인 것의 실재화에 초점을 두고 진화를 사유하는 것이 왜 불충분한가? 간략하게 말하면 그에 따르면 어떤 종류의 창발성inventiveness과 창조성에 기반한 진화도 사유할 수 없기 때문이다. 진화의 산물이 선재先在하는 가능태들로 미리 주어진다면 진화의 실제적 과정은 순수한 기계론, 즉 가능한 것이라는 형태로 있던 어떤 것에다 단지 존재를 더하는 것이 된다. 이렇게 되면 실재적인 것이 가능한 것의 이미지로서 가능한 것과 구별 불가능해지기 때문에, [사실상] 가능한 것과 실재적인 것 사이에는 아무런 차이도 없어지게 된다. 실재적인 것이 가능한 것과 유사한 것에 불과하다면, 실재적인 것은 이미-주어진(미리 형성된) 것, 일련의 연속적인 한정들 limitations에 의해 존재로 나타나는 것이 된다. 그러나 잠재적인 것의 경우 상황은 매우 달라지는데, 이는 여기서 분화[차이화]differentiation 의 과정은 유사성이나 한정을 통해서가 아니라 창발invention의 과정을 필요로 하는 분기선들을 통해 진행되기 때문이다. 가능한 것과 실재적인 것을 구성하는 데 있어 또 다른 측면이 있는데, 이는 앞으로 보게 될 것처럼 사건을 시간(지속)이 아니라 공간을 통해 사유할 때 일어나는 과정들을 드러내기 위한 베르그손의 노력에 있어 중요한 역할을 하는 것이다. 이는 실재적인 것이 가능적인 것을 그저 닮거나 반영하게 되는 것이 아니라 그 반대라는 점이다(가능한 것이 실재적인 것을 닮는다). 가능한 것이라는 우리의 개념은 이미 실현된 실재적인 것에서 추상한 것을 역으로 투사함으로써 형성되기 때문이다.

우리가 진화를 엄격하게 불연속적인 메커니즘들(정보를 담지하는 불연속적인 장치들을 포함하는)만으로, 즉 오로지 자연선택의 외생적exogenous 작용을 통해 자동적으로 성공적인 적응을 만들어 낸다고 가정되는 메커니즘의 계열 또는 집합만으로 이해한다면, 얼마나 정합적으로 진화를 개념화할 수 있을까? (이 이론에서 모든 목적성의 역할[작업]을 수행하는 것은 [자연]선택이라는 점을 주목하자.) 다음은 논의를 시작하기 위해 먼저 강조할 필요가 있는 몇 가지 핵심적인 사항들이다.

- [여기서] 주장하려는 바는 과학자가 닫힌 체계를 논의할 권리가 없다는 점이 아니다. 베르그손이 우려하는 바는 닫힌 체계들 ——지속이 이것으로부터 인위적으로 추출된 것으로 설명되는 체계들 ——에 대한 이러한 강조가 생명에 관한 설명에까지 확장될 때 일어나는 문제이다. 베르그손의 논점은 닫힌 체계에 대한 강조 자체가 인간 진화의 역사에서 지배적인 것이 된 지성의 특정한 경향성의 결과라는 것이다. 이는 인간 지성이 자신의 공간적 습관들, 물질을 조작하고 규정하는 데 고도로 유용한 [바

로 그] 습관들 때문에 인간 자신의 존재 조건들을 적절하게 이해 하지 못하게 되는, 즉 자신의 창조적 진화를 이해하지 못하게 되 는, 아이러니한 결과로 이어진다. 베르그손은 닫힌 체계가 있다 는 것을 부정하지 않는다. 오히려 그는 기하학적인 방식으로 다 룰 수 있는 고립 가능한 체계들이 물질 자체의 특정 경향성의 결 과이지만, 이러한 경향성은 결코 완전히 현실화/실제화되거나 완성되는 시점에 다다르지 않는다는 것을 지적하려는 것이다. 과학이 연구상의 편의를 위해 어떤 체계를 완전히 고립시킨다 면, 이와 같은 소위 고립된 체계는 외부적 영향력에 여전히 종속 되어 있다는 점을 염두에 두어야 할 것이다.

- 유기적 분해[파괴]organic destruction와 같은 분야에서는 연산과 계산가능성의 역할(과거의 작용들을 통해 현재의 양상들을 계산할 수 있다는 측면)이 분명 있다. 그러나 이것이 수학적인 방식으로 는 포착되지 않는 유기체적 창조나 그 밖의 진화(론)적 현상과 같은 영역에까지 무비판적으로 확장되어서는 안 될 것이다.

- 인공적 체계와 자연 체계, 혹은 죽은 것과 살아 있는 것은 구분 되어야 한다. 어떤 유기체의 살아 있는 신체의 경우 현재 순간 은 이전 순간을 통해 설명할 수 없는데, 이는 [현재가] 이 유기체 의 전체 과거에 의존하고 있기 때문이다. 인공적 체계에서는 시 간이 불연속적인 순간들의 계열로 환원된다. 그러나 바로 선행 하는 순간이라는 관념은 허구이며 추상일 뿐이다. 사실상 이 관 념은 현재 순간과 dt 간격으로 연결된 것을 가리킨다 : "여기서 주장은 체계의 현재 상태가 de/dt, dv/dt와 같은 미분 계수들

differential coefficients 즉 현재 속도와 현재 가속도가 대입되는 등식에 의해 정의된다는 것이다."[8] 이와 같은 체계에서 우리는 순간적 현재밖에 논할 수 없는데, 이는 경향성을 지니지만 그 경향성이 수로 취급되는(베르그손에게 경향성은 오직 잠재적으로만 potentially 수를 지닌다) 그러한 현재다: "요컨대, 수학자가 다루는 세계는 매 순간 죽고 다시 태어나는 세계 ─데카르트가 연속 창조를 언급할 때 생각하던 세계 ─ 다."[9] 베르그손에게 진화의 변이는 매 순간 연속적이고 지각 불가능하게insensibly 생산된다. 물론 새로운 종이 탄생하는 것은 특정한 조건 안에서, 특정한 환경하에서만 가능하다. 요소적인elemental 원인에 대한 어떤 지식도 새로운 생명 형태의 진화를 예견하는 데 충분하지 않을 것이다.

• 바슐라르 이후 존속해 온 일반적인 오해와 달리, 창조적 진화에 대한 베르그손의 사유에서 우발성 개념은 주된 관심사이며, 지속은 엄밀한 의미에서 중단과 불연속성을 통해 이해된다: 지속은 "선행하는 것과 후속하는 것 사이의 통약 불가능성 incommensurability이다."[10] 시간을 지속으로 사유함으로써만 단절rupture과 불연속성이라는 특성들은 이해 가능한 것이 된다. 바슐라르에서 바디우에 이르기까지, 베르그손이 불연속성을 사유하지 못했다는 공통된 선입견이 있다. 이러한 전제 때문에 베

---

8) Bergson, *Creative Evolution*, p. 362.

9) *Ibid*.

10) *Ibid*., p. 29.

르그손주의가 연속성과 불연속성 모두에 대한 설명을 제공한다는 사실을 인식하지 못하는 것이다.

가능한 것과 실재적인 것

베르그손의 관점에서 기계론은 전적으로 불합리하다거나illegitimate, 단순한 허위가 아니다. 기계론은 자연 자체를 적절하게 반영한 것이라기보다는 재현[표상]이라는 진화된 습관의 반영이다. 이러한 습관이란 상당 부분 물질의 특정한 경향성을 따르는 것이다. 기계론은 실재에 대한 부분적인 관점만을 제공하며, 그 밖의 중요한 측면들, 예컨대 지속과 같은 측면을 간과한다. 기계론은 많은 경우, 자기 자신의 메커니즘을 보지 못하고, 그것이 특정한 종류의 충동impulse, 즉 유용성에 대한 [충동의] 산물이라는 사실을 알지 못한다. 이 충동은 인간의 지성이 어떻게 진화했으며 어떻게 작동하는가에 대한 이해의 맥락 안에 놓여 있을 때 드러난다. 지속을 감출masking 필요는 지성에서 비롯되는 것이다. 지성intellect은 자연 진화의 산물로서, 실천이나 행위의 도구로서 진화해 왔다. 행위는 고정된 지점들에서 이루어진다. 예컨대 지성은 이행[과정]을 고려하기보다는 운동을 공간을 주파하는 운동으로, 즉 [물체가] 하나의 지점에 도달하고 잇따라 다른 지점들로 [이행하는] 일련의 위치들로 이해하려 한다. 두 지점 사이에서 어떤 일이 일어난다고 해도 오성[이해력]은 새로운 위치들을 삽입하며, 이는 무한히 계속될 수 있는 행위이다. 운동을 공간 안의 지점들로 환원한 결과, 지속은 각각의 위치들에 상응하는 상이한

distinct 순간들로 쪼개지게 된다(이것이 우리가 불연속의[이산적인] 또는 현실적인 다양체라 부를 수 있는 것이다). 베르그손이 말하길,

요컨대, [마음이] 그려 내는envisaged 시간은 관념적인 공간에 다름 아니다. 여기서 과거와 현재, 미래의 모든 사건들은 하나의 선을 따라 펼쳐 놓을 수 있는 것으로 가정되며, 또한 [이로 인해] 사건들은 단일한 지각 안에 나타날 수 없는 것으로 가정된다. 지속 안에서의 전개le déroulement en durée는 바로 이러한 미완결incompletion (inachèvement), 부정[음수]량negative quantity의 덧셈이 된다. 의식적으로건 무의식적으로건, 이것이 오성의 요청과 언어의 필연성, 과학의 상징성에 따르는 대부분의 철학자들의 사유[방식]이다. 어떤 철학자도 시간에서 긍정적인 속성을 발견하지 못했다.[11]

[여기서] 고려해야 할 것은 연속하는 단계들이 상호 침투하는 '진화'와, 별개의 부분들이 나란히 놓이는 '펼쳐짐'unfurling 사이의 차이이다. 전자에서는 리듬과 템포가, 진행 중인 운동을 구성하기 때문에 지연이나 가속이 내적인 변양들 —— [지속의] 내용과 지속 자체가 하나이며 동일한 —— 로 나타난다. 베르그손은 여러 저작에서 의식의 상태와 물질계 모두를 이와 같이 이해할 수 있다고 일관되게 주장한다. 우리가 시간이 단지 이러한 체계들 위로 '미끄러지는'glides

---

11) H. Bergson, *The Creative Mind*, trans. M. L. Andison, Totowa: Littlefield, Adams & Co., 1965, p. 95.

over 것이라고 본다면, 이는 우리가 우리 지성의 작용을 통해 인위적으로 만들어진 단순한 체계들에 대해 논의하고 있는 셈이다. 이러한 체계들은 가능적인 것이라는 형식으로 그 실현에 앞서 존재한다고 가정되기 때문에, 미리 계산 가능한 것이다(가능적인 것의 실현[실재화]은 자신에게 존재를 부가할 뿐, 근본적인 본성의 변화를 가져오지는 않는다). 이러한 종류의 체계에서 계기적successive 상태들은 마치 필름이 풀리는 것처럼 임의적인 속도로 움직인다고 이해될 수 있다. 즉, 쇼트들이 어떤 속도로 지나가는지 관계없이 '진화' [자체]는 묘사되지 않는다는 것이다. 여기서의 실재는 더 복잡하지만, 그 복잡성은 감추어진다. 하나의 필름이 펼쳐질 때, 이는 고유의 지속을 가지고 그 운동을 조절하는 의식에 아직 부착되어 있다. 어떤 것이든 하나의 닫힌 체계 —— 예컨대 설탕이 녹기를 기다려야 하는 설탕물 한 잔과 같은 —— 를 관찰해 보면, 우리가 우주 체계들로부터 [그러한 닫힌 체계들을] 재단해 내고 시간을 추상이나 관계, 수數로 만든다 해도 우주 자체는 열린 체계로서 계속해서 진화한다는 것을 알 수 있다.

비유기적이지만 유기체적 존재들과 함께 얽힌 이것을 그 전체성 안에서 포착할 수 있다면, 우리는 이것이 끊임없이 우리 의식의 상태들만큼이나 새롭고 고유하고, 예측 불가능한 형식들을 취하고 있음을 보게 될 것이다.[12]

---

12) *Ibid.*, p. 21.

새로운 것의 발명으로 이해되는 이러한 지속 개념을 받아들이기 어려운 이유 가운데 하나는 우리가 진화를 가능한 것의 실현이라는 범위로 [한정하여] 사유하기 때문이다. 우리는 하나의 사건 — 예술작품이건 자연의 작품이건 — 이 발생할 요건을 미리 갖추고 있지 않아도 발생할 수 있었다고 생각하기를 어려워한다. 무언가가 생성되려면 그것이 내내 가능했어야 한다는 것이다(논리적 — 즉, 공간적 — 가능성의 개념). 베르그손이 지적하는 것처럼, '가능성'이라는 용어는 최소한 두 가지 다른 의미를 지니며, 우리는 이 두 의미 중 어느 하나를 결정하지 못할 때가 많다. 어떤 사건이나 존재의 발생에 있어 우리가 아는 한 넘을 수 없는 장애는 없었다고 할 때처럼 부정적인 의미로 사용했다가, 어떤 사건도 적절한 정보가 있는 한, 발생하기 이전에 지성mind을 통해 예측 가능했다고 할 때는 긍정적인 의미로 사용하기도 하는 것이다. 관념의 형식에서 이는 사건이 그 최종적인eventual 실현[실재화]보다 앞서-존재한다고 가정하는 것이다. 하나의 사건 — 교향곡 작곡이나 회화의 구성과 같은 — 이 미리 구상된 것이 아니었다 해도, [우리의] 선입견은 여전히 그러한 사건이 일어날 수 있는 것이었다could have been고 생각하게 하는데, 이는 곧 앞서-존재하는 가능성들의 초월적 영역이 있다고 가정하는 것이다.

　　이처럼 실재적인 것, 실재적 복잡성을 수학적 계산가능성이나 수치로 환원하는 것 — 앞으로 보게 될 것처럼, 대니얼 데닛이 진화에 대해 수행하려 했던 형태의 환원 — 은 베르그손이 19세기 물리학과 생물학 모두에서 발견하는 지점이다. 베르그손은 1892년에 나온 뒤부아-레몽Emil du Bois-Reymond의 『과학적 지식의 한계』*Über die*

*Grenzen des Naturerkennens*에서 다음의 구절을 인용한다.

우리는 자연에 대한 지식이, 세계의 보편적 과정이 하나의 수학공식, 하나의 거대한 미분 방정식들differential equation로 표현되는 시점에 와 있다고 상상할 수 있다. 매 순간 세계의 모든 원자들의 위치, 방향, 속도가 이러한 식들에서 연역될 수 있는 것이다.[13]

또한 이하 헉슬리Thomas H. Huxley의 저작에서 발췌한 구절도 인용하는데, 이는 우리가 다루는 문제와 깊이 연관된다.

진화의 근본 명제, 즉 생명체와 무생물의 전체 세계가 우주의 원시적 성운체를 구성한 분자들이 지닌 힘의 결정률definite laws에 의거한 상호 작용의 결과라는 명제가 참이라면, 존재하는 세계가 잠재적으로 우주적 증기cosmic vapor 안에 놓여 있다는 것과 다르지 않으며, 또한 충분한 지성을 지닌 사람이라면 이러한 증기의 분자들의 속성에 대한 지식으로부터 예컨대 1869년 영국의 동물相動物相[특정 시대나 지역에 사는 동물의 종류]에 관해, 추운 겨울날에 입김을 내쉬면 어떻게 되는지를 이야기할 수 있는 동일한 정도의 확실성을 가지고 예측할 수 있어야 한다는 말이 된다.[14]

---

13) Bergson, *Creative Evolution*, p. 38.
14) *Ibid*.

베르그손은 사건이나 창조적 진화에 대한 이러한 사유방식이 지니는 오류를 「가능한 것과 실재적인 것」이라는 글에서 드러내고자 한다. 베르그손이 밝히고자 한 오류라는 것은 앞으로 보겠지만 진화에 대한 19세기 당시의 이해 방식뿐 아니라 근래의 사유의 중심에서도 발견되는 것이다. [여기서는] 먼저 베르그손이 핵심 문제들을 제기하는 방식을 살펴본 후, 이와 동일한 오류가 대니얼 데넷이 최근 자연선택을 통해 진화를 해석하는 방식에 어떻게 영향을 주었는지로 이행할 것이다. 우리의 목적은 자연선택이라는 논제를 반박하거나 불신하려는 것이 아니라, 데넷의 설명 방식을 통해 진화에 관한 기계론적 접근이 공간화된 진화 개념으로 이어질 수밖에 없음을 예증하는 데 있다.

「가능한 것과 실재적인 것」이라는 논문에서 베르그손은 우리가 우리 내적인 삶의 전개나 우주의 전개를 열린 전체로서 사유하건 아니건 간에, 두 경우 모두에서 우리는 "예측 불가능한 새로움의 연속적 창조"를 생각하게 된다고 주장한다. 우리가 극복해야 하는 첫번째 장애물은 물질과 의식, 비활성적[타성적]인 것inert과 살아 있는 것 사이에 무엇으로 대립을 설정할 것인가의 문제이다. [이러한 두 항에 있어] 반복은 두 대립 개념 중 전자와 관련되며, 본래적이고 고유한 성질들은 오로지 후자와만 관련된다. 베르그손은 무생물에 대한 우리의 관심은 추상화하는 것에 불과하며, 추상은 많은 경우 고정되어 있고 단순한 어떤 것을 계산하고 파악map하려는 요구에 응하기 위한 것이라고 지적한다(물질이 비활성성[타성]이라는 경향을 지니는 것은 사실이지만, 이는 단지 경향성일 뿐이므로 절대 완결된 것이 아니다).

의식의 삶 —— 생장, 노화, 즉 지속 —— 은 결코 동물적 삶의 보존이 아니라 식물적 삶에서 발견된다. 또한 비유기체적 세계의 반복들은 창조적인 의식적 삶의 리듬을 구성하며, 이들의 지속을 측정하는 척도가 된다. 어떤 사건이나 생성에건 창조적 진화가 있는 것은 시간이 '탐색'과 '머뭇거림'으로 간주될 수 있다는 사실에 근거한다.

'탐색'과 '머뭇거림'은 실체적인substantive 어떤 것을 지칭하는 것이 아니다. 오히려 이는 항상 창발적이지만 그 발명의 생산물이 절대로 미리 주어지지 않는, 생명의 전반적인 방향성들, 운동과 경향성을 범주화하는 것이다. 진화에 지속의 '탐색' 과정이 있다는 관념은 베르그손에게만 특수한 것이 아니다. 가장 최근에는 노벨상 수상 과학자이자 다윈주의자인 만프레트 아이겐이 자신의 저서 『생명으로 가는 단계들: 진화를 보는 하나의 관점』에서 이 관념을 명확히 설명하였다. 아이겐은 자연선택은 "맹목적으로 작용하지 않으며, 다윈 이후로 가정된 것처럼 맹목적으로 걸러 내는 체도 아니"라고 주장한다.[15] 아이겐의 설명 방식에 문제가 있다면 이는 선택의 능동적인 탐색 피드백 메커니즘을 그저 하나의 전반적인 경향성, 따라서 항상 주어진 것으로 본다는 점이다 —— 진화의 일반 법칙(가장 적합하고 성공적으로 적응한 것이 생존한다는)으로서 자연선택에 있어 우리는 무엇이 생산될 것인지를 항상 알 수 있다는 것이다. 베르그손에게 시간의 핵심적인 측면은 시간이 생명의 본질에 비결정성을 도입한다는 점이

---

15) Manfred Eigen, *Steps Towards Life: A Perspective on Evolution*, trans. Paul Woolley, Oxford: Oxford University Press, 1992, p. 123.

다(이 비결정성은 물질적으로 체화된다: 예컨대 신경계는 "진정한 비결정성의 참된 저장소"라고 볼 수 있는데, 이는 뉴런들이 환경에 의해 제기되는 "여러 가지 물음에 대응하는 다수의 경로들을 열어 준다"는 점에서 그러하다).[16] 그러나 우리는 자연적 혹은 본능적으로 이러한 비결정성을 미리-존재하는 가능성들의 완성으로 생각하려 한다. 이는 우리가 진화하는 생명의 조건들, 즉 유용성과 적응의 조건들에서 진화된 사유의 습관에 묶여 있기 때문이다. 베르그손은 다음에서 지각이 작용하는 방식을 예로 든다.

> 지각은 빛 혹은 열이라는 무한히 반복되는 충격을 포착하여 […] 이를 비교적 고정불변한invariable 감각들로 수축한다. 수많은 외부적 진동들은 어떤 색상에 대한 시각을 순식간에 우리의 눈에 응축시킨다. […] 일반 관념을 형성한다는 것은 다양하고 변화하는 대상들로부터 변화하지 않거나 최소한 우리의 행위에 있어 불변하는 힘으로서 어떤 공통되는 측면을 추상해 내는 것이다. 우리 태도의 불변성, 또한 표상된 대상들의 가변성과 다수성에 대한 우리의 우연적이거나 잠재적인 반응의 동일성이 관념의 일반성을 가장 먼저 특징짓고 서술하는 것이다.[17]

유용성의 기관으로 진화해 온 지성은 안정성과 확실성reliability

---

16) Bergson, *Creative Evolution*, p. 125.
17) Bergson, *The Creative Mind*, p. 95.

에 대한 요구를 지닌다. 따라서 지성은 변화하는 사실들 사이에 안정적이고 규칙적인 관계들을 수립하고 연관관계를 찾으려 할 뿐 아니라, 이러한 연관관계와 규칙성을 파악하기 위한 법칙들도 개발해 낸다. 이와 같은 작용은 문제가 되는 법칙이 더욱 수학적이 될수록 더 완전하다고 여겨진다. 지성의 이러한 특성으로부터 서구 형이상학과 과학을 크게 특징지었던 물질에 대한 특정한 개념화 방식이 나타난다. 예컨대 지성은 우주의 기원과 진화를 하나의 장소에서 다른 장소로 단순히 위치 이동하는 부분들의 배열과 재배열로 파악한다. 이것이 베르그손이 라플라스적 교리라 부르는 현대적 탐구에 큰 영향을 준 이론으로서, 일정한 수의 안정적인 요소들을 상정함으로써 모든 가능한 조합들을 지속의 실재에 대한 고려 없이 연역할 수 있다고 보는 결정론과 기계론으로 이어진다.[18]

형이상학의 난제들anxieties 가운데 다수는 잘못 제기된 문제들이다. 「가능한 것과 실재적인 것」이라는 글에서 베르그손은 이러한 문제들을 우리가 '부정'을 구성해 내는 방식이라는 측면에서 설명한다. 우리는 어떤 것의 부정을 그것에 대응하는 긍정[개념]보다 더 적은 것을 함축하는 것으로 설정하는데, 이는 '무/존재' 혹은 '무질서/질서' 그리고 '가능한/실재적인'이라는 짝 개념에서 나타난다(이 논문에서 베르그손은 무와 진공the void에 대한 우리의 사유에 깔려 있는 환영illusion을 드러내고자 했던 『창조적 진화』 4장 서론부의 논의를 토대로

---

18) Bergson, *Creative Evolution*, p. 38.

서술하고 있다). [부정과 긍정에 대한] 이러한 평가 방식은 우리 지성의 습관을 반영하는 것이다. 베르그손은 긍정 [개념들]보다 부정 [개념들]이 지성적 내용을 실제로 더 많이 함축하고 있다는 것을 독창적인 방식으로 보여 준다. 이는 부정 개념들이 자신을 인지 가능하게 만들기 위해 각자의 질서와 각각의 존재들 위에서 그려지기 때문이다. 예를 들어 우주가 '무질서하다'disordered고 말하는 것은 정확히 무엇을 의미하는가? 이 경우 '무질서'라는 명명이 가리키는 상태란 무엇인가? 여기서 무질서라는 관념은 우리가 이미 가지고 있는 질서라는 개념을 바탕으로 가정되는데, 이는 무질서를 우리가 찾고 싶지만 찾지 못하는 어떤 질서와의 관련 안에서 가정하게 한다. '가능한' 것이라는 흥미로운 경우에 있어서도 우리가 따르는 습관은 실재적인 것보다 가능한 것이 함축하는 바가 더 적다고 가정하는 것이다. 따라서 우리는 가능성이 사물의 존재를 선행한다고 보게 된다. 베르그손은 사실상 그 반대가 성립한다는 것을 다시 한번 보여 준다. 생명체의 경우를 예로 들 때 "우리는 실재의 계기적 상태 각각보다 그 가능성 안에 더 많은 것이 들어 있다는 것을 알게 된다". 이는 이 문제와 관련하여 자신의 착각을 은폐하는 지성적 행위를 통해, 가능한 것이 실재적인 것에 선행하기 때문이다. 베르그손은 첫번째 조우에 대해 고찰하면서 다음과 같은 핵심적인 통찰을 보여 준다. "[…] 가능한 것은, 실재적인 것에 마음의 작용이 가해진 것, 즉 실행된 후에 과거로 되던져진 실재적인 것의 이미지일 뿐이다." 이는 무엇을 의미하는가? 실재가 지속 안에 포함되어[안주름 접혀implicate] 있으며 이러한 지속이 예상 불가능하고 계산 불가능하다는 의미에서 새로운 것의 창조를 포함한다는 것을 받아들이면, 우리는 가능한 것이 그 실재에 선행한다고 말해서는 안 되며 실재가 출현함과 동시에 비로소 선행했던 것이 된다는 통찰에 도달하게 된다. 어떤 사건이 발생하고, 자연의 산물이나 예술작품이 만들어지고 탄생하면, 우리는 그것의 가능성을 과거 안에 있는 현재의 신기루인 양 [선행하는 것으로] 만들어 내는 것이다. 우리는 시간을 단계나 순간들의 선적인 연속/연쇄succession로 구성하기 때문에, 모든 미래가 결국 현재를 구성할 것이며 모든 현재가 과거가 된다는 것을 미리 알고 있다. 우리가 개인적, 사회적 삶을 규제하는 것이 바로 이와 같은 환영에 의거한다. 이러한 환영은 실재적이기에, 베르그손은 그것이 놓치거나 간과하고 있는 생명체/삶의 진정 창조적인 측면을 드러내려 하는 것이다.

가능한 것은, 오로지 실재적인 것이 점하는 우위의 지점에서 혹은 무언가가 현실화된 시점에서만 가정되는 것이다. 다시 말해, 가능한 것은 우리가 습관적으로 생각하는 방식과 반대로 작용한다. 물론 가능한 것과 실재적인 관계가 우리의 지성적 기대에 따르게 되는 닫힌 체계를 구축할 수 있다는 점을 베르그손이 부인하는 것은 아니다. 그러나 이는 그러한 체계가 수학적·물리적 법칙에 따르도록, 또한 지속이 체계 밖에 남겨 두어 분리 가능한 것으로 그려지면서, 인공적으로 구성되었기 때문이다. 우리가 가능한 것의 환영을 이해하고 그것이 어떻게 생성되었는지 보여 준다면, 진화가 [예정된] 프로그램의 실현과는 현격히 다른 무언가를 포함한다는 점을 충분히 알게 될 것이다. 이 점은 '미래의 문'이 열려 있음을 드러낸다는 점에서 베르그손에게 중요한 것이다. 우주가 열린 체계라는 사실 때문에 생명/삶 안에 비결정성이 있는 것이다. 이러한 비결정성을 선-존재하는 가능성들 간의 경쟁과 혼동해서는 안 되겠다. 다윈주의는 진화 운동의 만곡들을 설명할 수는 있지만 운동 자체의 개념화에는 어떤 기여도 하지 않는다고 베르그손은 주장한다.

다윈의 위험한 생각에 대한 데닛의 견해

베르그손은 반反-다윈주의 사상가가 아니다. 베르그손의 사유는 다윈주의의 도입에 대한 이해 없이는 가능하지도, 인지 가능하지도 않다. 베르그손은 모든 철학과 과학이 다윈주의의 생물변이설 transformism(베르그손이 자연선택이라 일컫는)이라는 용어를 받아들이도록 강요받으면서 생명을 하나의 추상으로서 논의하는 것이 불가능해지고 있다고 말한다. '생명/삶'은 신체들을 가로지르는 발생적 에너지의 연속체로서 "하나에서 다른 하나로, 한 세대에서 다음 세대로 이어지는 신체들을 조직하였으며, 다른 종들로 분할되고 여러 개체들로 분배되면서 자신의 힘을 잃기는커녕 진행에 비례하여 힘을 증대한다".[19] 베르그손은 사실 근대적 사유가 제시하는 진화주의에 대한 다양한 설명들에 대해 열려 있다. 예를 들어 획득 형질의 유전과 관련된 문제는 진화에 관한 모호한 일반성에 호소한다거나, 무엇이 가능하고 불가능한지에 대한 혹은 진화의 본질에 대한 경험

---

19) Bergson, *Creative Evolution*, p. 26.

독립적 개념화를 통해 차단한다고 해결되는 것이 아니라고 베르그손은 말한다. 오히려 이 문제는 더 많은 경험적 연구와 실험을 하는 방식으로 접근해야 한다는 것이다.[20]

　기계론의 한계를 드러내면서 베르그손은 목적론적 입장을 받아들이는 것으로 이행하지 않는다. 베르그손은 목적론 역시 시간을 실재화/실현의 과정으로 환원한다는 점에서 전도된 기계론에 지나지 않는다고 주장한다. 신학적 교리에서 진화는 미리 배열되고 질서지어진 프로그램의 실현으로 이해된다. 연속/계기와 운동은 [외관적] 가상에 불과하며, 미래의 끌어당김attraction은 과거의 추진력impulsion으로 (즉 전도inversion로) 대체된다. 라이프니츠에서 시간은 전적으로 인간적 관점에만 상관적인 일종의 모호한 지각으로 환원된다. 사물들의 중심에 자리 잡은 마음에는 시간은 없으며, 모호한 지각은 사라진다. 라이프니츠와 칸트에 반하면서 베르그손이 유일하게 용인하는 목적성 관념은 철저히 외적인 목적성이다. 베르그손은 실제적인 변화가 우발적이라는 점에 동의하면서도 변화라는 경향 [자체]는 우발적이지 않다고 주장한다.[21] 그러한 경향이 없다면 진화의 관념이 어떻게 인지 가능한지 알기 어렵다는 것이다. 요컨대 베르그손은 생명의 진화를 단순히 우발적인 정황에 대한 적응으로도, [정해진] 계획이나 프로그램의 실현으로도 볼 수 없다고 주장한다.

---

20) *Ibid.*, p. 78. 이는 최근에도 쟁점이 되는 문제다. 예를 들어 E. Jablonka and M. J. Lamb, *Epigenetic Inheritance and Evolution: The Lamarckian Dimension*, Oxford: Oxford University Press, 1995를 볼 것.

21) Bergson, *Creative Evolution*, p. 85.

베르그손이 창조적 진화를 개념화하는 데 있어 경향성의 관념은 중요한 기능을 한다. 베르그손은 책의 서두에 등장하는 논변에서 생명의 방향성들을 지시하면서, 모든 생명체에 자동적으로 적용될 수 있는 단일한 우주의 생물학적 법칙이 있다는 생각에, 또한 진화가 완성된completed 실재로 구성될 수 있다는 가정에 반대하기 위해 이 용어를 처음 사용한다. 베르그손에게 진화는 다양하고 대립되는 경향성들로 특징지어진다. 예컨대 생명은 개체화에 대한 경향과 재생산에 대한 경향을 지닌다. 또한 경향성의 관념은 진화의 과정이나 운동 자체에 내재적인 문제들을 통해 생명 연구에 접근할 수 있다는 것을 제안하기 위해 고안된 것이기도 하다. 그러나 생명의 방향성과 운동은 선-존재하는 목적/목표들의 단순하고 기계적인 실현으로 이해되어서는 안 된다. 생명의 문제들은 일반적인 것들로서, 구체적인 해법들로 응답되는 잠재적인 장 안에서 진화하는 것이다(이를 보여 주는 사례로 눈eye의 경우와 같이 수렴적 진화를 들 수 있다. 여기서는 다양한 계통발생적 종들에 공통되는 일반적인 문제들, 즉 이 경우 빛과 '보려는' 경향 혹은 시각의 문제에 대한 해답이 제시된다. 또한 이 경우들은 실제로 관련된 메커니즘들 사이의 이질성/혼종성heterogeneity을 보여준다). 베르그손은 진화가 경향성들의 분리dissociation, 또한 끊임없이 새로운 경로들로 뻗어 나가는 발산하는 선들을 통해 일어났다는 사실에 주목한다. 생명의 진화는 발산하는 선들로 나누어진 이러한 추진력의 연속이라는 점에서 볼 때 인지 가능해진다. 베르그손의 모델에서는 진화에 있어 지배적인 경향이라는 것이 발견될 수 없으며, 생명의 서로 다른 형태들을 하나의 동일한 경향성의 전개라는 측면에서 이해할 수도 없다.

우리의 목적은 단순히 기계론을 공격하는 것이 아니라 생명의 메커니즘과 적응의 본질이 지니는 특성을 정확하게 규정하는 것이다. 여기서 말하는 메커니즘은 무엇을 뜻하는가? 데닛은 자연선택을 알고리즘적 설계design에 의거한 전적으로 기계적인 과정으로 봐야 한다고 주장한다. 자연선택은 어떤 비-지성적인 — 로봇과 같이 마음을 가지지 않은 — 조물주가 오랜 시간 동안 성공적인 적응 방식을 생산해 내는지 보여 주는 것을 목적으로 한다. 데닛에 따르면 다윈의 유명한 '하나의 긴 논변'은 두 개의 실증으로 이루어져 있는데, 하나는 "특정한 종류의 과정은 특정한 결과로 이어질 수밖에 없다"는 논리적 실증이고, 다른 하나는 이러한 과정을 위한 "필수불가결한 조건"을 자연에서 찾을 수 있다는 "경험적" 실증이다.[22] 두 가지 실증이 합쳐지는 것은 다윈의 발견에서 핵심이 되는 것이 알고리즘의 힘이라는 것이 밝혀질 때라고 데닛은 주장한다. 그는 이것[알고리즘]을 "'실행'되거나 예시화instantiate될 때마다 특정한 종류의 결과를 도출해 낼 수 있다고 믿을 만한 — 논리적으로 — 특정한 종류의 형식적 과정"이라고 정의한다.[23] 다시 말해, 진화는 하나의 프로그램이며, 실행되면서 단순히 예시화/구체화할 뿐이다. 이는 비록 비지성적이고 무심한mindless 조물주의 것이라 할지라도 어떤 설계를 가

---

22) D. C. Dennett, *Darwin's Dangerous Idea: Evolution and the Meanings of Life*, London: Allen Lane, 1995, p. 49.
23) *Ibid.*, p. 50.

지고 있고, 이 설계는 실행되도록 프로그램 될 때마다 특정한 결과들을 생산하도록 예시화/구체화될 수 있는 것이다. 알고리즘적 '과정'은 몇 가지 특성들을 지니는데, 가장 두드러진 특성은 그 과정이 구성요소가 되는 단계들로 이루어져 있다는 점이다. 이들은 '찬란한 결과'를 생산하는 무심한 단계들이다. 어떤 '성실한 바보'나 기계 장치도 선택 기계가 필연적 결과들(성공적인 적응)을 도출하게끔 이 단계들을 수행할 수 있다.

그렇다고 데넷이 진화의 결과들을 그 발생 이전에 미리 알 수 있다고 주장하는 것은 아니다. 예컨대 그는 이와 같이 쓰고 있다: "진화는 우리를 만들어 내기 위해 설계된 과정이 아니다. 그러나 이 사실이, 진화가 실제로 우리를 생산해 낸 알고리즘적 과정이라는 것을 부정하는 것을 의미하지는 않는다."[24] 알고리즘적 과정으로 이해될 때 자연선택은 그것이 반드시 생산하게 될 것이 아니라, 생산할 수 있는 혹은 생산할 가능성이 큰, 또한 산출할 경향이 있는 것을 말해 준다.

다윈의 위험한 생각이란 이것이다: 알고리즘의 수준이란 영양의 속도, 독수리의 날개, 난의 모양, 종의 다양성, 그리고 자연세계의 경이로움을 보여 주는 다른 모든 경우들을 가장 잘 설명할 수 있는 수준이다. 알고리즘처럼 무심하고 기계적인 무언가가 그토록 경이로운 것들을 산출해 낼 수 있다는 것은 믿기 어려운 사실이다. 알고

---

24) *Ibid.*, p. 56.

리즘의 산물들이 아무리 놀랍더라도 그 저변의 과정은 오로지 어떤 지적인 지시 없이 연쇄하는 개별적이고 무심한 단계들의 집합일 뿐이다. 이 단계들은 정의상 '기계적/자동적'인 자동 장치의 작용이다.[25]

데넷이 공격하는 것은 물론 진화에 대한 비자연주의적인non-naturalistic 해석이다. 그러나 베르그손의 다윈주의와의 논쟁은, 무심한 기계론이 유심한mindful 무언가로 대체되는 일종의 반-자연주의와 자연주의 사이의 논쟁이 아니다. 사실 베르그손의 창조적 진화 개념은 진화를 미리 설계할 수 있는 초월적인 정신/마음──우리의 지성의 습관을 본떠 만들어 낸──이 있다는 생각에 반하는 것이다. 베르그손에게 있어 진화는 그 적응에 있어서도 창조적인 것이다. 다시 말해, 진화에 있어 핵심 요소로서 자연선택은 기계적인 과정이 아닌 창조적인 과정이다. 그러나 데넷은 진화를 논리적 가능성의 측면에서만 사유할 수 있다. 데넷에게 있어 다윈주의는 설계에 의한 진화에 관한 것이고 그것이 단지 우연히 무심하고 기계적인 방식으로 일어날 뿐이다.

이 글에서 데넷은 고집스레 비논리적인 대립을 상정하는데, 핵심적인 것 중 하나가 '기중기/크레인'crane과 '스카이훅'skyhook[26] 사이의 대립이다. 전자가 알고리즘적 과정을 특징짓는 불연속적인 단

---

25) *Ibid.*, p. 59.

계들이라면 후자는 어떤 것의 기원과 전개 과정을 설명하기 위해 일종의 기계 장치의 신*deus ex machina*[27]에 의존하는 모든 접근들을 특징짓는 비겁함을 가리킨다. 그러나 이는 이론적·경험적 연구의 가능한 경로들을 지나치게 좁게 제한하는 방식이다. 여기서 선택은 지나치게 단순한 것이 된다. 자연선택의 알고리즘 아니면 신적인 존재나 예외적인 창조에 의존한다는 식이다. 데넷의 구분에 따르자면 니체의 '힘에의 의지'에서 베르그손의 생의 약동에 이르는 모든 것들이 후자의 방식을 택하는 것으로 바로 묵살될 수 있는 것이다. 문제는 데넷에게 이 사상가들이 진화를 설명하면서 왜 이러한 관념을 도입할 필요성을 느꼈는지(무엇보다, 외적 환경에 대한 적응을 강조하는 방식으로 이해된 생명 개념이 지니는 한계로 인해)에 대한 제대로 된 철학적 평가나 이해가 없다는 것이다.

  이제 데넷이 진화 개념을 가능한 것과의 연관하에 개념화함으로써 어떤 한계를 지니게 되었는지 살펴보자. 그의 책에는 '가능한 것과 현실적인 것'이라는 장이 있는데, 이 제목은 프랑수아 자코브 François Jacob의 책에서 영감받은 것이다. 그의 개념화 과정 핵심에는 '설계 공간'design space이라는 관념이 있는데 이는 베르그손이 지

---

26) [옮긴이] 세계를 건물에 비유, 설명하기 어려운 건물의 복잡성과 경이로움은 신적·초월적 존재의 창조로밖에 볼 수 없다고 보는 입장을 하늘에서 내려온 스카이훅에 빗대는 것. 이를 비판하면서 등장한 진화론자들은 아무리 복잡하더라도 존재하는 건물은 기중기를 이용해서 땅에서 쌓아 올린 것이라고 본다는 점에서 크레인에 빗댄다.

27) [옮긴이] 고대 그리스극에서 사용된 극작술에서 기원한 용어. 어려운 문제나 상황을 해소하기 위해 편의적으로 도입되는 신적 존재 혹은 인공적인 장치.

성—물질을 조작하고 [실용성에 의거, 행위의] 도구나 수단을 만들어 내는 기관—이 어떻게 시간을 공간으로 환원시키는지 설명한 것과 정확히 부합한다. 데넷은 "하나의 설계 공간에서 생물학적·인간적 창조성의 과정들이 유사한 방법을 통해 자신의 경로를 만들어 나간다"[28]고 주장한다.

[다윈의] 유명한 '생명나무'Tree of Life[29]는 이러한 설계 공간이라는 측면에서 이해되는데, 이는 진화의 실제 궤적들과 경로들이 광대한 다면적 공간을 가로지르는 '지그재그 선'으로, "실질적으로 상상 불가능한 생식력을 가지고 분기하고 피어나"면서도 "실제적 설계들을 포함하고 있는 가능한 것의 공간space of the Possible with Actual Designs의 지극히 작은 부분"만을 차지한다는 걸 의미한다.[30] 여기서 '가능한' 것과 '실제적인' 것은 정확히 무엇을 의미하는가? 이것이 가장 분명히 드러나는 것은 데넷의 '멘델의 도서관'이라는 관념인데, 이는 보르헤스의 바벨의 도서관을 변형시킨 것으로서 '생물학

---

28) *Ibid.*, p. 123.
29) [옮긴이] 다윈의 『종의 기원』에 등장하는 나무 이미지(출처: https://en.wikipedia.org/wiki/Tree_of_life_(biology))

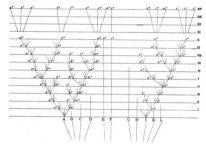

적 가능성의 범위에 관한 까다로운 문제들'에 답하기 위해 그가 개발한 것이다. 보르헤스의 도서관에는 쓰여질 수 있는 가능한 책들이 잠재적으로 무한한 수로 있다. 여기에는 『모비딕』뿐 아니라 그것의 백만 가지 '가짜들'도 있는데 각각은 딱 하나의 오자를 포함한다는 점에서 원본과 다르다. 이 모든 책들은 수천만 권의 다른 책들과 함께, 잠재적 혹은 가능적이지만 엄청나게 광대한 논리적 공간으로서의 도서관에 존재한다. 문제는 어떻게 우리가 현실화/실현하고자 하는 책 ── 예컨대 어떤 삶에 관한 전기(다수의 형태로 존재할지 모르는) ── 을 검색하고, 위치를 알아내어, 찾을 것인가이다. '멘델의 도서관'은 모든 가능한 책들의 논리적 공간에 대한 생물학적 변이로서, 모든 가능한 게놈(세포나 생명체의 유전자 총체)들과 DNA 염기서열들을 담지하고 있다. 가능한 게놈들과 염기서열들은 물론 우리가 지구상의 생명에 대해 알고 있는 바를 가리키는 것으로, 보르헤스의 도서관이 다른 문자로 쓰인 책들(예컨대 중국어)을 간과한 것처럼 멘델의 도서관은 우리가 아직 알지 못하는 유전 암호들은 제외한다. 이 두 도서관 사이의 비유가 완전히 성립하는 것은 물론 아니다. 일례로 데닛은 자신의 도서관의 화학적 안정성을 고찰하면서, 모든 DNA 염기서열의 순열들(아데닌, 시토신, 티민 및 퀴닌)이 이러한 안정성을 띠며, 아마도 원리상으로는 이 모든 서열들을 유전자 접합 실험실에서 구성할 수 있다고 말한다. 이 도서관에 있는 모든 서열들이 '실행

---

30) *Ibid.*, p. 143.

가능한 유기체'는 아닌데, 이는 다수의, 혹은 대부분의 DNA의 염기 서열들이 '터무니 없는 것' — "도무지 생명체를 만들어 낼 수 없는 방법들" — 이기 때문이다.[31] 바벨의 도서관에서도 물론 거의 대부분의 책들이 이러할 것이다 — 예컨대 [제임스 조이스의] 『피네간의 경야』에 등장하는 횡설수설처럼 말이다. 우리는 이 책이 '원본' 저작인지 가짜인지를 알아볼 뿐 아니라, 문제가 훨씬 복잡해진다 하더라도 소위 '원본' 작품조차 일종의 가짜는 아닌지를 물어야 할 것이다. 이와 같은 예시들을 여럿 찾을 수 있겠지만 이 가운데 어떤 책도 '횡설수설'로 이루어졌다는 이유로 열등한 책 — 적응 실패의 경우와 같이 — 이라 여겨지지는 않을 것이다. 데넷의 예시가 드러내는 것은 사실 자연선택이 진화의 현실적 전개를 설명하는 데 있어 하나의 지배적인 경향성에 의존하고 있음을 스스로 인식하지 못한다는 점이다. 여기서 경향성이란, 그 이론이 적자 생존이라는 실질적으로 초월적 원리를 가정할 위험이 있다는 점이다. 이러한 사유 방식은 선택의 메커니즘을 하나의 기계 장치의 신으로 만들어 버릴 위험을 담지하는 것이 아닌가? '자연선택 너머의' 사유에 기여한 어떤 [진화론자의] 주장에 따르면 어떤 특질들의 진화는 단순히 적응으로만 볼 수 없고 어떤 경향성이나 잠재력들의 실현으로 볼 수 있다고 한다(예컨대 유용성에 근거한 기린의 키).[32]

논리적 유전 가능성과 실제/현실적 진화를 고려함에 있어 데넷

---

31) *Ibid.*, p. 113.

32) R. Wesson, *Beyond Natural Selection*, Cambridge, Mass.: MIT Press, 1991, p. 193.

은 항상 공간적으로 사유했다. 이 때문에 호랑이가 멘델의 도서관의 설계 공간 안에 논리적 가능성으로 언제나 존재해 왔다는 입장을 취할 수 있는 것이다. 이 입장이 지니는 논리적 의미는 무엇인가? 데닛이 호랑이의 가능성에 대해 고찰하는 방식은, 가능한 것이 회고 retrospection의 방식으로 구성된다는 베르그손의 통찰에 정확히 합치한다. 데닛은 "사후적으로 고찰해 보면, 호랑이[의 등장]이 비록 지극히 개연적이지 않은, 희박한 것일지언정 언제나 있었던 가능성이었다고 말할 수 있다"고 쓰고 있다.[33] 그러나 우리가 사후적 고찰을 통해서라면 지금 존재하는 어느 것에 대해서도 이렇게 말할 수 있지 않을까([그 존재가] 개연적이지 않았더라도 언제나 가능한 것이었다고)? 이와 같은 주장이 어느 정도의 경험적 무게를 지닐까? 데닛은 멘델의 도서관에서 원리상 가능한 것이 아니라 '실질적으로 가능한' 것에 관심이 있다고 하지만, 그렇다 해도 우리가 그의 기계적 진화에 대한 해석에 제기하는 비판은 여전히 유효하다. 데닛의 논점은 철저히 형이상학적이며 경험적으로는 무가치한 듯 보인다. 애덤슨이 최근 발표한 베르그손과 진화에 관한 광범위한 연구논문에서 지적하듯, 데닛의 개연성과 가능성 개념은 "지나친 인식론적 전제들을 은폐하고 있다". 데닛이 "형태들은 창조되는 것이라는 다윈의 근본적인 통찰"을 부정하는 것은 아니지만 이 창조성을 알고리즘적 과정의 예시화/실현으로 해석한다고 애덤슨은 주장한다.[34]

---

33) Dennett, *Darwin's Dangerous Idea: Evolution and the Meanings of Life*, p. 119.

데넷이 진화의 시간을 논리적인 유전적 가능성의 공간으로 환원시켰다는 점에 대한 증거가 더 필요하다면, 특정한 비-실제적 가능성들 ── 예컨대 우리의 비-실제적[태어나지 않은] 형제 자매들 ──이 어떤 이유로 실현되지 않았는가에 대한 그의 논의를 살펴보라. 데넷의 답변은 명료하고 직선적이다. 우리 부모님에게 [실현할] 시간과 욕망, 에너지가 없었다는 것 외에는, 어떤 이유도 현 상태(유감스러운 혹은 다행스러운)를 설명할 수 없다는 것이다. 데넷이 이를 주장하는 방식을 유심히 살펴보자.

공교롭게 실현된 실제 게놈(유전체)들이 설계 공간 안에서 거의 실현될 뻔한 것들의 위치와 멀어지면서, 이들이 실현될 개연성은 점점 낮아졌다. 이들은 거의 실현될 뻔했지만 때를 놓친 것이다! 이들에게 다시 기회가 주어질까? 가능은 하지만 개연성은 매우 낮다. 이들이 거주하는 공간의 규모는 광대하기 때문이다.[35]

이 단락은 여러 문제를 제기한다. 여기서 말하는 '공간'이라는 것이 무엇인가? 태어나지 않았고 아마 앞으로도 생겨나지 않을 '거의 실현될 뻔한 것들'을 상정한다는, 또한 '현실화되는 데' 근접한 것들에 대해 논한다는 것이 무엇을 의미하는가? 이러한 개념들이 어떻

---

34) G. Dale Adamson, "Henri Bergson: Time, Evolution, and Philosophy", *World Futures* 54: 1, 1999, p. 144.

35) Dennett, *Darwin's Dangerous Idea: Evolution and the Meanings of Life*, p. 125.

게 우리 지성을 통해 구성되는가? 데넷의 이 이상한 단락은 사실 진화의 실제적 본질보다 [인간] 지성의 본질을 더 잘 드러낸다. 이에 나는 아래 언제나 그렇듯 명료하고 참된 통찰을 제공하는 베르그손의 글을 길지만 인용하려 한다. 이 인용문은, 위의 단락에서 보듯 데넷이 동조하고 있는 입장으로서 가능한 것의 논리가 일으키는 혼동을 잘 포착하고 있으며, 베르그손의 창조적 진화 개념이 진정한 의미에서 새로움의 사유를 가능하게 한다는 것을 보여 준다.

우리는 통상 회고적[사후적] 논리를 사용한다. 현재의 실재들을 가능성 혹은 잠재성으로 환원하여 과거로 되던짐으로써 지금 눈앞에 나타난 것들은 항상 그러했다고 믿는 것이다. 이 논리는 하나의 단순 상태가 진화과정에서 나타난 새로운 관점에서 구성됨으로써 그 자신을 유지하면서도 복합적인 상태가 될 수 있다는 것을 인정하지 않는다. [⋯] 이 논리는 이러한 요소들이 실재들로 발생했을 때 그것들이 발생 이전에 가능성으로서 선존재하지 않았다는 것을 거부한다. 또한 이 논리는 어떤 것의 가능성은 불특정한 과거에 위치한 그저 [이후에] 발생한 실재의 신기루에 불과한 것이라는 것을 (이 무언가가 기존에 이미 존재하는 요소들의 순전히 기계적인 배열이 아니고서야) 부정한다. 우리에게 익숙한 이와 같은 논리가 현재에 발생한 실재를 과거에다 하나의 가능성이라는 형태로 도로 밀어 넣는다면, 이는 아무것도 갑자기 생겨나거나 창조될 수 있다는 것을 인정하지 않고, 시간이 [생산적이라는 측면에서] 효용적이라는 것을 부인하기 때문이다. 새로운 형태나 형질/특질은 그저 이미 있는 것들의 재배치이며 완전히 새로운 것은 없다는 것이다. 이에 따르면 모든 다양체는 한정된 수의 단일체들로 분해되는 것이다. 따라서 순전히 강도적intensive이거나 질적인 [경계가] 불분명하거나 분할되지 않은 다양체, 즉 그것을 구성하는 새로운 관점들의 등장에 따라 무제한적으로 수가 증가하는 요소들로 이루어진 다양체란 있을 수 없는 것이 된다. 논지는 이러한 논리를 포기해야 한다거나 이에 반발하자는 것이 아니라, 그 논리를 확장시키고 유연하게 하여 지속을 [이해하는 데] 적절하게 조정해야 한다는 것이다. 지속 안에서는 새로움이 계속해서 생겨나고 진화는 창조적인 것이 된다.[36]

데넷 역시 앞서 말한 책과 장에서 핵심적인 물음, '설계Design를 측정하는 것이 비록 불완전한 방식일지라도 가능한가'를 묻는다. 그는 이 물음이 다윈의 메커니즘이 주어진 시간 안에 모든 필수적인 작업을 수행할 만큼 강력하고 효율적인가의 문제와 연관되는 것이라고 말한다. 그는 생성된 유기체로부터 분리된 상태에서 게놈(유전체)을 분석하는 것의 오류 — 또한 연관된 현상으로서 임의적 영향력 등 — 라는 측면에서 이 문제를 제기한다. 이 문제에 대해 어떤 실마리라도 잡으려면 "유기체 전체를 그것이 위치한 환경 안에서 살펴보아야 한다"고 그는 말한다.[37] 이는 일종의 긍정적인 베르그손적 이행이라 할 수 있는데, 그건 이것이 우리가 여태 그저 받아들여야 하

36) Bergson, *The Creative Mind*, p. 26.
37) Dennett, *Darwin's Dangerous Idea: Evolution and the Meanings of Life*, p. 127.

는 것으로 협박받다시피 한 (진화가 알고리즘적 과정이라는 걸 수용하지 않으면, 당신이 남몰래 스카이훅 논변 지지자라는 걸 폭로해 버릴 테다라는 식의) 알고리즘적 지형을 엄청나게 복잡화하기 때문이다. 데넷은 진화의 세부사항과 물질적/실질적 사실들에 대한 타당한 이해를 바탕으로 광대한 가능성과 유한한 현실성을 논할 수 있다고 믿는다. 그러나 이는 그가 열린 체계의 본질에 관해서는 경험에 근거하지 않은 관념들에 집착하고 있다는 걸 의미한다. 그가 추상의 방식으로 분리해 낸 퍼즐 조각들(유전자, 유기체, 환경, 시간 등)은 인공적으로만 다시 맞춰질 수 있기 때문이다.

　　데넷에 따르면, 다윈이 이루어 낸 혁명에서 얻을 수 있는 중요한 교훈은, 설계Design를 단지 경이로운 것이 아닌 지성과 관련된 것으로 본다는 점에서 페일리William Paley가 옳았다는 것, 다윈이 기여한 바는 이 지성이 "더 이상 지성이라 여겨지지 않을 정도로 아주 작은, 어리석음[에 가까운] 조각들로 나누어지며, 알고리즘적 과정의 거대한 접속 네트워크 안에서 공간과 시간을 가로질러 배분될 수 있다는 것이다."[38] 데넷은 오직 하나의 설계 공간만 있고 생물학적인 것부터 사회적, 기술적인 것에 이르는 모든 것이 그 공간으로부터 진화하며, 이 공간 안에서 실제적/현실적인 모든 것이 다른 모든 것과 연합되어 있다고 주장한다.[39] 설계자이자 설계된 것으로서 우리가 생성물을 만들어 내는 것은 초자연적인 힘과 거리가 먼 알고리즘의 논리력

---

38) *Ibid.*, p. 133.
39) *Ibid.*, p. 135.

을 통해, 그리고 무계획적이고 기계적인 선택 과정을 통해서다. 데넷은 진실로 심각한 문제로서 다음에 대해 고찰해 볼 것을 권한다.

> 원핵 혈통들의 초기 설계 탐구에서 옥스퍼드대 교수의 수학적 연구로 이행하는 데 얼마나 많은 크레인을 쌓아 올려야 하는가? 그것이 다윈주의적 사유가 제기하는 문제다.[40]

이것이 다윈주의적 사유의 중심에 있는 물음이라면, 문제는 그것이 왜 위험하거나 급진적인가가 아니라 우리가 왜 그것을 심각하게 받아들여야 하는가이다. 이것을 심각한 물음이라 인식하지 못하는 사람은, 아마도 뿌리 깊은 존재론적 저항이나 트라우마로 인해 자신과 자신의 의식이 무심한 로봇이나 순전히 기계적인 과정의 산물이라는 걸 받아들이지 못하는 사람이라고 데넷은 선언하는데, 이는 충분한 설명이 되지 않는다. 크레인과 스카이훅 사이의 [흑백]이원대립a Manichean world을 상정하는 것은 (데넷이 제공하는 것보다는 더) 신중한 접근을 요하는 복잡한 물음들과 까다로운 문제들을 말끔하지만 단순하게 다루는 방식에 지나지 않는다. 필자가 보기에 다윈의 위험한 생각에 대한 데넷의 해설은 진화에 대한 현대적 사유가 얼마만큼 공간화된 습관에 머물러 있는지 보여 주는 유익한 사례인 듯하다.

---

40) *Ibid.*, p. 136.

베르그손주의에 대한 바슐라르의 입장

베르그손은 과학적 메커니즘의 근본적인 공리, 즉 비활성적 물질inert matter과 유기물organized matter 사이에는 동일성이 있다는 점을 부정하지 않는다고 주장한다. 그는 물음의 근거를 바꾸어, 생명체의 자연적 체계들이 과학이 비활성[타성]적 물질 안에서 재단해 낸 인공적 체계들에 동화되는가를 묻는다. 생명의 메커니즘이 있다면 이는 '진정한 전체'의 메커니즘이지 전체 안에서 인공적으로 고립시킨 부분들의 메커니즘이 아닐 것이다.[41] 이러한 분할 불가능한 연속성['전체']에서 잘라 낸 고립 가능한 체계들은 사실 부분들이 아니라 전체에 대한 '부분적인[불완전한] 관점들'이다. 화학과 물리학이 생명에 대한 답을 주지 못하는 이유는 그것이 이와 같은 부분적인 관점들을 이어 붙여 놓은 것에 불과하기 때문이다. 이렇게 해서는 전체를 재구성하는 것이 불가능하다. 이는 마치 무한한 수의 관점에서 찍은 사진들을 모아 어떤 사물을 복원하려는 헛된 노력과 같은 것이다. 그렇다고 지성이 실재에서 재단해 낸 닫힌 혹은 고립 가능한 체계들이 허구에 불과한 건 아니다. 그 체계들은 물질의 현실적/실제적 경향들 ——특히, 엔트로피적인 것들 ——에 부합하는 것이다.

운동은 [다른 요소들로] 환원 불가능하다irreducible는 베르그손의 논변은 이미 살펴본 바 있다. 즉, 운동을 공간상의 위치들이나 시간

---

41) Bergson, *Creative Evolution*, p. 31.

상의 순간들로 재건할 수 없다는 것이다. 혹 위치들이나 순간들에 연속/연쇄succession라는 관념을 도입하면 되지 않냐고 생각할 수 있겠지만, 이러한 시도조차 공간에서 추출된, 어떤 운동에도 다 적용되는 기계적이고 동질적인 시간 개념을 상정한다는 점에서 동일하게 추상적이다. 베르그손이 운동의 환원 불가능한 특성에 대한 입장을 견지했기 때문에 생명이 물리-화학적 원리로 환원될 수 없다고 주장할 수 있는 것이다. 곡선이 직선들로 이루어져 있는지 물을 수 있는 것처럼 '진화'가 불연속인 단계들과 고립 가능한 체계들로 이루어져 있는지 물을 수 있다. 베르그손에서 진화는 "단일한 분할 불가능한 역사"로 생각될 수 있다.[42] 기계론은 자신이 전체에서 분리해 낸 고립 가능한 체계들에만 집중한다는 점에서 오류를 범한다. 기계론적 설명은 이와 같은 인공적인 추출을 통해서만 가능하다. 이러한 전체 개념을 보면 바슐라르에서 바디우에 이르는 베르그손주의 비판이 지니는 한계를 알 수 있게 된다.

바슐라르는 연속성에 대한 논제를 제외한 베르그손주의의 모든 것을 받아들인다고 말한다. 그는 불연속성이 수립되는 장소로서, 또한 연속체의 본질을 결정하는 것으로서 집합을 예로 든다.

우리는 항상, 어디서나 비연속성을 목격하기 때문에 연속체를 강요할 수 없다고 생각한다. 우리는 실체의 충만성을 상정하기를 거부하는데 이는 실체의 특성 중 어느 하나라도 다양성의 점선에 출

---

42) *Ibid.*, p. 37.

현하기 때문이다. 어떤 사건의 계열들을 연구하건 우리는 이러한 사건들이 아무것도 일어나지 않은 시간으로 경계지어 있다는 것을 목격한다. 원하는 만큼 많은 계열을 추가한다 해도 지속의 연속체에 이를 수 있다는 증거는 없다. 불연속적이지만 연속체의 힘을 지니는 수학적 집합들이 있다는 것을 염두에 두면, 이러한 연속체를 상정하는 것은 성급한 일이다. 이와 같은 불연속 집합은 여러 면에서 연속 집합을 대체할 수 있다.[43]

이 구절에 응답하기 위해서는 베르그손에게도 불연속성의 개념이 있다는 것에 주목할 필요가 있다. 모든 것(전체)이 연속적인 풍부함continuous plenitude인 것은 아니다. 이는 단지 베르그손이 유기체를 생명을 특징짓는 유전적 에너지의 흐름 속의 불연속성을 통해 해석하기 때문이 아니라 불연속성 —— 경향성들의 분리와 진화선lines of evolution의 발산이라는 형태로 —— 이 그의 생명의 연속성 개념에 있어 필수적인 부분이기 때문이다. 이는 다음 장에서 더 자세히 설명될 것이다.

연속성을 제외하고 베르그손주의의 모든 것을 수용했다고 말할 때, 바슐라르는 연속성들이 결코 완전하고 견고하며 일관된 것으로 간주될 수 없다는 것을 보여 줄 필요성이 있다는 걸 강조하고 있다. 그보다 연속성들은 "구성되어야 하는 것이다".[44] 이는 바슐라르에게

---

43) G. Bachelard, "The Instant", in ed. R. Durie, *Time and the Instant*, Manchester: Clinamen Press, 2000, p. 46.

있어 지속의 연속성은 의식에 직접 주어진 것이 아니라 하나의 문제로 이해되어야 한다는 것을 의미한다. 그러나 앞에서 본 것처럼 이것이 바로 『창조적 진화』에서 베르그손이 지속을 해석하는 방식이다. 지속은 상대적으로 고립 가능한 체계와 이러한 체계들을 연결하는 실타래의 문제로서, 여기에는 생명의 다양한 형태들 간의 연대 및 의사소통을 가능하게 하고 우주 전체와 연결짓는 보이지 않는 결합들이 포함된다. 바슐라르의 오류는, 우리가 연속성과 불연속성 가운데 하나를 선택해야 하고, 전체와 전체들을 부정해야 집합과 부분을 가질 수 있으며, 새로움이 있기 위해서는 지속을 희생해야 한다고 가정하는 점이다. 체계를 사유함에 있어 실제적/현실적인 복잡성과 잠재적 복잡성을 고려하는 베르그손의 혁신성을 그는 이해하지 못했다. "체험된 것으로서 능동적이며 창조적인 지속의 중심에 있는 근본적인 이질성"[45]을 파악해야 한다고 주장하면서 바슐라르는 이러한 이질성이 이미 베르그손의 지속 이해의 핵심이라는 것을 보지 못했다. "베르그손이 진화에 대한 위대한 이론을 제시하면서 우연들을 무시해야만 했다"는 그의 주장 역시 유사하게, 『창조적 진화』에 나타난 베르그손의 세부적 논변들에 대한 허술한 평가를 드러낸다.[46] 이 두 가지 [비판] 모두 베르그손이 진화에 있어 우발성에 부여하는 중요한 역할을 경시하고, 진화론으로서 다윈주의의 부적절성에 대해 검

---

44) Ibid., p. 29.
45) Ibid.
46) Ibid., p. 71을 보라.

토하는 바를 이해하지 못하는 데서 오는 것이다.[47] 진화는 단순히 외부 조건이나 상황에 대한 기계적 적응으로 설명할 수 있는 것이 아니다. 예컨대 베르그손은 기계론은 눈의 진화의 중요한 요소인 '상관관계'correlation를 설명할 수 없다고 주장한다. 우리는 한편으로 복잡한 신체기관을 지니지만 다른 한편으로는 기능에 있어 통일성과 단순성을 누리는데, 이러한 대비야말로 우리를 잠시 멈추어 생각하게 하는 것이라고 베르그손은 말한다. 시각이 '하나의 단순한 사실'이라면 그 조직과 작용에 있어 완전히 외생적인 관점에서, 또한 우연 수정 chance modifications의 관점에서 어떻게 설명할 수 있겠는가?[48] 우리가 (베르그손이 믿고 있는 것처럼) 눈과 같은 복잡한 기관이 고도로 복잡한 상관관계의 과정일 뿐 아니라 점진적인 형성의 결과라는 것을 진지하게 받아들인다면, 복잡한 기계들이 자신에게 주어지는 자극들을 활용하는 그러한 능력을 유기 물질에다 부여하는 것이 불가피해진다.[49] 유용성에 기반을 둔 관점, 즉 보기 위해 눈이 만들어진 것이 아니라 생명체들에게 눈이 있기 때문에 보는 것이라는 주장에 대해 응답하면서, 베르그손은 빛을 '활용하는' [신체기관으로서] 눈에 대한 자신의 논의가 단순히 볼 수 있는 능력을 가진 눈에 관한 것이

---

47) 창조적 진화에 관한 베르그손의 설명에서 우발성의 역할에 대해서는 *Creative Evolution*, pp. 255ff 참조. "따라서 진화에서 우발성이 수행하는 역할은 엄청나다. [먼저,] 채택된, 혹은 발명된 [생명]형태들은 우발적이다. [또한,] 주어진 장소와 순간에서 맞닥뜨린 장애물에 대응하여 원초적 경향이 보충적인 경향들로 분리되면서 창조되는 진화의 발산하는 선들은 우발적이다. 억제와 저지 역시 우발적이다. 적응 역시 대체로 우발적이다."

48) Bergson, *Creative Evolution*, p. 88.

49) *Ibid.*, p. 72.

아니라고 말한다. 그보다는, 운동[위치이동]locomotion의 장치와 신체 기관 사이의 정확한 관계들에 주목해야 함을 말하는 것이다. 중요한 것은 눈이라는 하나의 독립된discrete 신체기관의 문제가 아니라 어떤 유기체의 다른 체계들과의 연관하에서 눈의 진화가 지니는 복잡성인 것이다.[50]

베르그손은 진화에 우연이나 우발성이 없다거나 진화를 특정한 목표를 향한 선형적이고 방향성 있는 과정으로 봐야 한다는 생각에 묶여 있지 않다. 반대로 베르그손에게는 수많은 막다른 골목들, 중단된 선들, 진화에 실패한 선들로 특징지어지는 어떤 과정이 있다. 그러나 다른 한편으로, "[생물]변이적transformist 메커니즘의 실패와 편차들은 해부학적 또는 정신적 복잡성이 증가하는 것을 억제하지 못했다". 진화는 다수적 선을 따라 발전해 왔고, 만약 우주 전체가 어떤 계획을 수행하고 있는 것이라면 이는 결코 경험적[실증적]으로 증명할 수 없는 것이다. 우리가 알고 있는 것은 자연이 "생명체들 간에 부조화를 일으킨다"는 것과 "어디서나 질서 곁에 무질서를, 진보 곁에 퇴행을 제시한다"는 것이다.[51] 생기[생명]론이 이처럼 막연해 보이는

---

50) 이는 유기체에 대한 물음에 있어 하이데거의 평가와 거의 동일한 방식으로 발전된 입장이다. "독립적으로 본 눈은 전혀 눈이 아니다. 이는 그것이 처음에는 기관이 아니었다가 나중에 다른 어떤 것에 통합되는 것이 아니라는 것을 의미한다. 오히려 눈은 유기체에 속하고 유기체로부터 출현한다. 물론 이는 유기체가 [신체]기관을 준비하거나 생산한다고 말하는 것과는 다르다." Heidegger, *The Fundamental Concepts of Metaphysics* (1929-30 lecture course), trans. W. McNeill and N. Walker, Bloomington: Indiana University Press, 1995, p. 221. 창조적 진화를 설명하기 위해 하이데거가 '잠재성들'(potentialities)에 의존하는 것은 베르그손이 경향을 강조하는 것과 중요한 유사성이 있다.

51) Bergson, *Creative Evolution*, p. 40.

입장인 이유 중 하나는 그것이 견지하는 핵심적인 주장 때문인데, 이 주장이란 베르그손이 명시한 대로 자연에는 순수하게 내부적인 목적성도, 절대적으로 구별되는 개별성도 존재하지 않는다는 점이다.

기하학자처럼 행동하는 생물학자는 너무도 쉽게 우리가 개별성에 대한 정확하고 일반적인 정의를 내릴 수 없다는 점을 이용한다. 완벽한 정의란 이미 완결된completed 실재에만 적용되는 것이다. 이제, 중요한 [생명적vital] 속성들은 언제나 그러한 과정 안에 있다 하더라도 결코 완전히 실현되지는 않는다. 이 속성들은 경향성들이지 [정적인] 상태들이 아니다.[52]

남겨진 문제들

한 가지 방식으로 진화를 사유하는 것의 한계를 보여 주기 위해 우리는 우리 자신의 문제들을 제기했다. 이제 우리는 잠재적인 것의 관념과 진화의 시간을 사유함에 있어 그 관념의 역할을 명확히 할 때다. 잠재적 다양체라는 관념이 의미하는 것은 생명/삶이 '전체'이고 이 전체가 어떤 '하나'[일자]a One(심지어 어떤 일자의 역량)라는 것인가? 앞 장에서 우리는 들뢰즈가 어떻게 잠재적 다양체의 개념을 단일한 시간의 경우에 적용하는지 살펴보았다. 일자에 관한 물음은 다음 장

52) *Ibid.*, pp. 12~13.

에서 다룰 것이니 여기서는 『창조적 진화』에 나타난 베르그손의 설명에만 주목하기로 하자. 잠재적인 것은 어떤 종류의 전체이며 어떤 의미에서 주어지게 되는가? 이에 대답하기에 앞서 생의 약동이라는 관념과 관련하여 몇 가지 중요한 지점을 짚고 넘어가자. 이는 베르그손의 『창조적 진화』에 나타난 잠재적인 것이라는 관념과 그 복잡한 역할을 이해하는 데 도움이 될 것이다.

베르그손이 진화의 창조성을 설명하는 데 있어 일정 부분 생명의 충동이라는 관념에 의존하는 것은 분명 다윈주의에 대한 그의 해석에서 가장 사변적인 측면이라 할 수 있다. 이에 대해 제기된 여러 중요한 비판들을 여기서 해명해 보기로 하자.

1. 먼저 이것[생명의 충동]은 어떤 종류의 힘이며, 과연 이는 셸링이 자연철학에서 자기모순적인 것으로 본 '생명-력'life-force 관념에 대한 신랄한 비판을 피할 수 있는 것인가? ['생명-력' 개념이 자기모순적이라 생각되는 이유는] 힘이란 오직 유한한 것으로만 생각할 수 있기 때문이다. [그러나] 어떤 힘도 다른 힘에 의해 제한받지 않는 한 유한하지 않다.[53] 그렇다면 베르그손의 창조적 진화 개념에서 생명의 경향성들과 물질의 경향성들의 유희를 충돌하는 힘들 사이의 유희로 이해해야 하는가?

2. 둘째, 생의 약동은 어떤 힘인가? 단순한 내재성의 힘인가, 아니

---

53) F. W. J. Schelling, *Ideas for a Philosophy of Nature*, trans. E. E. Harris and P. Heath, Cambridge: Cambridge University Press, 1988[1797/1803], p. 37.

면 탁월성의 힘을 지니는가? 다음 장에서 볼 것처럼 이 물음은 들뢰즈와 베르그손주의에 대한 바디우의 비판에 대응하는 데 결정적인 것이 된다. 베르그손에 대한 이러한 접근에 있어 이 물음의 타당성은 메를로-퐁티의 논점을 고려할 때 드러난다. 메를로-퐁티는 베르그손이 "칸트와 셀링처럼" 자연적 생산의 작용을 전체에서 부분으로의 이행이라는 관점에서, 다만 "개념의 사전 계획premeditation에 기인하지 않고 어떤 목적론적 설명을 전혀 허용하지 않는" 것으로 기술하려 했다고 말한다.[54] 이것이 메를로-퐁티가, 『창조적 진화』 앞부분에서 베르그손이 제시하는 생명에 대한 기술에 대해 어떤 망설임이나 실패조차 숨기지 않고 "철저하게 정직하다"고 보는 이유다. 메를로-퐁티는 베르그손이 [생의] 약동을 "단순한 행위"라고 말하면서 그것에다 "원인으로서 선존재하면서 결과들을 탁월[우월]하게preeminently 담지하고 있는" 일종의 실재성을 부여하는 것은 아닌가, 따라서 스스로 제시한 구체적인 분석에 모순되는 말을 하는 것은 아닌지 묻는다(강조는 인용자). 그렇다면 우리는 얼마나 탁월한eminent 것이 '우월한'pre-eminent 것이 되는지 물어야 하는 게 아닐까?[55]

3. 셋째로 또한 마지막으로, 베르그손은 수렴 진화 문제와 같이 현대의 진화적 사유에서 중심이 되는 문제들을 다루는 데 있어 자신의 접근이 새로운 것이라는 점을 주저 없이 주장한다. 생의 약

---

54) M. Merleau-Ponty, *In Praise of Philosophy and Other Essays*, trans. J. Wild and J. Edie, Evanston: Northwestern University Press, 1988[1953], p. 146.

동을 중심으로 한 논변이 매우 취약한 것으로 묘사되는 이유가 바로 여기에 있다. 베르그손은 전적으로 우연한 [자연]선택 과정 —— 일련의 우연들과 그것을 보유하고 있는 선택들이 부가된 —— 이 유사한 결과에 도달하는 완전히 다른 두 진화를 설명할 수 있는가를 묻는다(예컨대 연체동물 및 척추동물과 같이 매우 다른 진화 계통들에서 빛의 문제에 대한 해결책이 눈이었다는 점). 이 문제에 대한 그의 설명을 직접 살펴보자.

"[…] 우리의 가설에 따르면 […] 두 결과물 사이의 유사성은 자연스러울 것이다. 심지어 최근에 [선택된] 경로에서도 근원에서 유래한 추진력과 관련된 무언가가 있을 것이다. 그렇다면 순수한 기계론[메커니즘]은 논박 가능할 것이고, (우리가 이해하는 대로 특수한 의미에서의) 목적성은 어떤 측면에서 논증 가능해질 것이다. 진화의 발산하는 선들상에서 생명이 상이한 수단을 통해 유사한 장치[기관]를 생산할 수 있다는 것을 증명할 수 있다면 말이다. 증명의 유효성은 그렇게 선택된 진화의 선들 간의 [발산적] 차이divergency와 그 안에서 발견되는 유사한 구조들의 복잡성에 비례할 것이다."[56]

---

55) 인과 관계를 다루는 맥락에서 새로움을 고려하면서 제임스는 가상의 세 가지 원인 —— 형상적, 탁월한, 잠재적 원인 —— 을 구별하고 잠재적 원인은 형상인(formal cause)과 달리 그 결과와 닮아 있지 않으며, 탁월한 원인과 달리 완전성에 있어 그 결과보다 우월하지 않다는 점을 지적한다. W. James, *Some Problems of Philosophy*, Lincoln: University of Nebraska Press, 1996[1911], pp. 191~192 참조. 베르그손과 탁월한 인과성에 대한 논의는 Merleau-Ponty, *La Nature: Notes Cours du Collège de France*, Paris: Editions de Seuil, 1994, pp. 92~93을 참조. 또한 칸트가 세계 외부에 존재하는 세계의 원인을 '국소적'이 아닌 '잠재적' 존재로 규정한 것을 참조. Kant, *Kant: Theoretical Philosophy 1755-70*, trans. D. Walford, Cambridge: Cambridge University Press, 1992, p. 403.

이런 의미에서 베르그손은 엄청나게 강수를 둔 셈이다. 기계론에 대한 베르그손의 비판의 상당 부분은, 단순 잠재성으로서 진화의 상이한 선들에 걸쳐 존속하는 생명의 충동 [개념] 없이도 많은 진화 생물학자들이 쉽게 받아들일 만한 것이다. 일단은 필자가 직접 제기한 세번째 비판에 집중하고 그 다음에 나머지 두 가지를 살펴보기로 하자. 베르그손의 주장은 생명 시초의 추진력 일부가 계속해서 존재하며, 그것의 존속이 매우 다른 형태의 생명체에서 나타나는 동일한 기관의 진화를 부분적으로 설명할 수 있다는 것이다. 예컨대, 그가 주장하는 이 공통된 추진력이 있기 때문에 진화의 발산적인 선들(식물과 동물과 같이)에서 에너지를 저장하고 변환하는 문제에 대한 응답으로 다양한 해답들이 제시된다는 것을 설명할 수 있다. "동일한 충동이 동물에게 신경과 신경 중추를 갖게 만든 데 반해 식물에서는 엽록소 기능에서 그친 것이다."[57] 베르그손은 진화의 복잡성을 단순히 기계론적인 관점에서, 즉 선택을 통해 추가되고 보존되는 우연들의 불연속적인 계열이 축적된 것에 불과한 것으로 설명하려는 입장에 반대하고 있는 것이다. 그는 물론 매우 상이한 유기체들 사이의 구조적 유사성이 생명체가 진화한 일반적인 조건의 유사성에서 비롯된 것이라는 주장이 있다는 것을 알고 있다. 그가 보기에 이 주장이 지니는 약점은 외부적 조건만으로 유기체의 환경적 요인들에 대한 적합한 적응을 이끌어 낼 수 있다고 보는 점이다(그는 자연

---

56) Bergson, *Creative Evolution*, pp. 54~55.
57) *Ibid.*, p. 114.

선택에서 적응은 '기계적 조정'과 마찬가지라고 주장한다). 따라서 그의 질문과 문제는 "우연한 순서로 발생하는 우연한 원인들이 어떻게 반복적으로 같은 결과에 도달하고, 동일한 원인들은 무한히 많고, 결과는 무한히 복잡하다고 가정할 수 있을까?"[58] 그가 지적했듯이, 어떤 두 명의 보행자가 서로 다른 지점에서 시작하여 정처 없이 헤맨다고 할 때 그들이 결국 만나게 된다는 것은 그리 놀라운 일이 아니다. 그러나 두 보행자가 산책 전체를 통틀어 서로 겹쳐질 수 있는 두 개의 동일한 곡선[궤도]을 기술한다면 그것은 놀라운 일이다. 베르그손은 눈의 최초 흔적구조rudiments[원기原基: 발생과정에서 구조가 처음 나타나는 것]가 하등 유기체의 색소 반점에서 발견될 수 있다는 점, 이것이 아마도 빛의 작용에 의해 순전히 물리적으로 생성되었을 것이라는 점, 또한 이 단순한 색소와 척추동물의 복잡한 눈 사이에는 수많은 매개체가 있다는 점을 기꺼이 인정한다. 그러나 그는 "우리가 어떤 것[생명의 형태]에서 다른 것으로 단계적으로 이행한다고 해서, 이 둘이 본성상 동일하다고 할 수는 없다"[59]고 지적한다. 요컨대, 기계론적으로 이해된 적응 개념이 놓치고 있는 것은 어떤 생명체에서는 [신체]기관의 진화를 단순히 환경의 영향에 복종하는 비활성[타성]적 물질의 수동적 적응이라는 관점에서 설명할 수 없다는 점이다. 빛이 끼치는 단순한 영향을 척추동물의 시각 장치와 이어져 있는 다양한 체계들(신경, 근육, 골수)의 형성의 원인으로 보기는 어렵다.[60]

---

58) *Ibid.*, p. 56.
59) *Ibid.*, p. 70.

눈의 환원 불가능한 복잡성에 대한 베르그손의 관점은 진화에 관한 현대적 논의의 쟁점들에도 부합하지만, 수렴 진화의 사례들을 생명의 충동으로 설명할 수 있다고 보는 그의 가설은 심각한 문제가 된다.[61] 생명의 기원적 충동에 의존하지 않고 설명할 수 있는 수렴 진화의 수많은 사례가 있다. 최근 논쟁에 기여한 한 사람이 지적하듯이, 단지 기계적이든 생리학적이든 잠재력을 달성하는 데는 제한적인 수의 방법이 있을 뿐이다: "카메라와 같은 장치를 만드는 방법이 많지 않기 때문에 문어 눈이 척추동물의 눈을 닮았다고 가정한다."[62] 유사하게, 조류와 포유류 모두에서 파충류의 신진대사가 개선된 이유는 개선 방법이 단 하나뿐이기 때문일 수 있다. 상어와 돌고래의 형태적 유사성을 설명하기 위해 생명의 충동에 호소할 필요가 있을까? 그러나 베르그손의 논제가 수렴 [진화]의 측면에서는 취약할 수 있지만 이것이 진화에 경향성과 잠재력, 방향성 및 동향의 관점에서 접근할 수 있다는 생각 자체를 버려야 한다는 것을 의미하지는 않는다(문제는 정향_{定向} 진화[혹은 계통발생]가 아니라, 우리가 진화적 생명의 방향성을 어떻게 생각하느냐 하는 것이다).

수렴 진화의 사례들을 발산하는 선들에 존속하는 생명의 기원

60) *Ibid.*, p. 71.

61) 눈에 관해서는 S. Rose, *Lifelines: Biology, Freedom, and Determinism*, London: Allen Lane, 1997의 7장, 특히 pp. 193~194를 볼 것. 형태발생적 접근으로는 B. C. Goodwin, *How the Leopard Changed Its Spots*, London: Phoenix, 1995, pp. 147~154와 1917년에 처음 출판된 '성장과 형태'에 관한 달시 톰슨의 유명한 연구(D'Arcy Thompson, *On Growth and Form*, Cambridge: Cambridge University Press, 1992[1917])를 볼 것.

62) R. Wesson, *Beyond Natural Selection*, p. 189.

적 충동이라는 관점에서 설명해야 한다는 주장은 고도로 사변적인 것에 불과할 수도 있다. 이런 점에서 우리는 그것이 칸트가 목적론적teleological 판단에 부여한 반성[성찰]적 판단의 역할을 하는 것으로 볼 수도 있겠다. 즉, 그러한 가설은 생명이 실제로 무엇인지를 밝혀줄 수 없고, 기계론적 가설들을 넘어 자연을 탐구하도록 안내하는 역할을 할 뿐이다. 여기에 동의하더라도 생명과 물질, 잠재적인 것과 현실적인 것 사이의 구별은 유지된다(예를 들어, 현실화되지 않은 잠재력의 진행과 경향들의 수준에서). 생의 약동과 유사한 관념도 여전히 유지할 수 있다. 여전히 문제가 되는 것은 수렴 진화의 사례와 같은 진화의 경험적 현상을 기원적 충동으로 설명할 수 있다는 주장이다.

앞에 나열한 두 가지 비판을 효과적으로 다루려면 지금까지 해왔던 것보다 더 면밀한 방법으로 베르그손의 물질과 생명 개념을 살펴봐야 한다. 이 [두 개념 사이의] 구분이 베르그손의 사유에서 이원론의 형태를 취할 수 있다는 점은 주된 문제는 아니다. 그와 같은 이원론은 진화에 대한 사유에 있어 흔한 것이다. 예를 들어 아이겐은 "생명은 물질의 내적[고유한] 속성이 아니다"[63]라고 주장하는 반면, 코브니와 하이필드는 복잡성에 대한 연구에서 생명이 과정이라면 '생명의 본질'은 이러한 과정의 '형태'지, [그 과정의] '물질'이 아니라는 점을 제기한다.[64] 베르그손의 텍스트에서는 진화가 생명의 경향

---

63) Eigen, *Steps Towards Life: A Perspective on Evolution*, p. 3.
64) P. Coveney and R. Highfield, *Frontiers of Complexity*, London: Faber & Faber, 1995, p. 17.

성들과 물질의 경향성들 사이의 필연적인 개입[안주름]implication으로 논의되고 있음을 파악하는 것이 핵심이다. 진화는 긴장이면서 긴장-완화(물질의 수축과 이완)[과정]인 것이다. 베르그손의 철학은, 물질은 비실재적이고 생명은 필연적으로 구체화되는 것으로 보는 '주관적 관념론'으로 자주 오해받는다.[65] 그러나 창조적 진화는 물질을 전제하고 요구하는 것으로, 물질의 실재성을 부정하지 않는다. 베르그손은 생명이 물질의 습관에 침투하여 [물질을] 조금씩 다른 경로로 이끈다고 주장한다. 그는 물리-화학적인 것과 생기[생명]적인 것 사이의 분리를 상정하는 듯 보이는데, 이 분리 때문에 많은 사람들이 문제를 제기하고, 베르그손을 시대에 뒤떨어진 생기론으로 치부하고 마는 것이다.[66] 그러나 베르그손의 물질 개념은 그렇게 단순하거나 단일한 것이 아닌데, 이는 그가 물질의 종류 및 유형들(비활성적 [타성적], 조직화된, 경화된 [물질] 등)과 심지어 생명의 유형들(조직화 혹은 비조직화된, 잠재적 및 현실적 [생명] 등)에 주의를 기울이고 있기 때문이다. 경향성으로 간주될 때 생명의 역할은 물질에 비결정성이

---

65) R. G. Collingwood, *The Idea of Nature*, Oxford: Clarendon Press, 1945, pp. 136~141 참조.

20세기 대륙 철학에 대해 '주관적 관념론'이라는 경솔한 비난이 얼마나 많이 제기되었는가! 예를 들어, 이러한 의미에서 관념론적이지 않은 후설의 현상학, Husserl, *Ideas: General Introduction to Pure Phenomenology*, trans. W. R. Boyce Gibson, London: Allen & Unwin, 1931, pp. 168~171 참조.

66) [프랑스의 생물학자] 모노는 베르그손을 일축하려는 최근 시도의 대표적인 원천으로서, 소칼(Alan Sokal)과 브릭몽(Jean Bricmont)이 베르그손에 대해 의혹을 제기하면서 호소하는 권위자이기도 하다. J. Monod, *Chance and Necessity*, trans. A. Wainhouse, New York: A. A. Knopf, 1997[1971], chapter 11, pp. 165~185, 166.

라는 요소를 도입하는 것이다. 물질을 그대로 방치하면 엔트로피 상태가 될 것이다. 그럼에도 베르그손은 삶의 '생기[생명]적 활동'을 주저 없이 "비물질적인 것의 점진적인 물질화[과정]"로 정의한다.[67]

　"조직화된 세계에서 진화하는" 힘이란 베르그손이 보기에 제한적인 힘이다.[68] 이는 생명과 물질 사이의 갈등적 경향 때문이다. 이 힘은 자신을 초월하여 모든 것을 단번에 창조하고자 하나('순수한 창작 행위'로서[69]), 이것이 불가능한 것은 아이러니하게도 물질의 특성 때문이다. 생명은 물질의 습관과 반복 속으로 자신을 침투시키지만 —물질이 된다고 할 수도 있겠다—, 물질성에 갇히지는 않는다. 생명의 힘은 엔텔레키[70]로 이해될 수 없는데, 이는 그것이 물질의 습관들에 깊이 개입하고[안주름 접혀]implicated 있지만, 물질과 동일한 것은 아니기 때문이다. 생명의 힘은 유기체 스스로 자신의 본성을 결정할 수 있다는 의미에서 그 안에 있는 것이 아니라, 그 힘에 물질성을 제공하는 유기체들과 신체들을 아우르는 일종의 횡단적 힘이다. 추진력이 분기선들을 가로질러 존속하려면 전달 메커니즘이 있어야 하는데, 베르그손은 이 점을 강조하면서 바이스만August Weismann의 생식질germ-plasm과 같이 생물학적으로 특수한 것과 생

---

67) H. Bergson, *Mind-Energy*, trans. H. Wildon Carr, New York: Henry Holt, 1920, p. 230.

68) Bergson, *Creative Evolution*, p. 126.

69) *Ibid.*, p. 245.

70) [옮긴이] 아리스토텔레스에 의하면 엔텔레케이아(entelecheia)는 가능태로서의 질료/물질 (matter)에서 형상(form)을 실현시키는 원리로서 (완전)현실태를 의미한다.

명의 추진력 사이의 관계를 상정하게 된다: "[…] 생명은 발달된 유기체를 매개 삼아 세균에서 세균으로 흐르는 전류와 같다."[71] 그러나 생명은 또한 유기체의 물리화학적 요소들에다 비결정성을 '불어넣음'으로써 진화적 변화가 일어날 수 있게 한다. 생명의 각 종들species은 자신을 마치 진화의 종점이라 믿고 싶어 한다. 생명의 활동effort은 개체적 활동(베르그손이 이해하는 라마르크주의)이 아니며, 에너지 자체를 생성하기보다는 오히려 축적된 잠재적potential 에너지를 물질로부터 확보하고 활용한다는 점에 주목할 필요가 있다.[72] 동물의 생명/삶은 보충 물질을 수단 삼아 가변적이고 예측 불가능한 방향으로 에너지를 소비하고 공급 조달하는 것으로 구성된다고 말할 수 있다.[73]

이제, 이러한 생명과 물질의 이원론이 작용을 가하는 힘과 작용을 받는 힘들로 구체화되는 것이 아닌가 하는 의문이 제기된다. 이는 창조적 진화에 대한 베르그손의 사유에 던지는 정당하고 날카로운 물음인 것 같지만, 사실 그 제기 방식에 오류가 있다. 이 물음은 베르그손이 텍스트 전체를 통틀어, 우리가 창조되는 것들과 창조하는 것을 사유하려 하면 할수록 창조의 개념은 모호해진다고 끊임없이 강조한다는 점을 간과하고 있다. "[창조에 있어] 사물[행위자나 결과물]은 없고 행위만 있을 뿐"[74]이다. 창조된 사물들이나 창조하는 행위자를 가정하는 것은 우리 지성의 본성과 그 실용주의적 편향성

---

71) *Ibid.*, p. 27. 또는 pp. 78~79 참조.

72) *Ibid.*, pp. 114~115.

73) *Ibid.*, p. 253.

74) *Ibid.*, p. 248.

에 근거한 환상일 뿐이다. 창조적 진화를 물질성에다 '작위적 조직화'contrived organization를 '부어 넣는' 외적 원인의 질서로 생각해서는 안 된다. 창조적 진화의 원인은 내재적 원인으로 이해해야 한다. 생명과 물질은 상반되는 운동이지만, 이들을 분리하여 어느 하나(생명)가 다른 하나(물질)의 외부적 설계자라고 이해하는 것은 오로지 [우리의] 지성적 추상화 행위 때문이다. 베르그손은 진화를 물질에 형태[형상]가 외부로부터 부과되는 질료 형상의 도식을 통해 이해하는 것은 "외부로부터 물질에 작용"하도록 형성된 우리 지성의 익숙한 습관에 불과하다고 주장한다.[75]

베르그손에게 생명의 통일성이란 공통의 열망이 아닌 공통의 추진력으로 설명해야 하는 것이다. 진화에 대한 그의 사유는 (유전 에너지의) 연속성과 불연속성(분기선[계통]들, 개체화된 유기체들 및 다양한 종들)을 모두 수반한다. 그는 생명이 분리와 분할을 통해 발현된다proceed는 점을 고집한다. 이제 우리는 다음의 질문으로 되돌아오게 된다: 경향들의 잠재적 다양체[다양성]는 진화 안에서 실제로 창조될 모든 것을 탁월하게 포함하고 있는가? 만약 그렇다면, 베르그손의 입장은 전성설preformism에서 제시하는 선존재하는 가능성들과 구별되지 않는 것이 된다. 메를로-퐁티가 제기한 까다롭고 잠재적으로 위협적인 비판으로부터 베르그손주의를 방어할 수 있는 유일한 방법은 진화의 잠재적 경향성들과 현실화된 분기선들의 복

---

75) *Ibid.*, p. 250.

잡한 관계에 대해 고심하는 것뿐이다. 이어질 결론 부분에서 이 관계에 대한 몇몇 통찰을 살펴보고, 다음 장에서 이를 자세히 검토하기로 하자.

결론

베르그손이 '전체' 개념에 대해 두 가지 다른 방식의 설명을 제시한다는 것, 즉 단일 잠재성의 전체와 열린 [체계의] 전체가 있다는 것을 알지 못하면, 잠재적인 것에 대한 그의 입장은 절충하거나 고수하기에 까다로운 것이 된다. 창조적 진화 개념에는 [전체에 대한] 두 설명 모두가 작동하고 있다.[76] 두 전체 사이에 어떤 관계가 있는가? 한

---

76) 들뢰즈는 단순 잠재의 관념(본래적 동일성과 단순 전체성totality)에서 잠재적 전체의 관념으로 이행하는 듯 보인다. 잠재적 전체는 끊임없이 변화하는 것으로, 생의 약동의 잠재로부터 '내재면'(끊임없이 변하지만 최초의 생명 충동에 있어서는 변하지 않는 열린 전체)의 잠재로의 이행과 관련되는 것이다. 이처럼 베르그손에서 멀어지는 추이는 1968년 작 『차이와 반복』에서 이미 암시된다. 잠재적인 것과 가능한 것의 구별을 중시하는 것은 여전하지만 잠재적인 것은 이제 '구조'의 관점에서 생각되고, 현실화는 진화의 경향이 아니라 다양한 체계들의 전-개체적(pre-individual) 특이성들과 관련된다. 들뢰즈의 저작에서 이러한 변화에 관해서는 필자의 『싹트는 생명』을 보라. 후기작에서 들뢰즈는 생의 약동 [개념]을 그저 저버리는 것이 아니라, 그것을 기계론과 유기체론(organicism)의 대립을 초월하는 '강력한, 전-유기적 발아성'의 힘으로 보고 이에 호소한다. Deleuze, *Cinema 1: The Movement-Image*, trans. H. Tomlinson and B. Habberjam, London: Athlone Press, 1986, p. 51. 『차이와 반복』에서 잠재적인 것은 영원회귀 ── 차이와 반복의 교리 ── 로 대체된 듯 보인다. 영원회귀는 우리에게 내적 차이를 제공하고, 그 안에서 차이 자체가 대자적 차이가 되는 차이 생성자(차이를 만들어 냄)로 작용하기 때문이다. 이렇게 볼 때, 들뢰즈가 1980년대 시네마에 관한 책과 『철학이란 무엇인가』에서 베르그손과 잠재적인 것으로 회귀한 것은 의미 있는 일이 아닐까? 『차이와 반복』에서 베르그손으로부터 가장 근본적인 이탈이 암시되는 부분은 강도에 관한 논의이며, 따라서 들뢰즈에게 가장 중요한 차이의 장은 강도의 차이와 관

편으로는 현실화의 선들만 있을 뿐이다. 잠재적 전체로서의 전체는 그 분할과 분화[차이화]의 관점에서만 존재하기 때문이다. 들뢰즈가 전체는 결코 주어지지 않는다고 주장하는 이유가 여기에 있다.[77] 전체를 주어진 것으로 간주하는 것은 전체를 시간이 아니라 공간의 관점에서 논하는 것이다. [거기에는] 창조와 분화[차이화]의 시간만 있을 뿐이다(베르그손은 시간이 완전히 '긍정적인[적극적인] 실재'를 누린다고 말한다). 다른 한편으로, 생명의 근원적 충동은 단순성이라는 측면에서는 주어지는 것이다. 이는 물질과 접촉할 때 분할되고 분화[차이화]되는 제한된 힘의 단순성이다. 그러므로 그것은 제한된 힘이라는 의미에서 주어지는 것이다. 그러나 진화 자체는 절대 주어지는 것이라 할 수 없다.

잠재적인 것으로서 전체를 (시간을 공간화함으로써) 현실적 분할과 움직임들에서 추상된 것으로 사유하는 것은 단지 인공적인 관점일 뿐이다. 이는 잠재성의 실현[현실화]을 플라톤주의의 관점에서 이해해서는 안 된다는 것을 보여 주기 때문에 중요하다. 창조된 것으로서 실제의[현실화된] 생명체[생명형태]들은 어떤 초월적이고 불변하는 존재의 타락한 형태가 아니다. 그렇다면 잠재적인 것은 플라톤

련된다. 들뢰즈는 다음과 같은 질문을 던진다. 정도의 차이와 종류 자체의 차이는 정도의 차이인가, 아니면 종류의 차이인가? 그의 대답은 둘 다 아니며, 차이의 두 질서, 즉 가장 낮은 정도와 가장 높은 형태의 차이 사이에 모든 차이의 정도들과 '차이의 온전한 본성', 즉 강도적인 것이 발견된다는 것이다. Deleuze, *Difference and Repetition*, trans. P. Patton, London: Athlone Press, 1994, pp. 239~240과 이에 대한 추가 고찰로 필자의 『싹트는 생명』 참조.

77) Deleuze, *Bergsonism*, p. 104.

적 형상이 진화의 이념Idea이 아니며, 실제[현실]적 진화를 초월하여 어떤 주어진 영역에 존재하는 보조적 차원도 아니다. 잠재적인 것은 4차원적 공간이 아니다. 우리가 그것을 공간의 관점에서 이해할 때만 그러한 차원의 출현을 가정하게 된다. 이런 방식으로 잠재적인 것을 사유하기는 물론 어려운데, 그 어려움은 우리가 비-공간적으로 사유하기 위해서는 엄청난 노력이 필요하다는 것을 반증한다. 우리는 진화를 적극적인 행위의 진정한 창조로, 또한 분화[차이화]의 선들로 파악되는 실현[현실화]선들의 발명으로 이해하기 위해 잠재성에 호소하는 것이다. 그러나 동시에 잠재적 생명에 관한 문제에 있어 베르그손주의의 이중성을 인식하는 것이 중요한데, 이는 환원 불가능한 다원주의(실현[현실화]된 분화[차이화]의 선들)를 전적으로 긍정하는 것이기 때문이다.

잠재적인 것과 현실적인 것이라는 두 용어를 통해 진화를 이해함에 있어서, 우리가 잠재적 다양체manifold의 강도적 상태에 존재하는 경향들과 그 경향들이 적응을 통해 구체적인 생명-형태들로 나타나는 실현[현실화]된 진화의 선들 사이에 엄청난 차이를 가정해야 한다고 해서 베르그손이 전성설로 되돌아갔다고 결론짓기는 어렵다. 이는 마치 베르그손이 우리에게 동등하게 실재적인 두 개의 다른 평면에서, 동시에 사유할 것을 요청하는 것과 같다. 즉 생명의 경향성들이 아직 실현[현실화]되지 않아 강도적인 주름으로 존재하는 (일원론) 평면에서, 그리고 다른 한편으로, 동물과 식물과 같은 생명의 형태들을 지닌 분기선들만이 존재하는 (스스로 닫힌 것으로서, 일종의 무한한 다원주의를 구성하는) 현실화의 평면에서 말이다. 들뢰즈가 말했듯이, "분화[차이화] 또는 실현[현실화]의 선들 각각은 자기 나름의 방식으로 잠재적 구역 혹은 수준을 차지하는 '자연의 평면*plan*'을 구성한다".[78] 이 잠재적 전체가 주어지는 것은 오직 그 전체가 실현[현실화]되어야 하는 제한된 힘이나 역량이라는 의미에서만 그렇다: 그것은 (경향들의) 단순 잠재성으로 주어지지만 항상 현실화되고 있는 잠재적 전체로서 주어지지는 않는다. 근원적 충동으로서 그것은 잠재적으로potentially 무한한 변형이 가능하지만 유한한 것이어야 한다. 여기서 무한은 공간의 관점에서 무한한 가능성의 실현으로서가 아니라, 긍정적 시간의 관점에서 유한성 안에 있는 잠재력들의 무한함으로 생각해야 한다. 유한한 것과 무한한 것은 수적으로(일과 다로서) 생각된 것이 아니라 제한적인 것과 무제한적인 것의 관점에서 이해되며, 이 중 어느 쪽도 미리 혹은 단번에 주어지지 않는다.[79]

---

78) *Ibid.*, p. 133. 『창조적 진화』를 다루는 『베르그손주의』 5장의 주석 2에서 들뢰즈는 '도면/계획'(plans)이라는 용어보다 '평면'(planes)이라는 용어를 선호하는 이유를 설명한다. 차이점은 목적론에 대한 통상적인 개념과 잠재적 목적성에 방점을 둔 베르그손의 특별하고 복잡한 개념 사이에 있다. '평면'은 지속 안에 공존하는 수축의 층위들의 정도를 말하는 것으로, 생명/삶에 방향성은 있으나 이것이 '계획'이나 프로그램된 것이라는 의미의 방향은 아니라는 것을 의미한다.

79) 무한한 우주의 관념에 대한 베르그손의 비판적인 관점은 다음의 주장과 관련이 있을 수도 있겠다: "무한한 우주를 논하는 것은 추상적 공간과 물질의 완전한 일치를, 따라서 물질의 부분 사이의 절대적 외부성을 인정하는 일이다." Bergson, *Creative Evolution*, p. 244.

4장 단일 잠재성 : 일자를 새롭게 사유하기

정적인, 부동의 존재는 제1원리가 아니다. 우리가 시작점으로 설정해야 하는 것은 수축 그 자체, 지속이며 그 역은 이완이다.

(들뢰즈, 「베르그손에서의 차이 개념」, 1956)

우리의 시작점은 통일성unity, 단일성, 잠재적 전체성이다.

(들뢰즈, 『베르그손주의』, 1966)

모든 생명은 수축에서 시작한다. […]

(셸링, 『세계 연대』*Ages of the World*, 1813)

머리말

알랭 바디우는 잠재적인 것이 들뢰즈에 있어 존재의 주된 이름이라고 서술하면서 들뢰즈의 사유는 잠재적인 것을 바탕으로 하는 플라톤주의라고 주장했다. 바디우는 들뢰즈에 있어 잠재적인 것이 '현실적인 것의 근거'로 제시된다고 주장하며, 나아가 잠재적인 것은 '잠 재성들의 존재'로서 바로 그 자신의 근거라고 말한다. 바디우는 잠재 적인 것을 '저변'에 깔려 있는 것 ── "세계의 시뮬라크르 '저변에'"[1] 있는 것이라는 의미로 ── 으로 서술하곤 한다. 따라서 바디우는 들 뢰즈가 잠재적인 것을 이미지로 묘사하는 것을 문제 삼게 된다. '이미 지'는 현실[현행]적인 것의 상태를 가리키는 것이 아닌가? 잠재적인 것이 바디우가 이해하는 것처럼 '일자 특유의 역량'이라면 어떻게 그것이 시뮬라크르일 수 있는가? 따라서 바디우는 "잠재적인 것은 이미지를 산출하지만, 잠재적인 것의 이미지가 어떻게 주어질 수 있 는지, 또는 그 자신이 어떻게 이미지일 수 있는지를 규정하기는 어렵 다"[2]고 말한다. 바디우의 논지에 담긴 버클리적인 측면을 보면 그가 제기하는 물음의 다소 독특한 본성이 드러난다. 버클리가 『인간 지 식의 원리』에서 영혼이나 정신에 관해 문제제기하는 방식은, 바디우 가 이미지로서의 잠재적인 것에 대해 문제제기하는 방식과 놀랄 만 큼 유사하다. 정신이 일자라면, 즉 단일하고 분할되지 않은, 근원적 인 '능동적' 존재the primary 'active' being이고, 관념이나 이미지는 [본 성상] 불활성적[스스로의 힘으로는 작용하지 못하는]이기 때문에 능동 적인 존재를 표상할 수 없다면, 어떻게 정신에 대한 '관념' 혹은 이미 지가 형성될 수 있는가?[3] 비신체적, 비물질적 실체는 관념이나 이미

---

1) A. Badiou, *Deleuze. The Clamour of Being*, trans. L. Burchill, Minneapolis: University of Minnesota Press, 2000, p. 46.

2) *Ibid.*, p. 52.

지의 원인이 되는 근거이기 때문에, 그 자체로 어떤 관념, 이미지일 수도 없고 그와 같이 표상될 수도 없다는 것이다.

바디우는 들뢰즈의 사상적 기획이 근본적으로, 또 본질적으로 존재론적 기획이며 이 점에서 그가 전통적인 사상가라고 단호히 주장한다. 들뢰즈 [사유]의 과업은 일자를 실재적인 것으로 사유하는 것이다: "들뢰즈에 있어 근본적인 문제가 다자the multiple를 해방하는 것이 아니라 사유를 새로운 일자 개념에 포섭시키는 것이라는 점은 무엇보다 분명하다."[4] 이는 다수적인 것이 '총체를 이루는 것으로서integrally' 그리고 '시뮬라크르의 생산'이라는 점에서 이해되어야 한다는 것을 의미한다. 바디우는 근거the ground(*fondement*)와 바탕foundation이라는 개념이 현대 사상에서 비판의 대상이 되고 있으며, 들뢰즈의 작업이 이러한 전개 양상의 선두에 있는 것으로 받아들여진다는 것을 인지하고 있다 — 들뢰즈는 『차이와 반복』에서 '보편적 무-근거화'universal un-grounding[5]에 대해 논의하고 있기 때문이다. 그럼에도 바디우는 근거 개념을 존재들의 '영원한 몫'the eternal share[6]으로 논함으로써 이를 플라톤주의적으로 규정하면서 자신의 들뢰즈 해석을 고수한다. 들뢰즈가 잠재적인 것을 이와 같은 영원

3) G. Berkeley, *The Principles of Human Knowledge*, ed. G. J. Warnock, London: Fontana, 1962[1710], p. 77.

4) Badiou, *Deleuze. The Clamour of Being*, p. 10.

5) G. Deleuze, *Difference and Repetition*, trans. P. Patton, London: Athlone Press, 1994, p. 67.

6) Badiou, *Deleuze. The Clamour of Being*, p. 45.

한 몫으로 보기 때문에 그의 사유는 "존재가 엄격히 일자로서 규정됨"을 요청한다는 것이다.[7] 따라서 '근거'는 (칸트적) 물자체[본체] noumenon가 아니라 플라톤적 참여 개념과 동일시된다. 후술될 것처럼 들뢰즈는 스피노자에 대한 1968년 저서 11장 서두에서 바로 이 참여라는 문제를 논의한다.

바디우는 잠재적인 것과 현실적인 것이라는 두 용어를 도입한다는 점에서 들뢰즈에 반대한다. 바디우는 잠재적인 것에 호소하기보다는 "순수한 다수성으로서 현실적인 것의 일의성*the univocity of the actual*"[8]에 대해 논하고자 한다. 다수적인 것들의 다수성을 [그 자체로] 긍정해야지, 이를 어떤 일자의 역량으로 상정해서는 안 된다는 것이다. [따라서] 일자는, 또한 이와 함께 생명Life은, 희생되어야 한다. 바디우는 이 두 가지 '전통들'classicisms이 양립 불가능하다고 말한다.

바디우가 들뢰즈의 기획에 대해 중요한 물음을 다수 제기했다는 점에는 의문의 여지가 없다. 그러나 이 물음들이 제기하는 쟁점들을 충분히 다루기 위해서는 더 높은 정밀성이 요구된다. 들뢰즈와의, 또 베르그손주의와의 조우를 통해 제기되는 것은 과연 잠재적인 것에 대한 어떤 종류의 플라톤주의인가? 들뢰즈는 일자의 사상가인가, 아니면 일과 다의 대립을 넘어선 잠재적 다양체의 사상가인가? 바디우는 이를 알고 있으면서도 들뢰즈를 다수성[다자]의 사유가 아

---

7) *Ibid.*
8) *Ibid.*, p. 52. 강조는 인용자.

닌 일자에 대한 사유로 해석하기를 고집한다. 필자는 잠재적인 것에 대한 들뢰즈의 사유가 중요한 (신)플라톤주의적 근원source과 연관되며, 들뢰즈를 일자에 관한 사유로 묘사하는 것이 정당하다고 주장할 것이다. 그러나 일자를 새롭게 사유하는 방식으로서 베르그손주의에 대한 필자의 해석은 들뢰즈의 사유에 관해 [바디우와는] 상당히 다른 이미지를 제공할 것이다. (순수 다양체로서) 현실[현행]적인 것의 일의성에 대한 바디우의 의심스러운 주장은 그가 들뢰즈에서 잠재적인 것이 수행하는 역할을 부적절하게 이해하고 있다는 것, 또한 바디우 자신의 사유에 있어 근본적인 비일관성을 드러내는 것이다.

다원주의의 일자: 플로티노스에 대한 베르그손과 들뢰즈의 입장

잠재적인 것을 일자 ── 잠재적 다양체에 특유한 일자로서 ── 에 관한 물음의 관점에서 사유하려 하면 우리는 철학적 난문에 봉착하게 된다. 헤겔이 플로티노스에 있어 일자 문제를 다루면서 지적한 것처럼 ── 베르그손과 들뢰즈 양자 모두의 플라톤주의적 특성을 규정하기 위해서는 플로티노스를 참조해야 한다 ── "오래전부터 알려진" 주요 난제는 "어떻게 일자가 스스로를 규정하고자 하는 결정에 다다르는가를 이해하는 것"이다.[9] 들뢰즈가 그의 1966년 베르그손 독해

---

9) G. W. F. Hegel, *Plato and the Platonists: Lectures on the History of Philosophy* Volume 2, trans. E. S. Haldane and F. H. Simson, Lincoln: University of Nebraska Press, 1995[1840], p. 416.

에서 인정하듯 우리는 어떻게 '근원적 동일성'으로서 일자가 분화되는 역량을 가지는지에 관한 물음에 불가피하게 도달하게 된다.[10]

　　일자에 대한 이와 같은 사유와 관련된 대부분의 문제들은 어떤 종류 혹은 본성의 역량이 일자에게 부여되는가를 중심으로 한다: 그것은 탁월한가 단일한가simple? 『베르그손주의』에서 들뢰즈가 잠재적인 것을 단일 잠재성으로 반복적으로 묘사하는[11] 것은 우연적이거나 우발적인 것이 아니다. 이는 들뢰즈가 이미 1956년 베르그손을 (내적) 차이의 철학자로 독해할 때 개략적으로 설명했던 그 '단일성'이다.[12] 거슨은 플로티노스의 일자를 단순히 창조론적 혹은 유출론적으로 해석하는 것을 반박한 바 있는데, 그의 주장은 들뢰즈가 잠재적인 것을 단일한 역량으로 지칭하는 이유를 드러낸다는 점에서 살펴볼 만하다.

　　[…] 아퀴나스는 신이 잠재적으로만이 아니라 탁월한 방식으로[완전하게/모든 시간적 제약을 초월한다는 의미] 만물이라고 주장해야 했다. 즉, 복합체에 속하는 각각의 속성predicate은 상위 존재에 내재한 복합체들의 단일한 근거에 귀속된다. […] 반대로 플로티노스는 신의 전능성보다 제일원리ἀρχή의 완전무결한 단일성을 보존하는 데 더 관심을 보인다. […] 존재에 있어 잠재성이 존재의 탁월함을

---

10) G. Deleuze, *Bergsonism*, trans. H. Tomlinson and B. Habberjam, New York: Zone Books, 1991, p. 100.

11) *Ibid.*, pp. 95, 96, 100.

12) *Ibid.*, pp. 51, 53.

함축한다는 가정을 거부함으로써 플로티노스의 부정신학은 아퀴나스의 부정신학과 달리 스스로를 제약한다. 플로티노스는 일자가 열등한 형태로는 즉 자신이 [산출하는] 어떠한 결과물들이라고 단순히 추론할 수 없다. 이와 같은 추론은 일자의 단일성을 해칠 것이기 때문이다.[13]

이는 단일성으로서의 일자 개념에 호소하는 것이 왜 철학적으로 필요할 수 있었는지는 보여 주지만 들뢰즈에 있어 잠재적인 것의 단일성 개념이 "만물 이전에 단일한 무엇인가가 있어야 한다"(『엔네아데스』Enneads V, 4)는 플로티노스의 주장과 동일하다는 걸 입증하지는 않는다. 플로티노스와 [들뢰즈]의 차이점은 다음과 같이 서술할 수 있다: 플로티노스에서 잠재적인 것의 단일성은 철저히 부정으로서만(그것이 무엇인지는 말할 수 없고, 무엇이 아닌지만 논할 수 있다) 사유된다.[14] 또한 그것은 자신이 발산한 존재들 안에서 스스로 발현하기를 늘 억제하는 역량이다. 따라서 플로티노스는 이 단일성이 이후에 산출되는 만물들에게 있어서는 타자일 것이며 "자신에게서 파생된 것들과 혼합되지 않은 채"[15] 별개로 존재한다는 입장을 고수한다. 들뢰즈에서는 반대로 잠재적인 것의 단일성은 스스로 분화하는

---

13) L. P. Gerson, *Plotinus*, London: Routledge, 1994, p. 32.

14) J. Bussanich, "Plotinus's Metaphysics of the One", in L. P. Gerson, *The Cambridge Companion to Plotinus*, Cambridge: Cambridge University Press, 1996, pp. 40~41 참조.

15) Ibid.

가운데 '자신의 근원으로부터 무언가를 보존하면서도' 자기 존재이기를 그치는, 자기-분화의 역량으로서 존재의 순수한 긍정성을 가리킨다.[16] 다시 말해 잠재적인 것은 한편으로는 존재하기를 그치면서 다른 한편으로는 끈질기게 존속한다. 이는 분명 매우 역설적이다. 그러나 들뢰즈의 차이 개념에 따르면 잠재적인 것과 현실적인 것의 비대칭적 관계가 유지되어야 존재의 내재성에 관한 사유, 일의적인 존재에 관한 사유가 가능하다. 바디우처럼 현실적인 것의 일의성을 주장하고자 하면 사유는 비정합적이 되고 만다: 존재의 일의성은 현실적 존재들을 일의적 존재의 속성으로 만든다고 유지될 수 없다. 이러한 존재들은 이미 구성되거나 개체화된 존재들이기 때문이다. 단일 잠재성의 역량을 탁월한 역량으로 변형하면 내재성을 잃을 수밖에 없다. 이를 피하기 위해 플로티노스는 엄밀한 부정의(또한 초월적인ecstatic) 방식으로 일자에 접근하는 것을 택했고,[17] 결과적으로 부정신학에 이른 것이다.

---

16) G. Deleuze, "Bergson's Conception of Difference", trans. M. McMahon, ed. J. Mullarkey, *The New Bergson*, Manchester: Manchester University Press, 1999[1956], p. 55.

17) 부사니치가 도출해 내는 것처럼, 일자에 이르는 부정적인 방식은 궁극적으로 우월한 긍정을 포함한다. 플라톤주의 안에서 일자를 정의하는 데 있어 난점에 대한 고찰로는 플라톤의 『파르메니데스』 연역 1과 2를 참조. 문제의 핵심은 무엇보다, 일자가 부분을 지닐 수 있는지, 변화할 수 있는지, 타자성과 차이를 허락하는지, 또한 수(number)일 수 있는지에 있다. 신플라톤주의와 파르메니데스의 관계에 대해서는 Dodds, "The Parmenides of Plato and the Origin of the Neoplatonic One", *Classical Quarterly* 22, 1928을 볼 것. 들뢰즈가 짧은 글 "Les plages d'immanence"(in A. Cuzenave and J. F. Lyotard, *L'Ort des confins*, Paris: PUF, 1985, pp. 79~81)에서 제시하는 초월적 일자의 계보를 참조.

베르그손에 있어 플로티노스의 중요성은 이미 연구된 바 있다.[18] 베르그손 사유의 중심 주제들(시간, 자유의지, 물질, 창조성 등)을 고려하면 그가 플로티노스에 대한 강의를 주기적으로 했다는 사실은 그리 놀랍지 않다.[19] '인격'personality을 주제로 한 1914년 기퍼드 강의들에서 베르그손은 근대 형이상학(라이프니츠, 스피노자)이 플로티노스를 취약하게 반복한 것이라고까지 말한다.[20] 플로티

---

18) 메이(William May, "The Reality of Matter in the Metaphysics of Bergson", *International Philosophical Quarterly* 10: 4, 1970, p. 631)는 '일자-다자'로 이해된 생의 약동은 플로티노스의 세계 영혼 혹은 세번째 자립체(hypostasis)와 비교할 수 있다고 본다. Plotinus, *Enneads*, IV, 1 참조. 베르그손은 세번째 기퍼드(Gifford) 강의(*Mélanges*, Paris: PUF, 1972, pp. 1056~1060)에서 세 가지 자립체에 대해 해석하는데, 여기서 그의 설명을 주의 깊게 읽어 보면 '약동'과 세번째 자립체 사이의 이러한 비교가 복잡한 것임을 알 수 있다. 베르그손의 형이상학에서 통일성(unity)은 전파와 분산을 통해서만 진행될 수 있는 잠재적 다양체로서, '오로지 통일성'이기만 한 통일성으로의 회귀란 있을 수 없기 때문이다. 이 때문에 들뢰즈가 항상 '전체'는 주어지지 않으며, 우리는 이 사실을 반갑게 여겨야 한다고 주장하는 것이다. 앞으로 필자는 베르그손과 들뢰즈에게 전체에 대한 두 가지 다른 형상화 방식이 있다고 주장하며, '약동'은 단순한 총체성으로 주어지지만 창조적인 과정으로서 진화의 (잠재적) 전체는 결코 주어질 수 없다는 것을 강조할 것이다. 분명 두 가지 전체는 반드시 존재론적 층위에서 함께 사유해야 한다. 들뢰즈의 '반가움'은 두번째 전체에 관한 것이다. 베르그손-플로티노스 관계에 대한 자세한 연구로는 Rose-Marie Mossé-Bastide, *Bergson et Plotin*, Paris: PUF, 1959 참조. Foubert, "Mystique plotinienne. Mystique bergsonniene", *Les Études Bergsoniennes*, vol. 10, 1973도 참조.

19) 『창조적 진화』(*Creative Evolution*, trans. A. Mitchell, Lanham MD: University Press of America, 1983, p. 353)에서 베르그손은 자신이 콜레주 드 프랑스에서 1897~8년에 진행한 플로티노스에 대한 강의 중 하나를 언급하는데, 여기서 그는 라이프니츠의 모나드와 플로티노스의 지성적인 것 사이의 유사성을 보여 주려 했다. 들뢰즈 역시 『주름』(*The Fold: Leibniz and the Baroque*, trans. T. Conley, London: Athlone Press, 1993, p. 24)에서 플로티노스와 라이프니츠를 관련짓는다.

20) Bergson, *Mélanges*, p. 1059. 베르그손이 '의지에 관한 이론들'에 대한 1907년 강의에서 플로티노스와 스피노자, 칸트 그리고 쇼펜하우어 같은 근대 사상가들에 대해 논평한 것도 참조. *Ibid.*, pp. 716~717.

노스 철학의 시발점 — 베르그손에 따르면 그의 철학의 본질이기도 한 — 은 시간 속에 사라진 통일성unity을 재발견하기 위한 시도다. 그는 "플로티노스의 철학은 우리가 내적 시간을 개개의 순간들로 조각난 것으로 여기면서도 인격의 실재성과 통일성에 대한 믿음은 유지하려 할 때 도달하는 유형의 형이상학으로 볼 수 있다"고 서술한다.[21] 다시 말해, 우리는 존재의 두 양태를 가지며, 권리적으로 시간의 바깥에 존재하고, 사실적으로는 시간 '안'에서 진화한다. 권리상 우리는 관념/이데아(영원한 본질), '순수한 응시'이며, 이는 실천이 이루어지는 감각 세계의 삶과 대조된다. 그러나 사실상의 실존이 영원의 타락 내지 감손이라면 행동하고 욕망한다는 것은 무언가를 필요로 하는 상태로서 불완전함을 의미한다. 시간 안에서 진화한다는 것은 "현상태에 끊임없이 무언가를 보태는 것이다". 그러나 존재의 한 양태가 다른 양태의 확장 혹은 희석(본래의 통일성이 다수성[다양체]으로 쪼개짐)이므로 우리의 현실적 존재는 늘 '시간 속에서 단일성의 모사물을 만들어 내려 하는' 하나의 '흩어진 다양체' 이상의 것이 아니다.[22] 플라톤이 시간을 '영원의 움직이는 이미지'로 보고 유사성을 강조한 데 비해 플로티노스는 모방의 관점에서 시간을 해석한다. 베르그손은 본래적 요소가 통일성으로 가정된다면 플로티노스의 체계에서 "일자One인 다양체로의 회귀"가 있음을 지적하는 것은 불충분하며, 더 나아가 "통일성이기만 한 어떤 통일성Unity"[23]으로의 회

---

21) *Ibid.*, p. 1056.
22) *Ibid.*

귀를 언급해야 한다고 주장한다. 이것이 베르그손이 플로티노스에서 3원리에 관한 이론(신[일자], 지성, 신체를 지닌 정신Minds)을 독해하는 방식이며, 여기서 운동은 신체 안에 있는 정신이 지성으로 회귀하면서 이루어진다. 베르그손은 비록 '물질'도 나눔과 '풀어짐'을 수반하지만, 비물질성의 운동(비물질적인 것으로 회귀하는 운동으로서)이 일자, 통일성과 다수성/다양체를 이러한 방식으로 사유하는 궁극적인 목적이다. 비물질적인 것은 잠재적으로나potentially 현실적으로나 셀 수 없는/무수한 근원적인 통일성이며, 잠재적으로나 현실적으로나 다수성/다양체를 갖지 않는다.[24]

베르그손의 플로티노스 독해를 간략히 살펴봄으로써 우리가 얻고자 하는 것은 무엇인가? 베르그손이 목표로 하는 것이 (신-)플라톤주의가 아니라는 것은 분명하다. 베르그손이 고대 철학자들 중 플로티노스에 주목한 건 그가 플로티노스를 '심오한 심리학자'라고 봤고 그의 [철학] 체계에서 끌어내야 할 것은 순수하게 심리학적인 요소들이라고[25] 보았기 때문이다. 이 체계의 실제 구성은 취약하나 유

---

23) *Ibid.*, p. 1057.

24) 이 점에 관해서는 P. Henry, "The Place of Plotinus in the History of Thought", *Plotinus: The Enneads*, Harmondsworth, Middlesex: Penguin, 1991, p. lii를 볼 것. "플로티노스는 [플라톤의] 『국가』에 나오는 선(the Good)과 『파르메니데스』의 첫번째 가설에 나오는 절대적 일자를 당연하게 동일시한다. 이러한 동일시는, 플라톤의 말에 따르면 선을 '존재 너머'에 위치시키고 일자의 모든 다수성 ― 잠재적이고 논리적일 뿐일지라도, 이름, 속성, 형식 또는 측면의 다수성 ― 을 부정하는 것으로서, '부정신학'의 토대를 구성한다. 플로티노스와 그의 제자들에게 있어 부정신학은 신과 신비 체험의 교리에 있어 매우 중요한 역할을 한다."

25) Bergson, *Mélanges*, p. 1058.

익한데, 이는 그것이 훗날 형이상학적 체계들의 중요하지만 잘 드러나지 않는 측면, 특히 운동은 부동성에 비해 하위의less 것이고 지속은 무한정 분할된다는 관념을 드러내기 때문이다. 이는 '실체성'을 발견하려면 우리 자신을 시간 바깥에다 위치시켜야 한다는 것을 뜻한다. 근대 형이상학은 이러한 관점의 반복이며 이는 칸트에 이르기까지, 심지어 칸트 이후에도 이어진다고 베르그손은 주장한다.[26] 베르그손은 이를 반대로 뒤집으려 하며(시간으로의 추락이란 없으며, 시간은 영원의 모방이 아니다) 플로티노스 이론의 어떤 측면은 심각하게 고려되어야 하나 또한 역전될 필요가 있다고 본다.[27] 바디우는 베르그손의 플로티노스 역전 시도를 언급하지 않는다. 베르그손주의는 궁극적으로 잠재적인 것의 플라톤주의라는 그의 주장을 정밀하게 하기 위한 목적이 아니라면 이를 언급할 [특별한] 이유는 없는 듯 보인다. 그러나 앞으로 살펴볼 것처럼, 베르그손과 들뢰즈의 저작에 나타난 여러 가지 표지들에도 불구하고, 바디우는 그들이 시간의 사상가가 아니라 영원성(잠재로서 일자의 영원성)의 사상가라고, 또한 운동성은 궁극적으로 부동성에 근거한 것이라고 주장한다: 들뢰즈에

---

26) 『시론』(『시간과 자유의지』)에는 '진정한 자아'와 '표층적 자아' 사이의 구분이 등장하는데, 이는 플로티노스적이거나 칸트적인 것으로 보일 수 있다. 그러나 베르그손에게 '진정한 자아'는 시간 바깥에 있는 것이 아니라 지속 안에서만 생성될 수 있다는 점을 파악할 필요가 있다. 플로티노스와 근대 형이상학 간의 연관성에 대한 베르그손의 고찰로 『사유와 운동』(*La Pensée et le mouvant*)에 실린 글 「변화의 지각」을 볼 것("The Perception of Change", *The Creative Mind*, trans. M. L. Andison, Totowa: Littlefield, Adams & Co., 1965, pp. 139~142).

27) Bergson, *Mélanges*, p. 1058.

게 있어 시간의 진리와 존재는 '부동'이라는 것이다.[28]

이제 플로티노스에 대한 들뢰즈의 독해로 넘어가 보자. 플로티노스가 중요하게 언급되는 곳은 『차이와 반복』과 『철학이란 무엇인가』에서다(두 저서 모두 '응시' 개념을 다룬다).[29] 여기서의 논의와 가장 밀접하게 관련된 부분은 스피노자와 표현에 관한 1968년 저서다. 여기서 들뢰즈는 탁월성eminence의 사상가로서, 또한 어떻게 유추의 방법이 신인동형론을 피하려는 시도인지 논의하는 맥락에서 아퀴나스 역시 언급한다. 아퀴나스에서 신에게 귀속된 특질들은 신적인 실체와 유한 실체[피조물] 간 형상의 공통성을 함축하지 않으며 다만 유비類比적 관계, 비율 혹은 비례의 '적합성'congruence만을 함축한다.[30] 들뢰즈는 스피노자주의가 이 문제의 역전을 가져온다고 주장한다.

유비를 통해 나아갈 때마다 우리는 피조물들에게서 어떤 특성들을 가져와서 신에게 다의적으로 혹은 탁월한 것으로 귀속시킨다. 따라서 신은 의지, 지성, 선, 지혜 등을 갖지만, 다의적으로 혹은 탁월하게 갖게 된다. 유비는 다의성이나 탁월성 없이는 작동할 수 없으므로, 그것은 소박한 다양성만큼이나 위험한 교묘한 신인동형론을

---

28) Badiou, *Deleuze. The Clamour of Being*, p. 61.

29) Deleuze, *Difference and Repetition*, p. 75. Deleuze & Guattari, *What is Philosophy?*, trans. H. Tomlinson, London: Verso, 1994[1991], p. 212.

30) Deleuze, *Expressionism in Philosophy: Spinoza*, trans. M. Joughin, New York: Zone Books, 1992[1968], p. 46.

담고 있다.[31]

들뢰즈에 따르면 스피노자 철학의 의의는 다의성, 탁월성, 유비 개념에 대한 투쟁에 있다. 그는 '일의성의 위대한 전통'에 속한다. 이는 "존재는 동일한 '양상'으로는 아닐지라도 존재하는 모든 것들에 대해 — 무한하건 유한하건 — 동일한 의미로 서술된다"[32]는 논제다. 이는 능산적 자연(실체)과 소산적 자연(속성들) 간 차이는 있지만 둘은 전자가 후자에 관해 탁월성의 역량을 향유하는 위계적 관계에 있지 않다는 것을 의미한다. 1956년과 1966년의 베르그손주의에서 들뢰즈는 지속을 '실체이자 주체'로 간주해야 하는 필요성을 강조한다; 실제로 지속은 '능산적 자연'과, 물질은 '소산적 자연'과 비기는 것으로 묘사된다.[33] 또한, 잠재적인 것의 역량으로서 지속은 순수 내재성(분할하나 분할할 때마다 본성이 변화하는 것)이다. 베르그손

---

31) *Ibid.*

32) *Ibid.*, p. 63.

33) Deleuze, *Bergsonism*, p. 93. 이 유명한 스피노자의 구분을 베르그손은, 스스로 말하듯, 종종 '왜곡'(détourné)한다. 예를 들어 『도덕과 종교의 두 원천』(*The Two Sources of Morality and Religion*, trans. R. Ashley Audra and C. Brereton, University of Notre Dame Press, 1977), p. 58 참조. 베르그손이 철학사에 대한 강의를 정기적으로 하면서 유독 스피노자에 대해서는 항상 별도의 강의를 하면서 특별한 대우를 했다는 점은 흥미롭다. 베르그손과 스피노자의 관계가 지니는 중요한 특성에 대한 고찰은 『창조적 진화』, pp. 347~354 참조. 라이프니츠와 스피노자는 모두 '고대 형이상학의 모델에 따라 구성된 새로운 물리학을 체계화'한다고 알려진다. 또한 이들 모두에게, 특히 스피노자에게는 체계를 돌파하는 '직관의 섬광'이 있다. 베르그손의 스피노자 해석에 대한 추가 고찰로는, 스피노자에 대한 베르그손의 양면적 태도를 강조하는 S. Zac, "Les thèmes Spinozistes dans la philosophie de Bergson", *Les Études Bergsoniennes*, vol. 8, 1968과 V. Jankélévitch, *Henri Bergson*, Paris: PUF, 1959, pp. 5ff의 1장 서두 참조.

스스로도, 우리가 창조적 진화의 내재성을 사유하면서 창조된 사물들과 창조하는 사물을 생각하는 것은 사유의 오류를 범하는 것이라고 주장했다.[34] 베르그손은 또한 진화의 분기하는 발생들은 '그것들이 보여 주는 유사성' 속에서가 아니라 '상보성' 안에서 고찰되어야 한다고 주장한다.[35] 들뢰즈에 따르면 "일의성에서 본질적인 것은 존재Being가 단일하고 동일한 의미로 언명된다는 점이 아니라, 그것[존재]이 모든 개체화하는 차이들과 내적 양상들에 대해 단일하고 동일한 의미로 언명된다는 점이다".[36] 일의성의 논제는, 두 갈래 길이 있다고 보는 파르메니데스의 견해에 맞서는 것이다. 존재의 단일한 '목소리'는 오히려 그것의 갖가지 다양한, 또한 가장 분화된 양태들 모두를 포함한다.

들뢰즈의 스피노자에 대한 1968년 저작에서 핵심이 되는 장은 11장 '내재성과 표현의 역사적 요소들'이다. 여기서 자세한 내용을 살펴보기는 어렵지만 요점을 고려하기로 하자.

들뢰즈에 있어 존재의 일의성을 사유하는 데 중요한 '표현적 내재성'이라는 관념은 플라톤주의적인 의미로서의 참여 문제로 거슬러 올라간다(개체의 '영혼'All-Soul의 참여 문제에 관해서는 플로티노스의 『엔네아데스』 IV, II 참고). 플라톤 사상에는 참여의 다양한 도식들schemes 즉, '부분[일부]이 되기,' 모방하기, 심지어는 악령demon에게

---

34) Bergson, *Creative Evolution*, p. 248.

35) *Ibid.*, p. 97.

36) Deleuze, *Difference and Repetition*, p. 36.

무언가를 받기 등이 있다. 들뢰즈는 형태의 차이에도 불구하고 참여의 원리는 항상 참여하는 것의 편에서 논의된다는 점에 주목한다. 어떤 경우든 감각적인 것은 지성적인 무언가를 복제할 수밖에 없고 그러는 가운데 "이데아의 본성에 외적인 무언가가 이데아에 참여하게 할 수밖에 없다."[37] 플라톤 이후 [철학]의 과업the Postplatonic task은 이 문제를 역전하려는 노력으로 정의할 수 있다. 이는 참여의 원리를 참여하게 되는 것의 관점 안에 위치시키면 가능하다: "플로티노스는 플라톤이 참여를 하위의 측면에서 바라보았다는 점을 비판한다."[38] 플로티노스에서 참여는 폭력(외적인 힘에 의해 수반되는 것으로서, 참여하게 되는 것들이 이후에 겪게 되는)이라기보다는 '증여물'의 형태를 취한다: 말하자면, "증여, 특히나 생성적인 증여productive donation를 통한 인과성"인 것이다. 원인이자 증여물인 이것은 바로 유출이다: "참여는 참여가 주는 것을 통해서, 또 참여가 주는 것 안에서만 일어난다."[39] 플로티노스가 일자를 존재Being 이상의, 혹은 존재 너머에 있는 것으로 보는 것은 일자가 자신의 증여물 이상의 것이기 때문이다: "일자는 자신에게 속하지 않은 것을 증여한다. 혹은, 일자는 자신이 증여하는 것과 동일하지 않다."[40] 일자는 자신에게서 나온

---

37) Deleuze, *Expressionism in Philosophy: Spinoza*, p. 170.

38) *Ibid.*

39) *Ibid.*, p. 171.

40) *Ibid.* 칼 야스퍼스가 지적하듯, 플로티노스적 일자는 엄밀히 말해 사유될 수 없으며 사유의 '대상'이 아니다. 그것은 자신의 어떤 것도 내어주지 않으면서 사유를 '주는'[일으키는] 것이다. "일자를 사유하려는 모든 시도는 이중성과 다수성을 낳기 때문에"(Jaspers, *Anaximander, Heraclitus, Parmenides, Plotinus, Lao-Tzu, Nagarjuna*, ed. H. Arendt,

것들과 공통점을 가질 수가 없다. 이것이 유출의 근거가 그 결과물보다, 또한 그 결과를 증여하는 것보다 우월한, 이른바 유출의 사유이다.[41] 들뢰즈에게 이 '존재-상위의-일자'는 부정신학과, 또한 "원리 혹은 근거의 탁월성을 존중하는"[42] 유비의 방법과 불가분적이다.

들뢰즈는 스피노자주의나 베르그손주의에서 볼 수 있는 사유의 운동을 바탕으로 할 때만 '일자의 유출하는 초월성'이 일의적 존재의 표현적 내재성으로 변화할 수 있다고 본다. 존재의 일의성을 위해서는 잠재적인 것의 역량이 단일한 것이어야 한다. 플로티노스가 존재의 잠재성을 단순성으로서 사유하기는 하지만, 들뢰즈가 보기에 (야스퍼스 등 다른 주석자들과 마찬가지로) 이 역량은 유출하는(발산적인) 혹은 탁월한 것에 그친다.[43] 일자는 스스로 펼쳐지지/설명되지 않으므로 펼쳐진/설명된 것의 외부, 상위에 있다: "존재 상위의 일자

---

trans. R. Mannheim, New York: Harcourt Brace Jovanovich, 1966, p. 34), 이 일자는 숫자 1도 아니고 타자와 대조되는 어떤 하나도 아니다.

41) 최근 연구에서는 플로티노스의 이론을 스토아학파적 의미로 해석하는 '유출' 개념을 더 이상 선호하지 않고 있다. 이 창조적인 과정은 이제 [빛의] '조명'이나 '방사'의 측면에서 이해된다. Dillon, "Plotinus: An Introduction", *Plotinus: The Enneads*, Harmondsworth, Middlesex: Penguin, 1991, p. xci 참조.

42) Deleuze, *Expressionism in Philosophy: Spinoza*, p. 172.

43) 이와 같은 플로티노스 독해에 대한 최근의 지지 논변으로 Bussanich, "Plotinus's Metaphysics of the One", in L. P. Gerson, *The Cambridge Companion to Plotinus*, p. 60 참조. 여기서 그는 플로티노스에 나타난 일자의 특성에 있어 불연속적인(discrete) 것도 없지만 일의성으로의 이행은 없다는 점을 분명히 한다. "일자의 속성들로부터 그것의 산물들을 명료하게[일의적으로](univocally) 예측할 수 [없다]: 일자의 삶/생명은 지성의 삶과 [비교했을 때], 같은 의미의 삶도, 같은 정도의 삶도 아니다." 그렇다고 해서 일자의 산물들이 단순히 모호하다[다의적](equivocal)고 말할 수도 없다고 그는 지적한다. 늘 그랬듯이 플로티노스는 독자들에게 진정한 해석의 딜레마를 제시한다.

the One above Being는 만물을 잠재적으로 포함하고 있다. 그것은 펼쳐지나/설명되나 스스로를 펼치지/설명하지 않는다."[44] (여기서 '펼침/설명'은 '현실화'로 쉽게 대체될 수 있다.) 존재Being의 일의성에는 존재의 동등성이 수반되는데, 이는 "존재가 그 자체로 동등할 뿐 아니라, 그것이 모든 존재들에 동등하게 현존present하는 것처럼 보이기 때문이다."[45] 인과는 '동떨어져 있거나'remote 탁월한 것이 아니라 진정으로 내재적인 것이다: "내재성은 원인의 어떤 탁월성과도, 어떤 부정신학과도, 어떤 비유의 방법과도, 세계에 대한 어떤 위계적 관념과도 대립되는 것이다."[46] 본질의 위계가 존재의 동등함으로 대체되고 나면 참여는 완전히 긍정적인 의미로 사유해야 하는 것이 된다 ─ 탁월한 증여를 바탕으로가 아니라 존재들의 존재Being 혹은 현실적인 것들의 잠재성을 바탕으로.

바디우는 들뢰즈 사상을 일자의 사유로 묘사하면서 독자들을 놀라게 했다. 들뢰즈가 일자와 다자의 대립을 넘어서는 사유를 꾀한 것이 사실이라고 해서 잠재적 다양체를 특유한 일자로서 설명할 수 있는 가능성이 배제된 것은 아니다. 1966년 저작 전체에서 들뢰즈는 잠재적 다양체를 하나의 시간으로 상정할 것을 강조하고, 존재의 모든 정도와 단계들의 공존은 잠재적인, '오로지 잠재적'인 것이라 이를 것을 주장한다.[47] 통합unification되는 지점이 잠재적이라는 것 때

---

44) Deleuze, *Expressionism in Philosophy: Spinoza*, p. 177.

45) *Ibid.*, p. 173.

46) *Ibid.*

47) Deleuze, *Bergsonism*, p. 93.

문에 들뢰즈는 베르그손주의를 통해 잠재적인 것이 '플라톤주의자들의 일자-전체the One-Whole'와 관련된다는 인식에 다다르는 것이다: "팽창과 수축의 모든 단계들이 하나의 시간Time에 공존하며 전체를 이룬다; 그러나 이 전체Whole, 이 일자는 순수 잠재성이다."[48] (만약 이러한 전체가 수number를 갖는다면 이는 오직 잠재적으로만 그렇다.) 들뢰즈를 '잠재적인 것의 플라톤주의'라 주장하는 바디우의 독해는 그러나 여러 가지 이유에서 납득이 가지 않는다. 이는 일의성에 대한 신념commitment의 본질 혹은 잠재적인 것의 단순성을 사유하는 데 관련된 문제를 정확히 이해하지 못한 것이다. 바디우의 독해에서 현실적인 것은 잠재적인 것의 환영simulacrum에 불과한 것이 되고, 그러는 가운데 어떤 탁월한 역량의 타락한, 심지어는 소모되고 말, 표현 이상의 무엇도 아닌 것이 된다. 또한 바디우의 독해는 들뢰즈가 잠재적인 것에 대해 제시하는 다양한 설명방식들을 구분하지 못한다. 앞의 장에서 나는 베르그손에서 잠재적 전체를 설명하는 방식이 두 가지 있다고 주장한 바 있다. 첫째는 생의 충동vital impetus의 단일 잠재성의 관점에서 이해되어야 하고, 둘째는 진화의 열린 전체라는 차원에서 사유되는 것으로서, 기원이 되는 지점 혹은 최초의 추진력impulsion이 아닌 형식/형태들의 끊임없는 창출invention을 가리키는 것이다. 베르그손은 과학에서 도식적인 연구를 위해 닫힌 체계들을 분리해 낼 때 바로 이러한 의미의 전체에서 [체계들을] 추출해

---

48) *Ibid.*

내는 것이라고 한다. 잠재적 전체에 대한 후자의 개념 때문에 들뢰즈
가 『시네마 1』에서 '내재성의 면'을 기계론mechanism과 대립되는 '기
계주의'machinism로 설명하는 것이다.

일자는 절대 전체로서 주어지지 않는다는 논지를 제시한 후 바
디우는 『시네마 1』에서 전체를 2차 개념으로 설명하는 구절(열린 전
체에서는 지속이 우주에 내재하는 것으로 상정된다)을 인용한다.[49] 바
디우는 잠재적인 것의 실재가 전체로서 주어지지 않기 때문에, 실재
적인 것은 "다름 아닌 새로운 잠재성들의 영구적인 현실화로 구성
됨"[50]을 의미한다고 주장하는데 이러한 주장은 설득력이 없다. 이
는 잠재적인 것에 대한 들뢰즈의 사유를 이상하게 구성한 것이다. 이
는 베르그손의 창조적 진화라는 개념뿐 아니라, 그 개념이 들뢰즈의
1956, 1966년 저작에서 논의되었던 방식과도 배치되는 것이다. 들
뢰즈는 운동이 잠재적인 것에서 '현실적인 것들'actuals(복수複數화한
것은 들뢰즈)의 방향으로 일어나며, 이 운동은 현실화의 분기하는 선
들과 대응하는 단순 잠재성의 자기-분화self-differentiation와 관련된

---

49) 바디우의 인용문은 다음과 같다. "전체가 주어질 수 없는 이유는 그것이 열린 것(the Open)
으로서, 본성상 끊임없이 변화하거나 새로운 것을 생겨나게 하는 것, 즉 지속하는 것이
기 때문이다."(Badiou, *Deleuze. The Clamour of Being*, p. 49; Deleuze, *Cinema 1: The
Movement-Image*, trans. H. Tomlinson and B. Habberjam, London: Athlone Press, 1986,
p. 9를 인용) 끊임없는 변화에 종속되어 있으면서 그 변화의 주체이기도 한 이러한 전체는
결코 주어질 수 없다. 그러나 이것은 단순 잠재의 전체와는 다른 잠재적 전체다. 베르그손은
전체의 두 가지 개념들을 명시하고 이를 『창조적 진화』에서 사용한다(첫번째 전체에 대한 설
명으로 pp. 53~55, 87 및 257을, 두번째 전체에 대한 설명으로 pp. 10~11을 볼 것. 두 개념은 pp.
86~87에 나타나는 논의에서 만나게 된다).

50) Badiou, *Deleuze. The Clamour of Being*, p. 49.

다고 말했기 때문이다. 바디우는 잠재적인 것의 역량을 완전히 구체화reified해 버린 셈이다.

바디우가 첫번째 의미에서의 전체를 간과했다는 점이 분명 그가 어떻게, 어떤 이유에서 들뢰즈의 잠재 개념을 탁월성의 역량으로 탈바꿈하게 되었는지를 설명한다. 분명히 말하자면, 단순 잠재성은 생의 충동으로서 잠재적인 것을 가리키며, 이는 단번에 주어진다는 뜻에서(공간화된 시간[이해]) 주어지는 것이 아니라 한정된 힘으로서 주어진다는 의미에서(분리되고 분화/차이화되기 위해서는 물질과 접촉해야 한다) 주어지는 것이다. 즉, 한정된 힘으로서만 주어지지, 현실화나 분화/차이화의 측면에서 주어지는 것이 아니다. 잠재성을 '단순'하게 하는 것은 그것이 모호하고 불완전하며 비결정적인 것으로 존재하기 때문이다 ── 여기서 대조되는 것은 존재의 한 양태에서의 경향성들(융합과 상호 침투)과 다른 양태의 경향성들(와해와 분기를 통해 경향성들이 점점 더 구체화된 강조점stress과 지배적인 표현을 획득하는)이다. 열린 전체는 주어진 것이 아니라는 들뢰즈의 주장은 간과하거나 축소되어선 안 된다. 이는 1966년의 저작과 『시네마 1』에 나타난 그의 베르그손주의의 주된 특징이다. 잠재성으로서의 이 열린 전체는 자신의 현실적인 부분들 ── 서로에게 외부적인 ── 을 조합할 수 없다. 전체를 조합하고 재조합하는 것은 들뢰즈에게는 문제가 아니었는데 이는 잠재적인 것과 현실적인 것의 비대칭성 때문이다. 현실적인 것은 잠재적인 것을 닮지 않는데 이는 현실화가 유사성이나 한계짓기를 법칙으로 삼지 않기 때문이다. 따라서, 비록 들뢰즈가 잠재성을 이미지로 묘사하는 것이 이상하게 보일 수 있지만, 현실적인 것을 잠재적인 것으로부터 투사되거나 생산된 이미지로 묘사하는 것 역시 못지 않게 이상한 것이다. 이러한 [투사된 이미지라는] 설명은, [현실적인 것과 잠재적인 것의 관계가 아닌] 실재적인 것과 가능한 것과의 관계를 정의하는 방식이다. 현실화를 특징짓는 것은 [투사가 아닌] 분화/차이화의 선들이 지니는 창조성이다. "현실화되기 위해서 잠재적인 것은 제거나 제한을 통해 나아갈 수 없으며 반드시 긍정의 행위 안에서 현실화하는 자기만의 선들을 창조해야만 한다. [⋯] 실재적인 것은 자신이 실현하는 그 가능태the possible의 이미지 혹은 그와의 유사성 안에 있지만, 현실적인 것은 이와 달리 자신이 체화하는 그 잠재성을 닮아 있지 않다."[51] 들뢰즈는 현실적인 것[의 세계]야 말로 환원 불가능한 다원주의의 영역이라고 말한다. 이것이 그를 기쁨으로 벅차게 하는 다원주의라고.[52]

생명의 차이에 관한 들뢰즈의 입장

일자와 다원주의 모두(다원주의의 일자)를 지지하는 들뢰즈의 입장을 더 정확하게 설명하기 위해 베르그손의 1956년과 1966년의 논문들을 자세하고 꼼꼼하게 살펴보기로 하자. 들뢰즈의 글을 분석하기 전에 먼저 베르그손의 『창조적 진화』에 나오는 아래 구절을 생각해 보자.

---

51) Deleuze, *Bergsonism*, p. 97.
52) *Ibid.*, p. 104.

생명은 물질과 접촉할 때 충동 혹은 약동에 비교할 만하지만, 그 자체로 고려할 때는 막대한 잠재성, 즉 수천 가지 경향성들의 상호적인 침투와도 같다. 이 경향성들은 공간화되어 서로 외적인 것으로 고려될 때만 '수천 가지'가 된다. 물질과의 접촉이 이러한 분리를 규정하는 것이다. 물질은 잠재적으로 다수였던 것을 현실적으로 분할한다. 또한 이러한 의미에서 개체화는 어느 정도는 물질의 작용이고, 어느 정도는 생명 스스로의 성향이라 할 수 있다.[53]

여기서도 우리는 베르그손이 실재적인 것에 접근하는 이중적인 방식을 목격한다. 그 자체로 고려된 생명은 순수 잠재성이고, 물질과 접촉하였을 때는 분할된 잠재성이다. 위의 단락을 인용한 것은 이것이 베르그손이 생명을 잠재적 다양체로 묘사한 유일한 사례라는 이유에서라기보다, 여기에 결정을 요하는 문제가 제시되기 때문이다 ─ 비록 거기에 틀림없이 결정 불가능한 요소가 있긴 하지만. 그 문제란 뒤에서 보게 될 것처럼, 들뢰즈가 잠재적인 것에 자기-분화하는 역량을 부여한다는 점이다. 그러나 위의 인용문에서 베르그손에게 중요한 것은 '물질'인 것처럼 보인다: "물질은 잠재적으로 다수였던 것을 현실적으로 분할한다." 이것은 베르그손과 들뢰즈의 베르그손주의 사이의 근본적인 차이가 있음을 의미하는가? 이는 들뢰즈가 잠재적인 것을 단순하긴 해도 독립적인 역량으로 상정하면서 구

---

53) Bergson, *Creative Evolution*, p. 258. 인용자의 강조 및 번역 일부 수정.

체화해 버렸음을 의미하는가? 이러한 물음에 적절한 답을 하기 위해서는 들뢰즈의 [베르그손] 해석의 세부 내용을 극도로 신중히 살펴야 한다. 1956년과 1966년에 나온 글에서 들뢰즈 사유의 전개는 대단히 미묘한 차이를 동반하며 섬세하게 펼쳐진다.

1956년에 나온 글[「베르그손에서의 차이 개념」]에서 차이의 철학 —정도의 차이와 본성상의 차이 사이의 차이, 잠재적인 것과 현실적인 것 사이의 차이, 자기 분화로서 존재 자체의 차이 — 으로 이해했을 때, 베르그손주의는 두 가지 층위, 즉 방법론적 층위와 존재론적 층위에서 작동한다. 이 차이(본성상의 차이)가 무엇인지 사유하는 것이 자명하지 않은 이유는 지성의 타고난 성향이 정도의 차이라는 관점에서 사유하는 것(사물들 사이의 차이 나는 관계들을 '더'와 '덜'이라는 관점에서 설정하는 것)이기 때문이다. 여기서 주된 과제는 본성상의 차이들은 사물들이나 사물들의 상태가 아니라 경향성이라는 것을 보여 주는 것이다. 이와 같은 방법론적 문제는 직관의 방법을 통해서만 해소될 수 있으며[54] 우리가 본성상의 차이들이 존재 자체'의' 차이[존재 자체가 차이라는 것]를 가정한다는 사실을 깨달을 때 이러한 방법론적 문제는 존재론적 문제로 전환된다. 본성상의 차이들을 고려하다 보면 차이의 본성/본질을 사유하게 되는 것이다.[55] 들뢰즈에게 이 둘의 관계, 존재와 존재자들의 관계는 유출이나 유비의 관계가 아니라는 점은 분명하다. 만물은 차이의 표현이지만 반대

---

54) Deleuze, *Bergsonism*, chapter 1.
55) Deleuze, "Bergson's Conception of Difference", in *The New Bergson*, p. 42.

로 각각의 사물은 자신 고유의 내적 차이를 표현한다고 볼 수 있다. 존재'의' 차이는 존재자들의 차이들 속에 있다.

들뢰즈는 지속을 '스스로에게서 차이 나게 하는' 것으로, 물질은 반복의 영역(물질은 자신으로부터 차이 나지 않는다)으로 본다. 차이와 반복 사이의 구분은 베르그손의 『물질과 기억』이나 『창조적 진화』와 같은 저작을 통해, 들뢰즈의 「베르그손에서의 차이 개념」과 1966년 출판한 글을 통해 복잡화된다. 정신적 삶이 '수'나 '여럿됨'이 없이도 항상 '타자성'otherness을 포함한다는 점에서 본성에 있어서의 차이의 예시가 된다. 운동이 곧 질적 변화이고 그 역도 참이라면 ── 운동이 실제적 변화change를 의미하려면 변형alteration을 포함하는 것이어야 한다[56] ── 이는 지속이 자기-차이화 운동이라는 것을 뜻한다: "지속, 경향성은 자신 스스로부터의 차이다; 자신으로부터 차이 나는 것은 곧 실체와 주체의 통일성이다."[57] 따라서 지속은 실체라는 전통적인 개념에 대한 베르그손주의의 독특한unconventional 명칭이 된다. 헤겔주의의 본질적 운동이라 여겨지는 것에 대항하여 들뢰즈는 본성상의 차이가 차이 자체의 내적 논리의 본질적 측면이라고 주장한다. 이는 존재에 외적인 것이 아니다 ── 존재란 이미 자기-분화/차이화의 역량으로서 내적 차이에 의해 특징지어진 것이므로 생성되어야 하는 것 혹은 되기를 '결심해야' 하는 것이 아니다: "본성의

---

56) 『테아이테토스』(Plato, *Theaetetus*, trans. R. A. H. Waterfield, Harmondsworth, Middlesex: Penguin, 1987) 182c에서 '소크라테스' 참조.

57) Deleuze, "Bergson's Conception of Difference", p. 48.

차이 자체가 본성이 되었다. 사실은 처음부터 그러했다."[58] 이처럼 들뢰즈는 차이의 생산적인 역량을 설명하기 위해 모순이나 부정의 단계에 이를 필요가 없다는 점에서 헤겔주의적이지 않다.

베르그손의 [차이] 개념이 지니는 독창성은 내적 차이가 모순의 지점이나 타자성alterity, 혹은 부정성으로 나아가지 않으며 나아가서는 안 된다는 것을 보여 주는 데 있다. 이 세 가지 관념들은 사실 차이보다 더 심층적이지 않거나 내적 차이의 외관에 지나지 않기 때문이다. 내적 차이를 이처럼 순수한 내적 차이로 사유하는 것, 순수한 차이의 개념에 도달하는 것, 차이를 절대적인 것으로 끌어올리는 것. 그것이 베르그손의 노력이 나아가는 방향이다. […] 베르그손에서는 잠재적인 것의 개념으로 인해 사물은 처음부터, 즉시 자신으로부터 차이가 난다. 헤겔에 의하면 사물은 처음부터 자신이 아닌 모든 것으로부터 차이가 나며 따라서 차이는 모순의 지점에 이르게 된다.[59]

---

58) Ibid., p. 49.

59) Ibid., pp. 49, 53. 이것이 아마도 헤겔과 들뢰즈의 차이 ──『차이와 반복』에서 다루어지는 차이 ── 라는 주요 테마로서, 1956년의 베르그손에 대한 글에서뿐 아니라 장 이폴리트의 『논리와 존재』(Logic and Existence)에 대한 1954년의 서평에서도 나타난다: "모순은 차이에 미치지 못하는 것이지 그 이상의 것이 아니라는 점에서, 우리는 모순에 이르지 않아도 되는 차이의 존재론을 구성할 수 있지 않겠는가? 모순 자체는 차이의 현상학적, 인류학적 측면일 뿐이지 않은가?" 들뢰즈의 서평은 이폴리트 책의 영문판에 부록으로 포함되어 있다. Jean Hyppolite, Logic and Existence, trans. L. Lawlor & A. Sen, New York: SUNY Press, 1997, pp. 191~195.

이제 우리는 들뢰즈의 베르그손주의에 있어 가장 심층적인 논의에 다다랐다. 이 심연의 깊이가 반드시 탁하거나 어두움을 의미하지는 않으니 함께 헤엄쳐 보기로 하자. 잠재적인 것을 어떻게 사유해야 하며 존재의 이러한 본원적originary 차이를 어떻게 이해할 것인가? 들뢰즈는 생명의 철학을 통해서라고 대답한다.

"생명은 차이의 과정이다."[60] 들뢰즈는 단순히 발생학에서의 분화differentiations만이 아니라 종의 발생the production of species과 같은 진화 과정의 차이들을 말하는 것이다. "다윈으로 인해 우리는 진화 관념 안에서 차이와 생명의 문제들을 알아볼 수 있게 되었다. 비록 다윈 자신은 생기적 차이vital difference에 대한 그릇된 개념을 가지고 있었지만 말이다."[61] 생기적 차이는 단순한 규정이라기보다는 미규정에 가깝다. 들뢰즈에서 차이는 결정적인 [개념인]데 이는 현존하는/생명의 형태들living forms의 예측 불가능한 특성을 인식하는 것만으로도 진화의 진정한 본질을 구성하는 것이 가능하기 때문이다. 즉, 생의 약동élan vital은 규정이 아닌 분화/차이화라는 것이다. 생명이 단순히 어떤 존속하는 외부성 —— [자연]선택이라는 외적 메커니즘 —— 의 결과가 아니라면, 그것은 자기-분화/차이화로 이해할 수밖에 없다. 이 지점에서 우리는 [앞에서 살펴본] 베르그손의 『창조적 진화』 인용문, 즉 물질이 잠재적으로 다양체인 것을 현실적으로 나누는 것이라는 구절을 되짚어 볼 수 있겠다.

---

60) Deleuze, "Bergson's Conception of Difference", p. 50.
61) Ibid.

들뢰즈가 창조적 진화 과정에서 물질의 역할을 모르는 것은 아니다. 실제로 들뢰즈는, 경향성들의 잠재적 다양성과 물질성의 현실화 사이의 관계의 정확한 본질을 명쾌하거나 분명하게 드러내지 않는 베르그손의 텍스트에 대한 하나의 해석을 제시하고 있다. 앞에서 본 인용구에서는 잠재적인 것을 현실적으로 만드는 것이 물질인 것처럼 보인다. 이는 마치 분화/차이화를 생명이 물질에서 대면하는 저항의 결과로, 무엇보다도 "생명 스스로가 지니는 내적 폭발력에서 비롯되는"[62] 것으로 받아들이는 들뢰즈와 대조되는 듯 보인다. 진화하는 생명의 미규정성은 따라서 생명에 있어 우연이 아닌 필연적인 특성인 것이다. 필연적 미규정성에 대한 이러한 강조를 진화에 내재하는 우연성의 막대한 역할에 대한 베르그손의 강조와 어떻게 조화시킬 것인가? 베르그손은 엄밀히 말해 생명의 진화는 "하나의 개체 안에서 수천 년의 세월에 걸쳐 일어나는 일련의 변형을 통해" 혹은 여러 개체들이 단선적인 계열을 따라 서로 계승하면서 발생하는 것으로 이해할 수 있다고 적고 있다. 둘 중 어느 편이건 진화는 하나의 차원에서만 일어났을 것이다.[63] 그러나 실제로 우리는 진화가 수백만의 개체가 여러 분기선에 걸쳐 일어난 것임을 알고 있다. 이와 같이 분기하는 다양성divergency을 온전히 우연한 것이라 할 수 있을까? 베르그손의 진화 개념에 따르면 우발적인 항목들은 진화에 있어 상당 부분을 차지한다. 그 예시로 새로 생겨난invented 생명의 형태

---

62) Ibid., p. 51. Deleuze, *Bergsonism*, p. 94와 비교.
63) Bergson, *Creative Evolution*, p. 53.

들, '원시적 경향성'이 (특정 공간과 시간에서 맞닥뜨린 장애물에 대응하여) 분기하는 선들을 만들어 내는 보완적 경향성들로 분리[되는 과정], 또한 그것[분리]을 특징짓는 [환경에 대한] 적응[양태들], 제동[장치]들, '후퇴'[양상]들 등이 있다. 진화를 위해서 필요한 것은 두 가지뿐이다. (a) 에너지의 점진적 축적, (b) 이 에너지의 다양하고 규정 불가능한 방향으로의 유연한 유도canalization. 이 두 가지 조건은 지구상에서 특정한 방식으로 충족되어 오긴 했지만, "생명이 탄산[가스]의 탄소를 주된 것으로 선택한 것이 필연적인 것은 아니었다".[64] 따라서 우리는 다른 화학적 물질에 기반한 생명을 상상할 수 있다. 비록 '충동'impulsion은 동일하더라도 그것이 특정한 물리적 조건을 지닌 지구상에서와 매우 다른 방식으로 분할하는 것을 우리는 쉽게 생각할 수 있는 것이다.[65]

베르그손과 차이에 관한 1956년의 에세이에서 들뢰즈는 다음과 같이 쓰고 있다: "자기 분화/차이화는 하나의 잠재성이 스스로를 현실화하는 운동이다."[66] 1966년의 글에서 분화/차이화는 현실화로서 일어난다고 묘사되는데 이는 분화/차이화가 어떤 잠재적인 것의 통일성과 '원시적 총체성'을 전제로 하기 때문이다. 여기서 잠재적인 것은 분화의 선들을 따라 분리되었으나 "각각의 선에 존속하는 통일성과 총체성"[67]을 여전히 드러낸다. 예컨대 생명은 식물과 동물로

64) *Ibid.*, p. 255.
65) *Ibid.*, p. 257.
66) Deleuze, "Bergson's Conception of Difference", p. 51.
67) Deleuze, *Bergsonism*, p. 95.

분리되도록 생성되고, 동물은 본능instinct과 지성으로 나뉘도록 생성되지만 분리되는 두 항 모두 "전체를 지닌다".[68] 들뢰즈는 이러한 전체의 존속을 '수반되는 성운물질'accompanying nebulosity에 비유하고, 지성 안에 있는 본능의 '후광', 본능 안에 있는 지성의 '성운', 그리고 식물들 안에 있는 동물적인 것의 '기운'hint 등을 논한다. 후광이나 성운 등 모호한 표현은 제외하고 본다면, 이러한 설명이 보여 주는 것은 잠재성을 통해 설명할 필요가 없는 생명의 실제/현실적 다양성이 아닌가? 바디우가 질문하듯, 잠재성이 목적론을 대체하는 것이 "과연 더 낫다"고 할 수 있을까?[69]

베르그손의 창조적 진화 개념에 따르면 생명은 분할 불가능하고 독특한 역사적 연속성(분기와 이질성을 허락하는 것 이상의)이라는 측면을 고려하지 않고는 적절하게 이해할 수 없다. 또한 '생의 약동'에 대한 들뢰즈의 논점은 점검할 필요가 있다. 진화가 우연들, 실패들과 제동들로 어지럽혀져 있긴 하지만, 생의 충동과 생명을 향한 추동력impulsion 자체가 완전히 우연적인 것이라고 말하는 것은 무척 이상하게 들릴 것이다. 이는 외재성, 즉 외적 인과율에 모든 것을 맡기는 셈이기 때문이다. 베르그손 자신이 말하듯, 충동 [자체]는 생명의 조건들이 어떠하건 생의 충동으로 변함없이 유지될 것이다. 창조적 진화 개념에서는 우발적인 것과 그렇지 않은 것이 무엇인지 규

---

68) *Ibid*. 그리고 Bergson, *Creative Evolution*, p. 106 참조. "생명의 발현 가운데 미발달 상태에 — 잠복하거나 잠재적인(potential) 방식으로 — 다른 대부분의 발현들이 지니는 본질적인 특성을 포함하지 않는 것은 없다."

69) Badiou, *Deleuze. The Clamour of Being*, p. 53.

정하는 것이 관건이다. 충동은 우발적이지 않고 분리dissociation 또한 그렇지 않은 것 같다; 우발적인 것은 실제 역사적인 진화 안에서 이러한 분리가 취하는 특정한 형태와 이에 따라 발생하는 분기divergency의 종류다. 베르그손은 생명의 '원시적 경향성'을 스스로 분기적 선들로 분리하는 것으로 설명하는데 여기서 분기선들은 발산하면서도 상호보완적인 것으로 파악해야 한다(분기선들은 단일한 잠재적 전체가 분리되면서 나온 산물이기 때문에). 게다가 우리가 생명의 식물계와 동물계로의 '거대한 분리'great scission, 또한 생명의 이러한 두 형태가 에너지를 사용하고 변형하고자 했던 방식을 생각해보면, 생명이 이러한 두 주된 형식들로 진화한 것이 단순히 "외부적 개입"의 결과가 아니라 "본래적 충동original impetus에 관여한 경향성 [자체]의 이원성의 결과이며 이러한 충동에 대한 물질의 저항의 결과"임을 알 수 있다고 베르그손은 말한다.[70] 그렇다면 원시적 경향성에 이미 이원성이 들어 있었고, 이 [식물계와 동물계로의] 분리에 뒤따르는 더 많은 이원성이 있었던 것이다. 이와 같은 주장들은 우발성의 역할을 부여할 필요를 부정한다기보다, 어떻게 더 정확히 설정할지를 명시한다. 진화의 우발적 특성은 들뢰즈 역시 지지한다. "비결정성/미규정성, 예측 불가능성, 우발성, 자유는 언제나 원인들과의 관계에서 독립성을 뜻한다. 베르그손이 생의 약동에 수많은 우발성들을 부여하는 것은 바로 이러한 의미에서다."[71]

---

70) Bergson, *Creative Evolution*, p. 254.

71) Deleuze, "Bergson's Conception of Difference", p. 62.

만약 어떤 행성의 화학-물리적 조건들이 지구와 다르고 그 조건들의 일관성이 생명을 발생시키기에 충분하다면 우리는 [거기서] 어떤 생명의 형식과 선들이 진화할지를 선-경험적으로*a priori* 알 수 없다. 우리가 알 수 있는 것은 최초의 추동력impulsion, 즉 (연합, 개체화 등의) 경향성에 있어 이원성, 심지어는 다수성[다양체]multiplicity으로 특징지어진 충동은 동일할 것이라는 점이라고 베르그손은 말한다. 여기서 문제(잠재성의 문제이기도 한)는, 생명의 충동을 어떤 실제 진화 이전에 논의하는 지점, 또한 물리-화학적인 것과 생기적인 것the vital의 분리를 가정하는 지점이다. 이는 우리가 본능instinct과 지성과 같은 경향성, 또한 식물적/동물적 생명의 형태들에 나타나는 경향성들을 특정한 식물들과 동물들의 실제적 출현 이전에 이해하려 할 때 직면하는 것과 동일한 문제다.[72] 그럼에도 불구하고, 앞으로 보게 될 것처럼 이는 바로 들뢰즈의 차이의 철학이 이루려는 바이다: 최초에 있는 것은 존재의 차이나 생명의 차이이며[73] 오로지 잠재성과 같은 개념 ── 상호 침투하는 경향성들의 주름 접힌 다수성을 강조하는 ── 만이 이를 명시할 수 있다.

잠재적 생명에 대한 이러한 사유에서 발생하는 문제들은 아마도 우리 스스로 만들어 낸 문제들, 즉 우리에게 특유한 지성적 습관

---

72) Bergson, *Creative Evolution*, pp. 135~136 참고.

73) 들뢰즈의 사유를 묘사하는 데 있어 우리는 바디우처럼 존재와 생명 사이에서 갈팡질팡한다. 바디우의 놀라운 글 「존재의 이름으로서 생명, 혹은 들뢰즈의 생기론적 존재론에 관하여」("Of Life as a Name of Being, or Deleuze's Vitalist Ontology", trans. A. Toscano, *Pli: The Warwick Journal of Philosophy* 10, 2000, pp. 174~191)를 볼 것.

들의 결과일지 모른다. 이 습관들이란 잠재적인 것을, 또한 잠재적인 것과 그 현실화 사이의 관계를 시간이 아닌 공간적으로 사유하는 것이다. 우리가 이러한 습관들을 사용할 때만 잠재적인 것이 구체화된다reified. 3장에서 지적했듯, 잠재적인 것을 공간이 아닌 시간의 문제로 사유하는 것은 극도로 어렵다. 베르그손은 '분할'division이 생명을 특징짓는다고 주장하는데 이는 외양에 있어 분리만을 뜻하는 것이 아니다. 물질은 이러한 분리를 수행하는 데 중대한 역할을 한다.[74]

막다른 지점에 이른 경로들을 따라 뻗어 가는 진화의 주된 선들[대계大系]the great lines of evolution의 방향성을 연구함으로써 우리는 생명의 충동에 대한 추측과 가설을 세울 수 있다. 이 [충동]은, 예컨대 본능과 지성이 "동물 진화의 두 주된 계통들의 말단에서 정점에 달하는"[75] 것처럼, [진화의] 주된 선[계통]들의 핵심적 특성들을 '상호적 함축reciprocal implication 상태'로 지니는 데서 시작된다. 이와 같은 경향성들은 추상적으로 통합되는 것이 아니라 '처음부터' 주어진 것으로서, 또한 '단일한 실재'의 상호 침투하는 국면들interpenetrating aspects로 이해된다. 즉, 이 경향성들은 실제 진화의 상태로서가 아니라 그것의 단일 잠재성으로서 주어지는 것이다. 우리가 **창조적 진화**의 개념을 진지하게 고려하면 경향성들은 다른 어떤 방식으로도 '주어질' 수 없는데, 창조적 진화 개념 안에서 '지속은 발명이 아니라면 아무것도 아닌 것'이며, 머뭇거림과 비결정성indetermination을 그 궁

---

74) Bergson, *The Two Sources of Morality and Religion*, p. 114.

75) *Ibid.*, p. 115.

정적인 특성들로 삼기 때문이다. 우리가 '본래적 경향성' 가운데 무엇을 택해 고려하건 그 실제적인 '내용'을 논하기 어려운 것은 거기서 무엇이 나올지 미리 알 수 없기 때문이다.[76] 베르그손은 진화의 계통선lines을 따라 '불연속적인 도약들'을 통해 나타날 실제적인 형태들을 예측하는 것은 불가능하다고 주장한다.[77] 실제/현실성과 물질성이 수반하는 불연속성에 대한 이보다 더 분명한 긍정은 찾기 힘들다. 마지막 저작인 이 책[『도덕과 종교의 두 원천』]의 후반부에서 베르그손은 경향성들이 물질화/실현되는 것은 이분화dichotomy의 과정을 통해서라고 주장한다. 즉 우리가 '미분할된 원시적 경향성'을 가정할 수 있다 해도, 이 경향성을 구체화하지 않고 실제로 일어난 분리들과 독립적으로 고려하지 않으면 안 된다: "하나의 동일한 경향성에 대한 두 가지 사진적 관점two photographic views들을 그저 분화함으로써 물질화/실현되도록 하는 법칙을 우리는 이분화의 법칙이라 부를 것이다."[78] 베르그손은 마치 쇼펜하우어처럼, 생의 충동의 '이미지'가 지니는 다양한 측면들을 무시하는 것은 '생의 의지'와 같은 '텅 빈 개념'만 남기는 것, 또한 '형이상학의 무익한 이론'을 제시하는 것과 같다고 주장한다. 이어지는 장에서 우리는 이와 같은 사유의 이미지의 본질을 살펴볼 것이다.

베르그손이 물활론자가 아닌 근본적인 이유는 그가 다양한 경

---

76) *Ibid.*, p. 297.
77) *Ibid.*
78) *Ibid.*, p. 296.

향성들로 이해되는 생명과 물질 사이의 구분을 고수하기 때문이다. 물질은 이완을 허용하기에 '일정한 탄력성'을 드러내고 이 탄력성으로 인해 관성적, 기하학적, 결정론적 경향성이 완결 없이 지속된다.[79] 베르그손은 '물질의 생성'이라는 것이 있다고 주장한다.[80] 지속은 최고로 수축된 물질이며 물질은 최대로 팽창한 지속이다.[81] 이렇게 보면 동질적 양과 이질적 질 사이의 이원성은 없으며 하나에서 다른 하나로의 연속적 움직임만 있을 뿐이다: "질은 수축된 양에 다름 아니다."[82] 물질은 우리의 표상의 결과로서만 기하학적인 것이 아니라, 하나의 경향성으로서 이 특성을 지닌다(이 때문에 베르그손이 물질과 지성이라는 이중의 기원을 강조하는 것이다).

1956년에 나온 글에서 들뢰즈는 생명/삶의 생기적vital 경향의 잠재성이 "자신을 분리하면서 실현/실재화하는 방식으로 존재한다"고 주장한다.[83] 들뢰즈는 따라서 생기적 경향성이 분기하는 선들로 분리되는 것이 우발적인 것이 아니라고 주장하는 듯하다. 아마도 이를 통해 우리는 어떻게 잠재적인 것이 "스스로에게서 차이 나는 것"(강조는 인용자)이라 할 수 있는지에 대한 물음을 다룰 수 있을 것이다. 유일하게 가능한 답변은 그것이 스스로를 실현/실재화하고,

---

79) H. Bergson, *Mind-Energy*, trans. H. Wildon Carr, New York: Henry Holt, 1920, pp. 17~18.
80) Bergson, *Creative Evolution*, p. 273.
81) Deleuze, *Bergsonism*, p. 93.
82) *Ibid.*, pp. 74, 86도 참고.
83) Deleuze, "Bergson's Conception of Difference", p. 51.

자신의 존속과 지속 가운데에서 자신이 아닌 다른 어떤 것이 됨으로써 자신을 실현/실재화하기 때문이라는 것이다. 현실화의 운동으로서 진화는 잠재적인 것이 현실화되는 것이지, 이미 형성되거나 완전히 형성된 현실이 단지 물리적으로 분출하는 것이 아니다. 그러나 우리는 이 단일성의 특성이란 무엇인가를 물어볼 필요가 있다. 이는 사실상 같은 종류의 문제다: 자기-분화/차이화는 단순 잠재성의 필연적인 특성이다; 이 단순성은 미완적, 비결정적 특성들의 수준에서 작동한다는 사실, 또한 실제 생명의 종들은 존재하고 소멸하며 진화하지만 그 종들이 내포된 경향성들은 존속하며 생명의 새로운 형태와 동식물의 새로운 종들을 통해 지속적으로 표현된다.

잠재적인 것은 "절대적으로 긍정[실증]적인positive 존재 양태"[84]를 규정한다. 사물들은 이 단순한 역량의 긍정성을 통해 ('처음'부터, 그리고 '즉시/직접적으로') 차이화/분화하며 자신들로부터 차이화/분화한다. 이는 나누어지고 분기하며, 부정과 지양의 논리를 따르지 않는 것이 경향성들의 단순성이기 때문이다. 부정과 지양의 논리에 따르면 경향성들은 위계적 발달(식물과 동물, 동물과 인간 간 부정과 지양의 관계들, 혹은 생장에서 본능, 이성으로의 단선적 발달)로 이해된다. 하나의 항이 다른 항으로 부정되었다고 할 때, 사실상 있는 것은 오로지 "두 가지 항을 모두 포섭하는 어떤 잠재성의 긍정적 실재화"뿐이다.[85] 앞에서 본 것처럼 지속은 스스로에게서 차이 나는 것이라고

---

84) Ibid., p. 55.
85) Ibid., p. 53.

정의된다. 들뢰즈는 만약 이것이 사실이라면 "지속이 그로부터 차이나는 그것" 역시 지속이라는 점을 덧붙인다. 따라서 지속은 스스로로부터의 그 차이 안에 존속하는데 이는 지속과 차이 나는 그것 역시 지속이기 때문이다. 잠재적인 것에 대해서도 이와 같이 말할 수 있을까? 들뢰즈는 잠재적인 것을 지속과 동일한 방식으로, 즉 스스로에게서 차이 나는 것이라고 서술한다. 차이화/분화Differentiation는 잠재적인 것의 스스로와의 관계에서 본질적 차이의 표현이다. "스스로를 차이화/분화하는 것은 먼저 스스로와 차이 나는 것, 즉 잠재적인 것이다. 차이화/분화는 개념이 아니라 개념 안에서 자신의 이유를 발견하는 사물들의 생산이다."[86]

잠재적인 것을 사유하려 할 때 마주하는 문제들은 그것을 지속과 연관시키면 해결된다.[87] "차이의 순수한 개념"[88]으로서 잠재적인 것은 존재being의 모든 정도, 뉘앙스와, 층위의 공존을 수반한다. 잠재적인 것이 지속에 내포되면 그것은 존재existence의 긍정적인 양태로 논의될 수밖에 없다. "지속이 잠재적인 것"[89]이라면, 이는 지속이

---

86) Ibid., p. 54.

87) 이러한 문제들은 베르그손과 함께 사유하려는 시도에 있어 필수적인 부분이라 하겠다. 예를 들어, 메이의 글("The Reality of Matter in the Metaphysics of Bergson", *International Philosophical Quarterly* 10: 4, 1970, pp. 611~642, 특히 pp. 631~635)에 나타나는 지적 노고는 감탄할 만하다. "[…] 근원적 충동 혹은 약동(*élan*)은 그것이 생성하는 실재나 운동에 대해 초월적인 동시에 내재적이다."(p. 633) 또한, "약동은 상호 침투하는 잠재성들로서의 의식과 물질을 모두 포함하고 있으며, 그것의 현실화 과정에서 그 자신이 아닌 다른 어떤 것을 발생시키는 가운데 두 가지 모두를 발생시킨다."(p. 634)

88) Deleuze, "Bergson's Conception of Difference", p. 55.

89) Ibid.

다양하게 표현되고 분절될 수 있음을 의미한다. '심리적인' 것은 지속의 이러한 분절 혹은 정도 가운데 하나일 것이다. 들뢰즈는 잠재적인 것을 '비-활성적인' 것의 양태라고 정의하는데, 이는 스스로를 차이화/분화하는 가운데 자신이기를 멈추면서도 "자기 근원의 어떤 것을 간직한다"는 의미다.[90] 따라서 잠재적인 것은 존재being의 특이한 양상을 띤다; 잠재적인 것은 근원적 동일성 혹은 단순 전체성(상호 침투라는 강도적 상태 안에서)이면서도 다른 한편으로 끊임없이 스스로를 분할하면서 자신을 생성하는 것이다. '~임/있음'*what is*의 양태로서 잠재적인 것은 존재와 생성(혹은 들뢰즈가 말하듯, 실체와 주체)의 단일성unity이다.

1968년에 나온 들뢰즈의 스피노자 연구가 혁신적이었던 것은, 그가 표현 개념에 주목했다는 점과 스피노자에 유출론적 사유의 흔적이 있기는 하지만 유출 개념은 표현론을 이해하는 데 도움이 되지 않는다는 걸 보여 준 점이다(이 지점에서 들뢰즈는 스피노자의 실체를 동양적 유출[론적 사고]의 한 형태로 보는 헤겔과 결별한다). 이것이 들뢰즈에게 결정적인 것으로 드러나는 내재성으로의 이행이다. 표현은 상반되는 것으로 해석되는 두 용어, 밖-주름운동(펼침)explication과 안-주름운동(접힘)implication으로 구분된다. 표현은 일자the One가 다자the Many 안에서(실체가 속성들 안에서, 속성들이 양태들 안에서) 자신을 표현하는 일종의 펼침이라는 점에서 밖-주름운동이

---

90) Ibid.

다. 일자는 자신을 표현하는 것과 연계되며 자신을 드러내는 것 안에 내재한다는 점에서 우리는 진화를 이야기하는 동시에 퇴행/포함involution을 논할 수 있겠다.[91] 표현론과 관련해 중요한 지점은 일자가 숫자를 의미하는 것이 아니라는 점이다. 들뢰즈에게서 수적인 구분은 결코 진정한 구분이 아니며, 진정한 구분은 결코 수적이지 않다. 따라서 스피노자의 실체 개념은 숫자 1과도, 무한과도 동일하게 볼 수 없다. 스피노자에 대한 급진적 독해는 베르그손주의에서 영감을 받은 것이라 할 수 있을 텐데, 이것이 사실상 들뢰즈가 주요 저작에서 수행하는 작업이다. 마이클 하트가 들뢰즈에 관해 말하듯: "그는 신 존재 증명과 실체의 특이성을 차이의 긍정적 본질과 존재의 진정한 토대에 대한 집중적인 성찰로서 제시한다."[92] 베르그손과 스피노자 모두에서 강조되는 것은 내적 인과성과 존재의 내재적 생산이 우선시되는, 차이의 철학이다. 수는 이러한 실체의 본성을 지닐 수 없는데 그 이유는 그것이 한계를 수반하고 외적 원인에 의존하기 때문이다. 들뢰즈의 베르그손주의와 두 다양체들에 대한 집착이 그의 전반적인 스피노자 독해와 유출이 아닌 표현론으로서 스피노자주의의 옹호로 이어졌다고 볼 수 있겠다.

잠재적인 것을 단일한 역량으로 보는 것과 탁월한 역량으로 보는 것의 차이를 이해하는 것은 필수적인 일이다. 들뢰즈의 잠재성을

---

91) Deleuze, *Expressionism in Philosophy: Spinoza*, p. 16.
92) M. Hardt, *Gilles Deleuze: An Apprenticeship in Philosophy*, London: UCL Press, 1993, p. 60.

탁월한 것으로 보면 현저히 다른 두 과정들 사이의 구분, 즉 '가능한 것과 실재적인 것'(초기적인 형태로 이미 존재하는 어떤 것에 현실적 존재가 추가되는)과, 진정한 의미의 창발성invention과 생산이 있는 '잠재적인 것과 현실적인 것' 사이의 구분이 사라지고 창조적 진화의 사유는 전성설preformism과 다를 바 없는 것이 되고 만다.

결론

들뢰즈는 "철학을 한다는 것은 바로 차이로부터 출발한다는 것을 뜻한다"[93]고 말한다. 이는 진정 급진적인 차이의 철학이다. 차이는 존재Being 자체의 차이로서 '처음부터' 있는 것이다. 게다가 이 차이는 그 근원적 실재에 있어 존재하는 것들의 차이들을 수반한다. 후자의 차이들은 단순하고 긍정적인 잠재성 안에 내포된 내적 차이들이다. 잠재적인 것은 이 차이들 안에 여전히 남아 있지만, 동시에 이 차이들은 자신만의 독특한 차이들을 만들어 내기도 한다.

　들뢰즈는 베르그손의 [철학적] 기획을 차이의 급진적인 철학으로 탈바꿈했을 뿐 아니라 창조적 진화의 개념을 존재론적인 것으로 만들었다. 이는 들뢰즈가 『물질과 기억』과 『창조적 진화』 사이의 '엄밀한' 연관성을 수립하는 방식에서 드러난다.[94] 또한 분화/차이화의 선들이 '진정 창조적'이지만, 그 선들이 창조하는 물리적, 생기적, 정

---

93) Deleuze, "Bergson's Conception of Difference", p. 62.
94) Deleuze, *Bergsonism*, p. 100.

신적psychical 삶의 형태들은 잠재적인 것의 다양한 존재론적 층위들의 체화/구현embodiments에 해당한다. 물질과 지속은 이완과 수축의 층위들의 양 극단이다. 이는 잠재적 기억의 원뿔로 설명되는 생명의 관념을 도입한다. 들뢰즈는 『차이와 반복』에서, "『물질과 기억』과 『창조적 진화』를 연결하는 베르그손적 도식"은,

> 거대한 기억, '원뿔'[베르그손의 기억 도식]의 모든 구역들의 잠재적 공존으로 형성된 다양체에 관한 설명에서 비롯된다. 여기서 각각의 구역들은 다른 모든 구역들의 반복이며, 특이점들의 분배와 관계의 질서라는 측면에서만 서로 구분된다.[95]

잠재적인 것이 특유한 실재성을 지닌다면, 즉 "우주 전체로 확장될 수 있는" 실재라면, 이는 끊임없이 공존하는 확장과 수축의 모든 정도들로 구성된 실재이기 때문이다. 차이 나는 것, 또 차이 나는 것으로 남아 있어야 하는 것은 층위의 차이들(수축의 특이점들 등등)이다. 존재의 층위와 정도들은,

> 하나의 단일한 시간Time에 속하고, 하나의 통일성a Unity 안에 공존하며, 하나의 단순성a Simplicity으로 둘러싸여 있다. 이것들은 그 자체로 잠재적인 하나의 전체a Whole의 잠재적potential 부분들을 형

---

95) Deleuze, *Difference and Repetition*, p. 212.

성하며, 이들이 잠재의 실재다. 이것이 바로 베르그손주의에 처음부터 영감을 준 잠재적 다양체 이론이 의미하는 바다.[96]

우리는 실재적인 것과 그 분절들을 두 가지 주요한 층위들에서 동시에 접근해야 한다. 분기하는 분화/차이화의 선들의 관점에서는 공존하는 전체란 더 이상 없고 연속적이고 동시적인 현실화의 선들만 있을 뿐이다. 그러나, 각각의 선들은 잠재적인 전체 안에 공존하는 정도들 가운데 하나와 대응하는 것이라 할 수 있다. 물론, 층위들과 정도들의 공존을 상정할 수 있는 것은 잠재적인 것의 층위에서만 그렇다. 각각의 선들은 "특정한 관점에서, 특정한 시점에서"[97] 전체의 무언가를 보유하고 있다. 여기서 창조성의 역할을 간과해서는 안 된다. 분화/차이화의 선들은 잠재적인 것의 층위들 혹은 정도들을 단순히 따라가며 "단순한 유사성을 통해 그것들을 재생산하는 것"[98]이 아니다.

들뢰즈의 사유에서 잠재적인 것이 존재Being의 주된 명칭이라는 점에서 우리는 바디우에 동의할 수 있지만, 이 잠재성을 유출이나 탁월성으로 사유하지 않는 것의 중요성은 강조하고 싶다. 필자가 보기에 바디우는 이러한 오류를 범하고 있는 것 같다. 명목상 짝을 이루는 잠재적인 것과 현실적인 것의 개념들이 "일의적 존재의 도입

---

96) *Ibid.*
97) Deleuze, *Bergsonism*, p. 101.
98) *Ibid.*

을 무산시킨다"[99]는 바디우의 지적은 옳다. 두 개의 이름이 요청되는 것은 "[잠재적인 것과 현실적인 것이라는] 짝 개념이 나타내는 존재론적 일의성을 시험하기 위해서인데, 일의성은 둘 중 하나의 이름에서 기인한다".[100] 다시 말해, 바디우의 독해에 의하면 실재적인 것은 "그것의 잠재성의 작용"[101] 외에 다름 아닌 것이다. 바디우는 들뢰즈에서 일자가 새롭게 사유되는 방식의 중요성을 볼 수 있게 하는 데 성공했다. 그가 간과한 것은 다원주의에 대한 [들뢰즈의] 강한 신념commitment이다. 바디우는 들뢰즈의 다원주의를 단순히 경시할 뿐아니라 그것을 이해하지 못하는데, 이는 들뢰즈 사유에서 잠재적인 것의 지위를 파악하고 특출성의 역량으로 변형한 방식으로 인해 그러하다(다원주의는 현실적인 것의 일의성을 바탕으로 할 때 비일관적일 수밖에 없다). 우리는 바디우에게 동의한다: 들뢰즈는 일자의 철학자다. 그러나 들뢰즈는 또한 다원주의자이며 [그러기에] 탁월한 자격을 갖추었다. 들뢰즈를 잠재적인 것의 플라톤주의자라고 평하기를 적극적으로 망설이는 데는 타당한 이유가 있는 것이다.

---

99) A. Badiou, *Deleuze. The Clamour of Being*, p. 43.
100) *Ibid.*
101) *Ibid.*

5장 사유의 이미지로서 생의 약동
: 목적성에 대한 베르그손과 칸트의 입장

우리가 정의하는 바에 따르면 철학은 아직 자신을 완전히 의식하지 못했다. 물리학은 물질을 공간성 쪽으로 밀어붙일 때 자신의 역할을 이해한다; 그러나 형이상학은 단순히 물리학의 궤적을 밟으며, 동일한 방향에서 더 멀리 나갈 수 있다는 터무니없는 희망으로 자신의 역할을 이해했는가? 형이상학의 임무는 오히려 물리학이 내려가고 있는 오르막을 다시 오르고, 물질을 그 기원으로 되돌리며, 일종의 역-심리학이 될 우주론을 점진적으로 구축하는 것이어야 하지 않겠는가? (베르그손, 『창조적 진화』, 1983, p. 208)

생명에 관한 과학[학문들]은 그것이 발전하면 할수록 자연의 심장[중심부]으로 사유를 재통합할 필요성을 더 많이 느끼게 될 것이다. (베르그손, 『창조적 정신』, 1965, p. 238)[1]

---

1) [옮긴이] 원제는 *La pensée et le mouvant*(사유와 운동). 영역판은 *The Creative Mind*라는 제목으로 출간되었다.

생의 약동을 가설적 측면에서 살펴보는 하나의 방법으로서, 베르그손의 사유를 목적론적 판단에 대한 칸트의 비판이라는 맥락에서 보기로 하자. 칸트는 목적성을 특유한 판단, 반성적 판단으로 규정하고, 지식의 규제적 특성이 이러한 종류의 판단을 바탕으로 하는 것이라는 점을 강조한다. 여기서 우리는 베르그손이 칸트와 유사한 부분이 있지만 핵심적인 측면에서 그의 입장은 칸트적이지 않다는 것을 보여 주려 한다.

서론

1798년 9월 크리스티안 가르베Christian Garve에게 보낸 편지에서 칸트는 그의 비판의 기원이 순수이성의 이율배반, 즉 이성이 감각과 오성[지성]understanding의 한계를 넘어설 때, 그리고 이성이 적절하게 처리할 능력이 없어 여러 가지 모순들이 발생하는 문제들에 대해 자유로운 사변 활동을 할 때 생기는 이율배반에 대한 고찰에 있다고 밝혔다. 예컨대 [다음의 대립하는 두 명제가 있다:] "세계는 시간상 시작점을 갖는다; 세계는 시간상 시작점을 갖지 않는다." 또한, "인간에게는 완전한 자유가 있다"는 "모든 것이 자연적 필연성에 따라 작동하기 때문에 자유는 없다"라는 반대이자 대항하는 주장과 대립한다. 베르그손은 칸트의 철학이 이러한 이율배반에 의해 '살고 죽는다'고 주장한다.[2] 이러한 [이율배반적] 용어 바깥에서 사유하는 것이 가능하지만 그러기 위해서는 사유의 가능성들을 열어야 한다는 것이다. 이율배반은 시간을 공간의 관점에서 생각할 때만 정신을 옭아매기 때문에, 일단 우리가 지속의 관점에서 생각할 수 있게 되면 이율배반은 해소된다고 베르그손은 주장한다.[3] 이율배반의 정립과 반정립은 '물질과 기하학적 공간의 완벽한 일치'를 가정하므로, 그것들은 "우리가 순수 공간에서만 참인 것을 물질에다 확장하여 적용하는 것을 멈추면", 즉 서로 절대적으로 외부적인 부분들이 아닌 다른 측면에

---

2) 베르그손은 칸트의 세 비판서 모두에 대해 강의했다. 『순수이성비판』에 대한 그의 강의는 직접적인 해설을 제공하는 것으로, 『베르그손 강의』(Cours III, 1995, pp. 131~201)에 실려 있다. 또한 François Fabre Luce de Gruson, "Bergson, Lecteur de Kant", Les Études Bergsoniennes, vol. 5, 1959, pp. 171~190과 Madeleine Barthélemy-Madaule, Bergson, adversaire de Kant: Étude Critique de la Conception Bergsonniene du Kantisme, Paris: PUF, 1966 참조.

3) 러셀은 그가 칸트의 '정신적 습관'(Russell, Our Knowledge of the External World, London: Allen & Unwin, 1922, p. 161)으로서 '고질적 주관주의'라 부르는 것을 넘어섬으로써 이율배반을 해소하고자 했다. 무한의 문제에 대한 강의에서 러셀은 칸트가 첫번째 이율배반의 반정립 문제를 설정하는 방식에서 이러한 주관주의를 발견한다. 세계가 시간에 있어 시작점을 지니지 않는다면, 매 순간에 이르기까지 영원[한 시간]이 흘렀을 것이다. 이는 세계가 무한한 계열의 연속[계기]적 상태들로 지나갔음을 의미한다. 그러나 칸트에 따르면, 어떤 계열의 무한성은 계기적 종합을 통해서는 결코 달성될 수 없으며, 따라서 세계의 시초가 가정되어야 한다. CPR, A426/B454. 러셀은 무한의 관념은 집합(classes)의 속성이며, 파생적으로만 계열의 속성임을 언급한 후, 칸트가 (끝이 없는) 정신적 계열을 (끝은 있지만 시작은 없는) 물리적 계열과 혼동한다고 비난한다. 러셀이 보기에 칸트의 의도는 '종합'이라는 용어로 드러나는데, 이것이 묘사하는 것은 연속적 계열의 사건을 실제 발생의 역순으로 파악하려는 마음[의 작용]이다. 러셀이 지적하길, "이 계열은 분명 끝이 없는 계열이다. 그러나 현재에 이르는 사건의 계열은 현재에서 끝나기 때문에 끝이 있다". 칸트에 대한 러셀의 비판은 주관주의적 정신의 습관들을 넘어서야 할 필요성을 강조한다는 점에서 베르그손의 사유와 근접해 보일 수도 있다. 그러나 [둘 사이의] 결정적인 차이는, 주관주의 너머의 사유에 관한 논의 전체에 있어 러셀이 여전히 이산적[불연속적] 다양체로서의 시간의 관념에 얽매여 있다는 점이다. 이는 그가 현재 시점에서 [사건의] 계열이 끝난다고 보는 데서 명백히 드러난다. Russell, Our Knowledge of the External World, p. 184. 이율배반에 대한 베르그손의 해석에 관해서는 Bergson, Leçons d'histoire de la philosophie moderne et Theories de l'âme, Paris: PUF, 1995, pp. 179~191 참조.

서 물질을 생각하면 사라진다.[4)]

베르그손은 [칸트] 비판서가 전개되고 제기되는 조건을 거부함으로써 이보다 훨씬 더 나아간다. 그는 지식이 우리의 인식 능력에 상대적이라는 논제를 받아들이지 않으며, 과학 외부에 지식은 있을 수 없다거나 과학이 형이상학의 범위를 올바르게 규정했다는 근거로 형이상학이 불가능하다는 주장을 받아들이지 않는다. 요컨대, 베르그손은 칸트가 뉴턴식 기계론의 특권화를 전제로 형이상학의 범위를 한정짓는 것을 받아들이지 않는다. 그는 철학과 과학 사이의 새로운 관계가 요구되고 절대적인 것에 대한 지식이 복구되어야 한다고 본다.[5)] 베르그손은 그의 새로운 사유 방법론을 다음과 같이 묘사한다.

이 방법은 칸트가 형이상학 일반에 대해 공식화한 반론들에서 벗어나기를 주장하며, 그 주된 목적은 과학이 작용하는 새로운 조건을 고려함으로써 칸트가 형이상학과 과학 사이에 세운 대립을 제거하는*de lever* 것이다. 『순수이성비판』을 읽으면 칸트가 이성 일반이 아니라 데카르트적인 기계론이나 뉴턴 물리학의 습관과 요청에 의해 만들어진 이성을 비판했다는 것을 알 수 있다. […] 내가 옹호하는 이론은 (칸트 이후 무너진) 형이상학과 과학 사이의 다리를 재

---

4) Bergson, *Creative Evolution*, trans. A. Mitchell, Lanham MD: University Press of America, 1983[1907], p. 205.

5) Bergson, *The Creative Mind*, trans. M. L. Andison, Totowa: Littlefield, Adams & Co., 1965, p. 65.

건하는 것을 목표로 한다.[6]

칸트에 반하는 베르그손의 주된 주장은 다음의 두 가지다: 첫째, 마음은 지성intellect에 '넘치는' 것이므로 지성으로 제한할 수 없다. 둘째, 지속은 '절대적 존재'를 부여받아야 하고, 이는 공간과 다른 차원[평면]의 사유를 요한다. 베르그손에 따르면 칸트는 지식의 이론에 대한 세 가지 가능성만을 고려했다: i) 마음은 외적 사물에 의해 규정[결정]된다; ii) 사물은 마음 자체에 의해 규정된다; iii) 마음과 사물 사이에 우리는 불가사의한 일치나 예정된 조화를 가정해야 한다. 이 세 가지 선택지와 대조적으로 베르그손은 물질과 지성의 이중적 생성[기원]이 필요하다는 것을 보여 주려 했다. 물질이 지성의 형식을 결정했다거나, 지성이 물질에다 자신의 형식을 단순히 부여했다거나, 혹은 둘 사이에 결코 설명할 수 없는 어떤 기이한 조화가 있다는 것이 아니라, 진화 과정에서 이 둘이 "점진적으로 서로에게 적응"하여 '공통 형식'을 갖게 되었다는 것이다.[7] 베르그손의 『창조적 진화』의 중심에는 언제나 비활성 물질로 향하는 마음의 측면으로서의 지성에 대한 발생적 설명이 제시된다. 이는 생명의 철학을 정교화하는 것이 지식 문제에 대한 베르그손의 사유에서 그렇게 중심적인 역할을 하게 된 이유를 설명한다. 그는 "신중한 분석을 통해 사유

---

6) H. Bergson, *Mélanges*, Paris: PUF, 1972, pp. 493~494. 위 인용문은 1901년에 나온 글 「정신-물리학적 병행론과 실증 형이상학」(Le parallélisme psycho-physique et la métaphysique positive, *Mélanges*, pp. 463~502)에서 발췌한 것이다.

7) Bergson, *Creative Evolution*, p. 206.

의 범주들을 규정하는 것만으로는 충분하지 않으며, 우리는 그것들을 생성해야engender 한다"고 주장한다.[8] '지식의 이론'과 '생명의 이론'은 분리될 수 없는 것으로 보아야 하는데, 이는 지식에 대한 비판이 생명/삶에 대한 사유를 동반하지 않는다면 우리는 오성이 우리 마음대로 사용할 수 있게 제시한 개념들 ── 물질, 생명, 시간 등 ── 을 맹목적으로 받아들일 것이기 때문이다. [그러면] 우리는 생명/삶에 대한 사유를 생성하기보다 단순히 기존의 틀 안에 사실을 끼워 넣는 데 그치게 될 것이다. 따라서 인간의 조건을 넘어 사유하기 위해서는 그 조건에 대한 발생[생성]적 설명을 제공해야 한다. 오성을 생명의 진화적 조건들 안에 위치시키고 나면 지식의 틀이 어떻게 구성되었고 어떻게 확장되고 넘어설 수 있는지를 보여 줄 수 있다.

베르그손은 동질적인 매체로서 행위의 평면에 위치한 시간과 공간을 사물 자체의 속성으로 볼 수 없다는 칸트의 논증을 수용한다. 다만 그는 형이상학의 독단적 경향을 비판하고 뉴턴식 기계론에 무비판적인 특권을 부여하는 데 만족하기보다는 마음과 실재의 접촉을 복원하기 위한 노력을 기울여야 한다고 본다. 그러기 위해서는, 동질적인 공간과 시간이 사물의 속성도, 사물에 대한 인식 능력의 필연적 조건도 아님을 보여 주는 오성(추상적 지성)에 대한 발생적인 설명이 필요하다. 오히려 이들의 동질적 특성은 "고체화와 분할의 이중 작업"을 나타내는데, "이 둘은 우리가 실재의 변화하는 연속성

---

8) *Ibid*., p. 207.

들에 가하는 [조작]으로서 [동질적이라 가정된 시공간을] 행위를 위한 지지대 삼아 우리 작용의 출발점을 고정시킴으로써 실재적 변화들을 도입하기 위한 것이다".[9] 다시 말해서, 감성의 형식으로서 공간과 시간에 대한 칸트의 개념은 어떤 '관심'[이해관계], 즉 단순히 '사변적'인 것이 아니라 '생명/삶에 연관된' 관심을 지니고 있는 것이다.[10] 현상과 실재 혹은 현상과 물자체 사이의 분리에 그치지 않고, 우리는 부분들(적응의 필수적인 필요에 따른 실재에 대한 우리의 불완전한[부분적] 관점)과 유동적 전체(실재의 움직이는 연속성) 간의 관계라는 관점에서 인식론적 문제에 접근한다. 동질적인 시간과 공간의 감성적 직관은 베르그손에게 '실재적 지속'과 '실재적 연장성'을 전제로 한다. 전자는 움직이는 연속체가 분할될 수 있고 생성이 고정될 수 있도록 후자의 저변에 펼쳐져 있다. 이 지점에서 또 다른 사고 방식, 다른 종류의 직관이 요구되는 것이다.

칸트 자신 역시 그러한 직관의 가능성을 고려하지만 인간으로서 우리가 그것에 접근할 수 있다는 것은 부정한다. 『순수이성비판』의 첫번째 부분인 초월론적[선험적]transcendental 감성론은 일련의 일반적인 통찰들로 끝을 맺는다. 우리의 목적과 가장 관련성이 있는

---

9) Bergson, *Matter and Memory*, trans. N. M. Paul and W. S. Palmer, New York: Zone Books, 1991[1896], p. 211.

10) 베르그손은 지식 형식의 생기적 토대를 다음과 같이 설명한다. "사색하기 전에 우리는 살아야 하며, 삶/생명은 우리에게 (그것이 자연적 도구인 우리의 장기이건, 소위 도구들이라 불리는 인공 장기이건) 물질을 사용할 것을 요구한다. […] 이와 같은 지성의 노동은 과학을 통해 훨씬 더 발전했지만, [나아가는] 방향이 바뀌지는 않았다. 과학은 무엇보다도 우리가 물질의 정복자가 되는 것을 목표로 한다." Bergson, *The Creative Mind*, p. 38.

것은 우리의 유한성을 감안할 때 우리의 직관 방식은 본래적인 것이 아닌 파생된 것일 수밖에 없다는 칸트의 주장이다. 이는 우리가 지[성]적 직관에 접근할 수 없다는 것을 의미한다. 칸트는 인간이 시간과 공간을 직관하는 방식이 그에게만 고유한 것이 아니라 자기-표상 능력을 가진 모든 유한한 존재들에게 발견될 수도 있다는 사실을 허용한다. 그가 허용하지 않는 것은 우리가 우리의 유한성의 한계를 넘어 지적 직관과 같은 더 고도의 직관에 도달하는 가능성이다. 이는 '근원적primordial 존재'(*CPR*, B72)에게만 열린 가능성이다. 이 문제는 칸트의 텍스트(예를 들어, B307~309, A286~287/B343)에서 반복적으로 언급되며, 초월론적 분석의 마지막에 있는 부록에서 중요한 것으로 규정된다. 물질에 관한 논의의 맥락에서 칸트는 우리가 그것을 외적 관계의 관점에서만 알 수 있다고 말한다. 물질의 내적 본성, 즉 감각적 직관과 독립적으로 순수 오성[지성]을 통해 이해된 것으로서의 물질이란 '환영'phantom일 뿐이다. 우리가 할 수 있는 최선은 '초월론적 대상Objekt'을 상정하는 것인데, 이는 우리가 물질이라고 부르는 현상appearance의 근거가 될 수 있지만 양이나 실체가 없는 대상이며, "누군가가 우리에게 그것이 무엇인지 말할 수 있는 위치에 있다 하더라도 우리가 이해해서는 안 되는 어떤 것"이다(A277/B333). 감각의 도움 없이 사물을 직관할 수 있다는 것은 우리가 "인간과 완전히 다른, 즉 정도에 있어서만이 아니라 직관에 있어 종류에 있어서도 다른"(A278/B334) 지식을 가질 수 있음을 의미할 것이다. 그러나 우리는 그러한 비-인간 존재가 있을 수 있는지, 또 [있다면] 어떻게 [그들의 인식이] 구성되는지 알지 못한다. 칸트는 관찰과 분석을 통해 우리가 '자연의 심오한 이치'nature's recesses를 간파하는 일이 가능하다는 것을 부정하지는 않지만, 이것이 현상appearance의 측면 혹은 차원에서만 이해된 자연이라고 주장한다: "이 모든 지식을 동원하여, 설령 자연 전체가 우리에게 드러난다고 해도, 우리는 자연을 넘어서는 초월론적인 물음들에 결코 대답할 수 없을 것"인데, 이는 여기서 자연이 현상으로서의 자연을 뜻하기 때문이다 (A278/B334).

우리가 얻을 수 있는 지식이 현상으로서의 자연에 관한 것뿐이라면, 칸트가 이 구절에서 자연의 심오한 이치에 대해 언급하는 것이 어쩌면 이상한 것인지도 모르겠다(이 문제는 경험과 지식의 영역을 평면이 아닌 구의 이미지를 통해 제시하려는 칸트의 선호도와 연관된다. A762/B790). 결국 칸트는 문제적 본체noumenon를 상정하게 되는데, 이는 어떤 규정된 대상의 개념이 아닌 감성의 한계와 결부된다. 이는 특정한 직관의 영역 바깥에 있는 대상들, 즉 시간과 공간에 대한 우리의 특수한 선-경험적[선험적]a priori 직관을 통해 직관할 수 있는 것 '이외의 다른' 대상들이 있음을 고찰하기 위한 '장소'를 제공하지만 이(대상들)의 존재에 관해서는 어떤 것도 부정하거나 주장할 수 없다(A288/B344).[11]

---

11) 칸트는 바로 이 지점에서 본체, 물자체, 초월론적[선험적] 대상을 구별한다. 초월론적 대상 ─ 현상의 원인/근거로서 오성[지성]이 상정하는 대상 ─ 은 그 표상이 감성적인 것이 아니라는 의미에서 본체(noumenon)라 할 수 있다. 그러나 그것은 공허한 표상으로서, 오로지 "우리의 감성적 지식의 한계를 표시하고, 가능한 경험이나 순수 오성를 통해 채울 수 없는 공간을 열어 두는" 역할을 할 뿐이다(A289/B345; 초월론적 대상에 관해서는 A190~191/

칸트는 초-감각적supra-sensuous 직관의 가능성을 목적론적 판단에 대한 비판에서 다시 다루는데, 이에 대해서는 다음 절에서 살펴볼 것이다. 베르그손 이해에 있어 이 논의가 지니는 중요성은 주목할 만하다. 직관을 감각적 양태를 띠는 것으로 제한하는 것에 대해 베르그손이 이의를 제기할 것(우리는 그의 입장이 실제로 이보다 더 미묘한 방식으로 전개되는 것을 보게 될 것이다)이라는 점은 아마 지금까지 진행된 논의를 따라온 독자라면 쉽게 알 수 있을 것이다. 또한 지속에 대한 사유에서 직관이 중심적인 역할을 한다는 것을 고려하면, 베르그손이 '인간의 조건을 넘어' 사유하는 것이 어떻게 가능한지 보여 주기 위해 칸트와 씨름하는 것이 부득이하다는 점도 명백할 것이다. 이는 우리 스스로를 신이나 근원적 존재로 만든다는 의미가 아니라, 다른 지점에서 시작하여 경험이나 사유가 주관적인 조건으로 국한되거나 한계지어지지 않음을 보여 준다는 것을 뜻한다. 칸트가 자신의 비판을 수립한 영역territory을 베르그손이 받아들였다면, 인간의 조건을 넘어 사유하고 우리의 지속을 더 '열등'하고 '우월한' 지속들과 소통시키려 했던 그의 야심은 헛되고 절망적인 것이 되고 말 것이다.

린지가 그의 훌륭한 초기 연구에서 지적했듯, 생명/삶의 문제와 관련하여 시간 문제를 다룰 때 베르그손은 칸트가 제기했지만 적절

B235~236, A109, A250~253 참조). 초월론적 대상을 물자체와 혼동하지 말아야 할 필요성에 대해서는 들뢰즈의 1978년 3월 28일자 제3강(*Lessons on Kant*, March 14, March 21, March 28, April 4, trans. M. McMahon, 1998[imaginet.fr/deleuze])을 보라. 또한 Deleuze, *Logic of Sense*, trans. M. Lester with C. Stivale, London: Athlone Press, 1990[1969], p. 97 참조.

하게 해결하지 못한 문제에 각별한 주의를 기울인다. 칸트는 그의 첫 번째 비판에서 형이상학은 수학적 학문의 조건을 충족시킬 수 없기 때문에 지식의 형식으로서 위상을 잃었다는 것을 보여 주려 했다. 그러나 그는 또한 선-경험적인 *a priori* 방식으로 다룰 수 없는 물음들이 있다는 것을 인정했고, 세번째 비판에서는 지식의 선-경험적 형식에 있어 구성적 원리들이 아닌 경험적 연구의 가정들에 주목하기도 한다. 이를 위해 수학과 기계[론적] 과학[학문]의 한계를 뛰어넘는 자연의 목적론적 평가에 몰두한 것이다. 세번째 비판에서는 따라서 경험적 이행의 가능성이 열렸지만 칸트는 첫번째 비판에서 수립한 한계들에 머무르면서 이 가능성을 추구하지 않았다(기계론에는 여전히 무비판적인 우선성이 부여된다). 첫번째 비판의 초월론적 연역과 도식에서 칸트는 수학적 추론의 타당성보다는 오히려 그것을 지각에 나타난 실재에 적용하는 것의 정당성에 관심을 가졌다. 제1비판서에 나타난 칸트의 철학은 본질적으로 형식의 철학이다. 예를 들어, 강도적 크기intensive magnitude를 논하면서 그는 감각의 실제적 질quality이 항상 경험적이라는 점을 명시한다. 따라서 지각의 근거를 가능한 경험의 초월론적 조건에 두고 나면, 우리가 지각에서 '예상'[예취]하는 것은 단지 감각들이 크기(강도의 정도들)를 가지리라는 것이다: "따라서, 모든 감각들은 경험-후적으로*a posteriori* 주어지지만, 그것들이 정도를 갖는다는 속성은 선-경험적으로 알 수 있다."(*CPR*, A176/B218) [강도적] 크기의 측면에서 우리가 경험에 대해 선-경험적으로 알고 있는 것은, 그것이 연속성이라는 하나의 [특]질을 지닌다는 점, 그리고 어떤 주어진 크기의 질(열, 색 등) 가운데 우리가 선-

경험적으로 알 수 있는 것은 오로지 강도적 양quantity뿐이라는 점(즉, 색이나 열[의 감각은] 여러 가능한 중간 감각들의 연속성 안에서 특정한 정도를 차지할 것이라는 점)이다.

이와 유사하게, 변화의 경우 주어진 순간에 하나의 상태가 어떻게 다음 순간에 다른 상태로 이어지는지에 대한 선-경험적 지식을 갖는 것은 불가능한데, 칸트는 이것이 경험적으로만 주어질 수 있는 '실제적 힘들'에 대한 지식을 요구하기 때문이라고 말한다(움직이는 힘의 계기적[연속적] 현상). 우리가 선-경험적으로 알고 있는 것은, 실제적 [상태]변화alteration의 내용 문제를 제외한다면 "모든 변화의 형식"이며, 여기서 "상태들 자체(발생)의 연속[계기]은 인과의 법칙과 시간의 조건들에 따라 여전히 선-경험적인 것으로 간주될 수 있다"(A207/B252). 따라서 칸트는 "모든 [상태]변화에 있어 연속성의 법칙"을 상정하는데, 그 '근거'ground는 "시간이나 시간적 현상 [자체]는 [분해 가능한] 가장 작은 부분들로 구성되어 있지 않지만, 그럼에도 불구하고 어떤 사물은 상태 변화를 겪을 때 이 모든 부분들, 요소들을 통과하여 다음의 상태로 나아간다"(A209/B254)는 데 있다. 시간에 있어 차이들은 정도(크기)의 차이이기 때문에 가장 작은 시간이란 있을 수 없다. 칸트는 어떤 두 순간 사이에 시간이 있어야 하고, 어떤 두 순간 사이에 크기를 갖는 차이가 있다고 주장한다. 따라서 한 상태에서 다른 상태로의 전환은 "두 순간들 사이에 들어 있는 시간"에서 발생한다. 그렇다면 [상태]변화가 일어나는 "전체 시간"이 있지만 변화는 "이 순간들로 구성되는 게 아니라 결과로서 그것들에 의해 발생[생성]한다"(A209/B254). 이러한 설명은 경험의 형식적 구조에 대한 초월론적 이론의 측면에서는 전적으로 정당할 수 있겠지만, 자연과 생명에 대한 철학에 독단적으로 적용될 수는 없다. 베르그손이 택한 경로를 칸트가 따를 수 없었던 것은, 단지 그가 "어떤 경험적 지식의 증대나 지각의 향상"도 현상학적 시간(내감의 시간) 규정의 [외연적] 확장에 불과하다고 보았기 때문이다. 따라서 [칸트에게] 시간은 크기를 구성하는 정도의 차이(0도 척도)라는 관점에서만 생각할 수 있는 것이었다. 시간을 통해 "우리는 단지 우리 자신의 포착apprehension을 예상[예취]할 뿐이다"(A210/B256).

베르그손이 시간에 대한 칸트의 설명에 대해 제기하는 문제는 그것이 경험과 지식의 영역에 수학적 시간을 도입한다는 것이다. 수학은 동질적인 것의 종합과 연관되며, 여기서 종합은 이산[불연속]적 요소들의 종합(오성의 작업)이다. 도식론 부분에서 시간에 대한 논의에 등장하는 것은 바로 이 종합의 원리다. 여기서 칸트는 시간을 동질적인 질서로 취급한다: 시간의 부분들 사이의 관계는 이 동질성을 가정하지 않는 한 예견할 수 없다. 린지가 지적하듯, "실재적 사물들이 시간 안에 나타나는 한 그러한 동질적 질서에 관련되는 원칙들은 실재에 적용될 수 있다".[12] 칸트가 인과관계를 다루면서 문제에 봉착한 것은 그가 인과관계를 이종적인 것의 종합으로서 예견할 수 없는 것이라고 보았기 때문이다. 칸트는 이 문제에 대해 어떻게 응답할까? 그는 사물이 시간 계열 안에 있는 점들로 간주될 수 있는 정도만큼,

---

12) A. D. Lindsay, *The Philosophy of Bergsonism*, London: J. M. Dent & Sons Ltd., 1911, p. 14.

인과관계의 선-경험적인 *a priori* 원리가 있을 수 있다고 제안한다:

> 인과관계란 연속적인 변화에 있어 우리가 택한 하나의 지점과 다른 지점의 관계다. [이 지점들은] 우리가 임의로 택한 것이므로, 이 종합은 우리가 식별해 낸 점들로 이루어진 계열의 종합인 것이다.[13]

칸트는 수학적 학문[과학]들은 현상에 대해서만 유효하다는 것을 분명히 밝힌다. 선-경험적인 인과의 법칙이 연역될 수 있는 것은 인과관계가 실재에 대한 우리의 경험에 있어 형식적 규정들과 예견[예취]들에 대한 시간 관계이기 때문이다. 그러나 인과의 특수한 법칙은 시간의 일반적인 본질에서 도출될 수 없고 시간 안에서 발생하는 실재적 사건에 대한 연구를 통해서만 도출된다. 이것이 세번째 비판에서 우리가 '지각의 예취'라는 현상학적 수준에 머물 수 없는 이유를 설명한다. 서로 다른 사물들의 개별성[개체성]과 구별되는 본성에 대한 경험적 연구를 위해 목적론의 관념이 요구된다. 그것은 오성[지성]의 선-경험적인 원리들과 무관한 관념이지만, '우월한 경험론'에 대한 우리의 관심에 있어 중요한 것이 된다. '우월한 경험론'을 통해 우리는 현상appearance의 영역 안에 있는 점들의 종합을 넘어 "사물의 실재적인 분절과 개별[개체]성"[14]을 발견하려 한다.

이제 칸트의 입장과 그 약점에 대한 베르그손의 대응 방식을 좀

---

13) *Ibid.*, p. 15.
14) *Ibid.*, p. 16.

더 자세히 살펴보자. 우리는 베르그손의 형이상학 개념이 칸트와 동일하지 않다는 것을 인식할 필요가 있는데, 이는 그것이 지식의 임무를 [이미] 완성된 것이 아니라 필연적으로 미완성이며 열려 있다고 보기 때문이다.

칸트: 목적론의 문제

칸트에서 목적론은 반성적 판단에 속한다. 즉, 어떤 사물에 대해 우리가 가지고 있는 내생[본질]적으로 자연적인 지향점이나 자연목적*Naturzweck*의 개념은 지성[오성]이나 이성이 구성한 개념일 수 없다. 오히려 그 개념은 "목적 일반에 따른 우리 자신의 인과성"과의 비유 안에서 대상에 대한 탐구를 돕는다는 의미에서 순전히 규제적regulative이며, 따라서 "최고의 근원에 대한 반성의 기초"를 제공한다.[15] 이러한 방식으로 목적으로 이해될 수 있는 것은 자연의 존재로서의 유기체들이며, 이런 점에서 그들은 목적론의 기초를 자연과학에 제공한다. 이와 같이 유기체와 같은 대상을 판단하는 것은 다른 용어로는 절대 정당화될 수 없는 특별한 평가 원칙을 과학에 도입하는 것이다. 이 특별한 원리란 무엇인가? 그것은 유기체를 특정한 방식으로 정의하는 것, 즉 "모든 부분이 목적인 동시에 수단이 되는 […] 자연의 조직화된[유기적] 산물[로서 정의하는 것이다]. 그러한 산물에 있

---

15) I. Kant, *Critique of Judgement*, trans J. C. Meredith, Oxford: Oxford University Press, 1952[1790], section 65: 24.

어 지향점이나 목적이 없는zwecklos 헛된 것이나, 자연의 맹목적인 기계론에 귀속될 수 있는 것은 없다".[16] 칸트는 그러한 원칙을 고수하는 계기가 경험과 관찰에 어느 정도 근거를 두어야 하지만, [그 원칙이] 보편성과 필연성을 가지고 있다는 사실 때문에 선-경험적인 특성을 지녀야 한다는 점을 인정한다. 그는 다시 한번 이 원칙이 적용에 있어 전적으로 규제적이라고 주장하는데, 이는 적용될 때 문제가 되는 '목적'이 "평가를 내리는 사람의 관념에 있을 뿐 어떤 작용인efficient cause도 아니기" 때문이다. 따라서 그러한 원리는 "유기체의 내재적 목적성(또는 합목적성)Zweckmässigkeit을 평가[추정]하기 위한 준칙maxim"을 제공하지만, 그러한 내재적 목적성은 실재하는 물체나 유기체들에 대해 실제적인 어떤 것도 말해 주지 않으며 단지 우리가 그것들을 이해하려고 하는 방식을 나타낸다.[17] 다시 말해, 우리가 자연에 부여하는 목적성은 우리의 이해에 상대적인 것이다("인간의 판단력이 그러한 대로"[18]). 합목적인 유기체나 자연에 대해 우리가 내리는 판단은 다음과 같이 특정한 의미에서 유추적analogical 판단이다: 우리가 자연과 자연의 산물들에 대한 연구에서, 혹은 과학적인 관찰과 연구를 위해 목적론적 평가를 도입하는 것은 특정한 종류의 인과성과의 유추 안에서다. 이 인과성이란 우리가 우리의 물자체적/본체적noumenal 자아, 즉 자기-규정적 자아로서 지향점이나 목

---

16) *Ibid.*, section 66: 24~25.
17) *Ibid.*, 25.
18) *Ibid.*, 서론, 3.

적을 스스로 규정하는 자아와 동일시하는 것이다. 칸트는 이것이 결정적 판단이 아니라 반성적 판단의 평가라고 주장하는데, 이는 그것이 구성적 또는 경험적 차원에서 어떤 것도 설명하지 않기 때문이다.

　우리가 반성적 판단의 관점에서 도입할 권리가 있다고 칸트가 말한 유기체의 개념을 정확하게 파악하는 것이 중요하다. 유기체는 단순히 작용인(원인과 결과의 계열이 일정하게 진행되는)의 관점에서가 아니라, 오히려 목적인(진행뿐 아니라 퇴행적 종속성 역시 포함하는 계열이 있는)의 관점에서 이해할 수 있는 존재다. 칸트는 물리적 목적성의 첫번째 필수 조건은 부분들이 "전체와의 관계에 의해서만 가능"하다는 점이라고 규정한다. 사물 그 자체가 목적[지향]점이고, 그 자체의 목적이기 때문이다. 그러나 이는 어떤 사물이 물질과 구별되는 지성적 원인의 산물로 간주된다는 의미에서 그것을 예술 작품으로 규정하는 것에 불과하다. 사물을 자연의 산물로 이해하기 위해서는 두번째 조건을 추가할 필요가 있는데, 그것은 "사물의 부분들은 상호적으로 그 형식[형태]의 원인과 결과가 됨으로써 하나의 전체로서 단일체로 결합한다"는 것이다.[19] 그러나 자연물을 '예술의 도구' 이상으로 생각하기 위해서는, 각각의 부분이 다른 모든 부분들의 매개로 인해, 혹은 다른 부분들이나 전체를 위해서 존재한다고 보는 것 이상으로, 그 부분 [자체로] 생산적인 '기관'으로서 "다른 부분들을 생산해 내고 각각이 다른 부분들을 상호적으로 생산하는 것"으로 생

---

19) *Ibid.,* section 65: 21.

각할 필요가 있다. 요컨대, 산물은 조직화된 존재일 뿐만 아니라 보다 결정적으로 자기 조직화할 수 있는 것이어야 한다.[20] 차이는, 잘 알려진 바와 같이, 단지 '운동하는 힘'*bewegende Kraft*만을 지닌 단순한 기계(칸트가 제시하는 예로서, 시계)와 대조적으로 '자기-증식하고, 형성하는 힘'*sich fortpflanzende bildende Kraft*을 지닌 유기체 사이에 있다. 후자는 기계론으로 설명할 수 없는 역량 또는 힘*Kraft*이다.

과학에 새로운 인과성을 도입하는 것 — 맹목적인 기계론에 단순히 복종하는 것이 아니라 '기술적으로' 행동하는 존재들의 — 은 우리가 우리 자신에게서 차용하여 다른 존재들에게 적용하는 것이지만 이 적용은 어떤 의미에서도 구성적인 것이 아닌데, 이는 [만약 그러했다면] 규정적determinative 판단의 형태를 취할 것이기 때문이다. 규제적 원리들의 도입은 그것이 "인간의 관점에 맞게 조정된" 것이라는 의미에서 칸트에게 "내재적인" 것이다.[21] 실제로, 우리 오성 [지성]의 [특수성 때문이] 아니라면 "자연의 테크닉[기술]과 기계론 사이에 어떤 구분도 없어야 할 것이다".[22] 보편성에서 특수성으로 이동하는 우리 오성[지성]의 본성 때문에 목적성 문제가 우리에게 주어진 그 형태를 취하는 것이다. 한편으로 특수한 것은 그 본성상 보편적인 것과의 관계 안에서 우발적인 무언가를 포함하고 있다. 다른 한편으로, 이성은 자연의 특수한 법칙들의 종합에 있어 통일성[단일

20) *Ibid.*, 22.
21) *Ibid.*, section 76: 58.
22) *Ibid.*, 59.

성]을, 따라서 법과의 합치를 요한다. [우리가] 목적성이라고 부르는 것은 우발적인 것의 법과의 합치다. 칸트에게 이것은 우리가 만들어 낸 것으로서 [자연의] 산물들 안에 있는 자연의 목적성 개념이 필연적으로 이성의 주관적인 원리일 뿐이며 "인간의 판단력"[23]에서 필수적인 개념일 뿐이라는 것을 뜻한다. 보다 구체적으로 말해서, 자연의 기술[테크닉]에 대한 이와 같은 개념을 규정하는 것은 경험의 대상들이 우리에게 현실적이 아니라 가능한 대상의 형식을 가정해야 한다는 사실이다(초월론적 논증). 칸트는 인간과 다른 오성[지성]을 상상하는 것은 충분히 가능하다고 본다. 이러한 비-인간적 직관은 "직관적 이해[지성]"와 "직관의 완전한 자발성"으로 이해된 것으로서, "감성과 구별되고 감성으로부터 완전히 독립된 직관"일 것이다. 이는 "가장 넓은 의미에서의 오성[지성]"이라 할 수 있다.[24] 직관적인 지성[이해]에 있어 모든 대상들은 현실적일 것이다. 우리가 이러한 직관을 가질 수 없다는 것은 우리의 개념 능력과 자연의 조화가 '우연적 일치'일 수도 있다는 것을 의미한다. 칸트는 분석적 보편성에서 특수성으로, 즉 개념에서부터 주어진 경험적 직관으로 이동할 때 특수한 것의 다수성에 있어 결정되거나 알려진 것이 없다는 것을 알고 있다. 그리하여 우리는 목적론적 판단에 대한 비판에 있어 중요한 방식으로 주저하게 된다. 한편으로 우리는 자연과학에서 자연의 산물을 목적의 인과성으로 설명하는 데 대한 불만이 있다(이는 이러한 추

---

23) *Ibid.*, 60.
24) *Ibid.*, 62.

정이 물자체보다는 반성적 판단이라는 우리의 비판능력에 적합한 방식으로 이루어진 데서 오는 불만이다). 다른 한편으로 우리는 자연의 모든 기술이 목적론적 판단(구조의 목적성을 나타내는 자연의 형성 능력)의 대상이 될 수는 없지만 자연 연구에서 목적론적 원리를 허용하지 않는 것도 동일하게 비과학적이라는 것을 인식하고 있다. 요컨대 두 종류의 원리에 따라 자연을 평가할 필요가 있는 것이다. 그러나 칸트가 기계론의 원칙에 우선순위를 부여하고, 목적성의 준칙은 "적절한 경우"가 있을 때만 적용해야 한다고 주장하는 것은 분명한 사실이다.[25] 그러나 이상하게도 자연의 규정들, 즉 기계론의 규정과 목적론의 규정은 모두 인간 관점의 주관적 조건을 반영하는 것처럼 보인다. 베르그손은 우리가 이 [조건]을 넘어서야 한다고 주장한다. "우리는 두 가지 관점을 모두 넘어서야 한다. 기계론과 목적론은 모두 근본적으로 인간의 마음이 인간의 작업을 고려함으로써 유도한 관점일 뿐이다."[26]

베르그손의 대응

앞에서 보았듯이, 칸트는 비인간적 직관의 가능성을 허용하지만, 우리의 초월론적 구조constitution를 고려할 때 그것에 접근할 수 있다는 것은 부인한다. 베르그손은 지성의 발생[기원]을 설명할 필요성을

---

25) *Ibid.*, section 70: 38, section 70: 38.
26) Bergson, *Creative Evolution*, p. 89.

주장함으로써 이에 대응한다. 베르그손에 따르면 유용성과 계산가능성의 기관으로 진화해 온 추상적인 지성은 부동체immobile에서 시작하여 단순히 병치된 부동체들을 통해 운동을 재구성한다. 그가 이해하는 직관은, 대조적으로, 운동에서 시작하며 [이에 따르면] 부동상태는 우리 마음이 찍은 스냅샷에 불과하다.[27] 그는 이러한 직관에 도달하기 위해 칸트가 가정한 것처럼 감각의 영역 밖으로 이동할 필요가 없다고 주장한다.

> 어떤 변증법적 노력도 우리를 저 너머로 인도하지 않을 것이라고, 또한 유효한 형이상학은 필연적으로 직관적 형이상학이 될 것이라는 것을 결정적인 논증으로 증명한 후, 그는 우리에게 이러한 직관은 없고 이 형이상학은 불가능하다고 덧붙였다. 칸트가 인식한 것 외에 다른 시간이나 변화가 없다면 이것이 사실일 것이다. […][28]

따라서 칸트는 "자연에 있는 사물들을 성찰하는 우리의 판단력에 상대적인 우리(인간)의 이해[지성]"라는 '특이'성을 인정하고, 이러한 특이성이 "인간과 다른, 가능한 이해[지성]"라는 관념을 함축한다는 점을 인정한다(그는 첫번째 비판에서 '다른 가능한 형태의 직관'을 허용하는 것과 관련하여 유사한 암시를 한다).[29] 베르그손이 추구하는

---

27) Bergson, *The Creative Mind*, pp. 34~35.
28) *Ibid.*, p. 128. 강조는 인용자.
29) Kant, *Critique of Judgement*, section 77:61.

것은 칸트가 암시했지만 차단해 버린 바로 이 경로다. 직관을 회복함으로써 베르그손은 지식의 상대성(오히려 '대략적인'approximative 것으로 보아야 하는)을 생산한다는 혐의로부터 과학을, 공허하고 무익한 사변에 탐닉한다는 혐의로부터 형이상학을 구제하고자 한다.

베르그손은 직관을 정신적 주의력의 한 형태로 생각하는데, 이는 "마음이 물질, 즉 대상에 고정되어 있는 동안 더불어 자신에게 기울이는" 특별한 종류의 '주의'attention다.[30] 이는 또한, "방법론적으로 배양되고 발전될" 수 있는 주의로서 마음에 대한 새로운 과학과 진정한 형이상학의 기초를 형성한다. 형이상학은 더 이상 순수 지성, 즉 부정의 집합으로 마음을 정의하는 지성의 활동이 아니다. 베르그손은 자신의 방법적 직관을 본능 또는 느낌과 혼동하는 것은 중대한 오류라고 주장한다.[31] 그는 자신이 주창하는 새로운 철학적 실천이 존재론적으로 중립적이라는 특성을 지닌다고 말한다. 그것이 제시하는 새로운 이해의 원리들은 어떤 행동의 준칙의 기초도 제공하지 않으며, 연속성과 이종성의 형이상학은 윤리가 아니라는 것이다. "이는 미생물[세균]학자가 어디서나 발견되는 미생물을 보여 주면서 우리에게 미생물[세균성] 질병을 추천한다고 생각하는 것이나 다름없다"고 쓰면서 베르그손은, 사람들이 변화에 대한 자신의 형이상

---

30) Bergson, *The Creative Mind*, p. 79.
31) *Ibid.*, p. 88. 『창조적 진화』에서 직관은 본능[직감]의 관점에서 이해되지만, 이는 무사심적이고 자기의식적이며 "대상에 대해 성찰하고 그것을 무한정 확장할 수 있"게 된 것으로서의 본능이다. Bergson, *Creative Evolution*, p. 176.

학을 어떻게 사회적·문화적 차원에서 온갖 종류의 것을 합법화하는 것으로 읽을 수 있는지 익살스레 묻는다.[32]

이 형이상학은 '분화/차이화와 질적 통합'을 통해 작동하며, 사유 작용의 일반적인 방향을 역전하기 위해 현대 수학, 특히 미적분학과 연계될 것이다.

> 현대 수학은 이미-만들어진 것을 생성의 과정으로 대체하고, 크기에 있어 증가를 따르며, 운동을 더 이상 외부에서 혹은 그것이 드러난 결과에서가 아니라, 내부에서 그리고 변화하려는 경향을 통해 포착하려는, 즉 사물의 패턴의 움직이는 연속성을 받아들이려는 노력이다.[33]

그러나 형이상학은 직관에서 상징으로 이행할 필요가 없다는 점에서 현대 수학(크기의 과학[학문])과 다르다. 실재에 대한 형이상학적 이해는 잠재적으로 무한하다. 왜냐하면 "실제적 관점에서 유용한 결과에 도달해야 하는 의무가 없으므로, 자신의 연구 영역을 무한

---

32) 실제로 이는 윈덤 루이스(Wyndham Lewis)에서 알랭 바디우에 이르기까지 지난 100년간 베르그손(주의)에 대한 다양한 연극적(histrionic) 해석들의 특성을 이룬다. 베르그손주의에 대한 바디우의 연극적 반응에 대해서는 Badiou, *Deleuze. The Clamour of Being*, trans. L. Burchill, Minneapolis: University of Minnesota Press, 2000, p. 99 참조.

33) Bergson, *The Creative Mind*, p. 190. 베르그손의 『물질과 기억』(*Matter and Memory*) p. 185와 비교할 것: "철학자의 임무는 […] 미분에서 시작하여 함수를 결정하는 수학자와 닮아 있다. 철학적 연구의 최종적 성과는 진정한 통합(integration[수학에서의 '적분']) 작업에 있다."

정 확대할 것이기 때문이다."[34] 형이상학은 수학의 '생성적 관념'을 도입하여 그것을 모든 특질들, '실재 일반'[35]으로 확장할 수 있다. 베르그손에 따르면 이러한 도입의 목적은 칸트의 체계에서처럼 실재의 또 다른 플라톤주의를 만들어 내는 것이 아니라, 연속성과 운동성의 관계를 재정립하도록 하는 것이다.[36] 하나의 지식 형태가 망각으로 인해 직관에 의한 상징적 지식의 기초를 무시하고 기존하는 개념에 의존할 것을, 또한 고정된 것에서 움직이는 것으로 진행하도록 강요받을 때, 그 지식은 상대적인 것이라 할 수 있다. 반대로 절대적 지식은 미리 형성된 것을 받아들이지 않고 '유동적 개념들'을 배양하여, 처음부터 동적인 실재에다 자신을 위치시키고 "사물의 삶/생명 자체"[37]를 받아들여 "실재를 그 모든 굴곡에 있어" 따른다.[38] 이를

---

34) Bergson, *The Creative Mind*, p. 191.

35) *Ibid.*

36) 베르그손의 논지는 칸트의 첫 비판서가 보편 수학의 관점에서 실재에 접근하려는 오래된 꿈을 꾸고 있다는 것이다. "즉, 순수이성에 대한 비판 전체가 확립하는 바는, 플라톤주의가 (이념들Ideas이 사물이라면 부적절하지만) 이념들이 관계일 경우 정당한 것이 된다는 점, 또한 기존 이념이 (일단 하늘에서 땅으로 내려오면) 플라톤이 바라던 대로 사유와 자연의 공통 근거가 된다는 점이다. 순수이성 비판 전체는 우리의 사유가 플라톤화하기, 즉 가능한 경험 전체를 선-존재하는 틀에다 부어 넣는 것밖에 할 수 없다는 가정에 근거하고 있다." *Ibid.*, p. 197.

37) *Ibid.*, p. 192.

38) Bergson, *Creative Evolution*, p. 363. 물론 칸트는 자신의 철학적 기획이 순수이성의 후성설(*epigenesis*)에 해당하는 것으로, "일종의 순수이성의 전성-체계(*preformation-system*)"(*CPR*, B167)가 아니라는 것을 명시하려 했다. 제1 비판서에서 다루는 문제는 경험과 경험의 대상 개념 사이의 필연적인 합치를 어떻게 설명할 것인가의 물음이며, 이에 대한 칸트의 해결책은 경험을 가능하게 하는 것이 오성의 범주라는 것을 증명하는 체계를 옹호하는 것이었다. 이러한 후성 체계는, 경험과 개념 사이의 일치가 창조주가 우리에게 심어 놓은 주관적 기질을 통해 설명되는 전성 체계와 상당히 다르다. 전성-체계에서는 필연적인

달성하기 위해서는 더더욱 높은 일반성들로 우리를 이끄는 구성의 방법을 내려놓고, "전체의 급진적인 재구성이 항상 진행되는"[39] 구체적인 지속의 관점에서 사유하는 것이 요구된다.

베르그손이 칸트를 극복하려는 방식은 그의 비판 철학의 결과들을 단순히 무효화하는 것이 아니라 그 철학 안에 묻혀 있거나 숨겨진 잠재력potentialities을 복구하는 것을 통해서다. 비록 칸트 자신은 스스로 열어 놓은 방향(베르그손이 '부활한 데카르트주의'라 부르는 방향)으로 사유를 추구하지 않았지만, 베르그손이 칸트 독해를 통해 발전시키려 한 것은 "고도의 직관에 의한 지식의 초-지성적 문제"라는 전망이다.[40] 칸트는 데카르트 사상의 본질적인 요소였지만 데카르트주의자들이 저버린 견해를 미온적이나마 되살렸는데, 이는 지식이 지성만으로 이루어진 것이 아니라는 것이다.

베르그손은 감각적(지성 하부의infra-intellectual) 직관과 지성적(그가 '초-지성적'ultra-intellectual이라고 부르는) 직관 사이에 대립 관계를 설정하지 않고 이 둘 사이에 연속성과 상호관계가 있음을 보여 주려 한다. 또한 감각적 직관은 다른 작용들로 승격될 수 있는 것으로서, 더 이상 단순히 도달할 수 없고 이해할 수 없는 물자체의 유령이 아니다.

합치가 임의적·주관적인 것이 된다. 우리는 현재 우리가 표상을 사유하는 방식대로만 사유할 수 있게끔 만들어져 있다는 식이다. 칸트는 이 문제에 관한 회의주의적 입장에 반대하면서, 우리 판단의 객관적 타당성은 환영에 근거하지 않는다고 주장한다. 이러한 문제제기와 관련해서는 목적론적 판단 비판을 살펴보는 것이 도움이 될 수 있겠다. 특히 『판단력비판』 section 81과 82에서 칸트의 사유가 이행하는 방식을 볼 것.

39) Bergson, *Creative Evolution*, p. 363.
40) *Ibid.*, p. 358.

감성의 '순수 형식'과 오성[지성]의 범주 사이의 장벽과 마찬가지로, 감성적 지식의 문제와 그 형식 사이의 장벽이 낮아진다. (지성 자신의 대상에 국한된) 지성적 지식의 물질과 형식은 서로를 생성하는 듯 보이는데, 이는 상호 적응, 즉 지성 자체가 물질corporeity에, 물질이 지성에 자신을 모델링함으로써 이루어진다. 그러나 칸트는 이러한 직관의 이중성을 인정하려 하지 않았고 인정할 수도 없었다.[41]

베르그손의 논점은 칸트가 이러한 직관의 이중성을 인정할 수 없었다는 것이다. 왜냐하면 칸트에게 이를 인정하는 것은, 지속에 절대적 실재를 부여하고 공간에 내재하는 기하학을 관념[이념]적 한계(물질적인 것들이 발전하는 방향이지만 실제로는 결코 도달하지 않는)로 취급하는 것을 의미했을 것이기 때문이다.

들뢰즈는 『베르그손주의』에서 초월론적 분석과 유사한 분할의 방법으로 직관에 접근할 수 있다고 주장했다. 방법론으로 이해되는 직관은 거짓 문제를 해결하고 잘못 제기된 물음을 넘어설 수 있게 해준다. 거짓 문제는 이 책의 세번째 장에서 다룬 무질서의 예와 같이, 용어에 더 많은 것과 더 적은 것의 혼동이 포함되어 있는 문제다. 베르그손은 존재 관념보다 비존재라는 관념에, 질서보다는 무질서에, 실재적인 것보다 가능적인 것에 더 적은 것이 아니라 더 많은 것이

---

41) *Ibid.*, p. 361. Bergson, *Cours III*, pp. 172~174에 나타나는 지적 직관에 대한 논의도 참조.

들어 있다는 것을 보여 준다. 예를 들어, 무질서의 개념은 질서의 관념에다 그 부정을 더한 것이다. 거짓 문제는 근본적인 환상, 즉 존재와 질서가 그 자신들보다 앞서고 자신들을 구성하는 창조적 행위보다 선행하는 것으로 가정되는 '진리의 역행 운동'에 참여한다. 잘못 제기된 물음이나 문제는, 종류상 다른 것들을 임의로 무리 짓는 잘못 분석된 혼합물의 경우와 관련된다(예컨대 지속과 연장성, 지각과 회상, 감각의 질과 그것과 연계된 신체적 공간the muscular space 사이의 혼동). '감각이 얼마만큼 커지는가?'라는 질문은 우리를 잘못 제기된 문제로 되돌려 놓을 뿐이다. 첫번째 경우가 두번째에 기반하기 때문에 둘 사이에는 긴밀한 연관 관계가 있다. 즉, 우리가 '더' 혹은 '덜'의 관점에서만 사유할 수 있는 것은 우리가 이미 사물 간 종류상의 차이들을 간과하기 때문이다. 예를 들어, 무질서의 관념은 잘못 분석된 혼합물로서 질서라는 일반 관념에서 비롯된다. 들뢰즈는 『베르그손주의』에서 이러한 종류의 차이를 지각하거나 직관할 수 없는 것은 과학과 형이상학이 공통적으로 범하는 오류라고 주장한다.[42] "베르그손에서 나타나는 순수에 대한 집착은 이러한 종류상 차이의 회복으로 귀결된다."[43] 이와 같은 [종류상의] 차이를 놓치지 않으려면, 혼합물을 질적, 혹은 질화된qualified 경향성들에 따라 분리해야 한다(예컨대 혼합물이 운동과 운동의 방향으로 [각각] 정의된 지속과 연장성을 결합하는

---

42) G. Deleuze, *Bergsonism*, trans. H. Tomlinson and B. Habberjam, New York: Zone Books, 1991, p. 20.

43) *Ibid.*, p. 22.

방식, 즉 지속의 수축들과 물질의 연장들). 이러한 경향성들은 권리상*en droit*(권리에 의해, 혹은 원리상) 존재한다고 말할 수 있다. 이 접근 방식은 초월론[선험]적 분석과 유사한 점이 있지만, 그것이 우리가 경험을 넘어 경험의 조건들로 갈 수 있게 해준다는 점에서 이 조건들은 가능한 모든 경험의 조건이 아니라 실재적 경험(잠재적, 실제적 측면 모두에서)의 조건이다. 이는 경험에의 접근에 있어 일반적이지도 추상적이지도 않은 초월론[선험]적 경험주의에 참여하는 것이다. 이것은 우리가 주어진 것으로서의 경험 혹은 좁은 의미에서의 경험을 넘어서게 하고, 우리의 사유를 한편으로는 순수한 지각으로, 다른 한편으로는 순수 기억으로 열어 준다. 베르그손이 철학의 접근을 미적 분학의 방법과 비교할 때, 그것은 마치 수학자가 실제 곡선에서 지각하는 무한히 작은 요소를 가지고 암흑으로 뻗어 나가는 '곡선 자체'를 재구성하는 것과 같은 방식으로 철학이 경험을 넘어 확장될 수 있는 분절선a line of articulation을 보여 준다는 의미다.[44]

베르그손은 과학이 '무의식적 형이상학'으로 작동하는 반면, 칸트주의는 실재를 모델링하는 데 있어 과학에 특수한 도식diagrams을 무비판적으로 수용하는 데 기초한다고 주장한다. 즉, 둘 중 어느 쪽도 우리 지식의 상대성을 설명해 줄 수 있는 지성의 발생[기원]을 산출할 수 없다. 베르그손은 칸트의 초월론적 감성론이 구체적으로 성취한 바를 인지한다: 연장은 다른 것들과 같은 종류의 물질적 속성으

---

44) *Ibid.*, p. 27.

로 간주될 수 없는데, 이는 우리가 실제 경험에 의존하지 않고는 열, 색상, 무게의 양태들을 규정할 수 없는 반면, 그것[연장]은 또한 공간 개념과 사뭇 다른 것이기 때문이다. 그것이 시각과 촉각을 통해 경험적으로 주어졌다 하더라도, 이것이 형상들figures과 그 형상들의 속성을 재단하여 선-경험적으로 규정하는 능력이 우리 마음에 있을 수 있다는 것을 배제하지 않는다. 이율배반을 포함한 칸트의 기획 전체에 스며들어 있는 것이 바로 이 공간의 초월론적 이념성ideality이다. 그러나 이는 단순히 지성이 공간성의 대기에 잠기는 것이 아니라 이러한 대기가 지식의 가능성을 제한한다는 것을 의미한다. 우리의 지각이 '기하학을 품고 있다'면, 우리의 사유가 물질 안에서 지각 능력이 이미 그곳에 놓아둔 수학적 속성들을 발견한다 해도 놀랄 것이 없다. 물질은 [이성적] 추론의 순응성에 굴복한다. 물질과 실재에 대한 어떤 다른 지식 ── 운동성에 대한 직관이 제공하는 것과 같은 ── 도 거부되므로, 그 결과가 이율배반이라는 것 역시 놀라운 일이 아니다. 이율배반에서는 하나의 진술에 대해 그와 동일하게 개연적이고 증명 가능한 반대의 진술이 만들어진다.

베르그손은 경험론적 지식론에 대한 칸트의 단호한 반박이 그것이 부정하는 바에 대해서는 확정적이라고 주장한다. 그렇다면 이는 그것이 긍정하는 것(예를 들어 공간과 시간의 초월론[선험]적 이념성)이 일으키는 문제에 대한 해결책 역시 제공하는가? 이 질문에 대한 답변은 다음의 인용에 나타난다.

칸트에게 공간은 우리 지각 능력의 이미-주어진ready-made 형식으로 나타난다. 이는 우리가 그것이 어떻게 발생하는지, 왜 그러한지도 알지 못한다는 의미에서 진정한 기계 장치의 신deus ex machina이다. 그는 또한 우리가 아무것도 알 수 없다고 주장하는 '물자체'도 제시한다. 그렇다면 칸트는 도대체 무슨 권리로 이들의 존재를 (아무리 '문제적'이라고 해도) 확언하는가? 우리의 지각 능력에 정확히 들어맞는 '감각적 잡다'를 투사하는 것이 이 알 수 없는 실재라면, 그 실재는 바로 이 사실에 의해 부분적으로 [우리에게] 알려진 것이 아닌가? 그리고 이 정확한 들어맞음에 대해 알아보려면, 우리는 적어도 어느 시점에서는 사물들과 우리 마음 사이에 미리 수립된[예정된] 조화 ── 칸트가 마땅히 피하고자 했던 게으른 가설[로 볼 수 있는] ──를 가정해야 하는 것이 아닌가? 결국 그가 주어진 공간을 이미-주어진 것으로 받아들일 수밖에 없었던 것은 공간성에 있어 구별되는 정도들을 고려하지 않았기 때문이다 ── 이로부터 어떻게 '감각적 잡다'가 그것[공간]에 맞게 조정되는가의 물음이 제기되는 것이다. 그가 물질이 완전히 서로에게 절대적으로 외부적인 부분들로 발현한다고 가정한 것도 같은 이유에서다. [⋯][45]

물질과 지성은, 점진적으로 서로에게 적응하여 공통의 형식을 취하게 되는 한 이중 기원의 관점에서 이해될 수 있다. 실천적 지성과 과학 모두 비활성 물질에 관한 [학문]으로서, 시간을 동질적인 공

---

45) Bergson, *Creative Evolution*, p. 205.

간의 양식 안에서(예를 들어 어떤 방향으로 나아가는, 무한히 분할 가능한 점들로 구성된 선; 닫힌 체계는 지속이 인위적으로 제거된 모든 체계들이다) 다루기 때문에 지속을 사유할 수 없다. 따라서 칸트[철학]이 온전한 것이 되기 위해 두 가지가 필요하다: 하나는 지성의 발생 기원을 알아보는 것이다(우리가 가지고 있는 마음의 습관을 가지게 된 이유를 설명하고, 이 결과를 자연 철학과 물질 이론에 적용하는 것); 그리고 두번째는 형이상학에 대한 우리의 개념을 불필요하게 제한하는 것으로서, 철학에 있어 현대 과학의 무비판적인 도입에 저항하는 것이다.

[우리는] 오성[지성]의 틀을 이미 만들어진 그대로 받아들여야 했다. 우리의 지성에 제시된 물질과 이 지성 자체 사이에는 아무런 관계가 없었다. 둘 사이의 합치는 지성이 자신의 형식을 물질에 부여했기 때문이었다. 그래서 지식의 지성적 형식을 일종의 절대적인 것으로 상정하고 그것의 기원에 대한 탐구를 포기해야 했을 뿐 아니라, 이러한 지식의 대상[물질] 자체가 지성에 의해 너무 짓눌려 있어, 그것을 본래의 순수한 형태로 복구하는 것을 생각조차 하기 어려웠다. 칸트가 왜 우리 지식의 대상[물질]이 그[지식]의 형식을 초월한다는 것을 믿지 않았는지에 관한 물음에 대해, 우리가 알아 낸 바는 다음과 같다. 자연에 대한 우리의 지식에 대해 칸트가 제기한 비판은, 우리의 마음이 어떠해야 하는지, 또한 만약 우리 과학의 주장들이 정당화된다면 자연은 어떠해야 하는지를 확정하는 것으로 이루어졌다. 그러나 칸트는 이러한 주장들 자체에 대해서는 비

판하지 않았다. 즉, 주어진 것의 모든 부분들을 동일한 힘으로 묶을 수 있고, 이것들을 (모든 면에서 동등한 고체성을 제시하는) 하나의 체계로 조직할 수 있는 어떤 하나의 과학이라는 관념을 당연하게 받아들였다는 것이다. 칸트가 고려하지 않은 것은 […] 물리적인 것에서 생명적인 것으로, 생명적인 것에서 정신적인 것으로 이행할수록 과학은 점점 덜 객관적이고 점점 더 상징적이 되었다는 사실이다.[46]

베르그손의 주장은 과학이 우리 지성의 습관으로부터 발전했으며, 이것이 비활성 물질에 주로 작용하는 습관들이라는 것이다. 이는 생명을 이해하기 위해 고안된 습관이 아니다. 그는 칸트의 체계가 과학의 무비판적 활용과 지성의 기원을 밝히려는 의지의 결여에 기초하고 있다고 주장한다. 베르그손에 의하면, 생명을 지속으로서(분할 가능한 점들이나 외적인 부분들로 사유할 수 없는 생성 또는 운동) 설명하려면 다른 방법, 즉 직관의 방법이 필요하다. 그는 일부 칸트의 후계자들, 예컨대 셸링과 쇼펜하우어와 같은 [철학자들이] 직관에 호소함으로써 상대주의에서 벗어나려고 시도했다는 것을 인정한다.[47] 그러나 그는 이들의 시도가 호소한 것이 비-시간적인 직관이었고, 대체로 스피노자주의로의 회귀, 즉 '하나의 완전한 존재Being'로부터 지속 혹은 생명의 형식을 연역하는 것이었다고 주장한다.[48]

---

46) *Ibid.*, pp. 358~359.
47) Bergson, *The Creative Mind*, p. 30.

칸트 이후의 철학이 기계적 이론들에 대해 가혹했을지 몰라도, 모든 종류의 실재에 대해 하나이며 동일한 과학의 개념은 기계론으로부터 수용한다. 그리고 그것은 스스로 생각하는 것보다 기계론에 가깝다. 물질, 생명/삶과 사유를 고려함에 있어, 비록 그것이 기계론이 상정한 복잡성의 연속하는 정도들을 이념[이데아] 실현의 정도 혹은 의지Will의 객관화 정도로 대체하기는 하지만 여전히 정도[의 측면]에서 논한다. 이러한 정도들은 존재Being가 단일한 방향으로 가로질러 [나아가는] 규모scale에 있어 정도다. 즉, 그것은 자연을 기계론과 동일한 방식으로 분절해 낸다. 기계론의 전체 설계를 그대로 유지하며, 단지 다른 색을 부여할 뿐이다. 그러나 이 설계 자체 또는 적어도 그것의 절반은 새로-제작되어야re-made 하는 것이다.[49]

베르그손에게 과학과 지성은 반복과 관련된 것이다. 지성은 주어진 상황에서 이미 알고 있는 것과 비슷한 것을 선별하여, 이미-존재하는 틀이나 도식에 맞추려 한다. 이런 방식으로 지성은 "'비슷한 것이 비슷한 것을 생산한다'는 자신의 원리"를 적용한다.[50] 지성은 형식의 독창성이나 예측 불가능성이라는 관념에 대항한다. 유사하

---

48) 이를 『판단력비판』에 나타난 칸트의 스피노자주의에 대한 비판적 수용(물활론에 관한 언급보다는, 칸트가 '단일, 단순 실체'라 부르는 '존재론적 실재'에 관한 논의)과 비교해 보는 것도 흥미로운 작업이 될 것이다. Kant, *Critique of Judgement*, Section 80, 81~82 참조.

49) Bergson, *Creative Evolution*, p. 362.

50) *Ibid.*, p. 29.

게, 과학은 고립 가능한 혹은 닫힌 체계들에 집중하는데, 이는 "역사의 연속하는 순간들에 있어 환원 불가능하고 불가역적인 것은 [과학의 그물을] 빠져나가기" 때문이다.[51] 유기적 진화의 경우 베르그손은 형태를 미리 예견하는 것이 가능하지 않다고 주장한다. 이것은 진화에 있어 특정한 원인들이나 조건들이 없기 때문이 아니라, 그것들이 유기체의 특수한 형태에 내장된 한 부분이자 구획으로서, "생명이 그 형태를 생산하는 순간이 자리하는 그 [유기체의] 역사의 한 국면에 고유"하기 때문이다.[52]

그러므로 베르그손에게 생명의 철학이 필요한 이유는 창조적 진화를 적절하게 사유하지 못하는 지성의 불완전성과 과학의 무능함 때문이다. 이러한 통찰이야말로 기계론을 넘어 사유할, 또한 칸트가 자연에 대한 다른 사유에 가하는 제한을 거부할 필요성을 알려 주는 것이다.

> 생명체에 지속의 흔적이 많으면 많을수록 그 유기체는 (지속이 관통하지 않고 그 위로 미끄러지는) 단순한 기계론과 더욱더 달라진다. 이러한 논증은 생명의 진화 전체에 적용될 때 가장 큰 힘을 발휘한다. [⋯] 진화가 그것을 구성하는 살아 있는 물질의 통일성과 연속성을 통해 하나의 분할 불가능한 역사를 구성하는 한 [그러하다].[53]

---

51) *Ibid.*, pp. 29~30.
52) *Ibid.*, p. 28.
53) *Ibid.*, p. 37.

베르그손과 목적성

베르그손은 우리가 지니는 자연에 대한 지식이나 목적성finality의 개념에 있어 칸트가 가하는 제한들을 받아들이지 않는다. 우리는 목적성을, 단순히 사유에 있어 우리가 따르는 패턴들이나 습관들에 부합되는 방식으로만 생각해야 할 필요가 없다. 진화에 계획이나 프로그램이 포함되어 있다고 주장하는 것 ─ 예컨대 인간의 [출현] 시점으로 필연적으로 이어지는 진화 계획 ─ 은 불가능하지만([진화에는] 우발성이 있고, 다양한 진화의 선[경로]들이 있으므로, 하나이며 동일한 경향성의 개발에 있어 연속적인 정도를 상정하는 아리스토텔레스의 진화 개념은 지지할 수 없는 것이다), 베르그손이 보기에 진화가 단순히 완전히 우연적이고 무목적적인aimless 과정이 아니라고 주장하는 것은 가능하다. 그렇다면 목적성 개념은 어떤 방식으로 옹호될 수 있을까? 여기서 우리는 어떻게 베르그손이 '특별한 의미'에서의 목적성을 지지할 수 있었는지 알아보는 방식으로 이 문제를 논할 것이다. 이를 통해 우리는 칸트가 목적론적teleological 판단에 대한 비판에서 변형된 방식으로 고심했던 문제들로 돌아갈 것이다. 진화에 대한 베르그손의 논의는 기계론과 인격화[의인화]된 목적성 모두를 넘어서 사유할 필요성을 보여 주는 데 있어서는 성공적이었다고 할 수 있지만, 그것이 칸트가 제기한 문제를 명쾌하게 초월했다고 보기는 어렵다. 이 점을 논하기 위해서는 베르그손이 어떻게 생명의 충동을 '이미지'로 설명하는지, 즉 사유가 지성의 기계적·공간적 습관들을 넘어 생명을 이해하기 위해 스스로에게 부여하는 이미지로 설명하는

지 살펴볼 필요가 있다. 이는 이 장의 마지막 절에서 논할 것이다. 현재 우리의 초점은 베르그손이 어떻게 특별한 의미에서만 목적성의 관념을 옹호하는지다.

이 장의 서론에서 언급했듯, 칸트는 생명과학과 생명 연구의 사례를 통해 수학적·기계적 방법의 한계들에 의문을 제기하게 된다. 유기체의 [합]목적적 특성이라는 개념은 생물들에 대한 경험적 관찰을 통해 기계 과학에 강요된 개념이다. 그러나 베르그손은 칸트가 유기체의 문제를 틀짓는 [두 가지] 방식 ─ 즉, 자연의 순수한 기계론(부분들의 외부성과 불연속성을 가정하고 유기체의 구성을 엄격하게 기계적인 문제로만 보는) 혹은 목적성의 문제(외부적 설계가 아니라 부분들에 선행하는 전체의 의도[지향성]가 있다고 보는) ─ 모두를 거부한다.[54] 유기체의 문제는 복잡성의 문제이며, 지성이 이해하지 못하는 것이 바로 이러한 복잡성이라고 베르그손은 주장한다. 그러나 이것은 복잡성이 추론적 오성[지성]의 수준을 초월한다거나 새로운 종류의 판단을 필요로 하기 때문이 아니다. 복잡성은 오성[지성]에게만 문제가 된다. 이 복잡성은 서로 얽혀 있는 수많은 분석들과 종합들을 전제로 하기 때문에, 단순한 물리적·화학적 힘의 작용이 스스로 그런 복잡성을 낳을 수 있다는 생각은 받아들이기 어렵다. 우리의 지성은 형식 없는 물질에 물질 없는 형식이 부과되는 질료형상

---

54) 칸트는 '부분들의 연결 가능성의 근원'을 담지하는 전체의 관념(혹은 어쩌면 직관)이 우리의 논변적 이해에 모순된다는 것을 인정하지만, 그것이 특수한 '표상'을 허용할 수 있다고 본다. Kant, *Critique of Judgement*, section 77: 64.

적hylomorphic 도식하에서 작동하기를 선호한다. 오성[지성]은 '상호 외재하는 부분들'만을 인식할 수 있으므로 두 가지 종류의 설명만 허용한다: 즉, 무한하게 복잡한 [유기]조직을 원자들의 우연적 연결로 보거나, 요소들을 하나로 묶어 내는 강력한 외부적 힘에 의존하거나이다. 우리가 이미-만들어진, 정적인 물질적 요소들이나 병치된 입자들, 혹은 동일하게 정적인 외부적 원인을 상정해야 하는 오성[지성]의 수준을 넘어서야 한다고 주장하면서 베르그손은, 단순히 목적론적 추정estimation이 필요하다고 본 칸트의 입장을 정교화하고 있는 것은 아닐까?[55] 나는 그렇다고 생각한다. 그럼에도 두 사람 사이에 몇 가지 중요한 차이점이 남아 있는데, 이는 다음과 같이 정리할 수 있다.

1. 베르그손은 기계론 자체가 우리 지성의 습관에 근거한다고 보기 때문에 목적론에 대한 기계론의 우선성을 받아들일 수 없다. 따라서 이는 특수한 [발생]기원과 자체적 규정을 필요로 한다. 기계론에 대한 대안은 자연과 생명에 대한 우리의 연구에 있어 단순히 부차적인 기능이라 볼 수 없다.

2. 물활론에 대해 칸트가 제기한 문제는 잘 알려져 있다. 자연의 조직적 능력을 '예술의 유사물'이라는 관점에서 구성하는 것이 불

---

55) 이 문제와 관련하여, 또한 『창조적 진화』의 주요 쟁점들에 있어 베르그손이 칸트를 계승한다는 점은 회프딩이 베르그손에 대한 강의들에서 지적한다. Harald Høffding, *Modern Philosophers and Lectures on Bergson*, trans. A. C. Mason, London: Macmillan, 1915, pp. 274~275 참조.

충분하다고 주장한 후 칸트는 논의를 종료하기 위한 목적으로 어쩌면 우리가 '생명의 유사물'을 생각해 내는 게 더 나을지도 모르겠다고 제안한다.[56] 그러나 칸트는 이러한 이행을 용인하지 않는데, 이는 그것이 자신이 받아들이지 않을 물질에 대한 견해, 즉 "자신의 본질적인 본성과 모순되는 속성(물활론)을 지닌 단순한 물질"이라는 개념을 수반하기 때문이다.[57] 칸트에게 이 본질적 속성이란 불활성[비활성]이다. 칸트가 물활론을 거부하기 때문에 자연의 [유기]조직이 우리가 알고 있는 어떤 인과성에도 비유될 수 없다는 입장을 견지하는 것이다. 이와 대조적으로 베르그손은 물질 자체에 자기 조직화 능력을 주저 없이 부여한다(그는 이것을 다원주의와 그것의 수동적인 물질 개념을 비판하는 방식으로 진술한다. 이 개념에 따르면 진화적 변화는 맹목적이고 기계적인 [자연]선택의 과정이다). 그러나 베르그손이 경향의 층위에서 생명과 물질 사이의 구별을 지지하고 물질을 불활성에 대한 경향의 관점에서 생각한다는 이유로 그가 물활론을 지지한다고 볼 수는 없다.[58] 생명과 물질은 수축과 팽창(긴장tensions, 이완de-tensions 및 확장[연장]ex-tension)을 통해 상호–함축되어 있다. 물질은 이완을 허용하고 '어느 정도의 탄력성을 나타내며', 따라서 그

---

56) Kant, *Critique of Judgement*, section 65 : 23.

57) *Ibid*.

58) 1915년 3월에 회프딩에게 보낸 편지에서 베르그손은 물활론과 거리를 두고 있다. 그에 따르면 물활론의 오류는 물질과 생명을 혼동하는 것이다. [물활론이] 제시하는 '물질의 표상'은 '생명의 세계에서 가져온 이미지들'을 사용한다(*Mélanges*, p. 1148).

것의 관성, 기하학 및 결정론이 절대적이라고 말할 수 없다.[59] 그 뿐 아니라 베르그손은 조직을 유기체와 유기체의 목적성 측면에서가 아닌 생명 자체의 관점에서 현실화 및 물질화라는 창조적 과정으로 이해한다. 이는 우리를 베르그손과 칸트를 구분하는 가장 중요한 차이점으로 인도한다.

3. 베르그손은 부분과 전체의 합치coordination에 있어 기계론이 지니는 한계로 인해 우리가 목적성으로 이행해야 할 필요는 없다고 주장한다.[60] 여기서 그는 목적성의 교설the doctrine of finality에서 전체는 상호 외부적인 부분들의 무한성을 전제로 한다고 가정하고 있다. 칸트는 부분에 선행하면서 부분들의 조직과 합치를 설명하는 것이 전체라고 보면서도 여전히 추상적인 분할 가능성의 원리에 의존한다고 베르그손은 주장한다. 그러면 우리는 이제 베르그손이 목적성 문제를 어떻게 재편하는가 살펴보아야 할 것이다. 이는 내적 목적성의 전체에서 외적 목적성 전체로의 이행이라는 관점에서 이루어진다. 목적성은 생명 자체의 '의도'[지향]와 그 일반적인 방향성이라는 측면에서 설명되어야 하며, 이것 없이 진화는 전적으로 우연이거나 우발적인 과정이 되고 만다.[61] 들뢰즈가 지적하듯, "생명은 방향성 없이는 작동하지

59) H. Bergson, *Mind-Energy*, trans. H. W. Carr, New York: Henry Holt, 1920, pp. 17~18.

60) H. Bergson, *The Two Sources of Morality and Religion*, trans. R. Ashley Audra and C. Brereton, University of Notre Dame Press, 1977[1932], p. 114.

61) 베르그손은 『창조적 진화』와 『도덕과 종교의 두 원천』에서 생명을 의도[지향]로 설명한다. Bergson, *Creative Evolution*, pp. 233ff에 나오는 우연에 관한 논의 또한 참조.

않기 때문에 목적성을 지닌다; 그러나 '목표'는 없다. 왜냐하면 이러한 방향들은 미리-형성된 것으로 선재하지pre-exist 않으며, 그 방향을 따르는 행위들과 '더불어' 만들어지기 때문이다".[62] 베르그손이 이러한 목적성 개념을 통해 목적론적 판단의 문제(특히 규제적 지식의 문제와 관련하여)를 넘어서는지 여부는 이 장의 마지막 절에서 살펴볼 것이다.

베르그손에 따르면 진정한 의미에서 창조적 진화, 즉 실제 생명체의 창조가 예측 불가능하고 비-기계적인 방식으로 일어나는 진화를 사유하는 것이 가능하다. 그가 보기에, 하나의 교설doctrine로서 목적론finalism의 문제는 일반적으로 설명되는 것처럼 그것이 과거의 강제력을 미래의 인력attraction으로 대체함으로써 역전된 기계론 이상 무엇도 제공하지 않는다는 것이다. 두 경우에서 모두 진화는 실현 [실재화]의 [정해진] 프로그램으로 전락한다. 더욱이 그는 유사한 유기체 개념 — 즉, 자연의 산물로서 자기-회복과 자기-유지, 그리고 (베르그손에서) 감각 신경계의 역할을 수행할 수 있는 것 — 을 가지고 있으면서도 내적 목적성을 강조하지 않는다. 베르그손은 유기체에 대한 우리의 개념(주어진 전체도 아니고, 더 복잡하게 말해, 조직적으로 닫힌 자기생산적autopoietic 전체도 아닌)과 그 유기체를 일부로 삼는 생명 전체에 대한 개념을 확장해야 한다고 주장할 것이다.[63] 우리

---

62) Bergson, *Matter and Memory*, p. 106.

는 3장에서 베르그손이 목적론을 역전된 기계론이라고 일축한 이유를 살펴보았다. 이제 목적성이 외부적이어야 한다는 그의 주장을 보기로 하자.[64]

베르그손이 보기에, 우리는 철학과 과학 내에서 더 이상 '무관심한 물질'을 가정할 수 없다. 다윈주의의 경우 '적응'이라는 용어는 적절하게 고안되지 않았다. 우리는 눈과 빛이 명백하게 관련된다는 것을 쉽게 이해하지만, 이 관계가 적응이라고 할 때는 그것이 의미하는 바를 정확히 알아야 한다. 순수하게 기계론적인 생물학은 비활성 물질(환경의 영향에 단지 복종하는 물질)의 수동적 적응을 유기체의 능동적 적응과 동일시하는 오류를 범한다. 반면 목적성의 교설들은 능동적 적응을 단지 인격화된 선들을 따라 해석하는, 즉 어떤 정교한

---

63) 필자는 자기생산 논변을 여러 곳에서 비판적으로 검토한 바 있다. 예를 들어, K. Ansell Pearson, *Viroid Life: Perspectives on Nietzsche and the Transhuman Condition*, London: Routledge, 1997, pp. 140~144; *Germinal Life: The Difference and Repetition of Deleuze*, London: Routledge, 1999, pp. 168~170을 볼 것.

64) 베르그손의 생기론에 대한 기사에서 마리아 볼스키와 알렉산더 볼스키는 생의 약동이 유기체 내의 엔텔레키 또는 생명력을 가정하는 한스 드리슈(Hans Driesch)의 생기론과 어떻게 다른지 보여 준다. 대조적으로 베르그손에게 생명의 충동은 "유기적 세계를 넘어서며 그 바깥"에 있다(M. Wolsky & A. Wolsky, "Bergson's Vitalism in the Light of Modern Biology", in F. Burwick and P. Douglass, *Bergson and the Vitalist Controversy*, Cambridge: Cambridge University Press, 1992, p. 157). 개체들을 관통하는 발생적(genetic) 에너지의 연속성을 통해 생명을 규정하고, 어떠한 신비한 생명 원리에도 호소하지 않으려 한다는 점에서 베르그손은 사실 전통적인 생기론보다 다윈주의에 더 가깝다 하겠다. 엔텔레키의 유래에 대해서는 아리스토텔레스의 『영혼에 관하여』 II, 2를 참조: "각 사물의 엔텔레키는 본성상 그 사물의 잠재태(what is potentially it)와 고유의 질료 안에 있다." Aristotle, *De Anima(On the Soul)*, trans. H. Lawson-Tancred, Harmondsworth, Middlesex: Penguin, 1986, p. 161. 자연의 목적인에 관해서는 아리스토텔레스의 『자연학』 II, 8 참조. *Physics*, trans. R. Waterfield, Oxford: Oxford University Press, 1996, pp. 50~53.

기관의 진화를 제조의 과업에 비유하는 식의 오류를 범한다. 이것은 진화를 선재하는 가능성의 실현으로 환원시키는 것으로서, 목적론이 역전된 기계론이 되는 지점이다. 눈의 점진적인 진화에 대해 말할 때 눈과 불가분하게 연결된 것들을 고려한다면, 우리는 척추 동물에 있어 시각 장치와 연속적인 다양한 체계들(신경, 근육, 골수)의 형성과 유사한 것을 물리적으로 발생시키는 빛의 직접적인 작용에 대해서만 단순히 말하지 않을 것이다. 오히려 우리는 암묵적으로 "조직화된 물질에 독특한 능력 [⋯] [즉,] 자신이 경험하는 단순한 자극을 활용하기 위해 매우 복잡한 기계를 만드는 힘을 부여한다".[65]

『창조적 진화』에서 베르그손은 목적론teleology의 교리를 논의하면서 칸트가 아니라 라이프니츠와 그의 입장, 즉 존재자들이 단순히 미리 계획된 프로그램을 실현한다는 견해를 언급한다. 다시 말하지만 이것은 시간이 무효하다고 가정하는 것이다('모든 것이 주어진다'는 명제가 다시 한번 주장된다). 베르그손은 기계론과 달리 목적론은 그 윤곽에 있어 경직된 교리가 아니므로 다양한 변형들이 가능하다고 주장한다. 그는 목적인目的因의 이론이 확고하게 반박하기 어렵다고 본다. "그것의 한 형태를 제치고 나면 또 다른 형태가 나타날 것이다."[66] (예를 들어, 자연선택 이론 내에서는 목적성이 암시적 또는 명시적으로 자연적인 것에 귀속된다.) 베르그손은 창조적 진화에 대한 자신의 주장 역시 어떤 특정한 목적론에 필연적으로 참여하는 것이라

---

65) Bergson, *Creative Evolution*, p. 72.
66) *Ibid.*, p. 40.

고 말한다. 우리는 목적론에 대해 다른 방식들로 말할 수 있다. 예를 들어, (확정된 계획을 수행하는) 생명 전체의 목적론(이러한 가설은 비록 경험적 논증이나 확증을 허용하지 않지만); 또는 개별적으로 보았을 때 생명의 각 부분들(예를 들어 각각의 유기체)의 목적론. 여기에서 강조되는 것은 내적 목적성이며, 이 목적성 안에는 "유기체의 부분들 사이의 경이로운 연대"와 복잡성 속에서 무한한 분업이 있다: "각 존재는 그 자신을 위해 만들어지고, 그것의 모든 부분들은 전체의 최고선을 위해 협력하면서 그 목적을 위해 지능적으로 조직된다."[67]

베르그손은 여러 가지 이유로 이 두 가지 목적성 교리들에 만족하지 않는다. 첫번째 목적론, 즉 전체의 목적론은 목적성을 예정된 계획의 실행 정도로 축소하는 반면, 내적 목적성의 교리는 유기체가 자기존속적인self-subsisting 단일 전체로 존재한다고 순진하게 가정한다. 그는 어떤 경우에는 전체의 더 큰 이익을 위해 작용하는 다른 요소들 자체가 유기체일 수 있다고 주장한다. 내재주의적internalist 논변의 논리를 따르면 목적성은 '자기 파괴적 관념'으로 판명된다. 단일한 전체로 간주되는 것의 요소들은 진정한 자율성을 가진다; 예를 들어 유기체의 다양한 조직들은 모두 스스로를 위해 살아가지만, 너무 독립적이어서 자신에게 영양을 공급하는 유기체를 공격하는 식세포들도 있다. 그러므로 자연에서 우리는 순전히 내적인 목적성도, 절대적으로 구별되는 개체성도 볼 수 없다. 오히려 각각의 개체적 유

---

67) *Ibid.*, p. 41.

기체(고등 척추동물과 같이 가장 개별[개체]화된 유기체를 포함하는)는, 보이지 않는 결속으로 모든 생물체 전체와 결합된 상태로 남아 있다. 베르그손은 그다지 도움이 되지는 않지만 그럼에도 일관된 결론에 도달한다. "생명/삶의 세계에 목적성이 있다면, 그것은 생명/삶 전체를 하나의 분할 불가능한 [방식으로] 포용하는 것이다."[68] 그러나 이 생명/삶은 수학적인 것이 아니라 다양한 개체화를 허용하는 것이다.

베르그손은 목적성을 잠재성으로 대체하는데, 이는 생명이 진화의 다양한 계통들(본능과 지능의 다른 경향, 식물과 동물에서 발견되는 물질의 다른 수축과 흥분)로 분리된 하나이자 동일한 충동의 연속이라는 그의 주장에 나타난다. 그러나 실제 진화의 잠재적인, 발산하는 선들 가운데에는 계획이나 프로그램의 실행이란 없으며 가능성에 대한 기계론적 실현도 없다. 진화에 목적성이 있다면 그것은 공통의 열망이 아니라 문제가 지속되는 공통의 추진력 때문이다.

숙고하면 할수록, 우리는 엄청난 수의 작은 원인들이 서로 다른 두 가지 방식으로 축적되면서 동일한 결과를 만들어 내는 것이 기계 철학의 원리에 위배된다는 것을 더욱 잘 알게 될 것이다. […] 매 순간, 바로 우리 눈 앞에서 자연은 때로 이웃하는 종에서 전혀 다른 배아발생embryogenic 과정을 통해 동일한 결과들에 도달한다.[69]

---

68) *Ibid.*, p. 43.
69) *Ibid.*, pp. 74~75.

베르그손은 자기 버전의 목적론만이 창조적 진화를 실제로 설명할 수 있다고 말한다. 그는 실제 진화 계통들과 이 계통들 안에서 발견되는 유사한 구조의 복잡성 간의 차이점에 집중한다. 기계론의 모델에는 우연들accidents ── 그들이 생명의 형태에 부여한 이점 때문에 자연선택이 보존해 온 ── 의 기계적 축적이 있을 뿐이다. 따라서 베르그손은 다음과 같이 질문한다. 완전히 다른 두 계열의 우연들이 추가됨으로써 완전히 다른 두 개의 진화들이 유사한 결과로 이어질 가능성은 얼마나 될까? 그러나 만약 잠재적 전체의 어떤 것이 부분들에 머물면서 분기된 선들을 가로질러 존속한다면 "순수한 기계론은 논박될 수 있고, 우리가 이해하는 특별한 의미에서의 목적성은 어떤 측면에서 입증될 수 있을 것이다. […]"[70]

지금까지 살펴본 베르그손의 특별한 의미에서의 목적성에 대한 이해를 바탕으로, 그것이 지니는 문제들을 파악해 보자. 그것은 칸트가 제시한 목적론적 판단의 난점들로부터 완전히 자유로운가?

'생의 약동'의 이미지

베르그손은 생의 약동élan vital의 관점에서 생명의 진화를 설명하는 것이 하나의 가설이라는 것을 인정한다. 사실 그것은 매우 사변적인

---

70) *Ibid.*, p. 54. 이러한 베르그손의 문제제기에 대한 동시대적 활용으로는 1977년에 나온 그라세의 연구, P. Grassé, *Evolution of Living Organisms: Evidence for a New Theory of Transformation*, New York: Academic Press 참고.

측면을 가지고 있는데, 이는 우리가 앞의 에세이에서 비판적으로 논한 것처럼, 수렴 진화의 사례들(다른 발생적 계통들에 공통된 눈의 진화와 같은)은 발산하는 선들을 가로지르는 동일한 잠재적 문제를 설정한다는 점에서 충동의 측면에서 설명될 수 있다는 주장이다. 3장에서 우리는 수렴 진화에 대한 이와 다른 설명들도 동등하게, 혹은 더욱 신빙성이 있는 점을 언급했다. 이러한 측면에서 생의 약동이라는 가설은 자연에 대한 과학적 연구에 있어 규제적 기능만을 수행할 수 있을 것이다. 게다가 이것은 생명의 과학자가 내려야 할 판단이지, 형이상학자가 과학에 내리는 판단이 될 수는 없다. 베르그손 자신도 여기에 동의하는데, 이는 클로드 베르나르Claude Bernard의 실험 방법에 대한 에세이에서 그의 방법이 생명의 원리에 의존하지 않고 진행된다고 지적하는 데서 볼 수 있다.[71] 그는 베르나르의 공격이 오직 '피상적 생기론'에 대한 것이라고 주장하면서도, 생명 과학과 생명의 형이상학 사이의 구분이 필요하다는 점을 인정한다. 이는 여전히 칸트의 목적론적 판단의 공간 안에서 작동하는 것처럼 보일 수 있는데, 필자는 엄밀히 말해 그것은 사실이 아니라고 잠시 후에 주장할 것이다. 베르그손에게 중요한 것은 과학과 형이상학 모두가 자연과 생명에 대한 연구에 [적용될 때] 예상이 빗나갈 준비를 해야 하고, 인간 논리와 자연 논리 사이에 차이가 있을 수 있다는 점을 인지해야 한다는 것이다.[72] [먼저] 과학자는 자연 현상의 복잡성에 대한 감

---

71) Bergson, *The Creative Mind*, p. 203.
72) *Ibid.*, p. 206.

각을 길러야 한다. 자연에 접근함에 있어 우리는 부분과 전체에 대한 선-경험적a priori 개념이나 (유기체의 경계를 한정하고 정의하는 방법을 비롯하여) 무엇이 생명을 구성하는지에 대한 선-경험적 개념으로 접근할 수 없다. 우리는 우리의 관념 안에 자연을 위치시키거나 제한하려는, 혹은 실재를 그 측정 결과에 맞게 축소하려는 유혹을 뿌리쳐야 한다. 칸트와는 달리 우리는 지식의 통일성에 대한 요구를 자연의 다양성에 강제적으로 적용해서는 안 된다. 실재의 부조화sinuosities를 따른다는 것은, 실재를 모든 개념들의 개념(그것이 영혼Spirit이건, 실체, 자아, 의지이건)에 끼워 맞출 수 없다는 것을 의미한다.[73] 베르그손은 지속 자체를 포함한 모든 사유가 개념들에 머무르게 되면 경직되고 고정되기 때문에 우리는 이 사실과 그에 따른 위험을 인식해야 한다고 지적한다.[74]

베르그손은 생의 약동이라는 가설이 경험적 적용 [가능성]과 타당성을 가지고 있다고 믿는다. 이는 그의 마지막 저작인『도덕과 종교의 두 원천』에 제시된 생의 약동에 관한 논의에서 가장 분명하게 나타난다.[75] 『창조적 진화』에서 그는 '진화에 대한 경험적 연구'를 옹호하면서, 과학과 철학은 동일한 '대상'(생명)에 대해 급진적으로 다른 방식으로 접근하고, 그 결과에서 서로 다른 것을 기대한다고 주장한다. [베르그손에 따르면] 과학과 형이상학 사이의 방법적 차이는

---

73) *Ibid.*, p. 49.
74) *Ibid.*, p. 35.
75) Bergson, *The Two Sources of Morality and Religion*, pp. 112~116.

유지되어야[76] 하는데, 이는 그 둘이 절대적인 것의 다른 두 반쪽들을 우리에게 제시하기 때문이다. 그러나 이것은 형이상학이 그 뒤를 따르는 "실증적 과학보다 우월한 것"으로서, 동일한 대상에 대한 더 고도의 지식에 도달한다는 뜻이 결코 아니다.[77] 우리가 둘 사이의 관계를 이렇게 이해한다면 이는 둘 모두에게 부당한 일이며, 형이상학 역시 모호하고 전적으로 가설적 형태의 지식으로 남고 말 것이다. 철학의 경우, "직관의 도움으로 지성은 생명이 다수의 범주에도, 하나의 범주에도 들어가지 않는다는 것, 즉 기계적 인과성이나 목적성 중 어느 것도 생명의 과정을 충분히 해석할 수 없다는 것을 인식할 수 있다".[78] 베르그손의 사유에서 철학적 관념이 과학과 협력하여 기능할 때와 철학 안에서 전개될 때 지니는 타당성은 분명 구별되어야 한다. 생명의 철학은 과학이 사변적인 방식으로 쓸데없는 것이라 간주할 수 있는 생명에 대한 직관과 전망을 제공한다. 그러나 사유의 가능태와 현실태들은 과학이 요구하는 사항들에 의해 규정될 수 없는데, 이는 베르그손에게 과학은 그 실천에 있어 실재에 대한 전체적인 설명이 아니라 실재에 근접하는 것이기 때문이다. 예를 들어 베르그손은 『창조적 진화』에서 생명의 형이상학을 개괄하면서, 철학의 의무가 실천적인 효용성에 무관심하게 생명체에 대해 고찰하는 것이라고 말한다: "[그것의] 특수한 대상은 사색하는 것, 즉 알아보는 것이

---

76) Bergson, *The Creative Mind*, p. 43.

77) *Ibid*.

78) Bergson, *Creative Evolution*, p. 177.

다.…"[79] 과학과 철학은 각자 사용하는 방법이 다르기 때문에, 그것이 생명과 맺는 관계 역시 다르다.

베르그손이 독자들에게 남긴 어려운 과제는 사유에 있어 다른 수준들과 평면들의 범위를 결정하고, 그들 사이의 관계를 정하는 것이다. 이 점에서 그는 칸트주의자라 할 수 있겠다. 그러나 차이점은 베르그손이 칸트의 비판이 초래했다고 생각하는 과학에 대한 형이상학의 종속을 전복함으로써 형이상학을 고유의 평면[영역]으로 해방시키려 한다는 점이다. 이것이 성취하려는 바는 어쩌면 형이상학을 다시 떳떳하게 만드는 것일지도 모르겠다. 베르그손이 보기에 과학은 단순히 상대적인 것이 아니라 실재 그 자체와 연관되지만, '자신의 영역의 한계'를 존중하는 방법을 배워야 한다.[80] 한계를 깨달아야 하는 것은 형이상학만이 아니다.

'생의 약동'과 함께 생각해야 할 또 다른 문제가 있는데, 이는 그것이 갖는 사유의 '이미지'로서의 위상에 관한 것이다. 생의 약동을 이미지로 묘사함으로써 베르그손은 우리가 생명을 유추적인 방식으로만 사유할 수 있다는 것을 분명히 보여 준다. 생명에 대한 즉각적인 직관이나 직접적인 이해란 없다. 베르그손은 칸트가 비판 철학의 체계를 어떤 가정들하에 구축하는지 훌륭하게 드러내지만 그 자신의 사유 역시 필연적으로 인간 정신의 한계 안에 머물러 있는 것이다. 문제는 이렇게 유추에 필연적으로 의존하는 것이 직관과 생명의

---

79) *Ibid.*, p. 196.
80) *Ibid.*, p. 207.

철학으로 간주되는 그의 철학 전체에 있어 치명적인 것인지 여부이다.[81] 이에 답하기 위해 이미지로서의 '생의 약동'이 지니는 지위를 더 알아보자.

베르그손은 생명을 충동으로 묘사하는 것이 "물리적 세계에서 가져온 어떤 이미지도 그것[생명]에 대한 관념에 근접한 것을 줄 수 없기" 때문이라고 설명한다.[82] 심리학에서 가져온 이미지는 상호 침투하는 여러 항들의 접힘enfolding으로서의 생명에 대한 통찰을 제공한다. 생명은 서로 얽혀 있는 열린 가능성들open-ended potentialities의 엄청난 다양성이라는 측면에서 특징지어질 수 있다. 잠재성의 측면에서 보았을 때 이러한 서로 얽힘[상호연관성]은 경향의 본성으로 인한 것이다.

어떤 경향에 있어 요소들은 공간 안에서 곁에 놓여 있는 상호 배타적인 대상들이 아니라, 오히려 정신적 상태들과 유사하다. 즉, 각각은 처음에는 그 자체로 있지만 다른 것들에 참여한다는 측면에서 잠재적으로 자신이 속한 전체의 성격을 자기 안에 포함하는 것이다.[83]

---

81) 이 가능성은 회프딩(Höffding, *Modern Philosophers and Lectures on Bergson*, pp. 277~278)이 최초로 제기했다. 베르그손은 회프딩이 1913년의 강의들에서 제기한 쟁점들 중 몇 가지에 대해 (필자가 앞에서 언급한) 1915년 3월 15일자 서신에서 답했다.

82) Bergson, *Creative Evolution*, p. 257.

83) *Ibid.*, p. 118.

이는 베르그손의 제한적인qualified 생기론의 바탕이 되는 철학적 사유를 보여 주지만, 그것이 어떻게 경험적으로 또는 규제적으로 적용될 수 있는지는 알려 주지 않는다.

베르그손이 두 명의 비평가에게 보낸 서신에서 우리는 그가 어떻게 생의 약동을 경험적 기반을 지닌 가설로 이해했는지에 대한 통찰을 얻을 수 있다. 1915년에 회프딩(베르그손에 대한 1913년의 강의가 포함된, 철학사에 대한 자신의 저서를 베르그손에게 보냈던)에게 보낸 편지에서 베르그손은 기계주의 철학에 대해 경험적 논박을 제시하고 싶다는 점을 분명히 한다; 그는 자연 앞에서 '감탄과 경이로움'만을 표시하는 생기론을 옹호하기를 원치 않았다.[84] 베르그손은 생명이 하나의 역사(혹은 자신의 역사)를 가지며, 그 역사 안에서 "모든 순간은 독특하며, 과거 전체의 표상이 수반한다"[85]는 점을 강조한다. 그러나 이 주제에 있어 가장 중요한 서신은, 그의 생애 끝 무렵인 1935년 12월에 들라트르F. Delattre에게 보낸 서신이다.

베르그손은 이 편지에서 이미지로서의 생의 약동의 지위에 대한 논의를 심화하고, 문제의 쟁점을 연관되는 듯 보이는 다른 관념들과 분리함으로써 해명하려 한다. 그는 진화라는 현상을 생의 약동과 연관시키는 것은 문체적 화려함을 위해서도, 고작 이미지 [개념으]로 심오한 원인에 대한 우리의 무지를 가리기 위한 것도 아니라고 말한다. 이는 생명 원리들의 습관적인 호소가 초래하는 일이라고 주장하

---

84) Bergson, *Mélanges*, p. 1148.
85) *Ibid*.

며, 그는 새뮤얼 버틀러의 '생명-력'life-force 개념을 예로 제시한다.[86] '생의 약동'을 쇼펜하우어의 생의 의지나 버틀러의 생명-력이 제시하는 '불모의sterile 이미지'와 혼동해서는 안 된다.[87] 그는 기계론과 목적론 모두에 불만족하며, 양자 사이에서 중개자 역할을 할 수 있는 생명의 개념을 찾고자 한다. 생명 개념은 그 자체로 독립된 것으로서는 가치가 없고, '생명'을 통해 사유될 수 있는 문제들의 장field이라는 맥락 안에서만 가치 있고 유익한 것이 된다. "실증 과학에서와 같이" 특수한 문제들에 스스로 관여하는 철학의 임무이자 책임이다. 진정한 어려움은 "문제를 제기하는 것"이며, 이는 철학이 아닌 대화를 위해 만들어진 언어, 즉 상식이나 사회[관습]적 행위의 요구 조건은 충족하지만 사유의 조건은 충족하지 않는 언어로부터 자신을 추출해 내는 것을 의미한다. 아마추어와 달리 진정한 철학자는 어떤 문제의 조건을 "흔한 [공통의] 문제", 즉 분명하게 제기되어 마치 문제 제기하는 사람이 선-존재하는 가능한 해답들 중 고르기만 하면 되는 그러한 문제로 보지 않는다고 베르그손은 주장한다. 그는 이런 방식이 버틀러의 생기론과 그의 (라마르크 옹호를 기반으로 한) 다윈의 해법에 대한 거부에 나타난다고 본다. 그러나 사유라는 임무에 충실

---

86) *Ibid.*, p. 1526.

87) 산타야나는 [생의] 약동을 쇼펜하우어의 의지와 동등한 수준에서 다루고 있다. Santayana, *Winds of Doctrine: Studies in Contemporary Opinion*, London: Dent, 1940(first published 1913), p. 70. 칸트의 목적론(teleology)에 대한 쇼펜하우어의 옹호는 『의지와 표상으로서의 세계』 2권의 XXVI섹션에 나온다. 쇼펜하우어의 의지와 베르그손의 생의 약동 사이의 관련성에 대한 뛰어난 고찰로는 Jankélévitch, *Henri Bergson*, Paris: PUF, 1959, pp. 135~144 참조.

하기 위해서는 문제제기[과정 자체]가 실제로 창조되고, 이것이 "해답을 창조하는" 가운데 수행되는, 진정한 지성적 노력이 필요하다.[88]

우리는 여전히 칸트의 영역에 머물고 있는가? 나는 그렇지 않다고 말하고 싶다. 칸트는 목적론적 판단에 대한 비판에서 제기된 쟁점들을 다루는 방식으로 인해 결국 극단적인 조치들(즉, 자연에 관한 물음에 대한 답을 자연 바깥에서 찾는 것과 같은)을 취하게 된다. 규제적 지식의 관점에서 반성적 판단의 도입에 대한 유익한 논거를 제공하면서도 칸트는 또 다른 원리(목적성)에 의한 과학의 확장이 물리적 인과관계의 기계론적 원리를 방해하지 않는다는 점을 강조한다.[89] 칸트에게 있어 목적론teleology의 과학이 지니는 목표는 완전히 부정적인 것인데, 이 때문에 그것이 비판의 형태를 취하고, 교리의 한 분야[분파]가 될 수 없는 것이다. 그것은 인식 능력과 판단력에 대한 비판으로서, 목적인의 원리에 맞게 자연에 대해 올바른 판단을 하기 위한 원리들을 제시하는 것과 관련된다. 목적성의 원리는 사물들 자체의 '내생적[고유한] 본성' 측면에서는 아무것도 알려 주지 않는다. 그들은 "다만 우리 오성[지성]과 이성의 조성으로 인해 우리가 이러한 존재들에 대해 목적인에 의거하지 않은 다른 기원을 생각할 수 없다는 것을 드러낸다".[90] 이 목적성의 판단은 단번에 주어지며, (이미 진술한 것처럼) 오로지 우리 [능력들]의 조성 때문에 주어진다. 자연의

---

88) Bergson, *Mélanges*, p. 1527.

89) Kant, *Critique of Judgement*, section 67: 28.

90) *Ibid.*, section 82: 91.

목적성에 대한 관념은 단순한 변덕과 공상으로 전락할 지경에 있다. 자연과 관련하여 우리가 만들어 내는 문제는 전적으로 우리 자신의 마음과 그 구성[방식]에 특유한 문제다. 칸트에게 있어서 자연의 목적성 문제에 대한 궁극적인 해답은 초자연적 창조자의 지성적 의지, 즉 자연이 아닌 본체적noumenal 실재 안에 있는 의지에 있다. 목적성의 '존재'Being는 어떤 경험을 통해서도 우리에게 주어질 수 없다.[91]

이와 대조적으로 베르그손은 확고하게 경험론적 근거에 기반하고자 한다. 이것이 그가 '진정한 경험주의'가 '참된 형이상학'이라는 견해를 고수한 이유다.[92] 생의 약동은 사유의 이미지로서 제시되지만, 경험과 관련이 없는 이미지는 아니다. 이것은 확장되고 넘어선 경험이며 과학과 형이상학 모두에 유효한 경험이다. 과학과 형이상학이 '직관에서 만나도록' 하고, 칸트가 설정한 경계를 주어진 것으로 받아들이지 않으려면, [우리는] 과학을 형이상학에 또한 형이상학을 과학에 더 많이 투입해야 한다.[93] 사유의 이미지로 이해되는 생의 약동은 '우월한' 경험론을 구축하려는 베르그손의 노력의 일환이다. 이것은 우리에게 우리의 무지를 상기시키고, 미리-형성된 관념과 무매개적[즉각적] 직관에서 벗어나 실재에 대한 연구를 심화하기 위한 것이다. 이 점에서 그것이 지식을 규제하는 역할을 할 수 있는데, 이는 기계론을 생명이나 자연에 대한 우리 개념의 의심할 여지 없는 기

---

91) *Ibid.*, section 74: 50.
92) Bergson, *The Creative Mind*, p. 175.
93) *Ibid.*, p. 192.

초로 받아들였기 때문이 아니다. 중요한 것은 우리가 부여하는 이름이 아니라 우리가 그러한 사유의 이미지를 가지고 있다는 것이다. 이러한 점에서 현대 과학이 그 핵심 측면과 요소에 있어 베르그손적이라고 말하는 것은 정당하다.

끝으로, 그렇다면 베르그손의 생명 철학은 (자신에게 치명적인) 생명 충동의 유추에 기초하고 있는 것인가? 필자는 그렇게 생각하지 않는다. 그것이 보여 주는 것은 인간의 조건을 넘어 사유하려는 지성적 노력의 정도라고 보는 편이 더 낫다고 생각한다. 앞으로 보게 될 것처럼, 그러한 노력은 베르그손의 저작『물질과 기억』에서 작용하는 비범한 사유의 운동을 특징짓는다.

6장 잠재적 이미지: 물질과 지각에 대한 베르그손의 입장

우리의 지각의 현실성은 그 활동에 있다. (베르그손, 『물질과 기억』)

지각된 것과 별개인 실재들을 믿는다는 것은 무엇보다도, 지각들의 질서가 우리가 아닌 지각들 자체에 있다는 것을 인지하는 것이다. (베르그손, 『물질과 기억』)

지성은 우리의 총체적 가능 경험에 속하지 않는 지각들이 존재할 수 있는가, 따라서 물질의 또 다른 장이 존재할 수 있는가를 결정할 수 있는 위치에 있지 않다. 지성은 주어진 것given의 종합만을 다룬다. (칸트, 『순수이성비판』)

우리는 존재하지 않는 것들과 더불어서만 작동한다. [⋯] 분절 가능한 기간들, 분절 가능한 공간들 [⋯] 사실 우리가 직면하고 있는 것은 연속체인데, 우리는 그 연속체의 몇몇 토막들을 분리해 낸다. 이는 우리가 움직임을 분리된 지점들로만 지각하여, 실제로 움직

임을 보지 못하고 사후적으로 추론하는 것과 유사하다. (니체, 『즐거운 지식』, 112절)

서론

『물질과 기억』은 1896년 처음 출판된 이래 지금도 혼란스럽고 매혹적인 책이라 여겨진다. 윌리엄 제임스는 이 책이 끼친 영향을 코페르니쿠스적 혁명에 비교하면서, 이를 버클리의 『인간 지식의 원리』, 칸트의 『순수이성비판』과 어깨를 나란히 하는 철학적 저서로 본다. 버클리와 칸트의 혁명과 달리, 베르그손이 『물질과 기억』을 통해 꾀한 혁명은 세계를 우리의 지각이나 세계에 대한 관념idea으로 환원하거나 세계에 대한 지식을 우리의 선-경험적인*a priori* 감성적 혹은 인지적 형식으로 한정하지 않는다. 그러나 이 책의 서두 부분은 베르그손이 버클리(주의)적 의미에서의 경험론자 혹은 관념론자라는 인상을 준다. 이런 점에서 이 책은 그 안에서 펼쳐지는 사유의 복잡한 운동을 잘 살피며 읽어야 한다. 『물질과 기억』은 심리 철학의 최근 동향들을 예견하는 텍스트다. 이 동향들이란 예컨대 지각을 재현적 관계들보다는 행위와 신체의 운동과 연관된 것으로 본다거나, 의식을 요소들의 조합 혹은 연관체계에서 나타나는 출현적 속성[창발성emergent property]으로 본다거나 하는 것이다. 우리는 뇌, 신체, 세계를 추상적인 의미에서만 분리할 수 있다.[1] 그러나 여기서는 잠재적인 것[의 개념]에 초점을 둘 것이며, 위의 문제들과 관련하여 『물질과 기억』이 지닌 동시대[적 의의]를 논의하지는 않을 것이다. 이는 필자가 『물질과 기억』에 관해 쓴 에세이 두 편 중 첫번째 것에 해당하며 여기서는 베르그손이 이미지 [개념]을 형상화하는 데 있어 잠재적인 것이 어떻게 작동하는지를 살펴볼 것이다.

『물질과 기억』은 4개의 장과 요약, 결론으로 구성된다. 1장에서는 지각이 내적 · 주관적인 환상vision이나 물질의 신비스러운 현시manifestation가 아니라는 논변이 펼쳐진다. 의식의 지각은 비인칭적 지각에 기반하는데, 이 비인칭적 지각이란 가장 내재적인 양태에서 물질의 특성이다. 이를 논증하기 위해 베르그손은 '순수 지각', 혹은 기억 없는 지각이라는 관념을 사용하는데, 『물질과 기억』에는 '스피노자주의적 영감'이 작동하고 있다는 들뢰즈의 주장이 바로 여기서 비롯한다. 스피노자주의적 영감이란 '권리상'*en droit* 순수 의식의 상정, 자기-증식적self-propagating 실체의 무한한 운동을 통해 "혼돈을 가르는" 평면plane을 설명한다는 점을 말한다.[2] 들뢰즈에게 『물질과 기억』은 사르트르의 『자아의 초월성』과 함께, 사유가 "내재성의 현

1) A. Clark, *Being There: Putting Brain, Body and World Together Again*, Cambridge, Mass.: MIT Press, 1997 참조.

2) G. Deleuze and F. Guattari, *What is Philosophy?*, trans. H. Tomlinson, London: Verso, 1994, p. 49. 러셀은 흥미롭게도 베르그손의 순수 지각이라는 개념이 일종의 초-실재주의(ultra-realism)를 함축하는 것으로 보았다. Russell, "The Philosophy of Bergson", *The Monist* 22: 3, 1912(reprinted in *The Collected Papers of Bertrand Russell*, vol. 6, London: Routledge, 1992), pp. 321~327, 329 참조. 보다 최근에는 베르그손의 입장이 '강경한 실재론자'(순박한 실재론자와 반대로)로, 또한 '초-외재주의'(ultra-externalism)라는 최신 용어를 통해 기술되고 있다: "지각은 그저 대상의 (전적으로 외재적인) 속성들 가운데 신체가 하나의 가능한 반응을 위해 선택한 것이다."(F. C. T. Moore, *Bergson. Thinking Backwards*, Cambridge: Cambridge University Press, 1996, p. 32) A. R. Lacey, *Bergson*, London: Routledge, 1989, pp. 89ff의 논의도 참조.

기증"을 겪는 몇 안 되는 현대 텍스트이다. [그러나] 여기서는 『물질과 기억』을 베르그손만의 고유한 사유로서 조명할 것이다. 그래야만 이 책이 지니는 복잡성을 포착할 수 있을 것이기 때문이다.

첫번째 장에서 베르그손은 이미지라는 관념을 통해 물질과 물질의 지각이라는 물음에 접근한다. 이미지라는 관념은 베르그손에서 넓은 의미를 지닌다. 1장에서는 '이미지들의 선택'이라는 문제가,[3] 2장에서는 '이미지들의 인식'이, 3장에서는 '이미지들의 생존survival'이, 4장에서는 '이미지들의 제한delimiting과 고정'이 각각 다루어진다. 베르그손에서는 신체, 신경 중추들, 뇌 등 모든 것이 이미지가 된다(『정신적 에너지』*L'esprit spirituelle*에 실린 「뇌와 사유」에 대한 에세이에서는 이와 같은 것들이 '관념들'ideas로 묘사된다). 이미지라는 관념은 베르그손에서 한 가지 이상의 의미를 지니는데, 관념의 사용에 있어 나타나는 긴장관계는 철학사에 나타난 이미지 관념의 적용에 있어 복잡성을 반영한다. 이미지 관념은 루크레티우스의 자연주의에서 중요한 역할을 하며, 다른 의미에서 버클리의 비물질주의[유심론]에서도 중요하다. 예컨대 루크레티우스는 이미지에 해당하는 다양한 라틴어들 —— 시뮬라크라*simulacra*, 이마고*imago*, 에피기에*effigiae* —— 을 사용한다. 이미지들은 잠재적, 심지어는 환영적spectral 존재로 여겨진다.

---

3) '정신적 다윈주의'에 관한 최근 연구는 베르그손의 선택 개념과 다윈의 선택 개념의 유사성과 중대한 차이를 지적함으로써 둘의 관계에 대한 유익한 통찰을 제공한다. P. McNamara, *Mind and Variability. Mental Darwinism, Memory, and Self*, London: Praeger, 1999, pp. 37~43을 볼 것.

일종의 외피[막 또는 필름]가 물체들의 표면에서 끊임없이 벗겨져 공기를 통해 이리저리 날아다닌다. 우리가 죽은 자의 유령이나 이상한 모양을 볼 때 —— 우리의 마음을 놀라게 하는 것은 바로 이들의 영향이다. 깨어 있을 때건 잠자고 있을 때건.[4]

또한,

태양에서 짧은 시간 안에 엄청난 수의 빛의 입자가 방출되어야만 세상이 계속 [빛으로] 채워질 수 있는 것처럼, 물체 일반은 모든 표면과 모든 방향에서 매우 다양한 방식으로 엄청난 양의 이미지를 즉각적으로 발산해야 한다.[5]

물질과 이미지 사이의 분리가 없는 이와 같은 이미지의 실증주의naturalism와 반대로, 버클리는 이미지 개념을 감각과 지각에 대한 비물질주의[유심론]적으로 설명하는 데만 사용한다(모든 것은 마음 안에 '관념'이나 이미지로 존재한다). 1884년에 베르그손은 루크레티우스의 텍스트의 새 판본에 확장된 주석을 달았다. 버클리가 『인간 지식의 원리』에서 지각이 근본적이라는 주장이 처음 나타나는 부분에서 '사물의 본성'a rerum natura을 언급하는 것은 흥미로운데, 여기

---

4) Lucretius, *On the Nature of the Universe*, trans. R. E. Latham, Harmondsworth, Middlesex: Penguin, 1994, pp. 95~96.

5) *Ibid.*, p. 99.

서 버클리는 자신의 이론에서는 실재적인 것과 가상적인 것(키메라) 사이의 구분이 유지된다고 말한다. 두 가지 모두 마음 안의 실재들로서 존재한다는 것이다.[6]

『물질과 기억』의 첫번째 장에서 물질이 잠재성을 지니지 않는 것으로 묘사될 때 ─ 이것이 의미하는 바는 앞으로 밝혀질 것이다 ─ 베르그손이 근본적으로 버클리적 논변에 의존하고 있다는 점은 분명하다. 베르그손이 잠재적인 것의 개념을 소개하고 그 조건들이 성립하는 것도 이 첫번째 장에서다. 베르그손이 지각을 사유함에 있어 잠재적인 것은 추상적이거나 신비적이라는 의미하는 것이 아니다. 잠재적인 것은 현실적이지 않고 지각되지 않는 것을 통틀어 부르는 말이 아니다. 사르트르가 『물질과 기억』에 대한 비판적 평가에서 밝힌 것처럼, 베르그손에서 개체화된 의식의 출현은 무명의 빛

───────────────

6) G. Berkeley, *The Principles of Human Knowledge*, ed. G. J. Warnock, London: Fontana, 1962[1710], pp. 80~81. 베르그손은 『사물의 본성에 관하여』(*De Rerum Natura*)의 IV권에 대해 논평하면서 [루크레티우스가] 대상들을 그들이 우주에서 방출하는 이미지와 별개로 생각할 수 없음을 보여 주려는 방식에 주목한다. "이 입자들은 극도로 미세하다. 그들은 사방에서 와서 상상할 수 없는 속도로 움직인다." Bergson, *The Philosophy of Poetry: The Genius of Lucretius*, trans. W. Baskin, New York: Philosophical Library, 1959[1884], p. 20. 『시네마 1』에서 '운동-이미지'를 논의하면서 들뢰즈가 운동과 이미지의 동일성을 강조하는 것은 루크레티우스적 영감에서 비롯된 것이 분명하다. 들뢰즈의 짧은 글 「현실적인 것과 잠재적인 것」에 나오는 다음 구절은 이러한 견해를 강력하게 입증한다. "순수하게 현실[현행]적인 대상은 없다. 모든 현실적인 것은 잠재적 이미지의 안개로 둘러싸여 있다. 입자의 방출과 흡수, 생성과 파괴가 사유 가능한 연속 시간의 최소값보다 작은 시간[이것이 들뢰즈가 『의미의 논리』에서 아이온의 시간을 설명하는 방식이다] 안에 일어나는 한, 또한 이 [시간적] 짧음이 입자들을 불확실성 또는 미결정성의 원리하에 두는 한, 입자는 잠재적이라고 불린다." Deleuze, "L'actuel et le virtuel", in *Dialogues*, second edition, Paris: Flammarion, 1996, pp. 179~185.

an unheralded light이라는 측면에서 설명될 수 없다. 이와 같은 의식은 "[그 자체로] 실재적인 전체에서 잠재적인 한 부분"을 추출하는 방식으로 작동한다.[7]

『물질과 기억』에서 베르그손의 철학적 입장을 정확히 파악하는 데 있어 어려움은 그가 관념론을 인정하고 ── 예컨대 이미지라는 용어의 사용 ──, 관념론을 세계에 대한 사유에 있어 불가피한 요소로 보고 있기 때문에 심화된다. 그러나 앞으로 우리가 보게 될 것처럼 베르그손은 궁극적으로 그것이 버클리적이건 칸트적이건 관념론을 넘어서려 하며 이것이 어떻게 가능한지 보여 주려고 한다(베르그손은 칸트의 입장과 버클리의 입장을 동일시하지 않기 위해 주의하면서, 칸트를 관념론자인 동시에 실재론자로 묘사한다).[8] 우리가 다음 장에서 살펴볼 『물질과 기억』의 2장과 3장에서는 논의의 주제가 기억으로 전환되는데, 여기서 기억-이미지들은 뇌에 저장되지 않는다는 유명한 주장이 정교화되고, 심리적 기억, 습관-형성(신체 기억) 그리고 존재론적 기억(순수 회상의 기억) 사이의 구분이 제시된다. 물질에 대한 베르그손의 논의를 집중적으로 살펴보면 그가 어떻게 관념론과 실

---

7) J. P. Sartre, *Imagination*, Ann Arbor: University of Michigan Press, 1962, p. 248.

8) 베르그손은 초월론[선험]적 관념론이 초월론적 환영주의(illusionism)와 동일하지 않다는 것을 인지한다. 실재론자로서의 칸트에 관해서는 C. S. Peirce, *The Essential Peirce: Selected Philosophical Writings. Volume 1(1867-1893)*, ed. N. Houser and C. Kloesel, Bloomington: Indiana University Press, 1992, pp. 90~91을 볼 것. 선험적 관념론과 경험적 실재론에 대한 칸트의 입장(경험적 관념론자인 버클리와 대조되는)에 대한 명쾌한 설명으로 Gardner, *Kant and the 'Critique of Pure Reason'*, London: Routledge, 1999, pp. 88~101과 Guyer, *Kant and the Claims of Knowledge*, Cambridge: Cambridge University Press, 1987, pp. 20~25, 323~333, 413~417을 볼 것.

재론이라는 양극단 사이의 길을 찾아내는지 드러날 것이다.『물질과 기억』의 새로운 측면들 중 하나는 실재론 역시 관념론적인 덫에 빠지게 된다는 것을 보여 준다는 점이다. 간략히 말해, 관념론자들에게 세계는 우리 관념의 산물이며 관념들과 독립적으로 존재할 수 없는 것이다. 실재론자(때로는 유물론자라고 불리는)는 ─ 적어도 베르그손이 이 입장을 제시하는 방식에 따르면 ─ 정신적인 것을 뇌에 관한 것으로 환원하며 따라서 뇌가 마치 세계에 대한 우리의 표상들의 원본progenitor인 것처럼 논한다. 베르그손은 위의 두 입장 모두가 신체와 세계의 관계를 생명 작용vital activity이 아닌 사변적인 지식으로 환원했다고 비판할 것이다. 실재론은 지각과 의식을 중심에 두거나 어떤 대상을 그 행위의 조건들과 추상적으로 동떨어진 분리·고립된 대상으로 세계 안에 위치시킬 때 하나의 관념론이 되어 버린다.[9) 양자 모두 부분 ─ 마음 또는 뇌 ─ 에 대한 설명을 전체(실재적인 것)

---

9) 도러시아 올코브스키는 안토니오 다마시오의 연구가 베르그손이 지적한 내재주의의 함정에 빠진 것으로 본다. Dorothea Olkowski, *Gilles Deleuze and the Ruin of Representation*, Berkeley: University of California Press, 1999, note 28: pp. 257~258과 Antonio Damasio, *Descartes's Error*, London: Macmillan Papermac, 1994와, 특히 최근 연구 *The Feeling of What Happens*, London: Heinemann, 1999의 이미지 논의 참조(부록: pp. 317ff 포함). 대니얼 데닛의 연구는 데카르트의 유물론에 대한 비판으로 유명한데, 이는 데카르트에서 심신 이원론을 거부하되 의식의 장소로 표상되는 중심적(또한 물질적) '극장'의 이미지는 유지할 때 도달하는 심리 철학적 입장이다(Daniel C. Dennett, *Consciousness Explained*, London: Allen Lane, 1991, p. 107 참조). 데닛은 데카르트의 극장 관념을 자신의 '다중 원고'(Multiple Drafts) 모델로 대체하려 한다(5장, 또한 p. 321). "마음은 곧 뇌"(p. 33)라는 견해를 고수한다는 점에서 그의 입장은 유물론적이다. 그러나 적어도 베르그손주의자가 보기엔, 이러한 시도가 그 혁신성에도 불구하고 데카르트주의적 유물론의 범주에서 완전히 벗어나는 것인지 여부가 불분명하다. Dennett, *Kinds of Minds*, London: Weidenfeld & Nicolson, 1996, pp. 72~73, 155~156 참조.

에 대한 설명으로 제시한다는 점에서 오류를 범하는 것이다.

모든 것은 이미지이다

[『물질과 기억』] 1장의 첫 단락은 핵심적인 문제를 다루고 있는데 이는 신중하고 정확한 독해를 요한다.

> 이제 우리는 물질에 대한 이론들이나 정신에 대한 이론들, 외부세계의 실재성 혹은 관념성에 대한 논의들에 대해 아무것도 모른다고 가정할 것이다. 나는 가장 모호한 의미에서의 이미지들, 즉 나의 감각들이 그것에 열려 있을 때는 지각되고 닫혀 있을 때는 지각되지 않는 이미지들의 현존presence 안에 있다. 이 모든 이미지들은 내가 자연의 법칙들이라 부르는 일정한 법칙들에 의거해 가장 기본적인 부분들에 있어 서로에게 작용, 반작용한다. 이러한 법칙들에 대한 완전한 지식을 가질 수 있다면 우리는 이 이미지들 각각에 일어날 일을 계산하고 예측할 수 있을 것이기 때문에, 이 이미지들의 미래는 그것의 현재 안에 포함되어 있어야 하며, 이 이미지들에 아무런 새로운 것도 더하지 않을 것이다.[10]

이 첫 단락은 중요한 문제를 드러내고 있다. 베르그손이 강력한

---

10) H. Bergson, *Matter and Memory*, trans. N. M. Paul and W. S. Palmer, New York: Zone Books, 1991[1896], p. 17.

버클리주의적 입장(이미지들은 지각될 때만 존재한다)을 채택하고 있다고 생각하는 것은 오해의 소지가 있다. 베르그손은 지각되지 않을 때도 이미지들이 존재한다고 주장할 것이기 때문이다. 물질과 세계의 대상들을 이미지로 설명함으로써 베르그손은 이들이 지각될 수 있는 잠재력the potential을 가진다는 것을 제안하고 있다.[11] 둘째로, 베르그손이 모든 부분 및 측면에서 서로 작용·반작용하는 이미지들의 다양체라는 개념에 중요한 역할을 부여하기는 하지만, 이 책에서 그가 고수하는 것은 이러한 작용과 반작용이 (미래가 과거 안에 포함되어 있고 미리 계산될 수 있다고 보는) 수학적 기계론[메커니즘]으로 환원될 수 있다는 입장이다. 이는 베르그손이 물질과 정신esprit 사이의 구분 —— 앞으로 볼 것처럼, 현실과 잠재의 구분이기도 한 —— 을 그의 연구의 가장 중심부에 두고 있기 때문이다. 『물질과 기억』에서 잠재적인 것은 정신만의 영역으로 제시된다.

1장에 나타난 베르그손의 분석에 있어 지침이 되는 핵심적인 물음은 다음과 같다. 내가 나의 신체라고 부르는 이미지, 즉 중심을 차지하는 이미지와 내가 우주라고 부르는 이미지 사이의 관계는 무엇인가? 또한, 어떻게 동일한 이미지들이 동시에 서로 다른 두 체계 —— 즉 하나에서는 각각의 이미지가 스스로 변하고 다른 체계에서는 이미지들이 특권을 지닌 하나의 이미지[나의 신체]에 대해 변화하는 —— 에 속하는 것이 가능한가? 베르그손이 이미지들의 두 체계의

---

11) 이와 관련된 논의로 Moore, *Bergson: Thinking Backwards*, pp. 30~31을 볼 것.

존재에 대해 이 물음을 제기해야 하는 이유를 알기 위해서는 이 논변에 앞서 그가 물질적 연장성의 연속성에 우선을 둔다는 것을 알 필요가 있다. 이 연속성이란 매 순간 변화하며 만화경처럼 변하는 전체로 생각될 수 있다. 즉, 모든 것이 관계들로 서로 묶여 있기 때문에 중심이 없는 것이다. 실제로 베르그손은 경험론이 항들을 통합하는 관계들의 인위적인 특성에 대해 모호한 개념만 제시하면서도 이러한 항들을 고수하면서 관계들에는 무관심하다고 주장한다.[12] 전체의 움직이는 연속성을 인위적으로 분절한 다음, 사물들 사이에 존재하는 연합들과 결속들을 재구성하려고 하는 것이다. 그러나 문제는 우리가 '살아 있는 통합성'living unity을 "자신이 결합시키려고 하는 부분들만큼이나 생기 없는lifeless" 텅 빈 다이어그램으로 대체한다는 데 있다. 이러한 다이어그램 안에서는 관계들이 논리적이고 공간적인 방식으로 이해된다.

　우리는 베르그손이 어떤 방식으로 이 물질적인 연속성에 특권을 부여하는지 이미 살펴보았다. 그러나 이 물질적 연장의 움직이는 전체 외에도 우리는 경계가 분명한 신체들 —— 자기만의 실체와 개체성을 지닌 ——, 서로가 맺고 있는 관계에 의해 움직이는 신체들에 대해서도 논의한다. 궁극적으로 우리는 사물을 움직이는 전체의 연속성이라는 측면에서 구성해야 하는데, 이를 통해 개체화된 신체들이 형성될 때 전체의 연속성으로부터 '비결정성의 영역들'zones of

---

12) Bergson, *Matter and Memory*, p. 183.

indetermination으로서 출현한다는 것을 타당하게 설명할 수 있기 때문이다. 동시에 베르그손은 지성이 전체를 고려하지 않음으로써 스스로 만들어 내는 환영들 역시 폭로하고자 한다. 예컨대 지성은 신체들이 동질적인 공간 안에서 변화하고, 이 공간이 시간 자체로 확장된다는 환영을 만들어 낸다. 앞으로 보게 될 것처럼 베르그손은 철학과 과학 모두가 우주적/보편적universal 연속성에 관한 통찰을 제공해 줄 수 있으며, 따라서 지성(추상하는 능력)에 의해 인공적으로 분할된 우주의 '자연적 분절들'을 복구할 수 있다고 생각한다. 그러나 [여기서는] 먼저 베르그손의 체험된 [것으로서의] 신체 개념에 집중하기로 한다.

나의 신체는 지각이라는 측면에서 단순히 '밖으로부터'가 아닌 '안에서부터', 즉 '정감들'affections을 통해 알 수 있는 것이라는 점에서 특수하다. 정감들은 신체가 외부로부터 받는 자극들과 신체가 이에 대응하여 실행하는 운동들 사이에 개입한다. 따라서 나의 신체는 물질 세계를 구성하는 이미지들의 집합체 안에 존재하게 되며, 그렇게 보면 나의 신체는 단지 많은 이미지들 가운데 하나로서 다른 이미지들처럼 운동을 주고 받는 것으로 여겨진다. 베르그손이 구심신경과 원심신경들, 뇌, 신체 등 모든 것을 이미지로 묘사하기 시작하는 것이 바로 이 지점에서이다. 뇌가 다른 이미지들 가운데 하나로서 물질 세계에 존재하는 어떤 이미지라면, 뇌는 세계의 전체 이미지가 의존하고 있는 조건으로 구체화될 수 없다(즉, 뇌의 일부가 이 전체와 등가적인 것일 수 없다). "따라서 신경들이나 신경 중추들은 우주의 이미지를 조건지을 수 없다."[13] 뇌가 물질 세계의 일부라고 주장하면서, 또한 물질 세계가 어떻게든 우리가 구획된 뇌라고 부르는 물리적 실재entity 안에 담겨 있다는 주장에 반대하면서 베르그손은 물질 세계인 이미지가 제거되면 동시에 뇌와 뇌[기능] 장애cerebral disturbances 역시 제거된다는 것을 보여 주려고 한다. 즉, 뇌는 물질 세계의 이미지들이 공급되지 않는다면 존재할 수 없다. 이를 바탕으로 베르그손은 자신이 "고립된 물질적 대상이라는 허구"라 부르는 것을 드러내면서, 이것이 어떤 불합리한 입장, 즉 신경계와 같은 대상이 그 물리적 속성들에 있어 우주의 다른 모든 것들(즉 신경계에 영양을 공급하는 유기체나 신경계를 보관하는 신체, 그 유기체를 감싸는 지구의 대기 등)과의 관계들과 독립적으로 존재할 수 있다는 입장으로 이어진다고 지적한다. 우리가 이러한 관계들을 무시할 것이 아니라면 지각들을 뇌 질량cerebral mass의 분자적 운동들로 환원한다는 것이 이치에 맞지 않는데, 이는 이 운동들이 물질 세계의 모든 다른 부분들과 밀접한 관계를 맺고 있기 때문이다. 또한 베르그손은 자신의 모델에서는 살아 있는 중심으로서 신체가 무엇보다도 행위의 중심이라는 것, 따라서 [단순히] 표상의 공간a house of representation이 아니라는 것을 말함으로써 논변을 발전시킨다. 뇌는 세계에서 추상되어 있거나 세계와 관조하는 방식으로만 관계하는 것이 아니다. 뇌는 세계와 세계의 운동에, 작용과 반작용에 밀접하게 연관된다. 데카르트적 자아의 자기-투명성을 뇌에 정보를 제공하는 이미지들과 동떨

---

13) *Ibid.*, p. 19.

어져 고립된 뇌로 대체하게 되면, 우리는 뇌의 내부로 침투하여 [대뇌] 피질에 있는 원자들의 움직임을 관찰하면 의식 현상을 이해하는 것이 가능하다는 환상을 갖게 된다. 이는 뇌와 정신의 관계를 단순하고 선형적으로, 혹은 자동[기계]적automatic으로 설명하는 오류를 범하는 것이다. 베르그손 역시 뇌와 정신 사이에 관계가 있다는 것 자체를 부정하는 것은 아니며, 단지 이것이 평행론 혹은 수반현상설 중 하나라는 점을 거부하는 것이다. 정신적 삶은 고도로 변이적varied인 것, 즉 '삶에의 주의'에 의해 변이되고 다양한 톤과 리듬들로 이루어지는 것이라 할 수 있다.

　　독자들은 지금쯤 베르그손이 이미지 개념을 전통적이지 않은 방식으로 사용한다는 것을 알아챘을 것이다. 베르그손이 이미지 개념을 사용하는 방식은 우리의 사유 안에 수립된 특정한 패턴들, 즉 주체와 대상, 마음과 물질 사이의 전통적인 구분에 부합하지 않는다.[14] 베르그손은 지각이나 의식의 문제를 재현적[표상적] 관점에서 해석하지 않으며 이미지들이 단순히 우리 머릿속에 있는 것이라는 관점을 견지하지도 않는다.[15] 혹자는 세계가 우리의 의식에 의존하고 있지는 않더라도, 우리 마음이 생산하는 세계에 대한 이미지들은 우리의 의식에 대해 의존적이라고 주장할 수도 있겠다. 그러나 이는 베르그손의 모델에 대해 제기할 수 있는 주장이 아니다. 정확히 어떤

---

14) 이러한 패턴들에 대한 폭넓은 논의로 Mitchell, "What is an Image?", *New Literary History* XV: 3, 1984, pp. 503~537 참조. 베르그손이 주객 이원론에 의존하지 않는다는 사실을 러셀(Russell, "The Philosophy of Bergson", *The Monist* 22: 3, 1912, p. 345)은 관념론으로, 들뢰즈는 유물론으로 해석한다.

의미에서 베르그손이 이러한 관점을 지지하고 있는지는 다음에서 밝히도록 하겠다.

　그렇다면 왜 뇌를 이미지나 관념으로 해석하는 것일까? 이는 관념론(뇌에 대해 우리가 아는 것은 모두 우리가 뇌에 대해 지각한 바 혹은 우리에게 관념으로서 주어지는 것이다)을 지나치게 인정하는 것이 아닌가? 『물질과 기억』 첫 장에서 베르그손은 상식의 측면에서 생각하고 있다는 것을 상기하자. 이 지점에서 베르그손은 아직 과학적 실재론과의 연계를 발전시키지 않은 상태다. 1904년에 「뇌와 사유」에 관해 쓴 에세이에서 베르그손은 신경 중추들을 이미지로 묘사하는데, 이는 (외부로부터 운동들을 받고 이에 반응하여 내부 운동을 생산해 내는) '유동적인 부분들'을 포함하고 있는 '움직이는 그림들'이라는 의미에서다. 이러한 수준에서 뇌가 하는 일은 다른 이미지들의 운동에서 영향을 받고, 이에 반응하는 것이 전부다. 뇌는 전체의 일부로서만 존재하며 이 전체(물질적 우주를 구성하는 움직이는 이미지들)와 동일한 것이 아니다. 베르그손이 관념론적 범주를 관례적이지 않은 방식으로 사용한 것은 분명하다. 그러나 이는 베르그손이 1910년에 쓴

---

15) 무어가 지적하듯 표상은 '지각의 불충분한 그림'인데, 이는 생명체는 대상의 그림을 만들어 내는 것이 아니라 자신의 필요와 기획(잠재적 행위들)에 맞게 대상의 속성들 중 몇몇을 선택하기 때문이다. Moore, *Bergson, Thinking Backwards*, p. 27. 우리가 이미지-지각의(그림-가능성과 지각 가능성의) 조건들을 살펴봐야 한다고 가정하면, 베르그손의 입장을 칸트나 비트겐슈타인의 입장과 단순 동일시할 수 없다고 무어는 주장한다. 베르그손의 모델에 따르면 이 조건들은 '피상적'인데, 이는 그것이 감각이나 의미의 논리적 요건 혹은 지각될 수 있는 세계 존재의 선-경험적 조건들에서 비롯된 것이 아니라, "(이미 실현된) 가능성, 즉 세계는 우리 자신의 신체와 같이 행위할 수 있는 대상들을 담지한다는 가능성에서" 비롯된 것이기 때문이다. *Ibid.*, p. 26.

이 책의 서론에서 나타나며 여기서 베르그손과 버클리의 관계가 분명해진다.

『물질과 기억』의 첫 장에 나타난 주요 논변은 물질이 잠재성을 갖지 않는다는 것이다. 이는 무엇을 의미하는가? 베르그손이 물질은 잠재성을 향유하지 않는다고 주장할 때 — 이 글에서 잠재성은 오로지 마음이나 정신의 층위에만 적용된다 — 이는 물질에 숨겨진 역능들이나 잠재력potentialities이 없음을 의미한다. 물질은 우리에게 보여지는 대로이며, 비록 물질에 지각되지 않은 물리[신체]적 속성들이 있다 할지라도 이것이 물질이 가진 것의 전부다(숨겨진 잠재력이 없는 물리적 속성). 이 견해는 『창조적 진화』에 이르러 약간 변형된다. 『물질과 기억』에서 베르그손은 물리적 속성들만 지니고 숨겨진 잠재력들이 없는 것의 예로서 신경계를 제시한다. 그는 신경계를 내적 에너지의 '물질적 상징symbol'이라고 묘사하면서 이상한 방식으로 공식화하기도 한다.[16] 『창조적 진화』에 이르러 신경계는 '잠재성의 저장소'로 논의된다.[17] 베르그손이 잠재성이 없는 것으로서 물질 개념이 버클리주의적 관념론의 일부라는 것을 명시한 것은 1911년의 「철학적 직관」에서뿐이다. 베르그손의 독해에 의하면 버클리의 비물질주의 — 물질은 관념들 혹은 이미지들의 집합cluster이다 — 는 단순히 신체들은 관념들이라는 주장으로만 이루어지지 않는다.

---

16) Bergson, *Matter and Memory*, p. 71.
17) Bergson, *Creative Evolution*, trans. A. Mitchell, Lanham MD: University Press of America, 1983, p. 126.

이렇게 보는 것은 버클리의 기획을 잘못 이해하는 것인데, 이는 그 주장이 충분한 정보를 주지 않기uninformative 때문이다; 우리는 그저 하나의 용어를 다른 것으로 대체하고 있을 뿐이다(우리는 이전에 신체들에 대해 단언했던 것들을 [그대로] 관념들에 적용하게 될 것이다). 버클리의 관념론이나 비물질주의는 우리가 사라지면 물질은 존재하지 않는다는 것이 아니라, 그것이 우리의 표상과 동연적co-extensive이라는 입장이다. 다시 말해, 물질은 저변이라는 [차원을] 가지지 않으므로(버클리의 용어로, '근저'[기층]substratum가 없다), 아무것도 숨기거나 포함할 수 없다. 물질은 단지 표층으로서 펼쳐져 있을 뿐, 아무런 잠재력을 가지지 않고, 어느 순간에도 그 자신을 그러한 대로 드러낸다──즉, 그것은 현시의 평면이다.[18] 사실 이것이야말로 버클리 관념론의 진정한 난제: 물질이 비실재적이라는 것이 아니라, 관념들의 원인을 비물질적 실체(정신Spirit)에서 찾아야 한다는 것. 이것은 버클리가 물질의 관념을 규정한 방식에서 비롯된다. 베르그손이 지적했듯이 "버클리는 물질을 인간과 신 사이에 위치한 얇고 투명한 필름으로 인식한다".[19] 이 필름은 '힘', '실체'와 같은 추상적인 개념들이 그 뒤로 미끄러져 들어가 마치 하나의 먼지층처럼 자리 잡을 때 비로소 불투명해지고 화면을 형성한다. 버클리의 『인간 지식의 원리』가 일종의 코페르니쿠스적 혁명을 제공하는 것은 바로 이 먼지를 제거

---

18) Bergson, *The Creative Mind*, trans. M. L. Andison, Totowa: Littlefield, Adams & Co., 1965, p. 116.

19) *Ibid.*, p. 119.

하려는 시도에서다. 그리고 형이상학의 영역을 한정하려는 그의 시도 — 우리의 능력을 초월하여 '부조리'와 '모순'으로만 귀결되는 것들에 대한 끝없는 사색의 범위 — 는 분명 순수이성에 대한 칸트의 비판을 예견하는 것이다(물론 칸트는 버클리와 동일하지 않다는 점을 항상 유의하자. 관념론에 대한 그의 논박은 둘 사이의 차이점을 분명히 하려는 시도다. *CPR*, B275~279).

잠재성을 향유하지 않는 물질의 문제는 1904년 뇌에 대한 에세이에서도 논의된다. 이 에세이에서 베르그손은 관념론과 실재론을 두 가지 다른 표기 체계notation systems로 다루면서, 어떻게 실재론이 관념론의 오류, 즉 부분을 전체와 동질적인 것으로 재생산하는지를 보여 주려 한다. 관념론은 물질이 잠재성을 지니지 않는다는 개념과 연관되는데, 이는 존재하는 모든 것은 실제적/현실적으로 존재하기 때문이다. 흥미롭게도 실재론은 이와 정반대의 주장, 즉 물질은 우리의 관념과 독립적으로 존재한다(이는 정확히 『물질과 기억』 4장에서 지지되고 있는 입장이다)거나, 또한 실제적 지각 뒤에 숨겨진 힘과 잠재성들이 있다는 주장으로 구성된다. 이는 실재론이 "우리 지각을 통해 나타나는 구분과 분절들은 우리의 지각하는 방식에 전적으로 상대적인 것"[20]이라고 주장하려 하기 때문이다(이는 베르그손이 『물질과 기억』의 마지막 장에서 피력하는 입장, 칸트적 관념론의 한계를 비판하는 맥락에서 제기하는 입장을 다시 한번 잘 포착한다). 『정신적

---

20) H. Bergson, *Mind-Energy*, trans. H. Wildon Carr, New York: Henry Holt, 1920, p. 235.

에너지』에 수록된 이 글에서 베르그손은 이 두 가지 이론 모두를 지지하는 것은 모순적이라고 주장하는데, 『물질과 기억』에 나타난 그의 입장이 바로 이러한 것처럼 보인다. 그렇지 않은가? [『물질과 기억』의] 첫 장에서는 물질은 그것이 출현하는 방식 그 이상이 아니며 숨겨진 잠재력들을 지니지 않는다는 주장이 중심을 이룬다. 따라서 물질은 물질에 대한 우리의 표상과 동연적이다. 그러나 마지막 장에 가서 베르그손은 물질을 '무수한 진동들'이라는 측면에서 고려함으로써 이러한 물질의 개념을 복잡하게 만든다. 물론 이것이 베르그손이 첫 장에서 견지했던 입장, 즉 물질은 잠재성을 갖지 않는다(앞서 말했듯 『창조적 진화』에 가서 복잡화되는 입장)를 포기해야 한다는 것을 의미하지는 않는다. 이는 베르그손이 철학과 과학이 물질에 대한 다른 개념을 제공할 수 있다고 본다는 것을 의미한다. 여기서는 일단 물질에 잠재성이 없다는 주장이 물질이 이미지(또는 운동 이미지의 집합체)라는 주장과 동일하다는 점에 주목하자.

1910년 출간된 『물질과 기억』의 서문은 베르그손이 이미지라는 용어의 사용[방식]을 명시하고 물질에 잠재성이 없다는 관념론의 주장에 대한 지지가 버클리의 입장을 수용한다는 의미가 아니라는 점을 분명히 한다는 점에서 유용하다. 그가 비록 자신의 입장이 내포하는 긴장과 가능한 모순들을 언급하거나 해명하지 않기는 하지만 말이다. 베르그손은 관념론과 실재론 모두가 물질을 우리가 가지는 인식으로 환원한다는 점에서 도를 지나친다고 말한다. 이것이 혼란스러운 것은, 앞서 보았듯이 베르그손이 『물질과 기억』의 1장에서는 물질이 그것에 대한 우리의 지각과 동연적이라는 논제를 옹호하는 반면, 다른 곳에서는 실재론에 대한 또 다른 개념을 제공하기 때문이다(「뇌와 사유」에서 실재론은 물질이 그에 대한 우리의 지각으로 환원 불가능하며 동등하지 않다고 주장하는 이론으로 논의된다). 그 주장은 실재론이 관념론적 순간에 도달하는 지점, 즉 의식의 소재지가 있다고 상정하고 이 소재지를 어떤 고립된 물질적 대상(뇌) 안에 있는 것으로 해석할 때만 타당한 주장이다. 이어서 베르그손은 자신이 의존하는 이미지 개념에 대해 말하면서, 이미지가 의미하는 것은 관념론자가 표상이라고 부르는 것 이상이고 실재론자가 사물이라고 부르는 것보다 적은 어떤 것이라고 말한다. 즉, 이미지는 둘 사이 중간 지점에 위치한다. 이것이 이미지에 정확히 어떤 상태를 부여하는지는 불분명하다. 베르그손은 이 텍스트 전체에서 우리가 지각하는 그대로 물질이 존재한다는 입장을 고수하면서, 이것이 그를 버클리의 비물질주의에 빠지게 하지는 않는다고 주장할 것이다. 물질을 이미지로 파악하면, 우리가 보고 만지는 대상이 마음속에만 존재한다고 보는 것이 말이 되지 않기 때문이다.

> 버클리가 '기계[론]적 철학자들'에 반대하여 물질의 이차적 성질이 최소한 일차적 성질만큼의 실재성을 갖는다는 것을 증명했을 때, 철학은 크게 진전했다. 버클리의 실수는, 이를 위해 물질을 마음속에다 위치시켜 순수한 관념으로 만들어야 한다고 믿었던 데 있다.[21]

---

21) Bergson, *Matter and Memory*, pp. 10~11.

(데카르트는 베르그손에게 그러한 '기계[론]적 철학자' 중 하나일 것이다.) 베르그손이 보기에 세계를 이미지의 집합체로 본다면 세계가 우리 내부에 있는지 외부에 있는지 묻는 것은 거의 의미가 없다. "내부성과 외부성은 이미지 사이의 관계일 뿐"이기 때문이다. 따라서 "우주가 우리의 생각 안에만 존재하는지, 아니면 생각 밖에 존재하는지 묻는 것은, 우리가 지성적인 것이라 가정하더라도 해결할 수 없는 방식으로 문제를 제기하는 것이다."[22]

자신의 입장을 명확히 하려는 베르그손의 시도는 완전히 성공적이지는 못했다. 그가 자신의 입장(물질은 이미지이고, 잠재성을 갖지 않으나, 물질은 마음속에 있지 않다)을 어떻게 고수하는지는 1장에서 제기되는 다른 논제를 살펴보면 이해하기 쉬워질 것이다. 그러고 나서 우리는 4장으로 이행하여 『물질과 기억』에 드러난 사유의 주된 운동들을 따라가고, 또한 잠재적인 것의 개념이 어떻게 지각에 대한 베르그손의 사유를 구성하는지 볼 것이다.

관념론과 실재론 사이에서

다음과 같은 전제로 시작하자: 물질은 이미지들의 집합체이며 이 이미지들에 대한 지각은 어떤 특별한 이미지, 즉 개체[개별]화된 신체의 가능한 작용을 나타낸다. 베르그손에게 물질과 지각의 차이는 정

---

22) *Ibid.*, p. 25.

도의 차이일 뿐, 지각과 기억의 차이처럼 종류상의 차이가 아니다 (후자의 차이가 정도의 차이로 취급되면 기억은 희미한 형태의 지각으로 환원되는데, 이는 베르그손이 이 책의 뒷부분에서 격렬하게 비판하는 입장이다). 물질이 지각과 완전히 다른 어떤 것이 되면, 우리가 어떻게 물질의 이미지를 가질 수 있는지, 또는 지각이 물질에서 발생하는 것이라고 어떻게 설명할 수 있는지를 알기가 (기적적인 방식에 의존하지 않는 한) 어려워진다. '형식 없는[무형적] 물질'과 '물질 없는[비물질적] 사유'가 어떻게 관계 맺을 수 있는가? 유일한 해결책은 물질을 물질의 운동과 뗄 수 없는 것으로 이해하는 것, 즉 물질을 이미지들의 집합체로 상정하는 것이다. 베르그손은 '이미지는 이미지를 만들 수 없다'는 것을 인정한다. 이미지들이 하는 일은 "마치 움직이는 나침반처럼 매 순간 주변 이미지들과의 관계 내에서 특정한 이미지, 내 몸의 위치를 표시하는 것"[23]이다. 중심이 없는acentred 이미지의 우주 안에서 중심화된 지각과 (단순한 감응적, 수축성의 원형질에서부터 복잡한 신경계를 가진 동물 유기체에 이르기까지, 또는 베르그손이 활동의 살아 있는 중심, "비결정성의 영역"이라고 부르는) 다양한 정도로 복잡화된 개체적 신체가 나타난다. 베르그손은 뇌의 지각 능력과 척수의 반사 기능 사이의 차이도 정도의 차이이지 종류의 차이가 아니라고 주장한다. 이는 둘 다 운동(조정 및 억제)을 다루기 때문인데, 척수는 외부 자극들을 운동으로 변환하고 뇌는 이를 반응으로 연장시킨

---

23) *Ibid.*, p. 23.

다. 유물론자(베르그손이 실재론자를 일컫는 말)는 회백질의 변형들이 그것만으로 충분하다고 보는 오류를 범하여, 지각이 대뇌 활동의 운동과 동일하다는 환상에 빠진다. 베르그손은 대뇌와 정신적인 것 사이의 관계를 부정하는 것이 아니라 그 둘이 동일하다는 점을 부정하는 것이다.

베르그손이 우리가 "이미지, 그리고 이미지만으로"[24]의 관점에서 문제에 접근해야 한다고 주장하는 것은 이처럼 잘못 제기된 문제에 대응하기 위한 것이다. 그는 관념론과 실재론 모두가 [이미지] 관념을 기반으로 하고 있기 때문에, 두 입장의 부적절함을 인식함으로써 우리가 이미지에 대한 두 체계(물질적 우주와 몸) 사이의 관계를 정립하는 대안적 방법을 찾을 수 있다고 주장한다. 실재론의 경우 우리는 물질적 우주와 (항상적인 자연 법칙의 지배를 받는) 그 상호 관계들에서 시작하는데, 여기에는 "중심의 부재, 하나의 동일한 평면에서 펼쳐지는 모든 이미지들이 있다.⋯" 실재론자가 부딪히는 문제는 대뇌 활동의 인광phosphorescence으로 단순히 환원하거나, 지각을 생성하기 위해 기계 장치의 신에 호소하지 않고 신체의 지각을 설명하는 것이다. 관념론은 역으로, 몸의 특권적인 이미지에서 시작하여 물질에 대해 초월론[선험]적인 정신의 특성을 확립하고, 물질이 비실재적이라고 주장하거나 물질 세계를 구성하는 것과 마음 사이에 미리 예정된 조화에 의존하는 방식으로 전개된다. 베르그손이 보기

---

24) *Ibid.*, p. 26.

에 지각의 관심을 생명에 관한 것이 아니라 사변적이라고 가정한다는 점에서 두 접근 모두 잘못된 것이다. 지각은 생명과 관련된 적응에의 요구[욕구] 및 관심과 결부되어 있는 것으로 보아야 한다. 이러한 이유로 베르그손은 뇌를 수용된 운동을 분석하는, 또한 실행된 운동에 대해 선택하는 도구 또는 기관으로 제한한다. 신경계의 역할은 표상을 만들어 내는 것이 아니라, 단순히 자극들을 수용하고 주어진 자극에 대해 일련의 운동 기관들을 제시하는 것이다. 생물이 실제 행위(잠재적 행위이기도 한 실제 행위)의 중심이라는 관점에서 이해된다면, 의식적 지각 — 이미지들이 종속되고 변화하는 중심으로서 — 이 어떻게 나타나는지 알 수 있게 된다. 또한 단순한 것(촉각적 지각 또는 단순 접촉)에서 복잡한 것(필요하거나 자동적인 행위와 대조되는 잠재적 행위)에 이르는 지각의 범위를 생각하는 것도 가능하다.

　몸은 그냥 이미지가 아니라 특권적인 이미지로 존재한다. 물질에서 잠재성이 제거된다면, 이는 단순한 물질의 운동 이미지들 사이에 자연적 필연성과 메커니즘[기계론]만이 있다는 것을 의미한다(베르그손은 책의 끝부분에 이를 때까지 물질에 대한 이러한 해석의 정당성을 의심하지 않고, 그 이후에도 이 문제에 대한 다른 접근이 가능한지에 대한 질문만 제기한다). 그러나 내 몸은 그것을 둘러싼 사물들에 새로운 작용을 일으킬 수 있다. 몸은 물리적으로 가능한 몇 가지 행동 방안 가운데 선택하고 결정하는 힘을 지닌다. 따라서 신체를 둘러싼 대상들은 그에 대한 신체의 가능한 행동를 반영한다. 신체가 잠재적 행동을 할 수 있는 것은 바로 이 때문이다. 베르그손은 의식을 잠재적 행동의 척도로 정의한다. 이러한 잠재성의 특징을 보다 정확한 용어로 정의(그 차이의 본성은 무엇인가?)하기 전에, 우리가 어떻게 신체 개념에 도달하게 되는지를 먼저 살펴봐야 한다.

베르그손 자신은 다음의 두 가지 물음에 집중한다. 왜 의식적 지각인가? 그리고 어떻게 해서 우리는 그러한 지각이 대뇌 물질 내부 운동의 결과인 것처럼 생각하게 되는가? 베르그손은 의식적 지각이 실제로 일어나는 조건을 단순화함으로써 이러한 문제들에 접근한다. 이것은 관념적인 또는 순수한 지각, 즉 기억이 없는 지각(과거의 현재로의 침투), 현재에 국한되고 외부 대상에 맞추어 자신을 형성하는 데 완전히 몰두하는 지각에 대한 그의 가설이다. 이것은 지각의 관념적[이상적]인 상태를 상정하는 것이긴 하지만 무익한 가설은 아닌데, 이는 의식적 지각의 개체[개별]성 —기억과 결부된 지각— 이 "이러한 비인격적 지각에 접목"되는 것으로서, 사물에 대한 우리 지식의 근저에 있음을 보여 주기 때문이다. 이렇게 지각의 [다른] 유형들을 구성하는 것은 지각을 일종의 내적·주관적 시각으로 환원하는 것을 막기 위함이다. [이처럼 환원하게 되면] 지각과 기억 사이에는 강도 차이만 있게 된다(기억은 지각과 종류상으로 다른 것이 아닌, 단순히 지각의 희미한 형태로 이해된다). 아무리 짧거나 간명한 지각이라도 일정한 지속을 차지하며, 이는 다수의 순간들을 서로에게 연장시키는 기억의 작업을 전제로 한다(기억은 이 순간들을 묶고 종합한다). 소위 이차적 특성들조차 기억에 의해 영향을 받는 이러한 '실재의 수축'을 필요로 한다. 기억은 회상의 망토로 직접적 지각들을 덮는 —과거의 기억은 현재 직면한 문제와의 관련성 안에서 망라된다— 역할을 하며, 또한 수많은 외적 순간들을 하나의 경험으로 수축한다. 의식적 지각을 더욱 개체화하는 것이 바로 기억을 통한 이와 같은 수축의 습관들이다.

베르그손은 지각을 이렇게 설명하면 의식에 대한 연역을 제시할 필요가 없다고 본다. 이는 그가 의식적 지각의 출현이 물질을 이미지들의 집합체로 상정함으로써만 설명될 수 있다고 믿기 때문이다. 이 문제에 대한 베르그손의 논의에서 우리는 그가 왜 이미지 관념에 그렇게 많이 의존하는지에 대한 명확한 설명을 찾을 수 있다. 그리고 이미지의 현상학 — 이미지들이 지향[의도]적 의식을 의미한다는 의미에서 — 인 듯 보였던 것은 이미지들의 엄격한 경험주의로 밝혀졌다.

베르그손은 물질에 대한 어떤 이론도 이미지의 관점에서 물질을 이해해야 할 필요성을 벗어날 수 없다는 논변을 발전시킨다. 예를 들어 우리가 물질을 움직이는 원자들로 보면 그 원자들은 물리적 특질은 없지만 "언젠가는 생겨날eventual 시각"과 "언젠가는 생겨날 접촉"에 관련해서만 규정될 수 있다(베르그손에게 모든 지각은, 촉각이든 시각이든 외연적extensive이다. 그는 버클리가 외연성을 촉각적 지각의 속성으로 보고, 감각적 특질 안에서 감각들만을 발견하며, 감각들 자체에서는 정신적 상태들만 발견했다는 점에서 비판한다).[25] 베르그손은 원자가 힘의 중심으로 변환되어 연속적인 유체에서 회전하는 소용돌이로 용해될 때조차도 그러한 중심은 접촉(무력한 것일지라도)과 빛

---

25) *Ibid.*, pp. 212~217.

(무색일지라도)과의 관련 안에서만 규정될 수 있다고 주장한다. 요컨대, 물질은 어떻게 묘사되더라도 우리에게 실재가 되기 위해서는 이미지로 전환되어야 한다는 의미에서 여전히 이미지다. 베르그손은 이미지가 지각되지 않고 존재할 수 있다고 인정하지만, 이는 단순히 어떤 것이 표상 혹은 상상되지 않고 존재한다[26]는 것을 의미한다. 이 단계에서 베르그손의 논변은 이미지 이론에서 과학의 실천에 관한 설명이 아니며, 지각의 문제, 즉 그것의 출현과 가능성에 대한 설명에 집중한다.

사실 베르그손이 지각은 빼기[삭감]의 방식으로 작동한다는 주장을 펼치기 시작한 것도 이와 같이 이미지로서의 물질을 강조하는 맥락에서다(이러한 지각 개념은 대개 베르그손 사유의 독특한 특징 중 하나라고 여겨지지만, 그것은 이미 쇼펜하우어와 니체와 같이 그에 앞선 사상가들에 의해 놀랍도록 유사한 방식으로 표현되어 있다).[27] 베르그손은 '현존'과 '재현'의 차이, 즉 물질과 물질의 의식적 지각 사이의 '간격'을 설명해 줄 수 있는 차이를 생각해 보기를 권유한다. [이

---

26) *Ibid.*, p. 35.

27) Schopenhauer, *On the Will in Nature*, trans. E. F. J. Payne, New York: Berg, 1992[1836], p. 81과 Nietzsche, *The Will to Power*, trans. W. Kaufmann and R. J. Hollingdale, New York: Random House, 1968, section 567과 636을 볼 것. 니체에 대한 추가 고찰로 [학술지] 『니체 연구』(*Nietzsche-Studien*, 2000)에 실린 필자의 글 "The Miscarriage of Life and the Future of the Human: Thinking Beyond the Human Condition with Nietzsche" 참조(특히 pp. 159~160, 165~170). 데닛은 감산적 지각 이론을 옹호하는 현존 학자 중 하나다. Block, *Imagery*, Cambridge, Mass.: MIT Press, 1981, pp. 54~55에 실린 그의 글을 보라. 다만 그는 정신적 이미지와 실재적 이미지 사이의 허위 구분을 고수한다는 비판을 받고 있다. Mitchell, "What is an Image?", p. 535 참조.

차이 나는 두 항에 있어] 하나에서 다른 하나로의 이동이 무언가를 추가함 —즉, 물질의 표상은 그것의 현존보다 더 크다고 보는 것— 으로써 이루어진다면, 물질에서 지각으로의 이행은 알 수 없는 것이 된다. [반대로] 우리가 이보다 덜 자명해 보이는 방향으로, 즉 지각을 실재의 좁힘 또는 삭감[빼기]으로 해석하면 [물질에서] 지각으로의 이행은 이해할 수 있는 것이 된다. 감산적 지각에 대한 논의 안에서 우리는 베르그손의 지각과 의식에 대한 사유 안에서 잠재성의 개념이 수행하는 역할에 대해 처음으로 제대로 알게 된다.

[…] 여기에 내가 물질적 대상이라고 부르는 이미지가 있다. 나는 그것의 표상을 가지고 있다. 그렇다면 그것은 왜 나에게 있는 그대로의 대상 그 자체로 나타나지 않는가? 그것은 다른 모든 이미지들과 결부되어, 그것이 선행하는 이미지들을 연장했던 것처럼 뒤따르는 이미지들에도 계속되기 때문이다. 그것의 존재를 표상으로 변형시키려면 그 뒤를 따르는 것, 그 앞에 오는 것, 그리고 그것을 채우는 모든 것을 버리고 그것의 외피, 표면의 껍데기만을 취하는 것으로 충분할 것이다. 그것을 현재의 이미지, 객관적인 실재로서 재현된 이미지와 구별하는 것은 [그 이미지가] 자신의 모든 점을 통해 다른 모든 이미지들의 모든 점들에 작용하게 하는, 또한 자신이 수신한 것 전체를 전달하게 하는, 그리고 모든 작용에 대해 동등하고 반대되는 반작용을 대비시키게 하는 필요[필연성]이다. 요컨대 [그 이미지는] 광대한 우주 전역에서 모든 방향으로 전파[증식]되는 변화들modifications이 통과하는 하나의 길일 뿐이다.[28]

들뢰즈는 1980년대 들어 자신의 베르그손주의에서 이 구절을 중요하게 사용한다. 실행된 운동과 구별되는 움직이는 신체[물체]가 없고, 수신된 운동 없이는 움직이는 것도 없다면, 즉 모든 이미지가 그 작용과 반작용에 있어 구별될 수 없다면, 우리는 이 운동 이미지로 '우주[보편]적 변화'universal variation의 세계를 구축하고, 내재성의 평면을 '물질의 평면'으로 이해하며, 베르그손주의와 상대성 이론 사이의 새로운 관계를 형성할 수 있을 것이다: "운동-이미지들의 집합, 빛의 형상들 혹은 선들의 집합, 시-공간의 블록의 계열들."[29] 이미지와 운동의 동일성이 물질과 빛의 동일성으로 파악된다면, 즉 내재성의 평면 자체가 전적으로 빛으로 구성되어 있다고 한다면, 이것은 들뢰즈에게 "사물들은 그들을 비추는 어떤 것 없이 스스로 빛난다"는 것을 의미한다.[30] 들뢰즈는 현상학과 베르그손주의가 심리학의 '역사적 위기'에 대한 두 가지 대응책이라고 주장하면서, 의식의 문제에 있어 양자의 대립 —— 우리는 어떻게 그것[의식]을 권리상 상정할 수 있는가? 그것은 물질-에너지에 내재적인가? —— 이 근본적이라고 본다.

모든 의식은 무엇에 대한 의식이라는 (후설) 현상학의 명제와 대조적으로 우리는 모든 의식이 무엇이라는 명제를 다루고 있다.[31] 눈은 사물에 있는 것이지, 지각의 중심적 주체나 의미부여Sinngebung할

---

28) Bergson, *Matter and Memory*, p. 36.

29) Deleuze, *Cinema 1: The Movement-Image*, trans. H. Tomlinson and B. Habberjam, London: Athlone Press, 1986[1983], p. 60.

30) *Ibid.*

수 있는 의식에 있는 것 아니다.[32] 정신화된spiritualized 실재론 혹은 유물론에 의한 초월론[선험]적 관념론과 현상학(칸트와 후설)의 이러한 역전은, 관념론의 우선성에 대한 쇼펜하우어의 주장에 대한 괴테의 반격을 상기시킨다:

> 괴테… 그는 너무나 완전한 현실주의자[실재론자]realist였기 때문에 대상들 자체가 지각하는 주체에 의해 투사되는 만큼만 존재한다는 것을 절대 상상조차 할 수 없었다. 어느 날 그가 당당한 눈으로 나를 바라보면서 말했다. 당신은 당신이 볼 수 있는 한에서만 빛이 존재한다고 말하는 것인가? 아니다, 빛이 당신을 보지 않았다면 당신은 존재하지 않을 것이다. (쇼펜하우어)[33]

들뢰즈는 "특권화된 중심 자체가 더 많이 운동할수록 그것은 (이미지들이 서로의 관계 안에서 변하고, 순수한 물질의 상호 작용과 진동처럼 되는) 탈중심적인 체계로 기울어지는 경향이 있다"라고 쓴

---

31) E. Husserl, *Ideas: General Introduction to Pure Phenomenology*, trans. W. R. Boyce Gibson, London: Allen & Unwin, 1931[1913], pp. 141~142, 241~244.

32) '모든 의식은 무언가에 대한 의식'이라는 철학적 통찰은 로빈슨 크루소의 이야기를 재구성한 미셸 투르니에의 소설 『방드르디, 태평양의 끝』에 대한 들뢰즈의 독해에 영향을 준다. "의식은 대상에 비추는 빛이기를 멈추고, 대상 자체의 인광이 된다. 로빈슨은 섬의 의식일 뿐이며, 섬의 의식은 섬이 그 자신에 대해 가지는 의식이다──그것은 섬 자체다." Deleuze, *Logic of Sense*, trans. M. Lester with C. Stivale, London: Athlone Press, 1990 [1969], p. 311.

33) R. Safranski, *Schopenhauer and the Wild Years of Philosophy*, trans. E. Osers, Cambridge, Mass.: Harvard University Press, 1991, p. 183에서 인용.

다.[34] 이는 들뢰즈의 실재론이 돋보이는 순간이다.

이제 『물질과 기억』에서 두 체계에 대한 베르그손의 논의로 돌아가서, 의식의 연역은 '대담한 기획'(베르그손)이 되겠지만 (우리가 이동하는 이미지들의 집합체로 구성된 물질적 세계, 즉 그 안에서 내부성과 외부성은 이 이미지들 사이의 관계일 뿐인 물질 세계를 상정하면) [연역이 더 이상] 불필요하다는 점을 기억하자(이후에 메를로-퐁티가 수용·발전시키는 통찰).[35] 앞에서 인용한 『물질과 기억』의 구절은 다음

---

34) Deleuze, *Cinema 1: The Movement-Image*, p. 76. 들뢰즈는 내재면의 냉각이라는 관점에서 물질 안에서 지각의 출현—정도의 차이로 이해된—을 설명한다: "가장 원시적인 생명체의 수준에서조차 미세-간격(micro-intervals)을 고려해야 한다. 점점 더 빠른 운동 사이의 점점 작아지는 간격 […] 생물학자들은 생명체를 가능하게 만든 '원생액'(primeval soup)[생명이 발생하는 유기물질의 혼합액—옮긴이]에 대해 이야기한다. […] 여기에서 축들의 윤곽이 탈중심적 우주 안에서, 왼쪽과 오른쪽, 높고 낮음으로 나타난다. 그러므로 심지어 원생액에서도 미세 간격을 고려해야 한다. 생물학자들에 의하면 지구가 매우 뜨거울 때는 이러한 현상이 일어날 수 없다고 한다. 따라서 첫번째 불투명체들, 빛의 확산을 방해하는 첫번째 스크린과 관련되는 내재면의 냉각을 고려해야 하는 것이다. 고체 또는 견고한 기하학적 물체[신체]의 첫 윤곽이 형성되는 곳이 바로 여기다."(*Ibid.*, p. 63) 베르그손에서 간격의 중요성에 대해서는 Olkowski, "The End of Phenomenology: Bergson's Interval in Irigaray", *Hypatia* 15: 3, 2000을 참조. 올코브스키가 구체적으로 기여하는 바는 대단히 혁신적인 것으로, 간격을 물질과 기억의 교차점에 위치한 감각-운동 발생의 측면에서 해석하는 것이다. "그것의 정동적(affective) 감각의 흐름은 존재론적 기억, 즉 (어떤 것도 다른 것들과 본래적으로 분리되어 있지 않고 내부와 외부가 개념적으로 또한 경험적으로 파생된) 세계 기억을 구성한다."(pp. 82~83) 올코브스키는 '간격'을 이처럼 존재론적 기억의 관점에서 해석함으로써 성적 차이(sexual difference)를 다시 사유하고 새롭게 그려 내려 한다.

35) "베르그손의 말을 참조: 우리는 '이미지'를 상정함으로써 이미 우리 스스로에게 의식을 부여했으므로, '의식적' 생명체의 수준에서 의식을 추론할 필요가 없다. 여기서 '의식적' 생명체는 이미지의 우주 미만이지 그 이상이 아니며, 우주는 이미지들의 어떤 응축 또는 추상이다—따라서 의식에 앞서 의식을 인식[실현]하는 것은 무의미했던 것이다. 그리고 이 때문에 우리의 관점에서 일차적인 것은 '이미지들'의 흩어진 '의식'이 아니라 […] 존재라고 말하는 것이다." Merleau-Ponty, *The Visible and the Invisible*, trans. A. Lingis, Evanston: Northwestern University Press, 1973[1959-60], p. 251.

으로 이어진다.

내가 그것을 고립시킬 수 있다면, 특히 그 외피를 고립시킬 수 있다면 그것을 표상으로 바꾸어야 한다. 표상은 존재하지만 항상 잠재적이다 —그것이 현실화될 수 있는 바로 그 순간에, 자신을 유지하면서 다른 어떤 것에 열중해야 하는 의무로 인해 무력화 neutralized된다. [잠재적인 것에서 현실[실제]적인 것으로] 이러한 전환을 얻으려면 대상에 더 많은 빛을 비추는 것이 아니라, 반대로 그 대상의 여러 국면들을 가려서 줄어드는 부분이 더 클 만큼 축소해야 한다. 이렇게 해서 남는 부분은 주변에 있는 것들로 둘러싸인 하나의 사물이 아니라, 하나의 그림처럼 주변으로부터 분리되어야 한다. 이제 생명체들이 우주 안에서 단지 '미규정성의 중심들'이고, 이 미규정성의 정도가 그들 기능의 수와 순위로 측정된다면, 우리는 이 [생명체들의] 존재 자체가 대상들의 어떤 부분[국면]들 —생명체들의 기능이 관심을 두지 않는 부분들—의 은폐를 말해 주는 것이라 볼 수 있다.[36]

베르그손은 지각의 문제에 대해 부분과 전체의 관계라는 관점에서 접근한다. 지각은 움직이는 전체에서 관심과 기능에 따라 [부적합한 것을] 빼는 활동이다. 그러나 잠재적인 것은 어떤가? 이는 현실

---

36) Bergson, *Matter and Memory*, p. 36.

[실제]적인 지각의 조건과 행위의 살아 있는 중심과 관련이 있다. 이것 바깥에 있는 것은 모두 현실[실제]적이거나 잠재적으로 현실적이다. 방금 인용한 구절에서 잠재에서 현실로의 전환은 하나의 존재 양태에서 다른 양태로 번역[전환]되는 과정을 의미하지 않는다. 오히려 그것은 실제적[현실적] 표상이나 지각이 생겨나는 조건들, 즉 이미지들의 선택 과정을 가리킨다. 살아 있는 중심의 활동을 특징짓는 반응[반작용]의 자발성은 모든 이미지들(그것들의 모든 요소들이 상호적으로 작용-반작용하는)을 하나로 묶고, "이들 중 어떤 것도 의식적으로 지각하거나 지각되지 않는" 급진적 기계론을 저지한다. 표상은 주변 이미지들의 작용을 축소시키는 결과를 낳는다. 베르그손은 지각과 표상의 출현 조건을 수립하는 맥락에서 잠재적 이미지의 관념에 호소한다.

> 광선은 한 매질medium에서 다른 것으로 지나갈 때 일반적으로 방향을 바꾸면서 가로질러 간다. 그러나 두 매질의 상대적 밀도[차]로 인해 어떤 입사각에서는 굴절이 더 이상 가능하지 않을 수 있다. 그때 전반사가 일어난다. 광원luminous point은 잠재적 이미지를 발생시키는데, 잠재적 이미지는 말하자면 광선들이 자신의 경로를 따라갈 수 없다는 사실을 상징한다. 지각 역시 이와 같은 종류의 현상일 뿐이다.[37]

---

37) *Ibid.*, p. 37.

생명의 영역 또는 중심의 자발적인 활동은 거기에 도달하고 관심을 갖는 광선들이 단순히 통과하는 것이 아니라 반사되어 나타나서 "그들[광선들]을 방사하는 대상의 윤곽"을 표시한다는 것을 의미한다. 베르그손은 이렇게 이해된 지각은 이미지에 어떤 새로운 것을 추가하지 않는다고 주장한다. 실제로 추가되는 것은 전혀 없다. 오히려 사물들이 "살아 있는 존재의 잠재적 행위[작용]를 자신을 통해 나타내기 위해"[38] 자신들의 실재적 작용의 측면들을 저버리게 된다. 이 때문에 베르그손은 지각이라는 현상을 신기루의 효과와 비교하는 것이다. '존재'와 '의식적으로 지각되는 것'의 차이는 베르그손의 이미지 도식에서 정도의 차이일 뿐이다. 따라서 그에게는 물질 세계의 존재와 "만물의 잠재적 지각"[39] 사이에 근본적인 차이가 없다. 베르그손은 이것이 그저 가설이 아니라, 적절한 지각 이론이라면 생략해서는 안 되는 본질적인 데이터의 일부라고 주장한다. 우리가 지각이 고정된 관점에서 찍은 사물들에 대한 일종의 사진 같은 이미지 ─ 그리고 사진은 지각에 있어 중심적인 기관으로 간주되는 뇌에서 현상된다 ─ 라고 생각한다면, 어떤 형이상학이나 물리학도 그 하나의 사진은 "사물의 바로 그 중심[심장부]과 공간의 모든 지점에서 현상된다"는 결론에 이르게 된다는 것이다. 베르그손은 다음과 같이 쓴다.

---

38) *Ibid.* 필자의 번역 수정.
39) *Ibid.*, p. 39.

원자들로 우주를 만들어 보라: 각각의 원자는 모든 물질적 원자들이 가하는 (거리에 따라 양과 질이 가변적인) 작용을 받게 된다. 패러데이의 힘의 중심을 도입해 보라: 모든 중심에서 모든 방향으로 방출되는 힘의 선들 각각은 물질 세계 전체에 끼치는 영향을 가져온다. 라이프니츠의 모나드를 소환해 보라. 각각[의 모나드]는 우주의 거울이다. 이제 모든 철학자들은 이 점에 동의할 것이다.[40]

이 논변은 지각에 대한 베르그손의 이론에서 잠재적인 것의 관념이 수행하는 역할을 명확히 한다. 한 층위에는 우주의 어느 장소에서건 저항이나 손실 없이 통과하는 물질의 작용이 있고, 여기서 전체의 사진은 투명하게 나타난다. 다른 층위에서 우리는 사진판 뒤에 이미지가 보여지는 검은 스크린을 상정할 수 있다. 이 스크린의 역할을 하는 것은 '미규정성의 영역들'이며, 그것의 역할은 거기에 있는 것에 무언가를 추가하는 것이 아니라 실재적 작용[행위]은 통과하지만 잠재적 작용[행위]은 남아 있도록 하는 상황을 만들어 내는 것이다.

유물론의 동일성 사유를 넘어

사르트르는 베르그손이 우주를 이미지의 세계로 설명한 것이 결국 그가 비판하려 했던 경험론과 실재론을 수용하는 결과를 가져왔다

---

40) *Ibid.*, p. 38.

고 지적한다. 사르트르가 보기에 흄과 베르그손의 차이점은, 흄에서 이미지는 실제로 지각되는 한에서 사물들을 가리키는 반면 베르그손에서는 이 용어가 모든 종류의 실재, 즉 실제 지식의 대상들뿐 아니라 표상 가능한 모든 대상(이미지는 지각되지 않고도 있을 수 있으며, 지각될 때 빼기와 선택의 측면에서 [지각된다])에 적용된다는 것이다. 이는 베르그손이 데카르트에서처럼 사물과 사물의 이미지를 구별하거나(사물은 즉 사물의 이미지다) 두 존재 양태들 간의 연관관계를 수립할 필요가 없다는 것을 의미한다(베르그손의 모델에는 두 가지 양태가 존재하지 않는다). 흄을 괴롭히던 실재 그 자체에 대한 회의론적 물음도 베르그손의 저작에서는 전혀 문제로 떠오르지 않는다. 존재하는 것과 의식적으로 지각되는 것의 차이는 정도의 차이일 뿐이라는 베르그손의 주장에 대해, 사르트르는 이는 모든 것이 우선 "의식에 참여하는 것, 또는 오히려 의식으로서" 주어진다고 주장하는 것이라고 말한다.[41] 그렇지 않다면 베르그손은 실재가 의식이 된다는 사실 ─개별화되고 복잡한 물질과 에너지 조직의 형태로─ 을 신비하고 기적적인 방식이 아니고서는 절대 설명할 수 없다는 것이다. 사르트르는 이러한 방식으로 의식을 설정configuration하는 것이 후설의 현상학적 환원과 얼마나 다른지에 주목한다. 이 차이에 대한 그의 설명은 후에 들뢰즈가 운동-이미지에 대한 [저작]『시네마 1』에서 베르그손의 『물질과 기억』의 중요성을 해석하는 방식을 예견하

---

41) Sartre, *Imagination*, p. 39.

는 것이다.

베르그손은 의식에는 상관물이 있어야 한다거나, 후설식으로 말해 의식이 항상 어떤 것에 대한 의식이라는 견해를 가지고 있지 않았다. 베르그손에게 의식은 일종의 질quality [⋯] 거의 실재의 실체적 형식인 것 같다. 그것은 있지 않은 곳에서 생겨날 수 없으며, 존재하기 시작하거나 멈출 수 없다. 더욱이 그것은 순수하게 잠재적 상태, 즉 행위나 그 현존의 어떠한 표현manifestation도 동반하지 않은 상태에 있을 수 있다. 베르그손은 비밀스러운 특질을 지닌 이러한 실재를 '무의식'이라고 불렀다. 그러나 이 무의식은 의식과 똑같은 본성을 지니는 것이다. 베르그손에게 무의식은 없고, 스스로 자각하지 못한 의식만 있을 뿐이었다. 빛을 차단하고 받아들이는 비춰진 대상이란 없다. 순수한 빛, 인광이 있지 [빛이] 비춰진 물질은 없다. 그러나 사방으로 확산된 이 순수한 빛은 특정 표면들에 반사될 때만 현실[실제]화되는데, 이 표면들은 빛을 발하는 다른 영역들의 스크린 역할을 동시에 한다. 여기서 우리는 고전적 유추에 있어 일종의 전복을 목도한다: 의식은 주체에서 사물로 나아가는 빛이 아니라 사물에서 주체로 향하는 광휘光輝, lumiosity라는 것이다.[42]

사르트르가 베르그손이 의식을 제시하는 데 있어 비현상학적이

---

42) *Ibid.*, pp. 39~40.

라는 데 대해 불만을 갖고 있는 반면, 들뢰즈는 바로 이 지점에서 시작하는 것이 중요하다고 주장한다. 그는 사실 '자아의 초월성'에 관한 사르트르의 1936~7년 에세이(1934~5년 베를린에서 초안 작성)가 비인칭적인 초월론[선험]적transcendental 장을 열어 줌으로써 내재성의 사유로 이행하는 데 결정적인 역할을 했다고 말한다. 비록 사르트르는 이와 같은 자신의 통찰에 충실하지 않았지만 말이다.[43]

베르그손 자신이 이 텍스트에서 집중하는 것은 두 체계들이다. 순수 지각과 기억의 지각 사이의 차이는 정도 차이와 종류상 차이 사이의 차이와 동일하다. 정신esprit에 관한 물음은 이 텍스트에서 특수한 용어로 제기된다. 첫째, (물질의 요소들과 그들의 작용 및 반작용의 총체로 구성된) 물질의 실재성이 있다. 두번째로, 우리는 하나의 개체화된 신체가 다른 신체에 대해 가질 수 있는 가능한 행동의 척도로서 물질에 대한 표상을 가지며, 이는 이러한 신체들이 자신의 욕구와 기능에 도움이 되지 않는 것을 버리는, 선택 과정을 통해 나타난다. 베르그손에 따르면, 하나의 "무의식적인 물질 점"에 대한 지각이 "우리보다 무한히 크고 더 온전한 […] 그것의 순간성instantaneousness 안에" 있다고 어떤 의미에서는 말할 수 있다. 그것은 "물질적 우주의

---

43) Deleuze, *Logic of Sense*, pp. 97~98, 102. 이 텍스트에 대한 각주에서 들뢰즈는 사르트르의 글에 대한 자신의 평가를 다음과 같이 설명한다: "나(the I)와 자아(the Ego)를 생성하는 것으로서 '비인칭적 혹은 선-인칭적' 초월론[선험]적 장의 관념은 매우 중요하다. 사르트르의 이론에서 이 논제가 그 함축들을 전개하지 못한 것은, 비인칭적 초월론[선험]적 장이 여전히 의식의 장으로 규정됨으로써 지향성이나 순수 파지(retention)의 작용을 통해 스스로 통합되어야 하는 것으로 이해되었기 때문이다." *Ibid.*, pp. 343~344: note 5.

모든 지점들의 작용[영향]을 수집하고 전달하는 반면, 우리의 의식은 특정한 부분들과 그 부분들의 특정 측면에만 도달하기" 때문이다. 그러나 의식적 지각의 빈곤 속에서 우리는 긍정적인 것, 즉 '분별력'discernment을 찾을 수 있고, 여기서 우리는 "정신spirit의 전조를 발견"할 수 있다. 베르그손이 대뇌 내의 과정을 지각 전체와 동일시하는 것이 오류라고 주장하는 이유는 (a) 비록 지각의 세부 사항이 감각 신경들에 의해 형성되는 것은 사실이지만, "신체가 지니는 운동에 대한 경향"을 고려할 때 둘을 동일시할 수는 없다는 점, 또한 (b) 이 운동은 추상적 역학으로 연구한 운동이 아니라, 오히려 기억의 통일성, 불가분성 및 질적 이질성을 지니는(감각적 특성은 기억의 도움을 받아 수축된다) 운동이라는 점이다. 그렇다면 베르그손에게는 인상들을 수용하고 전달하는 신경 요소들을 실험과 계산에 종속시켜야 한다고 주장하는 '과학적 방법의 요청'과 질적 운동의 관점에서 본 실제적 과정에 대한 설명 사이에 유지해야 할 차이가 있다. 신경에 병변이 생겼을 때 지각[능력]이 떨어지는 것은 놀랄 일이 아니다.

물질이 신경계의 도움 없이, 감각 기관 없이 지각되어야 한다는 것은 이론적으로 상상 불가능한 것이 아니다. 그러나 그러한 인식은 아무 쓸모가 없기 때문에 실행에 있어 불가능한 것이다. 그것은 살아 있는 것, 즉 행동과 존재에 적합한 것이 아니라 환영에 불과할 것이다.[44]

---

44) Bergson, *Matter and Memory*, p. 44.

그러나 이것으로부터 운동 작용motor activity이 자율적으로 기능하고, 그것이 세계에 대한 우리 지각의 어떤 기적적인 발생원 역할을 한다고 추론하는 것은 잘못이다. 운동의 성격은 시각적, 청각적, 촉각적 인상들의 차이에 따라 달라진다. 지각은 자동적인 감각 진동들에서가 아니라 운동 작용에 제기되는 다양한 종류의 물음에서 비롯된다.

신경과학, 그리고 심리철학으로 통하는 것(예컨대 심신 일원론[동일론]identity theory) 중 다수는, 운동 작용을 지각 과정으로부터 분리하고 지각을 감각 신경 요소에 국한함으로써 의도치 않게 대뇌 물질의 관념론을 만들어 낸다.[45] 그러나 이것은 잘못된 생각이다: "[…] 사실 지각은 운동 중추들 안에도 감각 중추들 안에도 있지 않다. 지각은 이들 관계의 복잡성을 나타내는 것으로서 실제로 그것이 나타나는 곳에 있다."[46] 베르그손이 가장 반박하려 하는 입장은, 감각들을 단지 신호로 취급하여(즉, 각각의 감각은 동질적이고 기계적인 운

---

45) 동일론에 관한 폴 처칠랜드의 논의(P. Churchland, *Matter and Consciousness*, Cambridge, Mass.: MIT Press, 1988, pp. 26~36) 참조. 그의 제거적 유물론(eliminative materialism)은 종종 동일성 이론을 계승하는 것으로 해석된다. 그러나 그의 유물론은 분명, 민속 심리학에 대한 직관과 이론적 신경과학의 개념 사이의 완전한 일대일 일치를 제시하는 것을 목표로 하지 않는다. 여기서 목적은 오히려 이러한 심리학을 '제거하는' 것이다. 제거적 유물론의 '두뇌'는 그에 대한 논의가 만약 형언 불가한 감각질의 영역을 벗어난다면 무척 흥미로워질 것이다. 이것[감각질의 영역]은 표상 개념을 통해 벡터 부호화의 관점에서 다루어지며, 지각을 내적 시각으로 환원하는 결과를 가져온다. 이러한 [논의를 통해 이루어지는] 고찰은 자기-관찰적(self-surveying) 뇌(리좀으로서의 뇌, 사건으로서의 뇌)와 연관되는데, 이는 들뢰즈와 가타리가 레몽 루예르(Raymond Ruyer)의 작업을 통해 『철학이란 무엇인가?』의 결말에서 초점을 맞추는 내용이다.

46) Bergson, *Matter and Memory*, p. 46.

동들을 자신의 언어로 번역할 임무를 지닌다), 한편으로는 공간 안에서 동질적인 운동들을 상정하고, 다른 한편으로는 의식 안에 확장된 감각(양적인 외부와 질적인 내부)을 상정하는 것이다. 이러한 관점과 대조적으로 베르그손은 동일성이 대뇌와 정신 또는 영적인 것 사이가 아니라 감각 요소의 실재적 작용과 지각의 **잠재적 작용**(운동 다이어그램 포함) 사이에 있다고 주장하고자 한다.[47] 지각은 사물들의 일부(내적·주관적 시각이 아니다)인데, 이는 (고통이나 쾌락을 경험할 수 있는 능력과 같은) 정동적affective 감각이 자신을 외부 영역으로 확장함으로써 내적 의식의 깊은 곳에서 솟아나지 않는 것처럼(정동은 내적·강도적 상태의 외적 연장으로의 단순한 운동이 아니다), 그것[지각]이 한 신체를 다른 신체들과 함께 운동하게 하는 변양들과 밀접하게 연결되어 있기 때문이다. 신체들의 운동이 지니는 잠재적 성격은 지속과 기억의 증가addition라는 측면에서 사유될 때 급격히 복잡해진다. 신체의 이 잠재적 존재는 그 생성 과정에 있어 신경계에 물질적 조건을 두고 있음은 분명하다. "(신경계의 복잡성에 있어 높은 정도로 상징되는) 신체의 작용력이 클수록, 인식이 포용하는 영역이 더 넓어진다."[48] ── 그러나 이 잠재성은 특정 [신체]기관에 위치하는 육화된 존재나 물리적 구현으로 환원할 수 없다.

여기서 우리는 기억에 대한 베르그손의 독특하고 난해한 설명, 특히 우리가 공간에서 가져온 이미지에 너무 몰두하기 때문에 기억

---

47) Moore, *Bergson: Thinking Backwards*, p. 52 참조.
48) Bergson, *Matter and Memory*, p. 56.

이 저장되는 장소가 있어야 한다고 생각한다는 그의 주장을 예견할
수 있다. 물리-화학적 현상이 뇌에서 일어나고, 뇌가 몸 안에 있고,
몸이 그것을 둘러싸고 있는 공기 속에 있다면, 이루어지거나 현실화
[실현]된 과거도 분명 무엇인가의 '안에' 있어야 한다? 이 과거가 '안
에' 위치하는 장소는 대뇌 물질 —— 일종의 주어진 용기receptacle로
이해되어, 열기만 하면 잠복하는 이미지들[잠상]이 현재의 의식 안
으로 흘러 들어가게 되는 —— 인 것이 분명한 듯 보인다. 베르그손은
축적된 이미지를 보관하는 저장소로서의 뇌 모델에 대해 다음의 두
가지 주된 이유로 반대한다. 첫째, 그는 공간에로 확장된 이미지로
이해되는 뇌는 본질적으로 현재 순간 이상을 절대 차지하지 않는 효
용성의 기관으로서, 물질적 우주의 나머지 부분과 함께 "우주적 생
성의 끊임없이 갱신되는 구역"[49]을 구성한다고 본다. 둘째, 과거는
그 자체로 존속한다는 것이다. 과거는 더 이상 유용하지 않게 된 것
이지만, 그렇다고 이것이 과거가 더 이상 존재하지 않음을 의미하지
는 않는다. 우리가 받아들이기 어려운 명제일 수 있지만, 과거의 존
속은 공간이 아니라 지속 안에서 일어난다는 것, 즉 과거의 존속은
시간 '안에서' 발견할 수 있다는 것이 베르그손주의와 그것이 피력
하는 철학적 논증에 있어 본질적인 주장이다. 여기서 우리는 가장 도
전적인/까다로운 방식으로 지각의 한계에 직면한다. 왜냐하면 모든
지각은 아무리 순간적일지라도 기억된 요소들의 무수한 다양성으

---

49) *Ibid.*, p. 149.

로 구성되지만, 즉 모든 지각이 이미 기억이지만, 우리는 주어진 순간에 관심을 끄는 것만 실질적으로 지각하기 때문이다. 따라서 과거의 총체적인 존속을 인정하는 것에 대한 저항은 "우리의 정신적 삶의 굴곡"에서 기인한다. "순수한 현재"는 다름 아닌 "미래 속으로 파고 들어가는 과거의 보이지 않는 진행"[50]이지만, 어떤 시간-생성의 잠재적 실재는 우리에게 지각되지 않는다. 시간은 눈에 보이지 않으며, 행위의 효율성에 대한 관심이 유보되거나 완화될 때만, 예컨대 꿈의 상태와 같은 특수한 상황에서 또는 특별한 유용성에 기반하지 않은 실천들(예를 들어 그림 및 영화와 같은 예술 형식들)을 통해서만 가시화된다. 베르그손은 이러한 지각들(및 기억들)이 뇌에 있는 것이 아니라 오히려 뇌가 이들 안에 있기 때문에 현재와 과거의 지각을 뇌에 국한시키고자 하는 것은 오류라는, 진정으로 급진적인 결론을 내린다. 이는 과학이 지지하거나 인정할 것이라고 결코 기대할 수 없는 결론이지만, [한편으로] 엄격하게 철학적인 사유의 문제라 하겠다.

베르그손은 순수 지각 또는 비인칭적 지각 이론의 도움을 받아 지각의 외적 특성을 입증하고자 하는 『물질과 기억』의 첫 장을 마무리하면서, 물질과 그 지각 사이의 차이는 정도의 차이지만, 지각과 기억의 차이는 종류의 차이라고 주장한다. 그는 이 차이를 이 책의 2장과 3장에서 보여 준다. 기억에 대한 베르그손의 논의는 다음 장에서 그에 대한 들뢰즈의 저술을 살펴봄으로써 검토할 것이다. 이 문

---

50) *Ibid.*, p. 149.

제에 대해 깊은 회의를 표명한 다른 주석자들과 달리 들뢰즈는 베르그손이 잠재적 기억을 순수 과거로 설명하는 것의 중요성을 항상 옹호했다. 이 지점에서 심리학은 그 적절한 조건들을 찾기 위해 존재론으로, 기억의 존재에 특유한 시간의 존재로 '도약'해야 한다. 이 장의 마지막 절에서는 이 책[『물질과 기억』]의 마지막 장에서 베르그손이 개괄하고 있는 물질의 개념을 살펴보겠다.

관념론을 넘어서

『물질과 기억』에서 베르그손은 다양한 업적을 이루는데, 그 중 하나는 물질을 마음(이 안에서 물질은 순수 관념ideas이 되는)에 위치시키거나, 단순한 기하학적 연장성과 동일시할 필요가 없다는 것을 보여준 것이다. 베르그손이 이 책에서 이루는 혁신 가운데 바로 이 문제에 관한 부분이 과학과 형이상학 사이의 동맹alliance에 있어 새로운 길을 개방한다. 우리는 책의 마지막 장에서 이 새로운 동맹의 본질에 대한 통찰을 얻을 수 있다.

이 동맹을 고찰하기 위해 관념론 대 실재론의 문제로 돌아가 보자. 책 전반에 걸쳐 베르그손은 세계에 대한 우리의 표상이 그저 상대적이고 주관적이라는 생각에 이의를 제기한다. 그러나 그가 이 견해에 대해 이의를 제기한다는 것이 정확히 무엇을 의미하는지 명확하고 일관성 있게 설명할 필요가 있다. 베르그손이 세계에 대한 우리의 표상이 절대적이라고 하는 것은, 사유와 존재 사이의 어떤 동일성이라는 관점에서 그것이 실제 있는 그대로의 세계의 충실한 반영이라는 의미에서가 아니다. 표상은 본질적으로 감산적[빼기와 관련]이고 선별적이다. 그러나 마음과 세계의 관계는 현상과 실재, 현상과 본체 사이 관계의 문제가 아니라 부분과 전체의 관계의 문제다. 사실 베르그손은 지식의 상대성에 대해 두 가지 측면에서 이의를 제기한다. 첫째, 세계에 대한 우리의 표상이 부분적이고 선별적인 것은 사실이지만 이것이 우리 스스로가 만든 세계에 갇혀 있음을 의미한다고 생각하는 것은 오류다. 혹은 베르그손의 표현으로, "말하자면 그것은 우리에게서 나온 것이지 우리가 그것에서 나온 것이 아니다"[51] [라고 생각한다면 말이다]. 이러한 의미에서 그는 표상을 단지 상대적이고 주관적인 것이라 칭하는 것에 불만을 갖는다(표상은 실제로 상대적·주관적이지만, 이는 특정한 의미에서만, 즉 전체와 연결되어 있고 밀접히 연관된 부분이라는 의미에서만 그러하다. 여기서 전체는 결코 정적이거나 단순히 주어진 것이 아니다). 둘째, 그리고 어쩌면 더 야심 차게 베르그손은 철학이 표상에, 또한 물질과 지속에 대한 상대적인 이해에 국한된다는 견해에 맞선다. 이것이 이 책의 마지막 장이 지니는 중요성이다.

베르그손은 『물질과 기억』의 마지막 부분에서 결국 자신만의 독특한 형식의 실재론을 발전시킨다. 그가 제시한 한 가지 정의에 따르면 실재론은 관념ideas의 이면에 그 자체는 관념이 아닌 원인이 있다는 견해와 동일시된다. 우리는 베르그손이 이미지로서의 물질을 관

---

51) *Ibid.*, p. 54.

념으로 환원하지 않는다는 것을 보았다. 그가 실재론에 대해 갖는 불만은 그것의 본질적인 오류, 즉 지각의 복잡성 —— 운동과, 다양한 요소들 사이의 관계와 연관되기 때문에 복잡한 —— 을 뇌에 있는 원자의 실제 물리적·기계적 운동으로 축소하는 것에서 비롯된다. 지각과 기억이 머릿속에 있는 것이 아니라 시간 안에서 펼쳐지는 신체와 운동의 이미지들의 집합체에 걸쳐 분포되어 있다면, 지각과 기억이 '어디'에 있는지를 묻는 것은 말이 되지 않는다('의식의 소재지는 어디인가?', '기억은 어디에 저장되는가?'). 지각과 기억은 공간화된 실체entity나 사물이 아니기 때문에 그것의 실제 물리적 장소가 없다. 과학의 실재론이 움직이는 이미지들의 중심 없는 체계 —— 이 체계에서 중요한 질문은 요소들 간의 상호 작용과 횡단적 소통에 관한 것이다(우리가 이 요소들을 '원자들', '물질적 점들'이라 부르건, '힘의 중심들'이라 부르건 간에) —— 라는 관점에서 우주에 접근하는 방향으로 이행할 수 있다면, 과학의 실재론과 형이상학 사이에 새로운 관계가 형성될 수 있을 것이다. 뇌를 의식의 물질적 중심으로서 구체화된 것으로 취급하는 것이 오류인 이유는 그것이 뇌를 감싸고 있는 대상들을 제외시키고withdraw, 그 과정에서 우리가 대뇌 상태라 일컫는 바로 그 대상도 제외한다는 것인데, 이는 뇌가 자신의 속성들이나 현실적 실재성에 있어 대상들에 의존하기 때문이다.[52] 뇌를 물질적 중심으로 특권화하고, 뇌의 작용을 일련의 불연속적 상태들로 취급하는 이러

---

52) H. Bergson, *Mind-Energy*, p. 245.

한 이행 안에서 실재론은, 관념 속에서만 고립된 것을 권리상 고립될 수 있는 것으로 가정하는 관념론으로 슬그머니 넘어가게 된다.

『정신적 에너지』에 실린 「뇌와 사유」에서 베르그손은 "지식이나 과학과 관련될 때 [⋯] 우리는 항상 어느 정도 관념론에 머물게 된다"[53]고 주장한다. 이는 과학과 형이상학 사이의 새로운 동맹에 대한 나의 주장에 이의를 제기하는 듯 보일 것이다. 사실 누군가는 베르그손이 과학 내 지식의 발전에 있어 선-경험적인*a priori* 한계를 긋고 있다고 주장할 수도 있겠다. 그러나 다른 글에서 그는 그러한 선-경험적인 한계 설정에 반대하는 듯 보인다. 이는 『물질과 기억』의 마지막 장에서도 암시되는 바다. 이에 대해 살펴보기 전에 다음의 물음에 대해 생각해 보자: 왜 관념론이 사유의 한계를 구성하는가?

이에 대한 답은 「뇌와 사유」에 관한 에세이에서 찾을 수 있는데, 여기서 베르그손은 실재에 대한 지식을 추구하는 과정에서 우리는 항상 관념론과 마주치게 된다고 말한다. 베르그손에 따르면 관념론은 "공간 안에 펼쳐진" 것으로 제시되는 것에, 그리고 "공간적 분할에서"[54] 멈추는, 제한된 형태의 이해다. 반대로, 실재론은 이러한 표현display을 피상적인 것으로 간주하고 실재를 이해할 수 있는 것으로 만들기 위해 지성이 재단한 분할들을 인위적인 것으로 본다. 그러나 베르그손은 자신의 형이상학 전체가 **지속**의 형이상학(그리고 경험론)이면서, 어떻게 우리가 항상 '거의' 관념론자 — 사유를 공간에 속

---

53) *Ibid.*, p. 248.
54) *Ibid.*, p. 247.

박하는 것을 의미하는 — 라고 뻔뻔하게 선언할 수 있는가? 사실 베르그손은 과학이 점점 더 큰 실재론으로 나아가도록 박차를 가하여 인간의 조건을 초월한 사유, 즉 유용성에 기반하며 공간적인 지성의 습관을 넘어선 사유를 낳기 위해 관념론의 필요성에 주목하는 듯 보인다. 다음 구절이 이를 드러낼 것이다.

그러므로 실재론자의 가설은 하나의 이상ideal에 불과한 것으로, 그것이 목적하는 바는 그가 실재에 대한 설명에 있어 충분히 깊게 들어가 본 적이 없다는 것, 또한 우리 눈에 공간에 나란히 놓인 듯 보이는 실재의 부분들 사이의 더 근본적인 관계를 발견해야 한다는 것을 상기시키는 것이다. 그러나 실재론자는 이 이상을 가정하지 않을 수 없다. 그는 관념론자에게 실재 그 자체인 나란히 놓인 관념들ideas이나 그림들에서 그 이상을 실체화hypostatize한다. 따라서 이러한 관념들은 실재론자에게 많은 것[사물]들, 즉 숨겨진 잠재력potentialities의 저장소가 되며, 이제 그는 대뇌 내 운동(더 이상 단순한 관념들이 아닌 사물들)을 관념으로서 완결된 세계 전체를 잠재적으로 포함하고 있는 것으로 생각하게 된다.[55]

요컨대 과학자의 오류는 실재의 관념이나 이미지에 의존하는 데 있는 것이 아니라 운동, 생성 또는 과정의 잠재성이 어떤 하나의

---

55) *Ibid.*, p. 248.

현실성actuality과 물질성으로 환원되는 구체화 방식에 있다. 잠재적인 것은 공간 안에 ── 물질 안에, 예를 들어 숨겨진 잠재력의 원천 또는 기원으로 작용할 뇌-물질을 포함하여 ── 있는 것이 아니라 시간 안에 있다. 그리고 시간은 숨겨진 잠재력이 아니며, 비밀스러운 역량을 소유한다는 이유로 우리에게 숨겨진 것도 아니다. 오히려 우리가 우리 자신에게서 필연적으로 시간을 숨긴다고 할 수 있다. 즉, 우리에게 시간은 공간이며[우리는 시간을 공간화하며], 시간을 경험하고 싶을 때조차 우리는 잃어버린 시간을 찾기보다 과거를 회상하는 것을 선호한다. 적절하게 이해된 것으로서 시간 탐색이 무엇을 수반하는지는 다음 장에서 다룰 것이다.

모순들과 문제들 ── 근대modern 사유의 이율배반 ── 은 대체로 우리가 실재의 운동에 상징적 도식을 부과하는 데서 기인한다. 이는 [실재의 운동을] 우리에게 있어 획일적이고 규칙적이며 계산 가능한 것으로 만들지만, 한편으로 그것을 은폐함으로써 실재에 대한 우리의 유일한 경험을 구성하기도 한다. 이러한 정신적 습관에서 벗어나면 연장성 바깥으로 나가지 않고도 공간을 초월하는 것이 가능해진다. 연속적이고 다양한 연장성을 그것을 한계짓는 무정형의, 비활성적 공간 ── 이 안에서 운동은 다수의 순간적 위치의 관점에서만 구성될 수 있다 ── 과 동일시할 것을 강요하는 고정된 논리나 확립된 법칙이란 없다. 베르그손은 운동이 단순히 상대적인 것이 아니라 절대적인 것임을 증명하려 하는데, 이 문제에 대한 그의 입장을 올바르게 이해하는 것이 중요하다. 운동이 절대적이며 장소가 상대적이라고 선언하면서(베르그손은 이 지점에서 명시적으로 뉴턴에 반대한다)

그는 그것이 단지 측정의 효과가 아니라 실재적인 어떤 것이라고 주장한다(기하학자의 수학적 기호는, 운동하는 것이 움직이는 물체이지 지시된 축과 점이 아니라는 것을 나타낼 수 없다). 그러나 운동이 단지 '상대적'이라면 변화는 환상이어야 한다.[56] 베르그손이 실재라고 주장하는 변화는 단지 물질의 부분들 간의 위치 변화가 아니다. 그렇다면 우리는 한편으로 역학에서 연구한 운동 개념을 가지게 되는데, 여기서 운동은 단순한 상징(공통 척도 및 분모)으로 사용되고, 이는 서로 다른 운동의 비교를 가능하게 한다. 다른 한편으로 우리는 지속을 점유하는(그 자체로 분할 불가능한 것들로 이해되는) 운동들의 실재를 갖는다. 이[지속]는 시간 안에서 연속하는 순간들을 가변적 성질이라는 하나의 실로 연결하는 것으로서, 우리 의식의 종합과 기억의 수축을 규정하는 연속적 이종성과 아주 다르지 않다(이것은 전체 우주에 유효한 잠재적 다양체의 단일한 시간이다).

우리가 극복해야 할 사유의 근본적인 습관은 (감각의 형태로) 성질들을 의식에 부여하고 운동(항상 나눌 수 있는)을 계산 가능한 방향과 속도의 차이 측면에서 사유하는 것이다. 이는 우리에게 기적적인 방식이 아니고서는 서로 의사소통할 수 없는 완전히 다른 두 세계를 제시한다. 베르그손은 이제 질과 양의 차이는 환원 불가능한 것이지만, 연장적 운동과 강도적 의식(감각) 사이의 대립으로 볼 수도 없다고 주장한다: "실재하는 운동들은 양적 차이들만 제시하는가? 소위

---

56) Bergson, *Matter and Memory*, pp. 194~195.

내적으로 진동하면서 셀 수 없는 순간들 속에서 스스로 존재하며 박자를 맞춘다는 점에서 이 운동들은 질 자체가 아닐까?"[57] 예를 들어, 지각된 두 가지 색상들의 환원 불가능한 특성을 어느 한 순간에 그 색상들이 일으키는 수십억의 진동들이 수축해 들어가는 짧은 지속을 통해서가 아니라면 어떻게 적절하게 설명할 수 있는가? 이 지속을 더 느린 리듬으로 체험하면, 우리는 이 색상들을 흐릿한 것으로, 즉 순수한 진동들과 거의 부합할 정도로 리듬이 느려지면서 연속하는 인상들로 늘어져 있는 것으로 보게 되지 않겠는가? 운동을 어떤 우발성 — 위치들과 물질의 작은 단위들diminutive bodies(원자들 또는 소체들) 간의 관계 변화와 연관된 — 에 불과한 것으로 해석하는 습관은 물질과 운동에 대한 부적절한 개념을 제시한다. 뿐만 아니라 이 습관은, 지각에 있어 우리 의식 상태와 독립된 실재를 항상 상정하게 하는 [사유의] 과정을 은폐한다. 베르그손은 움직임motion에 질이 없지 않은 것처럼 감각에도 운동[성]이 없지 않다는 결론에 도달한다. 감각은 질quality이 되려면 자신을 넘어서야 하는데, 이는 운동에 포함implicated되는 것을 말한다. 즉, "표면에서는 움직이지 않지만, 자신의 깊이 안에서 살아 있고 진동한다."[58]

베르그손은 이 지점에서 과학과 형이상학 사이에 새로운 대화의 가능성을 열게 된다. 과학은 "우리가 인공적으로 조각한 우주의 자연적 분절(표현)들"을 재발견하고, 형이상학은 즉각적인 직관이

---

57) *Ibid.*, p. 202.
58) *Ibid.*, p. 204.

아니라 철학적인 직관, 즉 재현[표상]의 공간적 습관을 넘어 사유할 수 있는 가능성을 보여 줄 수 있는 직관을 길러야 한다.[59] 과학은 "모든 물질적 점들의 상호 작용에 대한 더욱 완전한 논증"과 사물 사이의 보편적인 운동 연속성에 대한 통찰력을 제공할 수 있게 된다. 우리가 해야 할 일은 물질의 개념을 힘의 개념으로 바꾸는 것뿐이라고 생각할 수 있지만, 이는 여전히 불충분하다. 결정적인 것은 "힘의 선들과 운동들로, 이들의 상호적 연대가 우리에게 보편적 연속성을 되돌려 주기" 때문이다. 따라서 물질에 관한 이론이 수행할 임무는 우리의 적응 욕구에 상대적인, 물질에 대한 관습적인 이미지 이면에 숨겨진 실재를 찾는 것이다.[60] 물질에 대한 우리의 관습적인 이미지를 넘어서서 사유하려는 이와 같은 시도는, 베르그손이 '모든 자연 철학'은 우리의 감각들이 지각하는 불연속성이 물질의 일반적 속성과 양립 불가능하다는 것을 발견함으로써 끝난다고 주장하는 이유를 설명한다.[61]

그러나 지속에 대한 사유의 관점에서 철학자와 물리학자 사이에는 여전히 간극이 있다. 철학자는 체험된 시간에 고유하게 정해진 리듬이 있다고 주장하는 반면, 물리학자는 주어진 간격 안에 얼마든지 많은 현상들을 저장할 수 있는 동질적인 매체로서 시간에 접근하기 때문이다. 베르그손은 지속의 시간이 서로 다른 긴장들과 리듬들

---

59) *Ibid.*, p. 197.
60) *Ibid.*, p. 200.
61) *Ibid.*, p. 201.

로 존재한다는 것을 부정하지 않으며, 오히려 이 점을 끈질기게 주장한다: "실재하는 지속에는 하나의 리듬만 있지 않다.…"[62] 우리가 서로 다른 긴장들과 이완들의 지속을 생각하지 못하는 것은 '동질적이고 독립적인 시간'에 대한 우리의 집착 때문이다. 따라서 베르그손의 주장은 단순히 분할에 대한 반박이 아니라, 분할이 현실적 다양체의 관점에서 이루어지는가 아니면 잠재적 다양체의 관점에서 이루어지는가와 관련된다. 이것이 과학과 철학 사이에 차이를 만들어 낸다. 사실 『물질과 기억』 4장에 나타난 이 논증 부분에서 우리는 베르그손과 상대성 이론 간의 논쟁의 진정한 특성을 발견한다. 예를 들어, 우리의 살아 있는 의식은 수십억 개의 연쇄하는 진동들의 수축이라는 측면에서 빛을 경험한다(가장 긴 파장을 가진 빛인 적색광의 경우, 4천억 개의 연쇄하는 진동을 수반한다). 서로 구별될 수 있게 0.002초 떨어져서 발생하는 진동들 각각의 실제[현실]적이고 순간적인 연속[계기]을 관찰할 수 있는 어떤 의식이 있다고 하자. 이는 베르그손에게서 우리가 감지할 수 있는 가장 작은 시간 간격을 가리킨다. 그는 간단히 계산했을 때 적색광의 경우 작업이 완료되기까지 25,000년 이상이 경과해야 한다는 것을 지적한다. 이 시간을 무한히 나눌 수 있다고 가정한다면, 중요한 문제는 분할이 순전히 동질적인 시간의 관점에서 또는 지속의 잠재적 다양체의 관점에서 일어나는지 여부다. 이는 두 다양체 사이의 차이를 보여 주는데, 이에 따르면 분할은

---

62) *Ibid.*, p. 207.

공간에서 일어나고 원하는 만큼 계속 [세분]할 수 있기 때문에 실제로 무한하거나, 혹은 체험된 지속들의 서로 다른 긴장과 리듬의 다양성[다양체]과 관련되기 때문에 잠재적으로potentially 무한하다. 베르그손이 공간과 시간, 두 개의 다양체 사이, 현실적인 것과 잠재적인 것 사이에서 끌어내고 강조하려는 차이는 '체험된'lived 것에 대한 순박한 [믿음]을 의미하지 않으며, '현상학적'인 것과도 무관하다. 문제는 오히려 물질과 지각에 대한 그의 사유 전체와 관련된다. 베르그손이 우리가 '실제로' 체험하거나 지각하는 것 외에 다른 지속들이 존재할 수 없다고 보는 것은 아니다(이것이 바로 그가 사유하고자 하는 바이며 그가 생각하는 철학적 기획의 핵심을 이룬다). 그의 논변은 이러한 다른 지속들을 모든 사물과 모든 사람들에게 동일한 동질적인 시간으로 축소하는 것에 반대하는 것이다. 이 시간은 사회적 행동과 적응의 동물로서 우리가 진화한 조건에서 비롯된 허구이자 '언어의 우상'이다. 물리학자의 시간은, 따라서 질적 수축이 없는 시간이다. 그것은 생명의 시간이 아니라 공간과 무한, 현실적 분할의 시간이다. 이는 인간적 조건의 시간, 즉 인간이 초월하여 사유할 줄 모르는 조건의 시간이다.

베르그손은 물질과 지각의 관계에 대한 자신의 사유와 연관하여 자신이 도달한 우주의 개념을 명확히 하고자 한다. 물질적 우주와 그것에 대한 서로 다른 인식들 사이에는 차이가 있으며, 그 차이는 서로 다른 지속들의 질적 분화/차이화에 있다. 그러나 이 차이는 급진적인 것이 아니라 정도의 차이다. 지각에 대한 올바른 개념만이 이러한 용어들의 차이를 설명할 수 있다. 우리의 의식이 제거되면 물질적 우주는 있던 그대로 존속할 것이며 물질은 "거대한 몸을 통해 전율하는 것처럼 사방으로 이동"[63]하면서 끊임없는 연속성 안에서 서로 연결된 무수한 진동들로 스스로를 분해할 것이다. 물질에 대한 이러한 시각은 상상하기에 피곤한 것일 수 있지만, 여기서 물질은 우리의 외적 지각에 있어 삶/생명의 긴급한 요구 때문에 덧붙이는 것들에서 해방된 것이라는 점에서 이는 또한 우리에게 의식적 지각(단순히 사물의 한가운데 있는 순수 지각이 아니라 기억의 지각)이 수행하는 역할을 드러낸다. 지각은 우주와 하나인 동시에 근본적으로 그것과 다르다. 따라서 물질에 대한 새로운 시각——물질의 공간적 분할 가능성과 동질성이 우리의 행위 및 사유의 양태에 특수함을 드러내는——을 제시하면서도 베르그손은 물질과 정신spirit의 구분을 여전히 고수한다. 그의 관점에서 연장된 물질 전체는 "모든 것이 다른 모든 것들을 중화시키고 보충하면서 균형을 이루는 의식과 같기"[64](물질은 "얕은 잠을 자고 있는 마음"이다)[65] 때문이다. 다시 말해서 모든 것은 기계적으로 현실[실제]적이며, 서로 연역될 수 있고 서로 등가인 무한히 빠른 움직임들의 계기적 연속이다. 의식의 중화된 형태로서 물질 안의 어떤 것도 부각되어stand out 필연의 법칙을 벗어날 수 없다. 물질은 진화의 차이가 없는 반복이다.[66] 이러한 '부각' 현상이 일어나기 위해서는 개체화된 지각의 중심들이 등장해야 한다.

---

63) *Ibid.*, p. 208.

64) *Ibid.*, p. 219.

65) Bergson, *The Creative Mind*, p. 238.

66) Bergson, *Matter and Memory*, p. 221.

베르그손은 이 책의 끝에 가서야 물질적 우주의 지속은 절대적 필연성의 관점에서 적절하게 접근될 수 있는지에 대한 물음을 제기한다: "각 순간은 선행하는 순간으로부터 수학적으로 추론될 수 있는가?"[67] 다시 말해, 우주를 특징짓는 지속의 계기적 순간들 안에 완전한 논리적 등가관계equivalence가 존재하는가? 비록 그가 관념론과 유물론 모두를 넘어서 사유할 필요를 드러내는 새로운 사유 운동을 제시했지만 — 전자에 반하여 베르그손은 물질이 우리의 표상을 넘어선다(우리의 오성[지성]은 '자연의 계획'을 설계하지 않는다)는 것을, 후자에 대해서는 지각이 대뇌 상태를 넘어선다는 것(고립 가능한 뇌는 표상을 낳을 수 없다)을 보여 준다 — 그는 우주의 구체적이고 질적인 지속에 대해 논하는 것은 보류해야 한다고 느낀다. 여기서 요청되는 것은, 베르그손이 이후에 중요성을 인식하게 되는, 우주에 내재하는 지속적 생명/삶을 사유할 수 있는 가능성이다. 생명 철학으로 인해 (유기체와 같은) 개체화된 물질 형태의 출현과 복잡성이 증가하는 방향으로 진행되는 생명체living matter의 진보를 설명할 필요성이 없어지는 것은 아니다. [생명 철학이] 요청하는 것은 생명과 우주의 창조적 진화에 대한 설명이다.

『물질과 기억』은 물질과 그것의 지각을 조화reconciliation시키는 동시에, 그 둘 사이의 차이를 보여 주는 복잡한 철학 텍스트다. 이 장에서 나는 이 저작이 이미지의 관념을 이끌어 내는 복잡한 방식과 더

---

67) *Ibid.*, p. 248.

불어, 베르그손이 잠재적인 것의 관념을 어떻게 사용하고 어떻게 정신과 밀접하게 관련된 것으로 이해하는지 보여 주려 했다. 베르그손은 이후의 작업, 특히 『창조적 진화』에서 계속해서 더 깊은 조화들(예를 들어, 무기물과 유기물 사이의 조화)을 성사시키는 동시에, [그 사이의] 차이들을 새롭게 나타낼 것이다. 베르그손의 뛰어난 저서 『물질과 기억』의 제목에서 '~과'and가 어떤 의미를 지닌다면 그것은 무엇일까? 물질과 기억이라는 두 현상의 분리는 단순히, 혹은 조급하게 전복되거나 폐기될 수 있는 것이 아니다. 이들 사이의 차이를 유지하는 데에는 이유 ── 기억의 작동 및 운동과 관련된 ── 가 있다. 물질과 지속이 이완과 수축에 있어 양극단의 수준에 있음에도 불구하고(기억은 두 가지 특징을 모두 보인다), 기억에는 자율적인 생기적·잠재적 삶/생명이 부여될 수 있다. 따라서 이어질 마지막 장에서는 이러한 이상하고 창조적인 기억의 삶/생명을 살펴볼 것이다. 들뢰즈에게 『물질과 기억』이 중요한 것은 그것이 급진적 유물론과 순수 유심론spiritualism의 '결합'marriage을 보여 준다는 점 때문이다.[68] 실제로, 영화에 관한 들뢰즈의 두 책, 즉 운동 이미지와 시간 이미지 사이의 관계를 독해하는 효과적인 방법 중 하나는 그것을 이 결합의 관점에서 해석하는 것이다. 『물질과 기억』에 대한 들뢰즈의 독해에는 [일종의] 이행이 있다. 그는 단순히 순수 지각의 운동 이미지에 머무르지 않고 주체성 차원에서의 시간으로 이행한다. 이것은 들뢰즈가 결

---

68) G. Deleuze, *Negotiations*, trans. M. Joughin, New York: Columbia University Press, 1995[1990], p. 48.

국에는 현상학자가 된다는 것을 의미하는가?

　이 책 4장에서 우리는 잠재적인 것의 존재론에 대한 들뢰즈의 헌신의 본질이 무엇인지 살펴보았다. 이제 우리는 이 존재론을 다른 층위에서, 즉 기억의 존재Being라는 관점에서 만나 볼 것이다. 기억의 존재에서 존재론은 심리학의 평면에 위치될 수 있지만, 그것은 또한 심리학을 통과하여 그 너머로 이행함을 의미하기도 한다. 이 복잡한 이행을 추적하고 추구하는 과정에서 우리는 또한 시간의 아주 특별한 역설과 복잡성을 마주하고, 또 이를 극복하게 될 것이다.

7장 기억의 존재와 자아의 시간
 : 심리학에서 잠재적인 것의 존재론으로

기억은 자기와의 관계 혹은 자기에 의한 자기의 촉발affection을 일컫는 진정한 이름이다. […] [지각] 이후에 오는, 또 망각과 반대되는 단순한 기억이 아니라, 끝없이 망각되고 재구성됨으로써 현재를 이중화하는 기억, 바깥, 그리고 망각을 포함하는 '절대 기억' 말이다. (들뢰즈, 『푸코』, p. 107)

프루스트의 '비자발적 기억'은 통상 기억이라 부르는 것보다 망각에 훨씬 가까운 것이 아닌가? […] 프루스트의 방법은 반성reflection이 아닌 현실화다. 그는 우리 가운데 아무도 우리가 겪도록 운명지어진 진정한 삶의 드라마들을 살아 낼 시간이 없다는 것을 간파한다. 이것이 우리를 나이 들게 한다 ── 오로지 이것이. 주름들과 접힘들은 우리의 응답을 요청하는 위대한 열정들, 악덕들, 통찰들의 기록이다. 그러나 우리, 주인들은 집에 없었다. (벤야민, 「프루스트의 이미지」, 『일루미네이션』, pp. 204, 213~214)

프루스트의 심리학적 업적은 심리학 자체를 공격한다. (아도르노, 『아도르노의 문학이론』, p. 177)

베르그손주의는 지속의 병리학을 가능하게 한다. (들뢰즈, 『베르그손주의』, p. 118. 강조는 인용자)

본다는 것 자체가 —— 심연을 보는 것이 아닌가? (니체, 『차라투스트라는 이렇게 말했다』, '환영과 수수께끼에 관하여' 1절)

[…] 하나의 자아로 작용하는 능력이 유한한 주체의 본질이라면, 순수 자기-촉발로서의 시간은 주체성의 본질적 구조를 이룬다 할 것이다. (하이데거, 『칸트와 형이상학의 문제』, p. 132)

서론

이 책의 마지막 장에서는 기억에 관한 베르그손 사유의 혁신적인 특성을 살펴보고, 들뢰즈가 어떻게 이를 창의적으로 사용하여 지속 *durée*의 시간을 복잡화하는 베르그손주의를 만들어 내는지 알아본다. 여기서 베르그손의 기억 이론이 일으키는 무수한 물음들과 쟁점들을 모두 다룰 수는 없고, 다만 논의를 좀 더 개방하여 기억과 순수 과거에 대한 베르그손의 사유가 들뢰즈의 시간, 시간의 존재, 자아의 시간과의 조우에 있어 지니는 중대한 의의를 보여 주고자 한다.

기억에 관한 베르그손 사유의 중심에는 순수 과거 개념이 있다.

이는 감성적으로 [직관]하기도 지성적으로 이해하기도 쉽지 않은 개념이다. 그러나 들뢰즈가 보기에 『물질과 기억』을 '위대한 저서'로 만드는 것은 바로 이 순수 과거 개념의 발견이며, 이에 접근하려면 초월론적[선험적] 경험론의 재료들resources이 필요하다. 순수 과거는 체험된 적이 없는 시간, 따라서 심리적 회상(선행했던 현재에 대한 회상)을 넘어서는 시간과 관련된다. 우리가 기억의 존재에 대해 논할 수 있는 것도, 또한 잠재적인 것의 존재론이 가능한 것도 순수 과거 개념 때문이다: 자아와 그 생성의 시간은 잠재적인 것으로 나타난다. 들뢰즈는 베르그손이 발견한 이 과거의 개념을 다음과 같이 꽤나 구체적인 문제들을 논하는 데 사용한다: 시간은 실제로 어떻게 흐르는가? 시간을 어떻게 되찾거나 회복할 수 있는가? 시간은 어떤 의미에서 이음새가 어긋난[탈구된] 것이 되며, 지속은 어떻게 병리적인 pathological 것이 되는가? 들뢰즈는 자신의 저작 전반에 걸쳐 이러한 물음들을 제기했다: 『베르그손주의』에서는 시간의 역설을, 『차이와 반복』에서는 시간의 세 가지 종합(순수 과거는 두번째 종합으로 나타난다)을 중점적으로 논한다. 또한 『시네마 2』에서 들뢰즈는 시간-기억에 대한 베르그손의 통찰을 바탕으로 시간의 '크리스탈-이미지'라는 새로운 시간 이미지를 생각해 내기도 한다.

들뢰즈는 시간을 구제하고, 또한 이를 '우리를 위해' 구제하는 데 헌신한다. 이러한 입장은 무척 역설적인데, 이는 들뢰즈가 주체성은 결코 우리의 것일 수 없으며, 항상 잠재적이라는 주장도 하고 있기 때문이다. 구제된(회복된, 혹은 되찾은) 시간은 자아가 필연적으로 타자Autre를 마주치는 시간이다. 시간은 내적 형식으로도 나타날 수 있지만 이 내부성은 그것의 잠재적 조건을 통해 적절하게 표상하려면 복잡한 것이 된다. 왜냐하면 내부성의 차원에서도 단순히 우리 안에 시간이 있는 것이 아니라 우리가 시간 안에 있고 시간 안에서 생성되기 때문이다(시간이라는 존재a being of time가 있다). 또한 망각의 반대말로서가 아니라, 망각을 포함하는 기억에 대해 논의하는 것이 가능하다. 이는 거듭 망각되고 재구성되는 기억이다. [시간 안의] 모든 것은 사라지지 않는데, 이는 시간이 (잃어버려졌다는 바로 그 이유로) 되찾아지고 다시 얻어지기 때문이다. 들뢰즈는 시간과 주체성을 이러한 방식으로 복잡화하는 데 있어 베르그손을 원천으로 삼지만, 때로는 프루스트나 니체, 칸트 등에 기대기도 한다. 들뢰즈는 베르그손주의를 구축하기 위해 이들을 불러들이기도 하고, 반대로 베르그손주의를 불러들여 이들을 읽어 냄으로써, 예컨대 베르그손과 칸트의 새롭고 창의적인 조우를 만들어 낸다. 들뢰즈는 고도로 정교하고 복잡한 방식으로 이 철학자들의 저작들을 사용하는데, 이는 이들이 시간에 관한 물음을 던지고 있기 때문이다. [시간과 주체성의 관계에 있어] 들뢰즈가 꾀하려는 도치inversion의 본질을 파악하는 것은 중요하다. 주체성의 층위에서 시간에 접근하면서 시간이 우리가 그 안에서 운동·변화하는 내부성이라고 말할 때, 들뢰즈는 시간을 주체성 안에서 혹은 지향적 의식 안에서 근거짓는 것이 아니다. 순수 과거의 탐색과 니체적 영원회귀의 '화산 공-간'volcanic spatium을 통해 파악되는 시간의 깊이들은 단순하고 간단한 시간의 현상학의 범위를 넘어선다(시간의 [현상학보다는] 지질학을 이야기하는 편이 더 나을 것이다).

　사실 현상학은 베르그손이 시간과 기억에 대한 사유를 통해 철학과 심리학에 어떤 문제제기를 하려 했는지를 이해한 적이 없는 듯하다. 사르트르나 메를로-퐁티와 같은 현상학자들은 베르그손주의가 지니는 일련의 문제들을 지적했다. 사르트르가 문제 삼는 것은 베르그손의 주체론에서 사유의 지향적 특성에 대한 '긍정적 묘사'가 부재한다는 점이다. 사르트르는 '베르그손적인 동력dynamism'은 "종합하는 행위가 없는 선율적melodic 종합들, 즉 조직하는 힘 없는 조직과 같다"고 쓰고 있다.[1] 사르트르는 '상호 침투의 다양체'로 이해되는 베르그손의 '지속'durée 개념이 행하는 일종의 '마법'에 대해 이야기하는데, 이는 그가 보기에 지속에는 '대자적' 구조가 결여되어 있기 때문이다.[2] 사르트르는 또한 과거의 존재가 지니는 실재성을 받아들이기를 거부함으로써 이 문제에 관해서는 베르그손(그리고 후설)과 결별한다. 사르트르에게 즉자적 과거in-itself of the past란 없으며, "[우리는 그 자체로] 자신의 과거인 것으로서 현재"에 대해서만 이야기할 수 있을 뿐이다.[3] 즉, 사르트르에게 주체성은 항상 우리의 것이

---

1) J. P. Sartre, *The Psychology of the Imagination*, London: Routledge, 1995[1940], p. 67. M. Merleau-Ponty, *Phenomenology of Perception*, trans. C. Smith, London: Routledge, 1989[1945], pp. 420~421, 427~428과 비교. 메를로-퐁티는 현재였던 적 없는 과거의 존재를 인정한다(p. 242). 그는 주체성의 시간을 변증법으로 설명한다: "능산적 자연과 소산적 자연의 이원성은 따라서, 구성되고 구성하는 시간의 변증법으로 변환할 수 있다."(p. 240) 시간은 "주체성을 위해서만 존재"하지만 "이 주체가 시간 그 자체"(p. 241)라고 말할 수 있다. 또한 다음의 기술에 주목하라: "우리는 알 수 없는 방식으로 수동성에 결합된 능동성, 또는 의지에 의해 극복된 자동성(automatism), 혹은 판단에 의해 극복된 지각이 아니라, 전적으로 능동적이며 전적으로 수동적이다. 우리는 시간의 고조(*upsurge*)이기 때문이다."(p. 428. 강조는 인용자)

2) J. P. Sartre, *Being and Nothingness: An Essay on Phenomenological Ontology*, trans. H. E. Barnes, London: Routledge, 1989[1943], pp. 166~167.

라고 말할 수 있겠다. 1953년의 연구에서 리오타르는 현상학이 베르그손주의와 자신을 분리하는 지점이 바로 시간에 관한 물음, 즉 의식 안에서 흐르는 시간이라는 개념을 시간을 구성하는 의식으로 대체하면서라고 지적한다. 이는 '더 이상 있지 않은' 동시에 '지금'인 과거와, '아직 있지 않은' 동시에 '지금'인 미래에 대한 이해를 요한다.[4] 베르그손주의로부터 현상학의 분리가 (들뢰즈의 세심하고도 창의적인 독해가 보여 주듯) 베르그손에 대한 오독에 근거한다는 점은 명백하다. 베르그손에게 있어 시간이 흐른다는 것은 결코 단순한 의미에서가 아니다. 거기에는 생명의 수축하는 시간이 있고, 이는 비록 자기-구성적 주체라는 의미로 볼 수 없지만 주체성의 시간을 포함한다. 주체성은 잠재적이며, 이것이 들뢰즈가 『차이와 반복』의 시간의 종합을 통해, 또 『시네마 2』에서 시간의 비유기적 이미지를 통해 현상학에 던지는 도전이다.[5] 시간은 주체성의 근거를 제공하며 이를

---

3) *Ibid.*, p. 113.

4) J. F. Lyotard, *Phenomenology*, trans. B. Beakley, New York: SUNY Press, 1991[1954], p. 113.

5) 현상학에 대한 들뢰즈의 문제제기는 『차이와 반복』, 그리고 『감각의 논리』에서 『철학이란 무엇인가』에 이르기까지 거의 동일하다. 현상학적 기획에서는 초월론적[선험적] 장이 상식의 조건으로 제한되는 일이 발생하며, 결과적으로 그것은 억견(doxa)의 영역을 벗어나지 못하고 근원적 억견(Ur-doxa)의 포로가 되고 만다. Deleuze, *Difference and Repetition*, trans. P. Patton, London: Athlone Press, 1994[1968], p. 137; Deleuze & Guattari, *What is Philosophy?*, trans. H. Tomlinson, London: Verso, 1994[1991], p. 142. 또한 Deleuze, *Logic of Sense*, trans. M. Lester with C. Stivale, London: Athlone Press, 1990, fourteenth series 참조. Husserl, *The Crisis of the European Sciences and Transcendental Phenomenology*, trans. D. Carr, Evanston: Northwestern University Press, 1970[1954], pp. 155~156. 또한 Husserl, *Experience and Judgement: Investigations in a Genealogy of Logic*, trans. J. S. Churchill & K. Ameriks, London:

가능하게 하는 유일한 형식이기는 하지만, 결코 우리의 것이 될 수 없으며, 항상 우리의 타자이다. 시간은 심연의 바탕이며 무형식적인 것의 형식이다.

기억 개념은 베르그손 철학에서 잠재적인 것을 형상화하는 데 있어 중요한 통찰을 제공하며, 어떻게 기억의 존재Being에 대해 논하는 것이 가능한지를 보여 준다. 들뢰즈가 경험적 기억과 초월론적 기억을 구분하는 것도 이러한 기억의 존재론을 정초하기 위한 것이다. 『차이와 반복』에서 들뢰즈는 모든 사유의 이미지는 경험적인 것(체험된, 직관된 혹은 감각된 경험)과 초월론적인 것(경험의 형식적 조건들, [경험] 너머의 경험)의 특정한 분배를 전제한다고 말한다. 들뢰즈는 칸트적 기획의 핵심 전제들 —— 예컨대 인식 능력들 사이의 조화로운 일치 ——을 넘어서는 초월론적 경험론을 구성하려 하며, 또한 사유의 자연적 규정들로서 공통감/상식common sense 및 양식good sense과 결별하려 한다. 이러한 방식을 통해서만 철학은 억견doxa과 결별하는 방법을 찾을 수 있다는 것이다. 칸트는 "초월론적이라는 놀라운prodigious 영역"[6]을 발견했지만, 경험을 확장하고 넘어설 수 있는 진정한 초월론적 기획을 수행하지는 않았다. 왜냐하면 (칸트에서) 초월론적인 구조들이나 형식들은 심리적 의식의 경험적 행위들로부터 추론된 것이기 때문이다. 이러한 의미에서 칸트의 사유는 심

Routledge & Kegan Paul, 1973[1938], pp. 53ff, 387ff 참조. 그 결과 철학은 상식의 형식과 단절하거나 심리학적, 현상학적 상투성의 독재에서 벗어날 힘을 잃게 된다.

6) Deleuze, *Difference and Repetition*, p. 135.

리주의에 그친다(후설은 다른 맥락에서이기는 하지만 수십 년 전에 『형식논리학과 초월론[선험]적 논리학』*Formal and Transcendental Logic*에서 이를 강력하게 주장한 바 있다).[7] 초월론적인 것은 "우월한 경험론에 응할 수 있는 것"이어야 하며, 따라서 그 영역과 범위는 좀 더 자유롭게 탐색될 수 있다.[8] 예컨대 우리는 순수하게 경험적인 기억에 대조되는 것으로 초월론적 기억의 관념을 생각해 볼 수 있다. 초월론적 기억은, 시간의 종합을 적절히 개념화하기 위해서는 반드시 과거의 존재가 전제되어야 한다는 점을 보여 준다. 경험적 기억이 즉시 포착될 수 있는 것에 대한 것이라면(회상될 수 있는 것은 이전에 보았거나 들었거나, 상상했거나 사유되었던 것이라는 점에서), 초월론적 기억은 애초부터 오로지 회상될 수만 있는 것을, 심지어는 처음으로 [회상되는 것을] 포착하고자 한다. 초월론적 기억은 임의적인 어떤 과거가 아니라 과거의 존재, 모든 시간의 과거를 말하는 것이다. 기억[의 문제]는 기억 자체의 작동에 감춰진 망각작용을 제외하고는 논의할 수 없다. "망각은 더 이상 우리를 어떤 기억 ── 그 자체로 임의적인 ── 과 분리하는 임의적인 무능력이 아니다. 망각은 마치 기억 자신의 한계 혹은 회상될 수 있는 것에 있어 기억의 'n승'의 역량인 것처럼 본질적 기억 안에 존재하는 것이다."[9] 이에 대해 혹자는 경험적 기억

---

7) 들뢰즈가 재구성한 초월론적[선험적]인 것이라는 개념과 후설의 개념화 방식 사이의 차이에 관해서는 투레츠키의 책(P. Turetzky, *Time*, London: Routledge, 1998, 특히 pp. 212ff)에 실린 들뢰즈에 대한 장을 보라.

8) Deleuze, *Difference and Repetition*, p. 143.

9) *Ibid.*, p. 140.

역시 '첫번째 [시간]'의 층위에서 작동한다고 주장할 수도 있을 것이다. 그러나 여기서 핵심은 기억의 경험적 혹은 실제적 작용이 초월론적 기억에 의지하지 않고는 적절히 설명될 수 없으며, 초월론적 기억에 있어 회상이나 망각은 단순히 임의적인 능력들이 아니라는 점이다. 감각된 것(감각적인 것의 존재)을 통해 영혼을 움직이고 혼란시키는 것은 영혼으로 하여금 문제를 제기하도록 강요하며, 이러한 문제의 담지하는 것이 바로 마주침의 대상, 기호이다(기호들은 수축들, 습성들, 수동적 종합들을 통해 구성된다[10]). 우리는 자연상태에서[본성상] 사유하지 않으며 사유할 필요가 없다. 오히려 우리는 어떤 마주침들 때문에 사유하기를 강요받는다. 기억의 문제는 곧 이러한 기호와 마주침의 문제다. 그러나 공통감[상식]은 이러한 마주침들을 가로막고, 초월론적인 것의 개념화를 거부한다. 공통감[상식]은 낯선 것을 대면할 수 있는, 마주침 자체에 대한 사유를 용인하지 않는 사유의 이미지, 독단적인(또한 도덕적인) 이미지를 제시한다.[11] 이에 반해 초월론적 기억은 어떤 확장된 경험, 너머의 경험을 제공한다.

그러나 들뢰즈는 기억을 혐오한다고 말한 것으로 알려져 있지 않은가? [사실] 들뢰즈가 반대하는 것은 지나간 현재에 불과한 것으로 다루어진 기억(회상)이지, 사건으로서의 기억(들뢰즈가 여러 텍스트를 통해 계속해서 형성하려 했던 기억 개념)이 아니다.[12] 이러한 방

---

10) 자세한 사항은 *Ibid.*, p. 77 참조.

11) *Ibid.*, p. 131

12) 예를 들어, 『프루스트와 기호들』(1964), 『베르그손주의』(1966), 『시네마 2』(1985), 『푸코』(1986), 『철학이란 무엇인가』(1991).

식으로 기억을 이해하기 위해서는 시간의 새로운 이미지가 필요하다. 시간-관계들이 일상적인 지각에서 가시적이지 않다면 ─ 앞으로 보게 될 것처럼, 베르그손이 보여 준 심리적인 원인들로 인해 ─ 창조적인 시간-이미지는 현재로 환원될 수 없는 시간-관계들을 감각될 수 있고 볼 수 있게 만드는 것이다. "이미지 자체가 시간 관계들의 집합물collection(*ensemble*)이며, 이로부터 현재가 (공배수로서건 최소 공약수로서건) 흘러나오는 것이다."[13] 이는 우리가 현재로 환원되지 않는 시간들, 즉 순수 과거나 [단순] 미래alterior future와 조우함으로써 지각 자체가 확장될 수 있다는 것을 의미한다.[14] 들뢰즈는 작곡가 피에르 불레즈와 프루스트에 대한 에세이에서 "지각을 확장한다는 것은 통상적으로 지각 불가능한 힘들을 감각 가능하거나 들을 수 (혹은 볼 수) 있게끔 만드는 것을 의미한다"고 말한다.[15] 그러나 시간이 어떻게 비가시적이고 지각 불가능한 것이라 할 수 있는가? 비가시적인 힘들 ─ 분자적 감응들과 지각들 ─ 이 시간은 아니지만, 이들은 시간의 경로들, 간격들, 반향들, 터널들과 얽혀 있다. 들뢰즈는 우리가 기꺼이, 때로는 고통스럽게, 시간 안에 있는 것을 지각하면서 "힘으로서의 시간" 혹은 "순수한 상태에서의 시간"은 지각하지 못한다고 주장한다.[16]

13) Deleuze "The Brain is the Screen: Interview with Gilles Deleuze", *Discourse* 20: 3, 1998, p. 53.
14) Deleuze "Boulez, Proust and Time: 'Occupying without Counting'", trans. T. S. Murphy, *Angelaki* 3: 2, 1998, pp. 71~72.
15) Ibid., p. 72.

"순수한 상태"에 있는 시간이란 무엇인가? 또한 되찾은 시간, 구제된redeemed 시간이란 무엇인가? 이제 이러한 물음들의 깊이를 탐색하며, 우리 삶의 시간이 지니는 잠재적인 본질로의 모험을 시작해 보기로 하자.

심리학에서 존재론으로: 순수 기억에 대한 베르그손의 입장

베르그손은 존재를 다수의 면들planes(행위의 면, 회상의 면, 꿈의 면 등)이라는 관점에서 접근할 것을 매우 강조한다.[17] 기억에 대한 베르그손의 사유는 이러한 다른 면들의 표상이라는 점에서 보아야 적절하게 이해될 수 있다. '현재'란 무엇인가? 또한 '과거'란 무엇인가? 이들 모두 존재의 면들과 기억의 시간, 그리고 그 작용들과 분리해서는 적절히 규정될 수 없다.

두 가지 형태의 기억, 습관-기억과 회상-기억에 대한 베르그손의 구분은 잘 알려져 있다. 베르그손에게 비판적이었던 러셀조차 이러한 측면에서 베르그손이 중대한 혁신을 꾀했음을 인정한다.[18] 과

---

16) Deleuze & Guattari, *What is Philosophy?*, p. 189 참조.

17) Bergson, *Matter and Memory*, trans. N. M. Paul and W. S. Palmer, New York: Zone Books, 1991[1896], p. 168을 볼 것: "어떤 활동성도 저변에 놓여 있지 않은 상상적 삶이란 없는 것처럼, 적어도 인간에게 순수 감각-운동 상태란 없다. 우리의 정신적 삶은 […] 보통 이러한 양극단 사이에서 동요한다."

18) B. Russell, "The Philosophy of Bergson", *The Monist* 22: 3, 1912, p. 328. 그러나 러셀은 순수 과거 개념을 이해하려는 과정에서 커다란 문제들에 직면했다. 필자가 볼 때 이러한 어려움은 러셀이 베르그손의 기억 이론에서 작동하는 잠재적인 것의 개념을 파악하지 못한 데서 비롯된 것이다. 그는 베르그손이 언급하는 모든 과거는 오로지 과거에 대한 현재적 기

거는 운동 기제들motor mechanisms과 독립적인 회상들이라는 두 가지 다른 형태로 보존된다(오늘날에는 이러한 차이가 의미 기억 및 일화적 기억 —— 사실에 대한 지식과 사건들에 대한 회상 —— 을 포함하는 서술적declarative 기억과, 운동 기능을 관장하는 비서술적 기억 사이의 구분으로 논의된다).[19] 이는 기억의 유용성이 다양한 방식으로 나타날 수 있음을 의미한다. 즉, 때로는 어떤 적응 기제를 반사적으로 실행하는 행위를 통해, 때로는 우리가 직접 과거로 들어가 현재의 필요에 적합한 요소를 수축하는 지성적 노력을 통해 [기억이] 이루어진다. 체

억을 의미한다고 주장하는 오류를 범한다. Ibid., pp. 341ff 참조. 시간에 대한 연구에서 휘트로는 이 문제에 관한 러셀의 근시안적 베르그손 해석을 되풀이한다. 차이는 과거와 현재 사이가 아니라 현재적 사실로 이해되는 [두 항], 지각과 기억 사이에 있다. G. J. Whitrow, *The Natural Philosophy of Time*, Oxford: Clarendon Press, 1980, pp. 80~81. 그러나 1915년의 시간 논의에 이르면 러셀은 과거가 단순히 죽어[폐기되어] 매장된 것이 아니며, 존재하는 것이 현재만은 아니라는 견해에 열려 있는 듯 보인다: "'과거'가 '현재'와의 관계를 나타낸다는 것은 명백하다. 즉, 어떤 것이 현재 또는 현재를 구성하는 요소와 특정한 관계를 지닐 때 그것은 '과거'[지나간 것]이다. 언뜻 보기에 과거[지나간 것]가 동시에 현재일 수는 없다고 말하는 것이 당연해 보인다. 그러나 이는 어떤 특수한 것도 서로 다른 두 개의 시간에 존재하거나 일정 기간에 걸쳐 지속할 수 없다고 가정하는 것이다. 이러한 가정은 오류이므로, 우리는 지나간 것[과거]이 동시에 현재일 수 없다고 말해선 안 될 것이다." Russell, "On the Experience of Time", *The Monist* 25, 1915, pp. 222~223. 순수 과거에 대한 들뢰즈의 독해는 분명 이것보다 훨씬 더 강력한 주장을 제기한다. [그에 따르면] 과거는 현재와의 관련하에서만이 아니라 자기 고유의 평면에 존재한다(그러므로 존재론적 기억과 심리적 현재 사이의 구분이 필요). 시간에 대한 베르그손의 사유에서 기억의 역할을 축소하려 하는 최근의 주석가 멀라키(J. Mullarkey)의 논변에 대해서는 이 장 후반에서 논의할 것이다.

19) 현대 뇌과학적 접근에서는 다양한 뇌 조직들에 다수의 기억 체계들이 있으며, 이는 다양한 뇌 체계에 의존한다고 본다. 추가 고찰로 L. R. Squire, "Memory and Brain Systems", in ed. S. Rose, *From Brains to Consciousness?*, London: Allen Lane, 1998, pp. 53~72와 D. L. Schacter, *Searching for Memory: The Brain, the Mind, and the Past*, New York: Basic Books, 1996, pp. 169ff의 연구 참조.

험된 신체lived body는 시간의 흐름 안에 깊이 자리한 것이지만, 또한 현재의 실천적 필요들에 의해 과거와 미래의 차원을 끊임없이 넘나드는 것이기도 하다. '실재적인' 것과의 연계, 이 경우 체험된 신체가 담겨 있는 행위의 장과의 연계가 끊어진다면, 파괴되는 것은 과거 이미지라기보다는 이 이미지들의 현실화 가능성이다. 왜냐하면 이 이미지들은 더 이상 실재적인 것에 대해 작용할 수 없기 때문이다. "이러한 의미에서, 오직 이러한 의미에서만 뇌 손상으로 인한 일부 기억의 파괴가 일어날 수 있다."[20]

패트릭 맥나마라는 정신 진화론(정신 다윈주의mental Darwinism)에 관한 최근 연구의 베르그손에 관한 장에서, 현재를 설명하는 방식으로서 과거의 수축이 어떻게 발생하는지를 간명하고도 유익하게 설명한다. 과거의 한 층위가 수축될 때 현재 의식은 수축을 팽창으로 경험하는데, 이는 그 의식이 지니는 이미지들과 지속의 순간들의 총 범위가 증가하고 증폭[강렬화]하기intensified 때문이다.[21] 기억으로 인해 우리는 시간 안의 여러 순간들을 하나의 직관 안에 수축할 수 있다. 즉 기억 때문에 우리는 사물/사건의 흐름이라는 운동과, 기

---

20) Bergson, *Matter and Memory*, p. 79. 또한 P. McNamara, *Mind and Variability. Mental Darwinism, Memory, and Self*, London: Praeger, 1999, p. 42 참조.

21) *Ibid.*, p. 37. Bergson, *Matter and Memory*, pp. 168~169 참조: "과거 전체가 실려 있는 것으로서 기억은 현재의 요청에 동시발생하는 두 가지 운동으로 응답한다. 하나는 전이(translation)로서 기억이 행위를 목적으로 자신 전체를 (나누지 않고) 수축함으로써 경험과 만나려는 이행이고, 다른 하나는 자기 순환(rotation)을 통해 [기억이] 주어진 순간의 [특수한] 상황으로 방향을 틀어 그 상황에 가장 유용한 자신의 부분을 드러내는 것이다. 이와 같이 변화하는 수축의 정도는 유사성에 의한 연합작용의 다양한 형태에 상응한다."

계적 필연성의 리듬으로부터 '자유로워'지는 것이다. 기억은 외부적 단서로 인해 촉발될 수도 있지만 자신만의 리듬과 법칙들 — 고유의 자발적 '기조'agenda — 또한 지닌다.[22] 기억이 활성화되는 데는 일련의 단계들이 있다. 먼저, 뇌의 억제력에 있어 완화가 나타난다. 이는 기억-이미지들이 급증하며 인지 체계에 범람하는 것으로 이어진다. 마지막으로 선택 단계에 접어들면 억제 과정이 다시 요청된다. 이미지의 급증으로 다수의 가능한 사태들과 가능한 세계들이 펼쳐진다. 그러나 현실화의 과정은 수축을 필요로 하는데, 이는 [주어진] 단서를 맥락화하고 마주친 환경에서 주어진 문제에 적절히 응답하기 위한 것이다.[23] 현재의 요구들은 충족되기를 요청하고, 과거의 현실화와 운동은 이러한 실천적 목적에 종속하게 된다. 선택된 것은 "현행적 지각에 대한 최적의 해결책이나 가장 적절한 짝"이 아닐 수도 있다.[24]

베르그손의 기억 이론은 과거와 현재의 종합에 있어 이와 같은 수축들과 팽창들을 이해하는 것에 기초한다. 그러나 여기에 더해지는 세번째 항, 즉 순수 기억을 이해하지 못한다면 우리는 이 이론을 적절히 이해했다고 할 수 없다. 멀라키가 지적하는 것처럼 베르그손의 이론은 "습관-기억 및 재현적-기억의 개념들과 '순수 기억'이라는 세 부분으로 이루어진 이론"인 것이다.[25] 그렇다면 우리는 어떻

---

22) McNamara, *Mind and Variability. Mental Darwinism, Memory, and Self*, p. 36.
23) *Ibid.*, p. 37.
24) *Ibid.*, p. 38.

게 이 세번째 기억에 도달할 수 있는가?

　무엇인가를 배울 때 우리는 습관의 수축들과, 날짜매김dating을 수반하는 사건들에 대한 독립된 회상을 자연스럽게 구분하게 된다. 내가 시 한 편을 외우려 한다면 나는 시 전체를 분해했다가 다시 조합하면서 외우려 노력하며 이를 수차례 반복해야 한다. 어떤 특정한 신체적 동작이나 움직임의 경우에는 습관적인 학습이 어떤 기제[메커니즘] 안에 저장되는데, 이 기제는 최초의 자극impulse에 의해 작동되어 계기적 연속과 지속의 닫힌 체계 안에서 기계적인 운동들을 방출한다. 그러나 독자적인 회상이 작동하는 방식은 이와 전혀 다르다. 기억-이미지들의 생성에 있어 일상적 삶의 사건들은 동작gesture 하나하나에 장소와 일시가 부여되어, 하나뿐인 어떤 시간에 발생한 것으로 기록된다. 이러한 과거는 유용성이나 실제적 적용과 무관하게 보존된다. 행위하는 존재이자 습관의 동물인 우리는 항상 과거의 언덕에 다시 오른다. 과거는 그 자체로 보존되며, 동시에 늘 현행적 현재에 자리 잡고 있는 행위의 필요에 따라 잠재성의 다양한 상태들로 수축된다. 행위를 통한 기억-이미지들의 이러한 반복이 단어 기억word memory에 기여하는 측면도 있는데, 이는 이것이 과거 이미지들의 보존과 관련되기 때문이 아니라, 그들의 유용성을 현재 순간까지 연장하기 때문이다. 이러한 종류의 기억은 기억-이미지의 축적이 실천에 부차적인 것으로, 오직 현재 지각에 정합적인 과거 이미지

---

25) J. Mullarkey, *Bergson and Philosophy*, Edinburgh: Edinburgh University Press, 1999, p. 51.

들만 작용하게 하여 과거와 현재 이미지들 사이에 유용한 조합을 만들어 내는 역할을 한다: "따라서 환경에 대한 적절한 반응, 대응 — 한마디로, 적응 — 이 확보되며, 이것이 생명의 일반적인 목적이라 할 수 있다."[26] 현행적 의식은 단순히 현재 상황에 대한 신경계의 적응 방식을 반영하는 것이라 하겠다. 적응하는 의식을 통한 기억-이미지들의 조정이 없다면 생명의 실천적인 특성이 왜곡될 것이며, 꿈의 평면과 행위의 평면이 뒤섞이고 말 것이다(베르그손이 전적으로 인정하는 것처럼 면들은 상호 소통하기 때문에, 의식과 무의식이라는 고립 가능한 차원들로 봐서는 안 된다; 이 [면들의 관계] 문제는 다양한 긴장들, 다양한 시간의 압박과 압력들의 측면에서 접근해야 한다).

서로 다른 면들 간의 상호작용에 있어 기계적인 것이나 단순히 자동적인 것이란 없다. 순수 과거 — 현재 안에서의 현실화와 독립적인 즉자적·대자적 과거의 보존 — 는 우리 신체적 행동방식에 있어 실용적인 성향에 의해, 또 "지각과 행위를 연결시키는 신경계의 감각-운동 평형 상태에 의해"[27] 제약을 받아 스스로를 자유롭게 표현하지 못한다. 기억의 종류가 하나 이상일 뿐 아니라, 기억-이미지들이 취하는 존재의 방식 역시 하나 이상이다. 이는 [이 이미지들이] 존재의 잠재적 평면에 부합하여 다양한 방식으로 현실화되기 때문이다. "따라서 기억은 현재의 지각을 새로 창조한다. 아니, 오히려 기억은 지각에 그 자신의 이미지 혹은 동일한 종류의 기억-이미지를

---

26) Bergson, *Matter and Memory*, p. 84.
27) *Ibid.*, p. 95.

반영함으로써 그 지각을 이중화한다."[28] 우리의 삶은 수축, 팽창하고, 이완하는 가운데 순회하는 방식으로 움직인다. 수축의 특정한 형태나 상태로, 또한 어떤 가변적인 지배적 회상들을 통해 이 순회로들circuits을 통과하는 것이 기억의 총체다. "우리 과거의 정신적 삶의 총체는 필연적인 결정요소가 되지 않으면서 현재 상태를 조건짓는다."[29]

이렇게 베르그손은 이른바 기억의 자율적인 삶을 발견한다. 기억은 신체적 습관 및 현재적 필요와 연관되면서도 자체적인 삶을 누린다. 이는 그 이미지가 지각이나 재현의 대상을 단순히 재현하는 것이 아니기 때문이다(기억은 대상들의 흔적들만 보존하는 것이 아니다).[30] 대상 이미지와 기억-이미지 사이의 본질적인 차이는 다음과 같다. 전자는 철저히 순차적 시간 안에 위치하지만 후자는 그렇지 않다. 기억-이미지는 이미지들의 집합에서 분리되어 이제 주관적[주체의] 지속의 일부가 된 이미지이다. 이러한 통찰에서 도출되는 주된

---

28) *Ibid.*, p. 101.

29) *Ibid.*, p. 148. Husserl, *The Phenomenology of Internal Time-Consciousness*, ed. M. Heidegger, trans. J. S. Churchill, The Hague: Martinus Nijhoff(based on lecture courses 1893-1917), 1964[1928], p. 77과 비교할 것: "[…] 전체는 의식의 흐름과 함께 재생산되는데, 이는 한때 현재였던 의식뿐 아니라 현행적 현재에 이르는 전체 의식의 흐름을 '암묵적으로' 포함한다. 이는 필수적인 선-경험적(*a priori*) 현상학적 구조로서 기억이 연속적인 흐름 속에 있다는 것을 뜻하는데, 왜냐하면 의식적 삶이란 끝없는 흐름 속에 있는 것이지 각각의 부분들을 연쇄 과정에다 단순히 끼워 맞추는 것이 아니기 때문이다."

30) 이는 스피노자와 대조를 이룬다: "인간의 신체는 많은 변화를 겪지만 그럼에도 대상들의 인상, 혹은 흔적들을 […] 그 결과, 사물들의 동일한 이미지들을 보유한다." *Ethics*, Book III, postulate 2.

논점들을 맥나마라는 다음과 같이 훌륭하게 정리한다.

> 기억들은 희미한 형태의 지각percept들이 아니다. 기억의 내용은 우
> 리의 일생에 걸쳐 지각한 것들을 단순히 반영하거나 이에 대응하
> 지 않는다. [⋯] 기억은 환경을 반영할 수 없으며, 따라서 기억에 대
> 한 경험론적 접근은 실패할 수밖에 없다.[31]

『물질과 기억』 3장에서 베르그손은 과거가 어떻게 자신을 현실
화하여 "잃어버렸던 자신의 영향력을 되찾는지" 보여 주기 위해 정
신적psychical, 심리-물리적psycho-physical 행위들의 내적 기제를 심
도 있게 다룬다. 베르그손은 세 가지 과정들 ― 순수 기억, 기억-이
미지, 지각 ― 로 이루어진 통일성을 상정한다. 세번째[지각]는 결코
마음과 현재하는 대상 사이의 단순한 접촉이 아니라, 기억-이미지
들을 수태하고 있는 것이다. 반대로 이 이미지들은 자신들이 물질화
혹은 현실화하는 어떤 순수 기억에 참여하며, 자신을 실제로 체현시
키는 지각과 밀접한 관련을 맺는다. 순수 지각과 같이 순수 기억은,
'우월한' 경험론이 다양한 계열의 연구를 수행하여 연합주의의 한계
를 극복하도록 하기 위한 하나의 이론적 가정이다. 순수 기억은 기
억-이미지들의 현실화에서 작동하고 있는 어떤 운동이 있다는 것을
보여 주며, [이런 의미에서] 우리는 하나의 동떨어진 지각이나 기억

---

31) Bergson, *Matter and Memory*, p. 41.

에서 다른 하나로 단순히 이행하는 것이 아니다.[32) 따라서 베르그손은 진정한 의미에서 혁신적인 마음 이론을 제안하는데, 그에 따르면 마음에는 서로 다른 평면들planes이 있고, 마음의 작용과 운동은 잠재적-실제적 순환[순회로들circuits]이라는 측면에서 접근될 수 있다. 이러한 측면에서 마음의 운동은 생명/삶 자체의 운동과 유사한 것으로서, 덜 실현[실재화]된 것에서 더 실현된 것으로, 내연적인[강도적인] 것에서 외연적인 것으로, 부분이나 요소들의 상호 함축에서 이들의 병치로의 이행이다.[33)

이와 같은 기억과 마음의 운동이라는 개념을 발전시키려면 [흔히 하는] 몇 가지 착각들을 바로잡을 필요가 있는데, 그 중 가장 중요한 것은 기억이 실제적 지각이 발생해야만 나타난다고 믿는 것이다. 이러한 착각은 지각 자체의 요건에서 발생하는데, 이 요건이란 현재의 필요에 항상 집중되어 있다. 마음과 의식이 사물 자체에 집중하는 동안은 순수 기억이 무용하기 때문에 이에 대한 요구가 없다. 또한 새로운 지각 하나하나가 기억의 역량을 필요로 하는데도 불구하고, 우리에게는 되살아난 기억이 지각의 결과인 것처럼 보인다. 이때문에 우리가 지각과 기억 사이에 강도나 정도의 차이만 있다고 생

---

32) 연합주의에 대한 유사한 비판은 Husserl, *The Phenomenology of Internal Time-Consciousness*, p. 78 참조. 우리가 "고작 상호 연쇄하는 일련의 '연합된' 지향성들"의 측면에서 지각하고 기억한다는 생각을 비판하면서 후설은 '평면들'이 아니라 오히려 '일련의 가능한 실현'의 맥락 내 지향성에 호소한다. 지각에 시간을 부여하는 것은 기억이라고 말할 수도 있겠다.

33) Bergson, *Mind-Energy*, trans. H. Wildon Carr, New York: Henry Holt, 1920, p. 230. p. 203도 참조.

각하고, 어떤 지각에 대한 기억은 동일한 지각의 희미한 상태일 뿐이라고 보는 것이다. 이는 어떤 지각에 대한 기억이, 지각 자체가 만들어지는 동시에 생겨나거나 전개될 수 없다는 부적절한 추론으로 이어진다.[34]

　지각과 기억의 차이가 단지 정도의 차이가 아니라 종류상[본성상]의 차이라는 것을 파악하기 위해서는 순수 기억과 그 이미지들의 잠재적 성격을 인식해야 한다. 간단히 말해서 기억은 그 나름의 특수하고 특이한 존재의 양상으로 파악해야 한다는 것이다. 기억은 기억—이미지들로 이루어지지만 한 이미지에 대한 회상은 그 자체로 이미지가 아니다(이는 오히려 지성적 노력이 집중된 행위에 가깝다). 베르그손은 "상상하는 것은 기억하는 것이 아니다"*Imaginer n'est pas se souvenir*라고 주장한다.[35] 회상이 현실화되면 이미지 안에 살게 되지만, "그 역은 성립하지 않으며, 순수하고 단순한 그 이미지는 내가 그것을 발견한 곳이 과거가 아닌 이상 과거와 연관되지 않는다".[36] 기억의 진행은 물질화 과정으로 이루어진다.

　기억과 지각의 관계는 거울에 비친 이미지와 거울 앞에 있는 실제 대상 사이의 관계에 비교할 수 있다. 이 대상은 만질 수 있고, 우리에게 작용을 일으킬 수도, 작용을 받을 수도 있는 것이다. 이렇게 볼

---

34) *Ibid.*, pp. 160~161.

35) Bergson, *Matter and Memory*, p. 135. 이것 역시 Husserl, *The Phenomenology of Internal Time-Consciousness*, p. 53과 비교: "과거 자체에 대한 직관은 상징화 (Verbildlichung)일 수 없다. 그것은 시원적 의식이다."

36) Bergson, *Matter and Memory*, p. 135.

때 이 대상은 "가능한 행위들을 수태하고 있다"고 말할 수 있다. 그러나 이 대상이 가능성을 수태하고 있다고 해도, 그 대상 자신은 항상 현실적인 반면 이미지는 필연적으로 잠재적이다. 이미지는 대상을 닮아 있기는 하지만 대상과는 근본적으로 다른데, 이는 대상이 수행하는 일들을 할 수 없기 때문이다. 잠재적 이미지는 실재적인 것의 특정한 양상으로 볼 수도 있겠지만, 그것은 결코 비현실적이거나 환각적이지 않으며 전적으로 실재적이다. 현실적인 대상과 잠재적인 이미지 사이의 이러한 구분을 바탕으로 베르그손은 비록 지각 작용이 지닌 고유한 성질로 인해 그 잠재적인 측면이 지각 불가능할 수는 있지만 삶의 매 순간에는 두 가지 측면이 주어진다고 주장한다.

> 우리의 현실적 존재는 시간 안에서 펼쳐지는 가운데 잠재적 존재,
> 거울-이미지와 함께 자신을 이중화한다. 삶의 매 순간에는 현실적
> 인 것과 잠재적인 것, 한편에는 지각, 다른 한편에는 기억이라는 두
> 측면이 나타난다. 각각의 순간은 그것이 상정될 때 갈라진다. 혹은
> 매 순간 자체가 바로 이 갈라짐으로 이루어진다고 하는 편이 나을
> 수도 있겠다. 지각을 기억으로 끊임없이 비추는 움직이는 거울이
> 없다면 현재 순간이란 항상 앞으로 나아가는, 더 이상 지금이 아닌
> 직전의 과거와 아직 오지 않은 미래 사이의 찰나적 경계로서 추상
> 된 것에 불과할 것이기 때문이다.[37]

우리가 기시감의 환영이나 기억 착오를 설명할 수 있는 것은 과거가 현재를 단순히 뒤따르는 것이 아니라 현재와 공존하기 때문이

다. 들뢰즈가 말하는 것처럼, "현재 자체와 동시적인 현재의 회상이라는 것이 있다. 이 둘은 배우에게 있어 배역만큼이나 가깝게 연관되어 있다."[38] 우리가 이미 있었던 경험을 현재 겪고 있다고 생각하는 것에서 이 [기시감의] 환영이 일어나는데, 이때 실제로 우리는 평소에 지각하지 못하는 이중화를, 즉 실제적인 것과 잠재적인 것의 두 측면으로 갈라지는 시간의 이중화를 지각하는 것이다. 시간의 역설들은 복잡한 분석을 요하는 이러한 시간의 갈라짐이라는 관념에서 오는 것이다. 이러한 역설들을 이해하려면 순수과거의 개념에 대해 더욱 잘 이해해야 한다. 이것이 모든 현재가 긴장과 확장의 특수한 상태들을 수축해 들어가는 과거 일반the past in general이며, 이는 과거의 존재로서 현존 — 아니, 내속insist — 한다.

베르그손은 우리 삶의 매 순간에 지각과 기억으로 이중화되는 것은 단순히 특정 일자나 시간, 장소의 실제적인 과거가 아니라 [과

---

37) Bergson, *Mind-Energy*, p. 165. 이 인용구를 바탕으로 우리가 기억만이 잠재적 존재를 가지며 지각은 전적으로 현실[현행]적이라고 가정한다면, 이는 베르그손을 오해하는 것이다. 우리가 앞 장에서 보았듯이 지각은 잠재성에 대해 고유의 조건을 가지는 것으로 보아야 한다(예를 들어, 지각은 잠재적 행동과 결부되어 있다). 1897년 말 르샬라(G. Lechalas)에게 보낸 서신에서 베르그손은 새로운 방식으로 잠재적 인식의 경계를 확장한다: "[…] 기억의 경우, 회상된 기억이 무의식적인 형태로 보존된 과거 상태들 전체에서 선택된다고 단언할 근거가 나에게 있다. 반대로 지각의 경우 실제 지각보다 더 넓은 영역에서부터 지각된 이미지가 어떻게 포착되는지 나는 이해할 수 있고 또 이를 보여 주려 노력하지만, 이러한 잠재적 지각이 어디까지 확장되는지 규정할 수 있는 방법은 없다. […] 우리는 실제로, 또한 물질적으로 지각하는 것보다 훨씬 더 많은 것을 지각한다." Bergson, *Mélanges*, Paris: PUF, 1972, p. 412.

38) G. Deleuze, *Cinema 2: The Time-Image*, trans. H. Tomlinson and R. Galeta, London: Athlone Press, 1989[1985], p. 79.

거의] 총체totality라고 주장한다. 그러나 이 총체는 실제적 존재[현존]의 평면에서는 항상 수축과 팽창이라는 상태로만 존재한다. 현실화되는 잠재적 전체라는 것이 항상 있고, 이 전체가 혼연한confused 강도적[내연적] 형태로 존재하는 것이다. 삶에서 우리가 단순히 과거를 다시-사는 법은 없다. 즉, 이는 실제적인 것을 그저 잠재적일 뿐인 것으로 보아 둘을 동일하게 만드는 문제가 아니다. 존재는 항상 차이의 질서order에 있어 존재이며, 이 때문에 베르그손이 우리의 기억이 그 잠재성의 요소 혹은 차원에서, 또한 행위의 면에서 항상 현재의 기억이며 미래의 작용이라고 주장하는 이유라 하겠다.[39] 잠재적인 것으로서의 기억은 차이의 운동이며, 시간은 그 본성에 있어 동일함[등치]equivalence의 불가능성이다.

들뢰즈는 시간의 역설을 분석함으로써 현재의 심리학에서 기억의 존재론으로의 이행이 본질적으로 무엇인지 펼쳐 보인다. 들뢰즈는 과거 자체의 존재를 이해하기가 그렇게 어려운 이유가 과거를 더 이상 있지 않은 것으로 보기 때문이라는 것을 보여 주려 한다. 분명 과거는 존재Being를 지니지 않은 것이다. 그러나 이는 존재Being와 현

---

39) 들뢰즈는 1956년에 발표한 베르그손과 차이에 관한 글에서 베르그손과 프로이트를 비교한다: "프로이트와는 다른, 그러나 동일하게 심도 깊은 방식으로 베르그손은 기억이 미래의 작용이며, 기억과 의지가 하나이며 동일한 작용이라는 것, 또한 기억할 수 있는 존재만이 자신의 과거를 멀리하고, 과거에 집착하지 않음으로써 반복하지 않고, 새롭게 행위할 수 있다는 것을 깨달았다. 이처럼 '차이'라는 용어는 [이미] 존재하는 특수한 것과 만들어지는 새로운 것 모두를 가리킨다." Deleuze, "Bergson's Conception of Difference", trans. M. McMahon, ed. J. Mullarkey, *The New Bergson*, Manchester: Manchester University Press, 1999, p. 56.

존Being-present을 혼동하는 것이다. 사실 지금 '있지' 않은 것은 현재라 할 수 있지 않을까? 현재는 항상 자신의 바깥에 있다는 점에서 이렇게 특징지어질 수 있기 때문이다. 현재는 존재의 영역이 아닌 행위[작용]와 유용성의 영역에 속한다고 하는 것이 적절하다. 이에 반해 과거는 더 이상 작용하지 않으며, 그 순수한 측면에 있어 더 이상 유용하지 않은 것이다. 따라서 들뢰즈는 과거에 대해 다음과 같이 쓴다. "무용하고, 작용하지 않으며, 무감동적impassive인 것으로서, 그 용어의 완전한 의미에서 있다." 나아가 우리는 매 순간의 현재는 '있었던' 것으로, 과거는 그 순수한 차원에서 '있는', 그리고 '영원히, 항상' 있는 것이라 봄으로써 시간에 대한 통상적 규정을 뒤바꿀 수도 있다(들뢰즈가 영원의 움직이는 이미지로 시간을 형상화한 것에 대한 독특한 해석을 시도하는 것도 이 순수 과거 개념을 통해서이다. 영원성은 시간 자체의 복잡한 상태에 불과하다는 것이다).

'시간이 흘러간다'는 것, 이 흘러감이 시간의 본질이라는 것, 또한 흘러간 시간은 이제 과거에 있다는 것은 자명한 사실이다. 그러나 베르그손은 "여기서 수학적 순간에 관한 물음은 있을 수 없다"고 주장한다. 관념적인 현재는 과거와 미래를 분리하는 일종의 분할 불가능한 경계라고 상정할 수 있지만 구체적인, 살아 있는 현재는 필연적으로 잠재적 다양체의 지속을 차지하는 것이어야 한다. 그러나 이는 '현재'의 잠재적인 것이지 더 심원한 시간의 잠재적인 것은 아니다. 들뢰즈가 찾으려 하는 것, 프루스트와 니체, 시네마의 도움을 받아 탐색하고자 하는 것은 시간의 깊이다. 우리가 진정 혼동을 피하기 위해서는 이것을 바로잡는 것이 중요하다. 베르그손이 현재의 시간을 지속의 잠재적 다양체와 연관시키는 것은 타당하다. 그러나 들뢰즈는 기억과 순수 과거를 잠재적인 것에, 지각과 현재를 현실적인 것에 위치시킴으로써 잠재적인 것과 현실적인 것 사이의 구분을 관철시킨다.[40] 이러한 이행이 지니는 의미를 파악하기 위해서는 여기서 현재가 무엇을 뜻하는지 적합하게 이해해야 한다. 여기서 말하는 현재는 추상적인 수학적 점이 아닌 감각-운동적인 우리 존재의 현재다. 여기에는 언제나 현재의 과거(이전의 현재)와 현재의 미래만 있다. 그러나 이를 통해 우리는 잠재적인 것을 제한적으로 개념화할 수 있을 뿐, 그 진정한 깊이에는 접근할 수 없다.

이제 들뢰즈가 1966년 저작에서 기억의 시간에 관한 문제와 관련하여 베르그손을 해석함으로써 어떻게 시간의 역설을 정교화하는지 보기로 하자. 시간의 역설은 다음의 네 가지로 정리할 수 있다.

1. 우리가 과거의 존재론적 차원 안에 우리 스스로를 직접 위치시킬 수 있다는 도약의 역설
2. 과거와 현재 사이의 본성상 차이에서 나타나는 존재Being의 역설
3. 잠재적인 상태에서 현재가 과거와 공존한다는 공존의 역설

---

40) 시간성(temporality)에 대한 사르트르의 입장은, 과거와 현재 사이에 정도 차이가 아닌 다른 차이가 있을 수 있다는 것을 거부하는 사유 방식의 전형을 제시한다. Sartre, *Being and Nothingness: An Essay on Phenomenological Ontology*, p. 110. 이와 대조적으로 후대의 메를로-퐁티는 둘 사이 본성의 차이를 인지할 필요성을 주장한다. Merleau-Ponty, *The Visible and the Invisible*, trans. A. Lingis, Evanston: Northwestern University Press, 1973[1959-60], p. 194.

4. 매 순간 현재와 공존하는 것은 다양한 수준에서 수축, 이완된 과
   거 전체라는, 정신적 반복의 역설

이 역설들은 상호 연관될 뿐 아니라, (시간의 본질에 대한 오해를
낳고 잘못 분석된) 일련의 명제들에 대한 비판을 제공하는 것이기도
하다. 이 명제들에 따르면,

1. 과거는 현재를 통해 간단히 재구성될 수 있고
2. 우리는 불연속적인 단계들 하나에서 다른 하나로 점차 나아가며
3. 시간의 흐름은 연대기적 순서에 따라chronological '이전'에서 '이
   후'로 일어나며
4. 마음의 작용은 수준에 있어서의 변화나 도약, 폐쇄 체계와 개방
   체계의 재구성이 아니라, 요소들의 추가에 불과하다.

기억에 대한 모든 생리학적·심리학적 설명방식에 있어 극복되
어야 할 근본적인 환상은 과거가 자신의 닮은 꼴double인 현재가 일
어난 다음에만 존재be할 수 있다고 보는 것이다(여기서 거울 이미지는
원본 모델의 단순한 복제물, 진정한/실재적인 차이 없는 이미지에 불과한
것이다). 지각과 기억의 차이와 같이, 과거와 현재 사이의 차이가 본
성상의 차이라는 것을 알지 못하는 이상 이와 같은 혼동은 불가피하
다.[41] 이러한 차이는 다음과 같이 설명될 수 있다. 우리의 현재는 "그
것이 감각과 운동의 체계이며 다른 어떤 것도 아니라는" 의미에서
"우리 존재의 물질성 그 자체"다.[42] 이 체계는 지속의 매 순간에 고유

한 것인데 이는 "감각들과 운동들이 공간을 차지하며, 같은 공간에 동시에 여러 가지 것이 놓일 수 없기 때문이다."[43] 누군가의 현재란 어떤 순간에도 감각-운동적이며 이는 현재가 내 신체의 의식으로부터 나온다는 점에서 그러하다. 실제적 감각들은 내 신체 표면의 일정한 부분을 차지한다. 내 의식에 나타난 나의 신체가 관심을 가지고 있는 것은 당면하고 있는 미래와 임박한 행위들이다. 이제 순수 기억과 대조해 보자. 누군가의 과거는 "본질적으로 무력한데powerless" 이는 그것이 행위나 실천의 중심으로서 내 신체의 어느 부분도 자극하지 않기 때문이다. 베르그손이 말하는 것처럼 이는[과거는] 물질화하면서 감각들을 낳지만, 이때 과거는 기억이기를 그치고 현재 사

---

41) Husserl, *Experience and Judgement: Investigations in a Genealogy of Logic*, 섹션 37. '기억의 통일성과 지각으로부터의 분리', pp. 159~162와 비교. 또한 Husserl, *The Phenomenology of Internal Time-Consciousness*, pp. 84~85의 '현재의 기억' 논의 및 William James, *The Principles of Psychology*, Chicago: William Benton, 1952[1890], pp. 411, 425~427 참조.『존재와 무』에서 시간성에 대해 논의하면서 사르트르는 과거의 존재를 상정하는 두 사상가로 베르그손과 후설을 지목한다. 기억의 수동성을 인식한다 해도 사르트르가 보기에 과거의 존재는 우리에게 '비-존재'일 수밖에 없다: 과거는 어떤 현재의 과거로서만, 그리고 대자 존재의 기획으로서만 존재할(*be*) 수 있다. Sartre, *Being and Nothingness: An Essay on Phenomenological Ontology*, pp. 109~110. 태곳적 과거와 그 의의에 대해서는 레비나스를 보라: "사유는 세계에 대한 의식을 통해서만 의미를 갖는가? 아니면 모든 현존을 초월한 세계 자체의 잠재적 잉여(the potential surplus)를 태곳적 과거 ──즉 지나간 현재로 환원될 수 없는 ──에서, 이 과거가 남긴 흔적에서 찾아야 하는 것은 아닌가? 이 [과거]는 그것을 창조의 일부로서, 또한 우리가 성급하게 인과의 조건으로 환원해서는 안 되는 지표로서 나타나며, 어떤 경우에도 지식의 상관관계나 재-현의 동시성으로는 표상할 수 없는 타자성을 전제로 한다." Levinas, "Beyond Intentionality", in ed. A. Montefiore, *Philosophy in France Today*, Cambridge: Cambridge University Press, 1983, pp. 106~107.

42) Bergson, *Matter and Memory*, p. 139.

43) *Ibid.*

물의 조건의 일부가 되면서 실제로 체험된 어떤 것이 된다.[44] 이러한 기억이 물질화되어 현행적 현재가 되게 하기 위해서 나는 "과거의 깊이로부터 잠재적인 것이었던" 이 기억을 떠올렸던 과정으로 돌아가야 한다. 베르그손은 이러한 순수 기억이 희미해진 지각도, 막 발생한 감각들의 집합체도 아니라고 주장한다. 후자로 이해될 때 기억은, 이미 체화되어 발생한 감각들에 들어 있는 이미지의 형태와 별반 다르지 않은 것이 된다. 여기서 다시 현재와 과거의 차이를 분명히 하기로 하자. 이 둘을 본성 혹은 종류에 있어 구별할 수 있는 것은 양자가 대립되는 두 정도들degrees에 해당하기 때문이다. 들뢰즈는 "현재가 과거의 가장 수축된 정도라고 하는 것은 현재가 과거와 본성상 대립된다고 말하는 것과 같다"[45]고 주장한다. 이는 지속이 나뉠 때 두 방향으로 움직이기 때문이다.

'시간의 근본적인 위상'에 대한 이러한 설명을 바탕으로 우리는 기억의 심원한 역설을 이해할 수 있다. "과거는 자신이었던 현재와 '동시적'이다."[46] 들뢰즈는 계속해서 다음의 난제를 설명한다.

> 과거가 흘러가기to be no longer 위해 [현재가 오기를] 기다려야 했다면, 과거가 그것이 흘러간 지금 즉시 '과거 일반'이 아니라면, 그것은 결코 과거what it is가 될 수 없었을 것이며, 바로 그 과거가 될

---

44) *Ibid.*

45) Deleuze, "Bergson's Conception of Difference", p. 60.

46) Deleuze, *Empiricism and Subjectivity: An Essay on Hume's Theory of Nature*, trans. C. V. Boundas, New York: Columbia University Press, 1991[1953], p. 58.

수 없을 것이다. […] 과거는 자신을 과거로 삼는 현재와 공존하지 않으면 결코 구성될 수 없다. 과거와 현재는 계기적인 두 순간들이 아니라, 공존하는 두 요소를 가리키는 것이다. 이 요소란 지나가기를 그치지 않는 현재와 존재하기를 그치지 않으나 모든 현재를 지나가게 하는 과거이다.[47]

과거가 운동 기제 내에서만이 아니라 순수 과거로도 보존된다면, 이는 자신의 과거 전체가 각각의 현재와 공존한다는 것을 의미한다. 그러나 핵심이 되는 문제는 우리가 이 전체를 어떻게 설정하는가이다. 들뢰즈에 따르면 각각이 잠재적이라 할 수 있는 전체의 수준들과 구역들sections의 측면에서 생각할 때, 이 전체는 베르그손의 존재론적 이행 — 기억의 존재는 잠재적이라는 주장을 바탕으로 한 — 에 충실한 방식으로 이해되어야 하는데, 이는 필자가 볼 때 타당하다. 기억의 우주는 다원론적 우주다. 들뢰즈가 제시하는 "일원론=다원론"이라는 공식은 신비한magical 것일 수 있지만, 이는 또한 잠재적인 것의 실재성에 대한 구체적인 논증에서 도출된 것이기도 하다. 존재론적 기억의 경우 기억의 전체는 잠재적 전체들의 다수성과 불가분적인데, 이 잠재적 전체들에서 과거 일반의 특수한 요소들은 항상 구체적인 수축과 팽창의 수준에 있는 과거의 전체로 고려되어야 한다. 행위의 장에 있어서 회상-기억은 수축-기억과 불가분적이다.

---

47) *Ibid.*, pp. 58~59.

들뢰즈는 다음과 같이 주장한다.

> 이는 과거의 특정한 요소들이나 특정한 회상들을 포함하고 있는
> 한 영역과 또 다른 회상들을 포함하고 있는 다른 영역을 대비시키
> 는 문제가 아니다. 이는 오히려 하나하나가 우리 과거의 전체를 조
> 금 더 혹은 조금 덜 수축된 상태로 포함하고 있는 별개의 수준들이
> 있다는 것이다.[48]

과거의 존재라는 실재가 지니는 특이성과 특수성을 파악하고
나면, [우리는] 그것이 심리(학)의 영역을 넘어선다는 것을 알 수 있
다. 의식이 특징적인 '현재의 지표note'라면, 현실[현행]적으로 체험되
지 않은 것이나 더 이상 활동적이지 않은 것은 존재하기를 멈추지는
않은 채 의식에 속하지 않게 될 수 있다. 심리학의 영역에서 존재는
의식에 환원 가능한 것으로 이해될 수 없다. 이러한 방식으로 용어의
의미를 한정하면 우리는 어렵지 않게 무의식적인 심적 상태들 ─ 이
들의 무용함ineffectiveness이 무의식을 일으키는 ─ 을 떠올릴 수 있
다.[49] 물질적인 대상들이 우리가 지각하지 않을 때에도 존재하는 것
을 멈추지 않는다고 가정하듯, 과거도 한번 지각되고 나서 그저 지워

---

48) *Ibid.*, p. 61.
49) Bergson, *Matter and Memory*, p. 41. 1905년 2월 15일자 제임스에게 보낸 서신에
서 베르그손은 '모든 현실[현행]적 의식 바깥' 실재의 존재는 기저하는(*underlying*) 실재
가 아니라 의식적 삶과 긴밀하게 혼합되고 '얽혀 있는' 실재라는 것을 명시한다. Bergson,
Mélanges, p. 652.

지는 것이 아니라고 가정할 수 있는 것이다. 이러한 이행은 베르그손이 순수 과거를 시간의 존재로 독창적으로 개념화한 것의 중요성을 읽어 내는 들뢰즈의 입장에서 매우 중요한 것이다. 들뢰즈는 "베르그손이 '순수 회상'이라 부르는 것은 심리적 실존을 지니는 것이 아니다. 그래서 이를 잠재적이고 비활성적이며 무의식적이라고 일컫는 것이다"라고 말한다.[50] 들뢰즈는 자신이 프로이트식 개념화라고 보는 것과 대조적으로 베르그손의 사유에서는 무의식적인 것의 비심리적 실재성을 발견한다. 즉, 무의식적인 것은 단순히 의식 바깥에 위치한 또 다른 심리적 실재가 아니라는 것이다.[51] 베르그손 자신이 물음을 제기하는 것처럼, 의식 바깥의 존재가 어떻게 사물에 대한 것일 경우 더 선명하고, 주체에 대한 것일 때 덜 선명할 수 있는가?[52] 스스로를 보존하는 어떤 과거를 생각하려면 우리는 유용한 것이기를 그치더라도 존재하기를 그치지는 않는 과거를 그려 보아야 한다. 이를 적절하게 사유하려면 근본적인 존재론적 변화가 요구된다. "오

---

50) Deleuze, *Empiricism and Subjectivity: An Essay on Hume's Theory of Nature*, p. 55.

51) 베르그손과 프로이트의 관계에 대한 유익하고 날카로운 고찰로 A. Game, *Undoing the Social: Towards a Deconstructive Sociology*, Milton Keynes: Open University Press, 1991, pp. 103~109 참조. 『차이와 반복』에서 들뢰즈는 프로이트의 반복 개념과 관련하여 중요한 소견을 제시한다: "프로이트는 애초부터 반복하기를 멈추기 위해서는 추상적으로 기억하는 것(정동 없이), 혹은 개념 일반을 형성하는 것, 심지어 억압된 사건을 세부 사항들을 포함하여 재현하는 것조차 충분하지 않다는 데 주목했다. 지식과 저항, 재현과 차단(blockage) 사이의 살아 있는 연관 관계를 수립하려면 기억을 그것이 있던 곳에서 찾는 것, 자신을 직접 과거에 위치시키는 것이 필요했다. 우리가 기억상실에 의해 병든 것이 아닌 것처럼, 우리는 단순한 상기에 의해 치유되지도 않는다." Deleuze, *Difference and Repetition*, pp. 18~19.

52) Bergson, *Matter and Memory*, p. 142.

로지 현재만이 '심리적'이다. 과거는 순수 존재론이다. 순수 회상은 오직 존재론적 의미만 지닌다."[53]

잠재적 기억과 시간의 크리스탈-이미지

독립된 회상이 심리적 행위 혹은 지성적 노력을 수반한다 하더라도, 들뢰즈에 따르면 이는 그것이 과거(과거 일반) 안에 자신을 단번에, 곧장 위치시키는 진정한 도약을 수행했기 때문에 가능한 것이다. 존재론적 과거는 특수한 현재 각각을 이행하게 하는 조건이며 모든 과거를 가능하게 하는 것이다. 과거의 존재 안으로 도약이 이루어진 후에야 회상들이 점차 심리적 존재를 가정할 수 있는 것이다. 과거는 결코 현재들로 재조합될 수 없는데, 이는 과거의 특수한 존재 양상을 부정하는 것이기 때문이다. 현재의 시간을 포함한, 시간에 대한 적절한 사유를 설명해 보이려면 순수 과거의 존재론으로의 이행이 요청된다. 심리적 의식은 그에 적합한 존재론적 조건들을 발견했을 때만 나타나며, 존재로 출현한다. 잠재적 기억의 운동과 관련하여 베르그손은 필연적인 통찰을 제공한다.

우리가 어떤 회상을 되찾아내려 할 때마다, 우리 역사의 어떤 기간을 떠올리려 할 때마다 우리는 자신을 현재에서 분리하여 일단은 과거 일반에, 다음은 과거의 특정한 영역에 다시 위치시키기 위

---

53) Deleuze, *Empiricism and Subjectivity: An Essay on Hume's Theory of Nature*, p. 56.

한 하나의 독특한 행위를 의식하게 된다. 이는 카메라의 초점 맞추기와 같은 조정 작업이라 할 수 있다. 그러나 우리의 회상은 여전히 잠재적인 것으로 남아 있다.…[54]

간단히 말해서, 우리는 과거를 현재를 통해 재구성할 수 없으며, 존재의 특정한 영역으로서의 과거 자체 내로 이행해야 한다. 과거는 우리가 그것을 어떤 현재의 이미지로 확장시키는 운동을 따르지 않는 이상, 결코 지나간 것으로 이해되거나 경험되지 않을 것이다. 이 운동은 정의상 잠재적인 무엇이다. "우리는 헛되게 그 흔적을 현실적이고 이미 실현된 어떤 것에서 찾으려 한다. 차라리 빛 아래에서 어둠을 찾는 편이 낫다."[55] 베르그손은 이것이 사실 연상[연합]주의 associationism의 주된 오류 가운데 하나라고 주장한다.

현실적인 것 안에 놓여, 이는[연합주의는] 실재화된 현재 상태에서 그 과거 근원의 표식을 발견하려 하고, 기억과 지각을 구분하려 하며, 자신이 미리 크기의 차이일 뿐이라고 선고 내린 것을 본성상 차이로 승격시키는 헛된 노력을 하여 자신을 소진시킨다.[56]

---

54) Bergson, *Matter and Memory*, pp. 133~134.

55) *Ibid.*, p. 135.

56) *Ibid.* 연합주의의 역사와 연합주의의 동시대적 발현에 대한 유익한 설명으로 J. P. Sutton, *Philosophy and Memory Traces*, Cambridge: Cambridge University Press, 1998 참조. 또한 E. S. Reed, *From Soul to Mind: The Emergence of Psychology from Erasmus Darwin to William James*, New Haven: Yale University Press, 1997에 나오는 심리학의 역사 참조. 두 텍스트 모두 베르그손을 언급하거나 인용하지는 않는다. 베르그손의 연합

생성의 연속성을 비활성적이며 병렬적인 요소들 간의 불연속적이고 이산적인 다양체로 대체했기 때문에 연합주의는 어쩔 수 없이 생성의 운동을 희생시키고, 순수 기억에 대한 발견을 스스로 거부한 셈이 되었다. 결과적으로 연합주의에서 제안하는 마음의 심리학은 궁색한 것이 되고 말았다.

맥나마라가 지적하듯이 베르그손에게 있어 연합주의적 입장은 유익하지 않거나 혹은 하찮은 것이다. 모든 관념이 일종의 연상관계를 가지고 있다는 것은 연합의 메커니즘에 대해 아무것도 말해 주지 않는다.

유사성과 인접성에 의한 연합[연상]은 분명 일어나지만, 이 사실은 회상이 어떻게 가능한지를 설명해 주지 않는다. 왜 인식하거나 기억하는 모든 행위 중에는 의식 속에 하나의 기억이 떠오를까?[57]

연상과 선택의 실제 메커니즘을 파악하려면 이러한 종류의 물음에 답해야 한다.[58] 설명이 필요한 것은 내적 정신 상태의 일관성이 아니라, 오히려 "의식의 내용 전개를 좁히거나 넓게 하는 수축과

주의 심리학 비판에 대한 간명하고 예리한 설명으로 McNamara, *Mind and Variability. Mental Darwinism, Memory, and Self*, pp. 42~44 참조. 또한 프루스트에서 연합주의 심리학의 형식적 중요성에 대한 들뢰즈의 논의로 Deleuze, *Proust and Signs*(the complete text), trans. R. Howard, London, Athlone Press, 2000[1972], pp. 55ff 참조. 베르그손과 흄에 대한 논의로는 Deleuze, *Difference and Repetition*, pp. 71ff를 볼 것. 또한 James, *The Principles of Psychology*, pp. 421~452의 기억에 관한 장 참조.

57) McNamara, *Mind and Variability. Mental Darwinism, Memory, and Self*, p. 43.

팽창의 이중 운동"이다.[59] 연합주의는 지각이 자신과 동일한 것으로 남아 있다는 측면에서 연계의 메커니즘을 파악한다. 이는 "그저 우연히 지나가는 다른 것들을 자신에게로 끌어모으는 정신적 원자"[60]이다. 그러나 베르그손의 회상 모델에서 마음에서 만들어진 연결이나 연관관계들은 기계적 작용들의 불연속적 계열이 가져온 결과가 아니다. 현실적 지각에 나타나는 것은, 연속적이고undivided 강도적인 상태에 있는 회상들의 총체이기 때문이다. 반대로 이 지각이 다른 기억들을 촉발한다면,

> 이는 [지각이] 자신은 움직이지 않으면서 주변으로 더욱더 많은 요소들을 끌어들여 기계적으로 첨가함으로써 일어나는 것이 아니다. 오히려 이는 더 넓은 영역으로 퍼져 나가면서 자신이 가지고 있는 것의 세부적인 내용을 좀 더 발견하게 하는 전체 의식의 팽창에 의한 것이다. 성운 덩어리는 더 좋은 망원경으로 볼수록 더 많은 수의 별들로 분해된다.[61]

---

58) 맥나마라는 연합주의의 메커니즘 이론에 대한 베르그손의 요구가 현대의 인지 뇌과학을 통해 대체로 충족되었다고 주장한다. "연합적 조직망의 역학을 연구하는 현대의 이론가들에게 선택은 대체로 변화하는 메커니즘들, 즉 (1) 측면억제와 (2) 탐색과정의 변앙을 통해 이루어지는 것이다. […] 나는 베르그손이 이러한 설명을 적절하고 인상적이라고 생각하리라고 본다."

59) Bergson, *Matter and Memory*, p. 166.

60) *Ibid.*, p. 165.

61) *Ibid.*, pp. 165~166.

물리적 원자론에 근거하고 있는 첫번째 가설은 단순성의 이점을 지닌다. 그러나 이 단순성은 겉보기에 불과한 것으로, 지각과 기억을 고정된 독립적 상태들로 봄으로써 이내 우리를 지지할 수 없는 논제 안에 가두어 버린다. 결국 지각과 기억 안에서 일어나는 운동에 대해 [이 가설은], 서로 무작위로 밀쳐 내며 인접성과 유사성을 만들어 내는 설명 불가한 힘을 행사하는 기억-흔적들을 들여와서 인위적으로 기계적이고 추상적인 설명밖에 하지 못한다. 순수 기억, 기억-이미지들, 또한 실제적 지각이라는 측면에서 베르그손의 기억 이론은 연상이 실제로 어떻게 마음 안에서 발생하고 형성되는지를 더욱 일관되게 설명할 수 있도록 고안된 것이다.[62]

앞에서 지적한 대로, 베르그손은 회상이 어떻게 형성되고, 기억이 어떻게 작용하는지에 대한 일반적인 관념을 수정하고자 한다. 간단히 말해, 베르그손이 혁신적으로 제안한 바는, 회상이 실제적 지각과 나란히 생성되며 동시간적이라는 것이다. "현재는 기억 안에 아무 흔적도 남기지 않거나, 혹은 매 순간 두 겹으로 존재한다. 그것은 양쪽에서 정확히 대칭적으로 분출되면서 하나는 과거를 향해 도

---

62) 예를 들어, 내가 외국어로 어떤 단어를 소리 내어 말할 때 나는 이로 인해 그 언어 일반을 떠올리거나 혹은 내가 이전에 특정한 방식으로 [그 단어를] 발음하는 것을 들었던 어떤 목소리를 떠올릴 수 있을 것이다. 유사성에 의한 이러한 연합[연상]은 단순히 두 가지 다른 표상들이 우연히 출현했기 때문이라거나, 혹은 각각의 회상들에 적용된 어떤 기계적 인력의 법칙 때문이 아니다. 오히려 이 연합[연상]들은 기억 내에서 두 가지 서로 다른 긴장의 정도들과 "두 가지 다른 정신적 배치들(*dispositions*)에 대한 응답"의 결과로서 어떤 [배치의] 경우는 순수 이미지에 더 가깝고, 다른 경우는 즉각적인 대응과 행위를 선호하는 성향을 보인다. *Ibid.*, p. 169.

로 떨어지고 다른 하나는 미래를 향해 앞으로 튕겨 나간다."[63] 기억이 지각을 뒤따른다는 환상은 의식의 실용적인 특성, 즉 의식은 앞으로 튕겨져 나가는 쪽의 분출에만 관심이 있다는 사실에서 기인하는 것이다. 기억은 잉여적이고 실제적 이익과 무관한 것이 된다. 그러나 이익과 무관하고 필요에 의해 요청되지 않는다는 바로 그 점 때문에 기억이 (비록 의식이 그것을 희미해진 지각으로 격하하더라도) 자신의 파괴적이고 창조적인 역량을 드러낼 수 있는 것이다. 기억은 전개되는 현행적 존재의 단순한 복제/이중화가 아니라는 것 ─ 이러한 단순한 복제의 경우 어떤 역사에 있어 하나의 동일한 순간을 두 번 사는 것이 가능할 것이다 ─ 을 주장하면서 베르그손은 잠재적인 것에 자율적인 역량을 부여한다. 과거에 대해 헐벗은 혹은 날것의brute 물질적인 반복이란 없다. 기억의 파괴적이고 창조적인 역량은 의식의 법칙에 반하여 작용하는데, 이는 베르그손에게 기억의 잠재성이 지니는 어떤 비합법적인illegal 혹은 불법적인unlawful 측면을 암시하는 듯하다: "일반적으로, 혹은 그 권리상 과거는 그것이 현재를 이해하고 미래를 예측하는 데 도움을 줄 수 있는 수단으로서만 의식에 다시 나타난다. 과거는 행위의 전조인 셈이다."[64] 의식은 실천의 삶에 주의를 기울이고 있기 때문에, 현재 행위에 도움이 되는 기억들"만을 합법적인legal 것으로 인정한다".[65] 이는 베르그손이 정신esprit의 삶

---

63) Bergson, *Mind-Energy*, p. 160.

64) *Ibid.*, p. 175.

65) *Ibid.*, p. 177.

에 있어 변칙들anomalies에 관심을 가졌던 이유이기도 한데, 이는 이후 들뢰즈가 두 권의『시네마』에서 정신착란과 꿈, 환영 등을 분석하게 된 바탕이며 영감의 원천이 된다. 베르그손은 이러한 현상들이 어떤 것의 부재가 아닌 현존을 구성하는 "긍정[실증]적인 사실들"이라고 주장하고 있다. "이들은 느끼고 사유하는 데 있어 새로운 방식들을 마음에 도입한다."[66] 최근에 제기된 주장과 달리 베르그손은 인격성을 완전히 규범적으로 개념화하지 않는다. 베르그손은 오히려 마음의 "비정상적" 작동에 대한 설명을 제공하려고 한다.[67]

들뢰즈는 시간의 이미지를 유기적 이미지에서 크리스탈 이미지로 탈바꿈시킨다. 이 이미지는 시간의 분출jets이라는 베르그손의 개념을 비대칭적인 것으로 이해한 것으로서, 지나가는 현재들과 보존되는 과거들이라는 두 흐름으로 나누어지는 '생명의 폭발적 분출'bursting forth of life을 포착하기 위한 것이다. 들뢰즈는 시간에 대한 사유의 이미지로 '크리스탈-이미지'를 선택하는데 이는 그것이 시간에 인식근거ratio cognoscendi, 잠재성으로서 시간의 전체성에 대한 비유기적인 이미지를 제공하기 때문이다.

---

66) *Ibid.,* p. 151. 또한 Deleuze, *Cinema 1: The Movement-Image*, trans. H. Tomlinson and B. Habberjam, London: Athlone Press, 1986[1983], pp. 76~77 참조: "무엇이 망상, 꿈, 환영보다 더 주관적일 수 있을까? 무엇이 빛나는 파장과 분자 상호작용으로 이루어진 물질성에 더 가까울 수 있을까?"

67) J. Crary, *Suspensions of Perception. Attention, Spectacle, and Modern Culture*, Cambridge, Mass.: MIT Press, 1999, p. 324와 Deleuze, *Cinema 1: The Movement-Image*, pp. 71~77 참조. 크래리가 베르그손이 통합된 자아 개념과 실천에 바탕을 둔 의식에 의존한다고 보는 반면(p. 326), 게임은 베르그손에게 "통일된 단일 자아란 없다"고 예리하게 지적한다(Game, *Undoing the Social: Towards a Deconstructive Sociology*, p. 102).

크리스탈-이미지를 구성하는 것은 시간의 가장 심원한 작용이다. 과거는 이전에 자신이었던 현재를 쫓아서가 아니라 동시에 구성된다. 시간은 매 순간마다 서로 본성상 다른, 그러나 동일한 것이라고도 할 수 있는, 현재와 과거로 자신을 나누어야만 한다. 시간은 현재를 두 개의 다른 방향, 즉 하나는 미래를 향해 나아가고, 다른 하나는 과거로 떨어지는 두 방향으로 나누어야 한다. 시간은 시작하여 펼쳐짐과 동시에 나뉜다. 시간은 비대칭적인 두 방향으로 분출되며 이 중 하나는 모든 현재를 흐르게 하고 다른 하나는 모든 과거를 보존하는 것이다. […] 우리는 크리스탈 안에서 시간의 영속적인 바탕, 비-연대기적 시간, 크로노스Chronos가 아닌 크로노스Cronos를 본다. 이것이 세계를 쥐고 있는 강력한, 비유기적 생명이다.[68]

크리스탈 이미지는 아래의 그림을 제시한다.

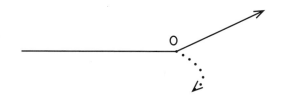

68) Deleuze, *Cinema 2: The Time-Image*, p. 81.

크리스탈 이미지는 현존의 영역을 지나간 시간과 도래할 시간의 서로 다른 구역들, 부분들, 층들로 복잡화함으로써 그 영역으로부터 시간을 제거한다. 무한히 수축된 과거로서의 현재와 과거의 본래적 잠재성 사이에 우리는 '과거의 원형들'circles of the past을 위치시킬 수 있을 것이다. 여기서 각각의 구역에는 나름의 색조/어조, 강조점들, 특이성들, 빛나는 지점들, 지배적인 문제들 혹은 주제들이 있다.[69] 크리스탈에서 우리는 "시간의 초월론적 형식"을 볼 수 있는데 이는 이 이미지가 지나가는 현재와 보존되는 과거로의 구성적 분할이라는 측면에서 시간에 접근할 수 있게 해주기 때문이다. 이는 경험을 가능하게 하며 확장시켜 경험 너머로 나아가게 하는 어떤 초월론적인 것을 제공한다. 시간의 깊이는 "공간의 차원으로는 환원 불가능한" 것이라 할 수 있는 "지속의 연속성"을 열어 보인다.[70] 과거의

---

69) *Ibid.*, p. 99.

70) *Ibid.*, p. 108. 『시네마 2』에서 들뢰즈는 서로 대면하고 있는 절대적인 외부(outside)와 내부(inside)에 대해 말하면서, 상대적인 내부들과 외부들을 내면(interiors)과 외면(exteriors)처럼 소통하게 하는 것이 시간-기억이라고 주장한다. Deleuze, *Cinema 2: The Time-Image*, p. 207. 푸코에 대해 쓴 책에서 들뢰즈는 시간이 '주체가 될 때' 접혀지는 것은 항상 '외부', 즉 훼방, 동요, 충격 등 힘의 외부라고 주장한다. 외부가 시간보다 깊은 어떤 궁극적인 공간성을 구성하는 것은 아니며, 오히려 시간 자체가 외부에 자리하여(타자로서의 시간) "접힘[주름]에 의해 조건지어질" 수 있다. Deleuze, *Foucault*, trans. S. Hand, London: Athlone Press, 1988[1986], p. 108. 또한 pp. 118~119 참조. 시간의 공간은 결코 추억 여행의 공간이 아니다. 우리가 단순히 회상된 과거로 되돌아가는 것이 아니라, 우리가 한 번도 겪어 본 적 없는 방식으로 과거가 우리에게 돌아오는 것이다. 즉, 지나간 것을 기억하는 것이 아니라 잃어버린 시간을 찾는 것이다. 이는 참으로 기이한 것, 억압된 것의 귀환을 넘어서는 것이다. 들뢰즈가 말한 것처럼, 유일한 범죄는 시간 그 자체다. 바디우는 시간에 대한 들뢰즈의 사유에 대해 다음과 같이 정확하게 지적한다: "과거가 단지 현재의 잔해에 지나지 않는다면, 그것은 창조나 역량이 아닌 돌이킬 수 없는 부재일 것이다. 그것은 [그저]

각 영역은 독특한 강조점들, 가능성들, 결정적인 순간들로 이루어진 연속체를 열어 보인다.

기억의 존재는 자기-촉발auto-affection이라는 측면에서 주체성이 구성되는 근거를 제공한다. "시간을 근거짓는 것은 기억이다."[71] 간단히 말해 들뢰즈에게 있어서는 시간의 존재가 있으며, 비록 시간이 주체성이라 할지라도 우리가 시간 안에서 존재하고 생성되는 것이지 시간이 우리 안에 존재하는 것이 아니다. 이것이 처음에는 이상하게 들릴 수 있는 들뢰즈의 주장이다: "주체성은 결코 우리의 것이 아니다. 그것은 시간, 즉 영혼 혹은 정신, 잠재적인 것이다."[72] 이는 기존의 칸트가 수행한 시간의 초월론적 규정에 대한 극적인 변형이라 할 수 있다. 쇼펜하우어는 통상 칸트의 코페르니쿠스적 혁명으로 이해되는 것을 다음과 같이 시간의 측면에서 요약한다는 점에서 전형적인 칸트주의자라 하겠다. "시간은 그 안에 있는 존재의 근거일 뿐이다."[73] "칸트 이전에 우리는 시간 안에 있었다. 이제 시간이 우리

지나가는-현재의 허무함(nothingness)의 생산일 것이다. 그렇다면 존재는 동일한 지점에서 두 가지 다른 의미를 지니게 될 것이다: 그것의 유동적-존재에 따라, 그리고 그것의 부재에 따라. 그러면 향수 어린(nostalgic) 존재의 부분이 있게 될 것인데, 들뢰즈(또는 베르그손)에게 이 향수보다 더 생소한 것은 없다. [따라서] 과거는 시간의 긍정적인 생산이다." Badiou, *Deleuze. The Clamour of Being*, trans. L. Burchill, Minneapolis: University of Minnesota Press, 2000, p. 61. 그러나 들뢰즈는 바디우가 이 고찰에서 평가한 것보다 훨씬 더 급진적인 방식으로 베르그손의 순수 과거를 도입한다.

71) Deleuze, *Difference and Repetition*, p. 79.

72) *Ibid.*, pp. 82~83.

73) A. Schopenhauer, *The World as Will and Representation*, vol. 1, trans. E. F. J. Payne, New York: Dover, 1969, p. 34.

안에 있다."[74] 이는 분명 틀린 말이 아니다. 칸트에 대한 잘못된 독해도 아니다. 그러나 들뢰즈는 시간에 대한 칸트의 사유를 베르그손주의와 연관시키면서 그 의미를 급진적으로 재구성한다.

> 베르그손주의는 많은 경우 다음과 같은 관념으로 환원되었다 — 지속은 주관적이며, 우리의 내적인 삶을 구성한다. 베르그손이 최소한 처음에는, 자신의 입장을 이러한 방식으로 표현해야 했던 것이 사실이다. 그러나 [뒤로 갈수록] 점점 더 베르그손은 이와는 사뭇 다르게 이야기하게 된다. 유일한 주체성은 시간이며, 그 바탕에서 포착된 비-연대기적인 시간이다. 우리가 시간에 내재적인 것이지, 그 반대가 아니다. 우리가 시간 안에 있다는 것은 흔한 이야기 같지만, 이는 사실 최고의 역설이다. 시간이 우리 안에 있는 내재적인 것이 아니라 바로 그 반대, 우리가 그 안에서 존재하고 움직이고 살아가고 변화하는 내재성이다. […] 주체성은 결코 우리의 것이 아니다. 그것은 시간, 즉 영혼 혹은 정신, 잠재적인 것이다. 현실적인 것은 항상 객관적이지만, 잠재적인 것은 주관적이다.[75]

시간은 단순히 주체의 소유물이나 속성이 아닌데, 이는 자아가 바로 시간 안에서 자신을 잃기도 하고 창조하기도 하면서, 자신과 다른 것이 되거나 닮은꼴이 되는 것이기 때문이다.

---

74) *Ibid.*, p. 424.
75) Deleuze, *Cinema 2: The Time-Image*, pp. 82~83.

칸트에 대한 독해에서 하이데거는 중요한 물음을 던진다: 시간이 주체 '안에' 있다는 것은 정확히 무엇을 의미하는가? 하이데거는 마치 뇌 안에 세포들이 있는 것처럼 시간이 주체 안에 있다고 생각한다면, 즉 단순히 손 안에 있는 어떤 것으로 상정한다면, 시간의 주관[주체]성을 거듭 언급하는 것은 별다른 의미를 갖지 못한다.[76] 이어서 하이데거는 "주체의 시간적 특성을 설명하는 것은 먼저 시간의 주관적 특성을 올바로 이해한 후에 가능한 것이 아닌가?"[77] 묻고 있다. 이에 대한 대답으로 하이데거는 시간에 대한 칸트의 사유를 자기-촉발에 대한 사유의 방향으로 발전시킨다. 자기-촉발을 통해 "유한한 주체"는 "하나의 자아로서 활성화될 수 있다". 순수한 자기-촉발로서 시간은 "주체성의 본질적 구조"를 형성한다. 즉, 자아는 (심지어 스스로에게조차) 주어지는 것이 아니며, 손 안에 있는 어떤 것이 아니다. 오히려 자아는 자기-촉발의 형식으로서의 시간을 통해 자신이 된다. 계속해서 하이데거는 "사태에 담담하게 대응하는" 유한자, 또한 사물들에 맞서서 혹은 '대항'함으로써 ── 순수 촉발의 본질을 사유하는 데서 유래한 자아의 위치들 ── 자기를 촉발할 수 있는 의식으로 이해되는 자기의식 같은 것을 제시하는 유한자에 대

---

76) M. Heidegger, *Kant and the Problem of Metaphysics*, trans. R. Taft, Bloomington: Indiana University Press, 1997[1929], p. 131. 들뢰즈 독해에 있어 필자가 이 지점에서 하이데거를 도입하는 것에 의문이 드는 독자들은 푸코에 대한 들뢰즈의 책 *Foucault*, p. 148 note 33을 보라. 여기에 들뢰즈가 1929년에 나온 하이데거의 칸트에 대한 책을 참고했다는 것, 그리고 그에 대한 해석에서 '자기-촉발'로서의 시간 개념을 도출해 냈다는 것이 분명히 드러난다.

77) Heidegger, *Kant and the Problem of Metaphysics*, p. 132.

해 말한다. 의식의 자기-촉발은 바로 경험이 부재하기 때문이며, 이는 시간의 형식을 통해서 구성되어야만 하고 그렇게만 구성될 수 있다.[78] 자아의 시간은 그저 연대기적이기만 한 것이 아니라 근원적이다primordial:

> 순수 자기-촉발로서의 시간으로 인해 이어지는 '지금'들의 순수한 연속이 최초로 발생한다면, 여기서 발생된 것은 소위 관습적인 '연대기적 시간'chronology에서는 단독적으로 식별될 것이나 이것은 시간의 본질을 충분히 규정하기에 부족할 수밖에 없다.[79]

자아는 시간 '안에' 있는 것이 아니라, [그 자체가] 자기-촉발로서의 시간'이다'. 하이데거는 칸트가 시간을 자기-촉발로 해석함으로써 "칸트 이전에도 이후에도 달성하지 못한"[80] 시간에 대한 진정으로 급진적인 이해에 도달했다고 본다. 그러나 하이데거는 촉발적 시간으로서의 자아의 시간을 충분히 설명했는가?

들뢰즈의 베르그손주의는 이와 같은 자아의 복잡한 생성을 풍부하게 보여 주고 있다. 자아는 시간 안에서 생성하며 이러한 생성의 측면을 제외하고 이해될 수 없는 것이다. 들뢰즈는 잠재적인 것

---

78) *Ibid.*, p. 133.
79) *Ibid.*, p. 135.
80) M. Heidegger, *Phenomenological Interpretation of Kant's 'Critique of Pure Reason'*(1927-8 lecture course), trans. P. Emad and K. Maly, Bloomington: Indiana University Press, 1997, p. 104.

의 개념이 시간 '안에서'의 생성으로서 자아의 생성을 가능하게 하는 방식에 힘입어 칸트를 이와 같이 탈바꿈시키는 데 —— 시간은 내재성이지만 단순히 우리 '안에' 있는 것은 아니라는 —— 성공한다. 자아는 시간이지만, 또한 그 주체성은 결코 그 자신의 것이 아니다. 하이데거가 주장하듯이 시간은 결코 단순히 손에 잡히지 않으며, 물리적인 또는 경험적으로 존재하는 어떤 것이 결코 아니다. 자아가 자신에게 가하는 촉발은 시간의 흐름과 시간의 잠재적 생명/삶과 관련된다. 자아는 결코 완전히 현실적인 것이 아니며 항상 잠재적 생명/삶 안에 내포되어[안으로 주름 접혀] 있다implicated.[81]

『차이와 반복』에서 순수 과거의 종합

시간은 일련의 종합들로 나타낼 수 있는데, 그 중 [시간]형성에 가장 형성적인formative 종합은 수동적 종합이다.[82] 살아 있는 현재의 종합

---

81) 『자아의 초월성』에서 사르트르는 통일성의 잠재적 장소, 또한 마법사로서의 인류라는 측면에서 '자아'를 논한다. 우리는 의식의 자발성을 숨기고 자아가 영향을 받을 수 있도록 수동성을 제공하는 "마법적 대상들에 둘러싸여 있다". Sartre, *The Transcendence of the Ego*, trans. F. Williams and R. Kirkpatrick, New York: Farrar, Straus, and Giroux, 1957 [1936-7], pp. 81~82 참조. 사르트르는 자신이 베르그손에서 현상학으로 이행했다는 사실을 충분히 인식하고 있으며, 베르그손이 자유를 '의식'이 아니라 '대상'과 혼동한다고 비난한다(p. 80). 들뢰즈는 항상 사르트르보다 베르그손과 가까운 길을 택한다. 들뢰즈에게 『자아의 초월성』이 지니는 중요성에 관해서는 Deleuze, *Logic of Sense*, pp. 98~99(여기서 들뢰즈는 그것을 '결정적'이라고 묘사한다)와 Deleuze and Guattari, *What is Philosophy?*, pp. 47~48을 보라. 초월론[선험]적 자아가 없는 초월론적 장에 대해서는 Sartre, *Being and Nothingness: An Essay on Phenomenological Ontology*, p. 235 참조.

은 구성적이지만 능동적이지는 않다. 이 종합은 "마음이 수행하지는 않으나, 모든 기억과 반성에 앞서 응시하는 마음 안에서 일어난다."[83] 계기하는 순간들 — 생겨나는 것이건 사라지는 것이건 — 을 엮는다고 해서 시간에 도달할 수는 없으며, 오직 끊임없이 유산되는 시간 탄생의 순간에 다다를 수 있을 뿐이다. 살아 있는 현재는 계기적이고 독립적인 순간들을 서로 수축하는 '시원적 종합'을 통해서만 구성될 수 있다. 과거와 미래는 순간들로서가 아니라 수축된 현재의 차원으로서 이 현재에 귀속된다. 유기체는 바로 이러한 방식으로 특수한 것에서 보편적인 것으로, 수축된 습관에서 기대의 장으로, 마침내 재생산된 특수성의 반성적 과거와 반성적 예견의 미래로 나아간다. 들뢰즈는 감성적 · 지각적 종합의 수준을 넘어 '유기적 종합'의 본질을 간

---

82) 수동적 종합의 개념은 후설의 현상학에서 중요한 역할을 하게 된다. 들뢰즈는 수동적 종합에 대한 자신의 개념을 발전시키는 데 있어 주로 흄과 베르그손에 의존한다(관조와 수축에 의해 이루어지는 종합이 강조된다). 그러나 들뢰즈는 『차이와 반복』 2장에서 후설의 파지 개념을 언급한다. 후설의 수동적 종합 활용 역시 일정 부분 흄에 대한 독해에서 비롯되었다는 점을 간과해서는 안 될 것이다. 후설은 연합의 원리를 심리학적이고 자연주의적인 것에서 초월론[선험]적-현상학적인 것(Ur-konstitution)으로 변형한다. 수동적 종합에 관한 후설의 논의로는 특히 Husserl, *Analysen zur Passiven Synthesis*, The Hague: Martinus Nijhoff (lecture courses 1918~26), 1966, pp. 117ff를 볼 것. 또한 Husserl, *Experience and Judgement: Investigations in a Genealogy of Logic*, pp. 53ff, pp. 156~157 참조. 흄에 대해서는 Husserl, *Formal and Transcendental Logic*, trans. D. Cairns, The Hague: Martinus Nijhoff, 1969[1929], pp. 256~260의 중요한 논의 참조. 종합과 관계들에 대한 들뢰즈의 초기 견해에 대해서는 처음 출판된 그의 책이자 흄에 관한 책 *Empiricism and Subjectivity: An Essay on Hume's Theory of Nature*, pp. 100~101 참조. 또한 후설과 수동적 종합에 대한 사르트르의 논의로는 Sartre, *Being and Nothingness: An Essay on Phenomenological Ontology*, p. xxv 참조. 수동적 종합에 있어 들뢰즈와 후설의 차이점에 대한 고찰로 Turetzky, *Time*, p. 212 참조.

83) Deleuze, *Difference and Repetition*, p. 71.

파하고자 한다. "수동적 자아는 수용성 — 즉, 감각들을 경험하는 능력으로서 — 으로만이 아니라, 유기체가 감각들을 구성하기 전에 유기체 스스로를 구성하는 것으로서 수축하는 응시로 규정된다."[84] 들뢰즈가 발견하고 있는 시간에 대한 설명은 결코 인간의 시간이 아니다. 시원적 응시를 통한 습관들의 수축은 유기체적 삶 일반의 특성이다. "행위하는 자아 아래에는 행위와 능동적 주체를 가능하게 하고 관조하는 작은 자아들이 있다."[85] 원소들(물, 공기, 빛 등)의 수축으로 구성된 "근원적 감성"이라는 것이 있다. 이 감성은 원소들이 감각되는 것에 선행하는 것이다. 모든 유기체는 수축, 파지retention, 기대들의 총합이라 할 수 있다. 살아 있는 현재 — 수축된 습관들의 결과인 현재 — 는 지나가는 것으로서, 종種과 유기체에 따라 다른 특정한 지속을 지닌다. 우리는 영속적인 현재, 즉 시간과 동연적coextensive이고 순간들의 무한한 연속인 현재를 생각해 볼 수 있다. 그러나 들뢰즈는 이것이 유기체들의 물리적 가능성은 아니라고 주장하는데, 이는 그들의 수축이 "항상 관련된 요소들과 경우들에 따라 반복의 질서order를 한정하기 때문이다."[86] 우리를 구성하는 것, 또한 수축과 응시, 기대와 만족, 피로 등의 형태를 띠며 수동적 종합의 기본 영역을 이루는 것은 수천 가지의 반복들이다. 우리가 이러한 종합의 영역을 정확히 통찰하지 못하는 것은, "활동성에 대한 숭배"를 고집하는

---

84) *Ibid.*, p. 78.

85) *Ibid.*, p. 75 참조: "『엔네아데스』 3권에 등장하는 숭고한 말에 깨어난 유기체들: 모든 것은 관조다!" *Enneads*, III, 8을 볼 것.

86) Deleuze, *Difference and Repetition*, pp. 76~77.

"심리학의 환상들" 때문이다.[87]

들뢰즈는 『차이와 반복』의 이 부분에서 계속해서 또 다른 두 가지 시간의 종합의 특성을 제시하는데 이는 순수 과거의 시간과 그 초월론적 종합, 즉 습관의 근거로서 기억의 "근원적인profound 수동적 종합"과 휴지caesura의 시간으로서 미래의 시간이다. 이 세번째 종합은 이 장 뒷부분에서 다시 살펴볼 것이다.

시간의 첫번째 종합이 '시원적'이라 볼 수는 있지만 그럼에도 불구하고 이는 시간-내적이다. 이러한 종합이 시간을 수축된 현재, 지나가는 현재로서 구성한다면, 우리는 이 첫번째 종합이 발생하는 장소로써 두번째 종합을 상정해야만 해결되는 이른바 현재의 역설에 이르게 된다. 이 역설은 다음과 같이 나타낼 수 있다. 시간이 첫번째 종합이 제시한 방식대로 구성되는 것이라면, 이러한 시간의 구성은 구성되고 있는 그 시간 안에서 지나가야 하는 것이 된다. 현재는 어떻게 지나가는가? 수축된 현재의 시간과 시간 자체가 동연적일 수 없는 이유는 무엇인가? 먼저, 과거는 두 현재, 즉 전에 자신이었던 현재와 지금 자신을 과거로 만드는 현재 사이에 갇힌 시간인 것처럼 보인다. 과거 자체는 현재로 이어지는 특수한 과거 상태a particular 'has been'의 영역이 아니라 과거 상태 일반a general 'was'의 영역이다(들뢰즈는 후설의 용어를 빌려 '파지'와 '재생'을 반드시 구분해야 한다고 말한다).[88] 이런 가운데 들뢰즈는 기억의 능동적 종합과 수동적 종합 사이

---

87) *Ibid.*, p. 73.
88) *Ibid.*, p. 80.

의 구분을 주장하고 있다. 이러한 구분이 지니는 특성은 무엇인가?

위와 같이 시간의 종합을 설명하면서 들뢰즈는 과거의 존재, 즉 과거 일반의 존재가 있을 수 있다는 가능성을 열어 보였다. 기억과 관련된 재생reproduction의 관점에서 어떤 특정한 현재를 가능하게 하는 것은 시간의 흐름에 관한 역설(시간이 그 안으로 흘러 들어갈 [다른] 어떤 시간이 있어야 한다)을 해결하는 바로 이 과거 일반이다. 시간의 재현을 가능하게 하는 것이 바로 이것이다: 선행하는 현재 각각이 자신을 과거 일반의 요소 안에 보존한다면, 어떤 선행하는 현재도 현행적인 현재 안에서 자신이 재현됨을 볼 수 있다(예컨대 연합의 법칙에 따라 성립된 유사성과 인접성의 관계를 통해). 이러한 재현의 시간에서는 항상 기억이 현재'의' 기억이다. "재현의 본질은 무언가를 재현할 뿐 아니라, 자신의 재현 능력을 재현하는 데 있다."[89] 이러한 현재의 기억은 선행하는 현재의 재생과 현행적 현재에 대한 반성 모두를 만들어 내는 능동적 종합의 수준에서 작동한다. 이러한 능동적 종합은 모든 현재의 일반적 가능성을 구성하는 습관의 수동적 종합을 바탕으로 하나, 좀 더 근본적으로는 기억 자체에 특수한 수동적 종합에 근거한다. 시간의 두번째 종합에 대해 더 깊이 이해하기 위해서는 순수 과거의 초월론적 측면을 보아야 한다.

기억의 수동적 종합에 관련하여 과거가 한때 있었던 현재라고 말하는 것은 충분하지 않다. "우리는 과거가 현재가 된 이후에, 혹은

---

89) *Ibid.*

새로운 현재가 나타나기 때문에 [과거로] 구성된다고 말할 수 없다. 과거가 과거로 구성되기 위해 새로운 현재가 요청된다면, 선행하는 현재는 결코 흘러가지 않을 것이며, 새로운 현재는 결코 도래하지 않을 것이다."[90] 들뢰즈는 『물질과 기억』이 명저인 이유가 초월론적 종합으로서 순수 과거의 발견 — 즉, 종합으로 이해된 시간의 필연적 조건 — 과 그것을 구성하는 역설들에 있다고 말한다. 이러한 순수 과거를 가정하는 것이 초월론적으로 적절하다면 과거는 단순히 시간의 차원이 아니라 모든 시간의 종합이라고 할 수 있는데, 이는 시간의 (잠재적-)현실적 이행을 가능하게 하는 종합이기 때문이다. "습관은 시원적 시간의 종합으로서 흘러가는 현재의 삶을 구성한다. 기억은 근본적인 시간의 종합으로서 과거의 존재를 구성한다."[91] 우리가 현재 안에서 살아간다는 것은 의심의 여지가 없으나, 이는 수축된 현재이다. 습관과 기억의 수동적 종합 없이, 또한 반복과 수축의 다른 분배를 가능하게 하는 것 없이는, 현재란 있을 수 없다.

습관과 기억의 두 가지 수동적 종합에서 우리는 서로 다르게 수축된 현재를 본다. 습관의 경우 현재는 "각자 독립적인 것으로서 연속하는 요소들 혹은 순간들의 가장 수축된 상태이다."[92] 그러나 기억의 경우에 현재는 이와 사뭇 다른 것, 즉 과거 전체의 가장 수축된 정도를 의미한다. 이는 현재가 "그것[현재]과 공존하는 이 모든 과거의

---

90) *Ibid.*, p. 81.
91) *Ibid.*, p. 80.
92) *Ibid.*, p. 82.

최대 수축"[93]이라는 것을 의미한다. 이것이 사실이라면, 전체 과거는 수축과 이완을 다양한 방식으로 형성하면서 자기 자신과 공존한다는 말이 된다. 만약 다음이 사실이라고 가정한다면, 들뢰즈가 주장하는 것처럼 현재는 자신과 공존하는 과거의 가장 수축된 수준이 된다: 수축과 이완의 다양한 형식 안에서, 무한한 수준에서 자신과 공존하는 과거(들뢰즈는 베르그손이 『물질과 기억』 그림 5에서 제시한 원뿔의 비유가 의미하는 바가 바로 이것이라고 말한다[94]). 들뢰즈는 생명을 특징짓는 반복에 대해 생각해 볼 것을 요청하고 있다. 여기서 우리는 하나씩 계기적으로 연속하며 서로 침투하는 현재들을 볼 수 있다. 그러나 이러한 현재들 사이의 잠재적 대립과 분열이 아주 크다 하더라도, 이들 각자가 "'동일한 삶'을 다른 수준에서 살아 낸다는"[95] 인상 역시 받는다. 들뢰즈에게 있어 이는 "운명"의 개념을 제시하는데, 이는 단순히 재현된 시간의 순서를 알려 주는 계기적 현재들 사이의 결정론적 관계들로 이해될 수 없다. 오히려 이는 좀 더 복잡한 시간 개념, 즉 "원격 작용들, 재생, 공명, 반향의 체계들, 공간적 상황과 시간적 연속을 초월하는 어떤 역할들, 신호들과 기호들, 대상적 우연들objective chances을 함축하는" 포괄적인enfolding 시간을 내포하는 것이다. 우리의 삶들은 동일한 이야기를 결코 동일하지 않은 수준에서 실행하는 것이며(반복 안에 차이가 있다), 자유는 "수준을 선

---

93) *Ibid*.

94) Bergson, *Matter and Memory*, p. 162. pp. 194ff도 참조.

95) Deleuze, *Difference and Repetition*, p. 83.

택하는 것"의 문제다.

> 현행적 현재들의 연속은 좀 더 근본적인 것 —즉, 각자가 전체의
> 생명/삶을 계속하는, 다만 이전과 다른 수준 혹은 정도에서 살아
> 내는 방식이 드러나는 것뿐이다. 모든 수준들과 정도들은 공존하
> 며, 현재였던 적 없는 과거를 바탕으로 한 우리의 선택으로 자신들
> 을 나타낸다.[96]

이어서 들뢰즈는 이러한 자유를 설명하기 위해 경험적 자아와
본체적 자아 사이의 구분을 구축한다. "능동적 종합의 측면에서 본
서로 다른 현재들의 연속으로서 우리의 경험적 삶은 또한 수동적 종
합 안에서 과거의 수준들의 끊임없이 증가하는 공-존이다." 이러한 차이
는 두 가지 반복 사이의, 혹은 물질적인 그리고 정신적인 것으로서
삶의 두 양상 사이의 차이로도 나타낼 수 있다. 이는 칸트와 중요한
연관성을 지니지만, 그럼에도 이러한 차이들은 칸트적 용어들로 구
성될 수 없는데, 들뢰즈에게 있어 경험적 자아와 잠재적 자아는 분명
모두 실재적이며 모두 수축된 시간 안에 존재하는 것이지, [칸트에서
처럼] 하나는 시간 안에 있는 현상적 자아에 불과하고 다른 하나는
시간 바깥에 존재하는 물자체가 아니기 때문이다. 이들 사이의 차이
는 하나는 일상적이고, 다른 하나는 드물다는 것, 혹은 하나는 평범

---

96) *Ibid.*

하고, 다른 하나는 비범하다는 것이다.[97]

  베르그손이 순수 과거를 이해할 수 있는, 또한 시간의 이행에 대한 적절한 개념화를 위한 이론적 바탕을 제공했다면, 어떻게 시간을 '우리를 위한' 것으로 구제할 것인가를 보여 준 것은 프루스트(그리고 이후에 보게 될 것처럼 니체)이다. 들뢰즈가 언급하고, 의존하고 있는 시간의 영원성은 시간의 잠재적 존재의 영원성으로, 예술작품 안에서, 또한 잃어버린 시간에 대한 탐색과 시간의 회복을 통해 탄생한다.[98] 베르그손과 프루스트 모두에게서 우리는 잠재적인 것의 존재로서 과거의 존재를 볼 수 있다. 프루스트의 경우 "현실적이지 않으나 실재적인, 추상적이지 않으나 이념적인"[99]이라는 공식이 제시된다. 들뢰즈가 볼 때 양자 사이의 차이는 베르그손에게 있어서는 이

---

97) 들뢰즈는 『차이와 반복』에서 『시론』에 나타난 베르그손의 두 자아들 사이의 구분, 즉 지속의 자아와 공공의, 기계적 시간(clock time)의 자아 사이의 구분 ─ 이제는 잠재적 시간의 자아와 감각-운동 습관의 자아로 변형된 ─ 을 다시 만들어 내는 것일 수도 있겠다. "그 자체로서가 아니라" 현상으로서 자아나 주체에 대한 칸트의 설명으로 *CPR*, B156과 B158~159를 볼 것.

98) Deleuze, *Proust and Signs*, pp. 62~63, 87. 과거 자체를 구제하는 것이 비자발적 기억의 존재를 요구하지만, 들뢰즈는 "본질적인" 예술, '삶보다 우월한' 예술은 단순히 이러한 기억에 기초한 것이 아니라고 주장한다(상상력에 근거한 것도 아니다). 삶의 기호와 예술의 기호가 구별되어야 하는 것은 후자가 "본질에 대한 [인식]능력으로서 순수 사유"(*Ibid.*, p. 55)를 통해서만 설명될 수 있기 때문이다. 따라서 프루스트의 탐색은 단순히 회상하려는 노력이나 기억의 탐험이 아니다. "잃어버린 시간을 찾기란 사실 진실 찾기다. [그것이] 잃어버린 시간의 탐색이라고 불린다면, 이는 진리가 시간과 본질적 관계를 갖는 한에서만 그러하다."(*Ibid.*, p. 15)

99) M. Proust, *Remembrance of Things Past* (*In Search of Lost Time*), trans. C. K. Scott Moncrieff, T. Kilmartin and A. Mayor, Harmondsworth, Middlesex: Penguin, 1983, vol. 3, p. 906. Deleuze, *Proust and Signs*, p. 58; *Bergsonism*, p. 96; *Difference and Repetition*, p. 208에서 인용.

러한 순수 과거를 이해하는 것이 충분한 반면, 프루스트와 같은 예술가에게는 이러한 과거를 어떻게 "우리에 대한 것으로 구해 낼 것인지를"[100] 살펴보는 것이 필수적이다. 들뢰즈는 우리의 과제가 과거의 즉자적 존재를 꿰뚫어 봄으로써 이를 한때 그것이었던 이전의 현재로 혹은 그것을 지금 과거로 만드는 현행적 현재로 환원하는 것이 아니라고 분명히 말한다. 오히려 예술가는 잠재적 존재로서의, 사건으로서의 과거를 제시한다. 프루스트에게 이는 현재였던 적 없는 어떤 과거의 형태로 다시 나타나는 콩브레, 즉 "성당 혹은 기념비로서의 콩브레"[101]로 나타난다. 콩브레는 "순수 과거 안에서 나타난다. […] 현재의 자발적 기억이나 의식적 지각의 과거로는 도달할 수 없다."[102] 콩브레가 결코 현재였던 적 없는 어떤 과거의 형태로, "콩브레의 즉자적 존재"로 되돌아오는 것은 "망각Forgetting 안에서"라고 들뢰즈는 주장한다.[103] 혹은, 작가가 서술하고 있듯 "내가 말했던가, 과거의 어떤 순간이라고? 이는 어쩌면 그 이상의 것, 과거와 현재에 공통되면서도 둘 중 어느 것보다 훨씬 더 본질적인 어떤 것이 아니었던가? […] 순수한 상태에서 시간의 파편".[104]

실제로 이는 어떻게 작동하는가? 이를 정확하게 이해하려면 언

---

100) Deleuze, *Proust and Signs*, p. 59. 또한 Deleuze, *Bergsonism*, p. 126 note 16; *Difference and Repetition*, pp. 84~85, p. 122 '프루스트의 체험들에 대한 주석' 참고.

101) Deleuze and Guattari, *What is Philosophy?*, p. 168. Deleuze, *Difference and Repetition*, p. 85도 참고.

102) Deleuze, *Proust and Signs*, p. 61.

103) Deleuze, *Difference and Repetition*, p. 85.

뜻 연상에 의한 것처럼 보이는 회상의 복잡한 기제에 대해 생각해 보아야 한다. 연상주의 모델에 근거하면 우리는 현재 감각과 과거 감각 사이에 유사성이, 또한 현재 감각의 결과로서 되살아난 체험된 전체와 과거 감각 사이에 인접성이 있다고 말할 것이다. 이렇게 보면 콩브레는 마들렌을 처음 맛본 곳으로 지금 되살아난 장소로서, 그 마들렌의 맛은 콩브레에서 맛본 것과 '유사한' 것이 된다. 그러나 들뢰즈는 이것이 프루스트에서 연상주의 심리학을 발견하거나 혹은 이러한 심리학을 폐기하는 것 가운데 선택하는 간단한 문제가 아니라고 주장한다. 오히려 우리는 회상의 사례들이 어떤 관점에서 연상주의 기제들을 초월하며, 어떤 관점에서 이러한 기제들을 바탕으로 하는지를 물어야 할 것이다. 이렇게 해야만 우리는 순수 과거의 심원한 발견, 혹은 순수한 상태에서의 시간의 파편을 드러내는 것이 무엇인지 알 수 있게 될 것이다. "콩브레는 과거 감각과의 인접성 안에서 경험된 것으로서가 아니라 어떤 광채 안에서, 실재 안에서 어떤 등가물도 없었던 '진리'와 더불어 나타난다."[105] 연상주의 기제는 과거와 현재 감각의 연계보다 훨씬 더 심원한 것, 즉 모든 연상 기제를 넘어서는 "되찾은 시간의 기쁨"이 발생하는 상황만을 제시할 뿐이다.

---

104) Proust, *Remembrance of Things Past* (*In Search of Lost Time*), p. 905. 지속의 '다양한 면들'에 대해서는 *Ibid.*, p. 1087도 참고.

회상의 일시적인(fugitive) 특성과 우연하고 우발적인 결정에 의한 회상의 구체화 과정에 대해서는 Bergson, *Bergsonism*, p. 106을 볼 것. 순수 기억에 대한 추가 예술적 고찰은 G. Bataille, "Digression on Poetry and Marcel Proust", *Inner Experience*, trans. L. A. Boldt, New York: State University of New York Press, 1988, pp. 141~143 참조.

105) Deleuze, *Proust and Signs*, p. 56.

순수 과거는 우리가 의식적 지각이나 자발적 기억의 수준에 머무르는 이상 위치시킬 수도 없고 가시적이지도 않은 것이다. 지각의 수준에서 마들렌은 콩브레와 인접성이라는 외적 관계만을 지닐 뿐이지만, 자발적 기억의 수준에서 콩브레는 마들렌에 대해서 "과거의 감각이라는 분리된 맥락으로서"만 외재적일 수 있다.[106] 맥락을 내재화하는 것, 과거의 맥락을 현재 감각과 분리될 수 없게 하는 것이 비자발적 기억의 특성이다. "비자발적 기억에서 본질적인 것은 유사성, 심지어 동일성이라고도 할 수 있는 것이 아니다. 이들은 조건들일 뿐이기 때문이다. 본질적인 것은 오히려 내화된 차이이며, 이는 내재적인 것이 된다."[107] 작가는 예술을 통해 콩브레를 보여 주는데, 이는 결코 경험될 수 없는 것이다. 두 개의 대상들, 마들렌의 맛과 콩브레가 색이나 온도 등의 그 속성들과 함께 서로 감싸여 있어 그 둘의 관계가 내적이고 공명하는 것이 되는, 어떤 포개짐involution[누승]. 물론 이는 또 하나의 이상한 역설을 보여 주는 것이기도 하다. 순수 과거의 존재(영원으로서의 시간)는 전적으로 시간의 이행 자체에 내포되어[안주름 접혀] 있다는 것이다. 흘러가는 시간은 시간의 진리들이 구성되고 창조되는 '바탕'을 만들어 낸다. 무엇보다도 진리의 탐색으로 이해되는 잃어버린 시간의 탐색이 항상 시간에 대한, 그리고 시간의 탐색이어야 하는 이유가 바로 이것이다. "진리는 시간과 본질적 연관을 지닌

106) *Ibid.*, p. 60.

107) *Ibid.* Deleuze, *Difference and Repetition*, p. 122와 비교.

다."[108] 찾으려는 과거가 순수 과거의 존재라는 점은 여전히 중요하다. 이는 잃어버린 시간에 대한 탐색이 자발적 기억을 통해서는 수행될 수 없는 이유이기도 한데, 이러한 기억은 과거 자체의 존재를 인식하지 못하기 때문이다. [자발적 기억을 통해 본] 과거는 자신이 그것이었던 현재에 대해, 또한 자신을 이제 과거이게 하는 현재에 대해 항상 상대적이기 때문이다. 즉, 이는[자발적 기억은] 서로 다른 현재를 가지고 과거를 재구성한다.[109]

시간의 의미는 이제 극적으로 변화되었다 —— 시간이 우리 안에 있는 것이 아니라, 우리가 시간 안에 있는 것이다. 시간은 주체성이지만, 이러한 주체성은 결코 우리의 것이 아니다(이는 잠재적이다). 이는 베르그손주의의 근본적인 통찰을 통한 칸트의 변형이라고도

---

108) Deleuze, *Proust and Signs*, p. 15.

109) 조르주 풀레(Georges Poulet)는 그의 뛰어난 저서 『프루스트적 공간』(*Proustian Space*, 1963, 영역본은 1977)에서 프루스트 소설의 주인공이 시간 속에서 길을 잃었을 뿐만 아니라, 자신이 누구인지 어디에 있는지도 모른다는 점에서 공간 속에서도 길을 잃었다는 것을 보여 주려 한다. 그렇다면 프루스트의 소설은 시간의 복잡성을 다룰 뿐만 아니라 공간의 어긋남에 대해서도 다루는 것이 된다. 풀레는 시간과 공간에 대한 베르그손의 논제들, 특히 정신적 상태들을 병치할 때마다 우리는 시간을 공간으로 투사한다는 주장에 대한 도전으로서 프루스트의 소설을 해석한다. 그러나 이를 확립하려는 과정에서 풀레의 사유는 너무 빨리 움직인다. 시간과 공간에 대한 베르그손의 논의를 다룰 때 우리는 다음과 같은 들뢰즈의 말을 항상 염두에 두어야 한다: "[…] 공간에 관한 물음은 새로운 토대 위에서 재평가되어야 한다. 공간은 더 이상 단순한 외부성의 형식, 지속을 변질시키는 일종의 스크린이 아니다. […] 공간 자체는 사물에, 또한 사물들 간의 관계 및 지속들 간의 관계에 기반을 두어야 할 것이다. […] 이것이야말로 베르그손 철학이 이룬 이중적 진보라 할 것이다." Deleuze, *Bergsonism*, p. 49. 이러한 문제제기 전체와 관련하여 중요한 지점은 하이데거가 후기작인 『존재와 시간』에서 제시한 사유의 운동이다. 이는 어떤 '실제' 공간이나 시간의 장소가 있다는 생각을 급진적으로 복잡화하는 운동이다. 베르그손주의와의 조우는 이러한 사유의 운동에 도움이 될 것이다.

할 수 있다. 이러한 변형을 실행하는 가운데 들뢰즈는 실제로 베르그손과 칸트를 평행선상에 놓고 양자 간의 새로운 관계의 가능성을 열어 보이고 있다. 이것이 어떻게 가능한지는 이 장 마지막 부분에서 살펴볼 것이다.

시간의 깊이들

> 지속은 더 이상 현실적이지 않으며 지나간 것으로, 끊임없이 과거 안으로 더 깊이 가라앉는다.(후설,『내적 시간-의식의 현상학』, p. 50)

이제 베르그손을 겨냥한 주된 비판들에 대해 살펴보기로 하자. 현재가 단순히 이미 있어 왔던 것의 표현 혹은 실현[실재화]이라면 현재는 어떻게 실제로 있을 수 있게 되는가? 우리는 이러한 비판 안에 함축된 시간의 운동에 대한 제한된 개념을 지적해 볼 수 있다. 베르그손에 대한 가장 흔한 비판은 베르그손이 과거의 '본질의 존재'와 동일한 과거의 '지향적 존재'를 구분하지 못했다는 것이다. 이러한 비판은 잠재적/현실적, 존재론적/심리적, 과거/현재라는 측면에서 시간의 흐름을 설명하는 데 있어 베르그손이 이루어 낸 혁신을 모두 간과하고 있다. 이러한 구별들이 바로 베르그손이 간과했다고 비판받는 그 구분을 이해하기 위해, 또한 과거의 지향적 존재 개념을 복잡화함으로써("주체성은 결코 우리의 것이 아니다") 적절히 이해하기 위해 고안된 것이다.

베르그손의 기억 이론에 대해 불편함을 표현한 저명한 주석가로 존 멀라키를 들 수 있다. 멀라키는 자신 나름의 비판을 제기하고 있는데, 순수 과거에 대한 베르그손의 실재론에 따를 경우 우리는 현재가 "부분적으로 과거의 현실화된 이미지로서, 어떻게 비축된 어떤 기억의 실재화 이상의 것이 될 수 있는지"에 대한 물음을 제기하게 된다는 것이다.[110] 그러나 베르그손이 현재를 잠재적 기억 안에 접어 넣음으로써 결과적으로 현재를 부정했다거나 말살했다는, 따라서 선-존재하는 어떤 것의 재배열과 구별할 수 없게 되었다는 논변은 베르그손이 시간-기억의 운동(수축과 팽창, 이완을 포함하는)에 대해 언급한 모든 것을 무시하는 것이 될 수 있다. 시간-기억의 운동은 '과거'와 '현재'의 분기점이 평면들(응시, 행위, 꿈-이미지 혹은 몽상의 면들 등)이 교차하면서 만들어진다고 규정한다. 그렇다고 순수 과거를 그것의 잠재성을 현실화하는 수축이나 팽창과 독립하여 존재할 수 있는 것으로 봄으로써 그것을 구체화한 것이 단순히 멀라키의 잘못이라 할 수는 없는데, 이는 베르그손의 사유가 이러한 순수 과거를 용인해야 할 필요성을 강조하고 있기 때문이다.

멀라키가 볼 때 순수 과거의 개념은 신비하고 손에 잡히지 않는 어떤 것을 표상하는 것이다. 멀라키는 기억의 지위를 낮추고 지각에 우선성을 부여함으로써, 우리 '삶에의 주의'를 기억의 다양한 형태가 아닌 지각의 다양한 형태를 통해 이해하고자 한다. 우리가 각각 다른 과거와 미래와의 상관관계를 지니는 현재들의 다수성[다양체]을 가

---

110) Mullarkey, *Bergson and Philosophy*, p. 53.

정하면, 순수 과거, 잠재적 기억 혹은 "어떤 손에 잡히지 않는 실체"에 근거해야 할 필요성도 없어진다는 것이다. 그러나 아무리 복잡한 것이라 하더라도 현실적 다양체라는 측면에서 현재와 지각을 우선시하면 우리의 시간 이해에 있어 베르그손이 기여한 바가 없다고 보는 것이 된다. 이는 순수 과거가 지니는 어떤 존재론적 실재성도 제거하는 것이기 때문이다. 실제적 현재들의 다양체는 자아를 순수하게 심리적 수준에 위치시키는 결과를 가져온다. 과거의 내재성을 사유하는 것이 무척 어렵기는 하지만, 그렇다고 멀라키가 주장하는 것처럼 내재적으로 '신비할' 것은 없다.[111] (시간 자체의) 과거에 대한 이러한 판단은 심리적 면을 유일하고, 가장 중요한 존재의 장으로 보기 때문에 가능한 것이다. 마찬가지로 존재론적 과거와 잠재적인 것은 무능하거나 비-존재non-existent라고 보는 것은 심리학과 현실적인 것의 관점에 근거한 것이다. 우리는 순수 과거의 관념을 그 신기하고 묘한 존재를 저버리지 않으면서 탈신비화하는 방법을 고려해야 할 것이다. 분명 순수 과거는 극도로 사유하기 어려운 개념이다. 그러나 순수 과거의 실재성을 인정하고 존재론적 도약을 이루어 내는 것이 왜 그렇게 어려운지 이유는 제시할 수 있다.

시간에 대한 물음에 대한 베르그손의 답변을 다시 상기해 보기로 하자. 이 물음에 적합하게 답하려면 시간의 심연에 자신을 내던져야 한다고 했다. 흘러가기 위해서 현재는 과거인 동시에 현재여야 한

---

111) *Ibid.*, p. 53.

다. 이는 과거가 단순히 더 이상 자신이 아닌 현재를 뒤쫓는 것이 아니라 자신이었던 현재와 공존한다는 것을 의미한다. 들뢰즈는 이를 다음과 같이 표현한다. "현재는 현실적인 이미지이고, 그것의 동시간적 과거는 잠재적 이미지, 거울 안의 이미지다."[112] 시간은 단순히 흘러가는 현재들의 연속이 아니며, 새로운 현재가 도달할 때 과거의 시간이 되는 것도 아니다. 이를 설명해 보이려면 우리는 시간의 초월론적 형식을 적절하게 규정해야 한다. 시간의 경험적 형식 ──들뢰즈가 『시네마』에서 운동-이미지로 분석하는──은 이전과 이후의 외재적 관계를 통해 존재하는 계기적인 현재를 의미한다. 여기서 과거는 이전에 현재였던 것, 미래는 앞으로 도래할 현재로밖에 이해되지 않는다. 시간의 초월론적 형식을 적절하게 규정하려면 우리는 경험적 진행으로서의 시간을 넘어 탈구된 시간, 시간의 순수한 상태를 이해해야 한다.[113] 우리가 크리스탈 이미지를 통해 볼 수 있는 것이 바로 시간의 씨앗the seeds of time이다. 이는 현재들의 연속이나 단순한 시간의 간격들 혹은 전체들이 아니라 시간의 '직접적 현시'로서 흘러가는 현재와 보존되는 과거 두 가지로의 구성적 분할의 형식을 띤다. 들뢰즈는 순수 과거에 대한 베르그손의 발견을 바탕으로 지속의 흐르는 연속성을 차단하고, 지속 안에 전위轉-位, dis-location를 도입하는 시간-이미지를 만들어 낸다(지속은 병리적인 것이 된다). 과거와 현재의 관계는 더 이상 선형적이거나 연대기적이지 않다. 들뢰즈가

---

112) Deleuze, *Cinema 2: The Time-Image*, p. 79.
113) *Ibid.*, p. 271.

과거와 현재를 현실적인 장과 잠재적인 장에 대응하도록 분배하는 것 역시 시간의 경험적 형식과 초월론적 형식에 대한 이와 같은 설명을 바탕으로 이해되어야 한다. 현재는 감각-운동(심리학)적이고, 과거는 시간의 흐름으로부터 나와서 자기 고유의 특정한 존재 영역(존재론)으로 들어간다는 점에서 '순수'하다고 할 수 있다. 시간의 크리스탈-이미지는 바로 이것을 드러내 보이기 위한 것이다. 이러한 이미지 자체가 시간은 아니지만, 크리스탈을 통해 우리는 시간의 이미지(크로노스적Cronos이면서, 비연대기적non-Chronos인 시간의 바탕)를 얻을 수 있다. 크리스탈은 시간의 비가시적인 실재, 즉 "흘러가는 현재들과 보존되는 과거라는 두 흐름으로 분화되는 시간"[114]을 가시적이게 한다. 크로노스의 층위에서 과거와 현재의 차이는 정도의 차이에 불과하다(과거의 가장 수축된 수준으로서의 현재). 그러나 비-연대기적인 시간의 층위에 놓였을 때 양자의 차이는 지각과 기억, 현실적인 것과 잠재적인 것 사이에서와 같이 본성상의 차이이다. 여기서는 일단 지나가는 현재들의 경험적 연속에 종속되지 않는 시간(순수 과거, 열린 미래)을 살펴보기로 한다. 이와 같은 장에 있어서의[경험적 장에서 초월론적 장으로의] 변화를 통해 우리는 생성을 좀 더 적합하게 개념화할 수 있다.

이전과 이후는 더 이상 시간의 흐름에 있어 연속적 규정이 아니라, 역량의 두 측면 혹은 어떤 역량에서 더욱 높은 역량으로의 이행이

---

114) *Ibid.*, p. 98.

다. 직접적인 시간-이미지는 공존이나 동시성의 질서로 나타나지 않으며, 잠재화potentialization로서 생성 안에서 역량의 계열로 나타난다.[115]

생성은 경험적 순서를 계열들로, 아니 오히려 '계열들의 폭발'로 변형시킨다.

시간에 대한 이러한 통찰을 바탕으로 들뢰즈가 꾀하려는 존재론적 이행은 진정으로 새로운 것이다. 이는 순수 잠재적 이미지에 대한 들뢰즈의 개념화에서 드러난다. 작고 상대적인 순환회로로서 현실적인 것과 그것의 잠재적인 것(잠재적인 것은 항상 현실적인 것에 대한 것이자, 자기 스스로에 대한 것이기도 하기 때문에)은 더욱 깊은 잠재성의 순환회로로 확장된다. 기억에 특유한 잠재적 이미지는 그와 연관된 이미지들과는 구분되어야 한다. 회상-이미지나 꿈과 같은 것들은 잠재적 이미지의 변종이라 할 수 있지만, 이들은 의식의 심리적 상태 안에서 현실화된 이미지로 존재하는 것이다. 더욱이 "이들은 필연적으로 새로운 현재와의 관련 안에서, 자신들이었던 현재와 다른 현재와의 관계 속에서 현실화되고" 연대순으로 연속되는 반면, 순수한 상태에서 잠재적 이미지는 자신을 과거로 만드는 새로운 현재와의 대응만으로는 규정될 수 없다.[116] 따라서 정신적인 영역(꿈, 회상 이미지들)에 특유한 잠재적 이미지들은 현실화된 상태에서만,

---

115) *Ibid.*, p. 275.
116) *Ibid.*, pp. 79~80.

또한 어떤 종류의 현재와의 관련 안에서만 존재한다. 반면 순수 회상인 잠재적 이미지는 그러한 것으로 있기 위해 현실화될 필요가 없는 순수 잠재성이다. "[잠재적 이미지가] 모든 순환의 바탕 혹은 기점으로 기능하는 가장 작은 순환회로를 형성하는 것은 오직 현행[현실]적 이미지와의 상관관계 안에서다. [···] 이는 즉각적인 현실-잠재 순환이지, 현실적인 것의 변동에 따른 잠재성의 현실화가 아니다."[117] 순수한 잠재적 이미지는 자신을 상대적으로 과거이게 하는 새로운 현재에 따라서가 아니라 "자신이 그것의 과거인 현행적 현재에 의해 절대적으로 또한 동시간적으로 규정되어야 한다". 또한 [이 잠재적 이미지가] 특정한 것이라 할지라도 과거 일반의 부분이기도 하며, 과거 일반의 존재에 의존한다. 시간-기억은 현재의 기억과 순수 과거 모두로서 존재한다. "우리가 착각하게 되는 원인은 회상-이미지들, 심지어 꿈-이미지들이 의식에 출몰하고, 의식이 이들에게 변덕스럽게, 간헐적으로 이끌린다는 데 있다. 이는 필연적인데, 이러한 이미지들은 바로 이 의식의 순간적 필요에 따라 현실화된 것이기 때문이다."[118] 이제 우리는 머릿속에서 일어나는 실재적인 것과 상상적인 것, 현재와 과거, 잠재적인 것과 현실적인 것 사이의 혼동을 설명할 수 있다. "[···] 실재적인 것과 상상적인 것을 혼동하는 것은 단순한 사실의 오류이지 그 식별 가능성에 영향을 주지 않는다. 이러한

117) *Ibid.*
118) *Ibid.*, p. 80.

혼동은 우리 '머릿속에서'만 생겨나는 것이다."[119] 반면 과거와 현재, 현실적인 것과 잠재적인 것, 상상적인 것과 실재적인 것의 식별 불가능성의 경우 머릿속에서 일어나는 것이 아니라 그 본성상 이중적인 이미지의 객관적 특성에서 비롯된다. "현실적인 것과의 관계 안에서 현실적이 되지 않는 잠재적인 것이란 없다. 현실적인 것 역시 동일한 관계를 통해 잠재적인 것이 된다."[120] 현실적인 것과 잠재적인 것은 끊임없이 상호작용하며, 이는 우리가 순수하면서도[불순물이 섞이지 않은solid] 불투명한 것으로서 크리스탈의 이중적 존재에서 보는 것과 같은 작용이다. "잠재적인 것은 현실적인 것이 될 때 거울이나 완성된 크리스탈의 견고함solidity에서 볼 수 있는 것처럼 가시적이면서 투명하다. 그러나 현실적 이미지가 역으로 잠재적인 것이 될 때는 흙을 겨우 털어 낸 크리스탈처럼 비가시적이고 불투명하며 흐릿한 것이다."[121] 크리스탈은 거울이면서 동시에 씨앗과도 같다.[122]

---

119) *Ibid.,* p. 69.

120) *Ibid.*

121) *Ibid.,* p. 70.

122) 영화는 표현의 운동이 거울에서 씨앗으로 옮겨 가는 크리스탈의 표현주의를 탐색한다. 「시민 케인」이 위대한 첫번째 시간 영화로 인정받을 수 있다면 그것은 그 영화에서 시간이 운동에 종속되지 않고 오히려 운동이 시간에 종속되기 때문이다. "주인공은 행동하고 걷고 움직인다; 그러나 그가 뛰어들고 움직이는 것은 과거 안에서다.…"(*Ibid.,* p. 106) 웰스(Orson Welles)의 영화에서 '장의 깊이'는 (확장과 수축을 포함하고 과거의 잠재적 구역을 탐색하는) 공간과 시간 모두의 변형을 초래한다. '깊이'는 단순한 테크닉이 아니라 기억의 모험을 일으키는 시간화의 상징으로 작용한다. 들뢰즈는 이 모험이 심리적 우연[사고]이라기보다 "시간 속에서의 사고(misadventures), [시간] 구성에 있어 혼란(disturbances)"에 가깝다고 주장한다(p. 110). 웰스는 몽타주 사용을 통해, 운동에 기반한 간접적인 시간 이미지가 아니라, 비-연대기적 공존들과 관계들의 질서[순서]를 조직하는 직접적인 시간 이미지를 제공한다. 순수 회상, '로즈버드'는 실제 혹은 진실된 과거를 찾아내는 것이 아니라

잠재적인 것과 현실적인 것에 대한 들뢰즈의 개념화는 베르그손의 기억 원뿔에 대한 특정하고 정밀한 해석을 바탕으로 한다.

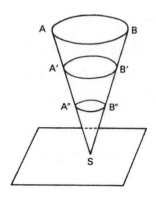

점 S는 현행적 현재를 가리키지만, 이는 이 현재의 과거, 실제적 이미지를 이중화하는 잠재적 이미지를 포함하는 것으로서 엄밀히 말해 단순한 점으로 볼 수 없는 것이다. 또한 AB, A'B' 등 원뿔의 다양한 단면들은 들뢰즈가 볼 때 회상-이미지들과 대응하는 심리적 회로가 아니라, 스스로가 자신 안에 보존되는 것처럼 각각이 과거의

"여러 등장 인물들이 불러일으키는 과거의 모든 시트들(sheets)에 의혹을 제기한다.…" '로즈버드'는 의미가 없고, 심지어 죽어가는 케인의 손을 떠난 유리구슬이 산산조각 나는 데 집중할 때도 우리는 미래가 아니라 짝트지 않는 생명을 엿볼 뿐이다. 영화가 탐색하는 것은 어느 삶의 위업[승리]이 아니라 그것의 실패다. 케인은 "자신의 삶 전체의 공허함과 [과거의] 모든 시트들의 빈곤함을 인식"하면서 혼자 죽는다(p. 112). 우리가 과거의 시트에 도달할 때 우리는 "큰 파도의 물결의 넘실거림"에 휩쓸리는 우리 자신을 발견한다. 여기서 "시간은 경첩을 벗어나고, 우리는 영속적인 위기 상태로서 시간성에 들어간다"(*Ibid.*). 그러나 현대 시네마의 고전인 이 영화에서 빠져 있는 시간의 차원이 있는데 그것은 미래다.

전체를 포함하고 있는 순수하게 잠재적인 회로들이다(순수 회상). 심리적 회로들은 현실화됨으로써만 작동하며, 이는 S에서 원뿔의 단면으로의 도약을 의미한다. 다시 말해 순수하게 잠재적인 어떤 것의 현실화 과정을 요하는 것이다. 현재와 과거 사이의 상대적 순환이란, 한편으로는 하나의 현재와 그것의 과거(현실적 이미지와 그것의 잠재적 이미지) 사이의 작은 내부적 회로를, 다른 한편으로는 과거 전체를 움직이게 하는 훨씬 더 깊은 잠재적 회로와 교류한다. 이에 들뢰즈는 다음과 같이 쓰고 있다.

> 크리스탈-이미지는 두 가지 측면을 지닌다 ── 모든 상대적 회로들의 내적 경계이자, 또한 모든 [구체적인] 순간들조차 넘어서는 세계의 가장자리에 있는 가변적이고 변형 가능한, 가장 바깥의 외피이기도 하다. 작은 크리스탈 씨앗과 크리스탈화할 수 있는 광대한 우주: 모든 것은 씨앗과 우주로 구성된 집합물의 팽창 능력에 포함된다. 기억들, 꿈들, 심지어 세계들은 이 전체의 변이들에 의존하는 표면상의 상대적 회로들에 불과하다.[123]

어쩌면 비트겐슈타인의 『철학적 탐구』 말미에 나타난 과거와 기억-회상에 대한 사유 ── "인간은 기억을 통해 과거의 개념을 배운다"는 ── 와 사뭇 다른 것을 제시한다고 보일지도 모르겠다. 이 주

---

123) Deleuze, *Cinema 2: The Time-Image*, pp. 80~81.

제에 관해 쓴 다른 저자들과 마찬가지로 비트겐슈타인은 ('심리학'에 대한 비트겐슈타인의 잘 알려진, 또한 분명하게 기술된 우려에도 불구하고) 심리학적인 면, 즉 회상으로서 기억과 과거만을 제시한다. 배움을 수행하는 자아를 이중화하고 탈-심리화depsychologized하려면, 비트겐슈타인의 통찰을 기이하게 [재구성]해야 한다. "배운다는 것은 기억하는 것이다. 기억한다는 것은 또한 배우는 것 이상의 무엇도 아니다.…"[124] 우리가 배우는 것은 시간의 심원하고 기이한 '진리들'이며, 이러한 진리들은 존재론으로의 도약을 통해서만 취할 수 있다. 우리는 회상이나 추억하는 행위만으로 과거에 대해 배우지 않는다.

시간의 잠재적 이미지(순수 회상)는 심리적 상태나 의식을 가리키지 않는다. 오히려 "이는 의식 바깥에, 시간 안에 존재하므로, 우리는 공간 안에 지각되지 않은 대상들이 실제 존재하는 것과 마찬가지로 시간 안에 순수 회상이 잠재적으로 내속한다insistence는 것을 인정할 수 있어야 한다."[125] 우리는 과거를 그것이 있는 곳, 즉 시간 안에서 찾아야 한다. 순수 과거의 창조적인 발견은 예술가의 고유한 능력 —— 우리 자신 안에 있는 예술가를 포함하여 —— 을 요한다. 보통의 현실적 존재 안에서 우리는 과거를 변형된 것으로 살 수밖에 없다. 우리는 과거의 산물을 어떤 순수한 형태로 취하는 것보다 더 많은 과거의 상처를 떠안고 있다. 그러나 그럼에도 불구하고 아니, 바로 그렇기 때문에 과거의 재구성 혹은 탐색 과정은 존재함의 기술[예술],

---

124) Deleuze, *Proust and Signs*, p. 65.
125) *Ibid.*, p. 80.

싹트는germinal 생명의 과업을 요구한다. 이를 통해 이러한 상처들은 자신의 산물들을 낳는다. 상처나 흉터들은 우리가 시간 안에 놓여졌다는 사실의 기호들이자 사건들이다. 현재의, 또한 적응의 동물인 우리와 같은 존재에 있어 존재의 잠재적 면에 거주하기란, 간혹 드물고 아주 특수한 경우들을 제외하고는 지극히 어렵다. 어쩔 수 없이 우리는 심리적 현재라는 관점에서 과거의 존재를 바라보게 되는 것이다. 시간에 대한 베르그손의 사유는 그 이유를 설명하고 있다. 그러나 이렇게 과거를 회상으로 환원할 때 우리는 과거의 가치를 낮추어 본다.[126] 우리의 관심 ──베르그손의 시간 개념을 통해, 또한 시간이 어떻게 흐르는지를 통해 설명되는── 은 영원히 이어지는 시간의 분출이기 때문에 과거 안으로의 도약이 어렵다는 것은, 과거를 무력하고 죽은 시간으로 가정하게끔 한다. 그러나 이 죽은 시간이 생명[삶](사건의 순수한 비축 혹은 삶)으로 가득 차 있다면?

"우리는 크리스탈 안에서 태어나지만 크리스탈은 죽음만을 보유할 뿐이며 이로부터 생명/삶이 밖으로 나와야 한다.…"[127] 사실 죽음과 죽은 것들이 사라지는 것이 아니라, 우리가 이것들을 매우 이해할 만한 이유로 잊어버릴 뿐이다. 무엇 때문에 우리는 죽은 것들, 이미 묻혀진 것들을 불러내고 시간을 되찾는 행위를 이야기하는가? 생명[삶]은 어디서 시작되고 죽음은 어디서 끝이 나는가? 미래의 어떤 측면이 이와 무관한 도약이라 할 수 있는가? 시간의 깊이 안으로 뛰

---

126) Deleuze, *Cinema 2: The Time-Image*, p. 124.
127) *Ibid.*, p. 86.

어드는 동시에 우리는 크리스탈을 뒤로해야 한다. 시간이 개체적, 집단적 자유의 사건이 되도록 열어 보이기 위해서는 과거의 깊이를 파헤치거나 혹은 허물기도 해야 한다. 순수 과거는 사실 미래와 동시간적이다.

> 펠리니Fellini는 우리 안에 있는 어린아이는 성인, 노인, 청소년과 동시적이라고 말한다. 따라서 시작하기 또한 다시 시작하기와 관련된 모든 덕목을 지닌 것은 보존된 과거이다. 그것이 자신의 깊이 혹은 측면에 새로운 실재의 약동l'elan, 생명의 분출le jaillissement de la vie을 지니고 있는 것이다. [⋯] 흘러가며, 죽음으로 가는 현재와 보존되며 생명의 씨앗을 유지하는 과거는 계속해서 서로 간섭하며 끼어든다.[128]

엔트로피에 대항하는 투쟁은 단순히 시간의 흐름에 대한 것이나, 부패와 해체의 힘에 대항해 살아 있는 것을 미라로 만들려는 광적인 욕망, 혹은 죽음과 말소되는 것에 대한 두려움에서 비롯된 삶에 대한 집착이 아니며, 미래에 대한 투쟁이다. 이는 우리의 시간적 생성에서 필연적으로 기인하는 투쟁이며 전투다.

시네마와 그 창조적 우화화 능력에 대한 들뢰즈의 깊은 관심은 베르그손의 『물질과 기억』이 이루어 낸 놀라운 발견들에 대한 애착

---

128) *Ibid.*, p. 92.

에서 비롯한다. 현대 영화는 순수 광학적이고 음성적인 시퀀스, 혹은 예상했던 행위나 반응들이 유예되거나 복잡화되는 상황들과 같은, 감각-운동 도식의 해체 혹은 붕괴를 바탕으로 삼는다. 우리는 위기나 충격에 대해 상투적으로[클리셰cliche에 따라] 대응하려 하는데, 이는 뇌의 운동 습관의 강요에 의한 것이다. 들뢰즈는 지각의 특성에 대한 베르그손의 통찰에 의거해 클리셰를 정의하고 있다.

> 우리는 어떤 것이 지나치게 불쾌하면 이로부터 멀어지려 하고, 끔찍하면 물러나도록 하고, 지나치게 아름다우면 동화하려고 하는 도식을 가지고 있다. […] 이것이 바로 클리셰이다. 클리셰는 어떤 사물의 감각-운동 이미지이다. 베르그손이 지적하듯, 우리는 어떤 대상이나 이미지를 그 전체성 안에서가 아니라 우리가 지각하는 데 흥미가 있는 것만, 혹은 지각하려는 데 있는 것만 지각한다. 이는 우리의 경제적 이득, 이념적 믿음, 심리적 요구 등에 의한 것이다. 따라서 우리가 통상적으로 클리셰만을 지각하는 것이다.[129]

계속해서 들뢰즈는 이미지와 클리셰의 '문명화'에 대해 이야기한다. 감각-운동 도식이 막히거나 손상될 때만 다른 형태의 이미지가 나타날 수 있다. 현대 영화는 그 특징적인 요소에 있어 근본적으로 베르그손적인데, 단순히 회상들로 구성된 심리적 기억이 아니라

---

129) *Ibid.*, p. 20.

연대순적 시간을 가로지르는 시간-이미지들을 보여 주면서 "심리적 기억의 저편"을 열어 보이기 때문이다.[130] 베르그손주의를 통해 우리는 이미 시간의 세번째 종합의 단계, 즉 탈구된, 경첩을 벗어난 시간에 놓이게 된다. 베르그손적 영감을 받은 영화로 알랭 레네Alain Resnais를 언급하면서 들뢰즈는 다음과 같이 쓴다.

레네에서도 우리가 뛰어드는 시간은 심리적 기억에 복종하거나 우리를 이전의 현재로 다시 이끄는 회상-이미지에 복종하는 시간이 아니며, 더 깊은 기억, 시간을 직접 탐험하는 세계의 기억을 따르는 시간이며, 이는 기억으로부터 자신을 감추는 과거에 도달하는 것이다. 이처럼 강력한 시간에 대한 탐험이 없다면 플래시백은 얼마나 보잘것없는 것인가.…[131]

---

130) *Ibid.*, p. 109.

131) *Ibid.*, pp. 38~39. 플래시백[회상 장면]의 사용에 대한 데이비드 로도윅의 예리한 견해는 주목할 만하다: "플래시백은 흥미로운 시험적 사례를 보여 준다. 회상-이미지로서 플래시백은 선형적 인과성을 복원하기 위해 시간을 우회한다. 우리는 운명이 우리를 여기까지 오게 한 일련의 사건을 이해하기 위해 끝에서 시작으로 뛰어든다. [···] 회상 이미지는 [···] 순수 기억의 지층을 파헤쳐 '잠재성을 실현'하고, 과거에서 이미지를 찾아 그것을 통해 자신을 표상한다." David Rodowick, *Gille Deleuze's Time Machine*, Durham: Duke University Press, 1997, p. 91. 또한 우리는 웰스의 다음과 같은 말에 주의를 기울여야 한다: "[···] 플래시백은 지속적인 내러티브, 자기 체계 안에서 연속성의 효과를 함축하므로 신중하게 피해야 한다고 생각한다. [···] 기억들은 마치 편집되지 않은 영화의 빠른 재생과 같아서, 드라마의 패턴과 다른 자신만의 패턴을 만들어 낸다. 강조되는 것은 결코 대본 작가가 정하는 것이 아니다. 빵 한 덩어리, 코코아 한 잔 —벽에 걸린 석판화(사당) — 하찮은 풀잎 하나도 과거에 대한 우리의 기억 속에서 주역이 될 수 있다. 통일성은 기억에서 그다지 중요하지 않다." S. Callow, *Orson Welles: The Road to Xanadu*, London: Vintage, 1996, p. 528에서 인용.

직선적 시간: 니체와 칸트

"멈춰라, 난쟁이야!" 나는 말했다. "나! 아니면 너다! 그러나 우리 둘 중에 더 강한 자는 나다. 너는 내 심연의 사유를 알지 못한다. 너는 그 사유를 견딜 수 없을 것이다!" […] "곧바른 것은 모두 거짓이다." 난쟁이는 경멸조로 중얼거렸다. "모든 진리는 굽어져 있으며 시간 자체도 원환이다." "중력의 악령!" 나는 화가 나서 말했다. "이 것을 너무 가볍게 여기지 마라! 그렇지 않으면 나는 네가 쪼그리고 앉은 그곳에 있도록 내버려 둘 것이다. 이 절름발이야. 내가 너를 높은 곳까지 데려왔다! (니체, 『차라투스트라는 이렇게 말했다』, '환영과 수수께끼에 대하여' 2절)

들뢰즈는 시간의 세번째 종합을 시간의 순수하고 텅 빈 형식이라 칭하고, 아이온Aion이라는 난해한 시간과 니체의 영원회귀, 칸트의 직선적 시간과 연관시킨다.[132] 들뢰즈가 『차이와 반복』에서 영원회귀

---

[132] 미로와 같은 시간의 선으로 생각되는 아이온은 시간의 탈구와 체험된 지속의 병리학적 특성을 보여 주는 또 다른 방식을 제공한다. 오늘은 하루 전날과 하루 후만이 존재한다. 방금 무슨 일이 일어났고 곧 어떤 일이 일어나려고 하지만, 지금 일어나지는 않는다. 『의미의 논리』에서 들뢰즈는 아이온의 시간을 "모든 물질로부터 독립적"(그것은 공허한 형식이다)이며 "비신체적"(incorporeal)이라 기술한다. 이는 심지어 "순간", 즉 "각 현재를 미래와 과거로 나누는 것이지, 미래와 과거를 상호 관련성 안에서 포괄하는 방대하고 두터운 현재가 아니다"(*Logic of Sense*, pp. 62, 164~165). 들뢰즈는 이러한 기이한 시간의 관점에서 사건의 시간에 접근하는데, 역설적이게도 들뢰즈는 사건의 시간을 아무것도 일어나지 않는 것처럼 보이지만 무한한 기다림이 있는, 죽은 시간, 사이-시간(entre-temps)으로 이해한다. 이 사건 안에서 아무 일도 일어나지 않지만, 사물의 생성과 변화를 가능케 하는 것은

라는 니체의 사유 실험을 해석하는 방식은 꽤나 비상하다. 이는 차이와 반복에 대해 가능한 최고의 사유, 즉 세계의 표면만을 지배하는 자연법과 도덕률을 넘어서는 사유를 구성한다. 여기서는 지면상 들뢰즈가 이것을 시간의 세번째 종합으로 구축하는 방식을 대략적으로 살펴보고 그것과 두번째 종합 사이의 밀접한 관계를 드러내는 데 만족하기로 한다.

순수 과거에 대한 탐색에는 욕망 혹은 에로스가 있다. 현재는 실존하고, 과거는 내속하며, 시간을 통해 우리가 겪게 되는 현기증은 이 욕망의 본질에 관한 끊임없는 물음, "탐색하고 답하며, 문제를 풀라는 엄중한 명령"을 제기한다.[133] 에로스가 우리로 하여금 "즉자적인 순수 과거로 파고들도록" 한다면, "므네모시네인 처녀적 반복"은 어디서 그 역능("세 가지 변신의 역능")을 얻는가?[134] 기억의 약혼자가 지니는 역량은 미래에 대한 믿음 — 모든 시간은 그 자체로 구제된다 — 으로서 시간의 세번째 반복에서 비롯된다.[135] 시간의 원

보류(reserve, 순수 잠재)의 광대함이다. 들뢰즈는 사건을 "비물질적, 비신체적, 체험될 수 없는, 순수 보류"로 정의한다. Deleuze and Guattari, *What is Philosophy?*, p. 156. 이것은 "지적 직관의 기이한 무관심"(*Ibid.*)이라는 점에서만 이해할 수 있다. 이러한 사건의 시간에 대한 추가 고찰로 Ansell Pearson, "Pure Reserve: Deleuze, Philosophy, and Immanence", in ed. M. Bryden, *Deleuze and Religion*, London: Routledge, 2000 참조.

133) Deleuze, *Difference and Repetition*, p. 85.

134) 세 가지 변신에 대해서는 Nietzsche, *Thus Spoke Zarathustra*, trans. R. J. Hollingdale, Harmondsworth, Middlesex: Penguin, 1969, pp. 54~56의 1부 머리말 참조.

135) 타자(시간)의 에로스와 권력의 관계에 관한 중요한 논의로 Levinas, *Time and the Other*, trans. R. A. Cohen, Pittsburgh: Duquesne University Press, 1987, p. 90을 볼 것.

환을 풀어놓고, 크리스탈을 조각내며, 자아가 비동등함 자체와 동등해지도록 자아를 어떤 정합성 너머로 데려가는 것은 미래의 시간이다.[136] 기억의 에로스적 효과 안에서 제기되고 호소되는 것은 바로 미래다. 따라서 순수 과거와 미래 사이에는 비밀스러운 친밀이 있다. '다가올 것'만이 되돌아오고, 다시 찾아온다(영원으로서, 접혀진 시간의 영원성으로서 시간을 제시하는 '순간'Augenblick의 관문에서). 우리가 환원 불가능한 과거, 즉 이전의 현재도 현행적 현재도 아닌 과거를 상정한다면, 이 미래의 타자성을 통해 우리는 단순히 현재의 미래가 아닌 어떤 미래를 논할 수 있을 것이다. 직선적 시간 위에는 뒤쪽으로 그리고 앞쪽으로 반대로 뻗은, 그러나 모두 영원성을 지니는 두 방향(차라투스트라의 '행로들'lanes)이 나타난다. 들뢰즈는 (고대의) 원환적 시간과 선형적 시간 사이의 대립을 적절한 것으로 받아들이지 않는데, 이는 현대의 직선적 시간이 단순한 의미에서 선형적이라거나 연대기적이라 할 수 없는 것이기 때문이다. 이 시간은 크로노스Cronos적이면서 비-선형non-Chronos적이다. 어떤 '순간'에도 자아의 시간은 탈구되고 경첩을 벗어난 것이 될 수 있다. 들뢰즈가 영원회귀를, 과거와 미래가 시간의 경험적 규정들이 아닌 시간의 형식적 측면들 즉 가장 "급진적인 변화의 형식"(자신은 변화하지 않는 변화의

---

136) 들뢰즈가 설명하는 선과 원의 관계는 여기서 필자가 묘사하는 것보다 좀 더 복잡하다. Deleuze, *Difference and Repetition*, pp. 91, 115ff와 298ff 참조. 그럼에도 『차이와 반복』에서 들뢰즈는 시간 혹은 삶/생명의 원[순환]보다는 선의 편에 서서, 영원회귀에 대한 원형적 해석은 중력의 악령의 것이지 차라투스트라의 것이 아니라고 주장한다. 그러나 『이 사람을 보라』(*Ecce Homo*)에서 니체는 스스로를 '원형의 주창자'라고 부른다.

형식)[137]을 가리키는 중단caesura의 시간으로 보는 것이 바로 이 때문이다.

시간을 되찾는다는 것은 시간을 구원하는 것이다: 이것이 니체에게서 얻은 가르침이자 그를 부정하게 한 가르침이다. 『니체와 철학』(1962)에서 처음으로 니체의 영원회귀론을 시간론 —— 생성으로서의 시간 —— 으로 읽어 내려 할 때, 들뢰즈는 영원회귀 자체에 고유한 종합이 있다고 믿지 않았다. 영원회귀는 두번째 종합의 수준에서, 즉 시간의 이행이라는 문제(시간은 어떻게 흘러가는가?)와 관련하여 독해된다. 이 종합을 바탕으로 해야 우리는 『차라투스트라는 이렇게 말했다』에서 의지가 어떻게 시간에 대한 복수 —— 그랬었다es war or 'it was', 어떤 것이든 삼켜 버리는 것으로서의 시간(맹목적 정의로서의 시간) —— 로부터 해방될 수 있는지를 보여 주는 '구원'Redemption에 관한 우화를 생산적으로 읽어 낼 수 있다. 들뢰즈는 다음과 같이 쓴다.

> 현재 순간이 존재의 순간이 아니라는 것, 혹은 '엄밀한 의미에서는' 현재가 아니라는 것, 또한 그것이 지나가는 순간이라는 사실로 인해 우리는 생성에 대해 사유하기를 강요받는다. 그러나 우리는 생성을, 그것을 시작할 수도 없었고 끝낼 수도 없는 무언가[생성과 대립되는 '존재']로 생각하게 되고 만다.[138]

---

137) *Ibid.*, p. 89.
138) Deleuze, *Nietzsche and Philosophy*, trans. H. Tomlinson, London: Athlone Press, 1983[1962], p. 48.

영원회귀의 '바탕'은 순수 생성의 사유에서 발견할 수 있다. 생성의 존재란 무엇인가? 들뢰즈는 "회귀는 생성되는 것의 존재"라고 대답하면서 잘 알려진 『권력에의 의지』 617절을 인용한다: "모든 것이 반복된다는 것은 생성의 세계를 존재의 세계에 가장 가까운 근사치로 나타낸 것이다 ── 성찰의 정점."

성찰할 문제는 구체적인 방식으로 제기되어야 한다. 과거는 시간 안에서 어떻게 구성되는가? 현재는 어떻게 흘러가는가? "지나가는 순간은 그것이 ── 현재에 있는 것과 동시에 ── 이미 과거이자 아직 도래할 것이 아니라면 지나가지 않을 것이다." 이것이 그 순간을 지나가기 위해서는 현재인 동시에 과거여야 하고, 현재인 동시에 도래할 것이어야 한다. 현재는 과거가 되기 위해 새로운 현재를 기다릴 수 없기 때문이다. [만약 그렇다면] 과거란 없을 것이며, 시간은 결코 흐르지 않게 될 것이다. 따라서 영원회귀는 시간 이행의 문제에 대한 해답이다. "어떤 순간이 현재, 과거, 미래로서 자신과 맺는 종합적 관계는 그것이 다른 순간들과 맺는 관계를 근거짓는다."[139] 회귀하는 것은 '동일한' 것이 아니라, 시간의 형식이며, 영원회귀의 사유 실험에서 확인되는 것은 바로 시간이 흐른다는 것이다. 생성의 영원회귀는 차이의 생성에 대한 논의다. "[…] 영원회귀 안에서 동일성은 회귀하는 것의 본질을 드러내는 것이 아니라, 반대로 차이 나는 것이 회귀한다는 사실을 보여 주는 것이다."[140] 이는 들뢰즈가 왜 영원회

---

139) *Ibid*.
140) *Ibid*.

귀를 종합의 관점에서 이해해야 한다고 하는지를 설명한다 ─ 그것은 시간과 시간의 차원들의 종합이며, 다양성과 그 재생산의 종합이자 생성의 종합이다.

이제 이러한 통찰을 『차라투스트라는 이렇게 말했다』의 '구원에 관하여'라는 글을 독해하는 데 적용해 보기로 하자. 이 장에서는 '환영과 수수께끼에 관하여'와 '회복기 환자Convalescent'에서 이어지는 회귀론의 '근거'가 마련된다(두 글 모두에서 회귀론은 차라투스트라 자신이 아니라 그의 최대의 적, 중력의 악령 혹은 그 동물들이 제시한다). 니체가 『이 사람을 보라』에서 어떤 것이 폭로될 때 우리가 어떻게 듣고 받아들여야 하는지 알아야 한다고 말하는 것처럼, 차라투스트라는 이 책에서 단 한 번 그의 임무가 무엇인지 명확하게 규정한다(니체는 이것이 자신의 임무이기도 하다고 말한다). "잘못 이해될 수 없는 것의 의미Sinn : 그는 과거 전체alles Vergangenen를 구원하고 정당화할 만큼 긍정적affirmative이다."[141] 결정적인 물음은 다음과 같다 ─ 시간의 구원을 어떻게 이해할 것인가? 왜 과거 전체인가? 니체가 이 중요한 지점에서 베르그손적이라고 볼 수 있을까? 베르그손에서 우리는 어떻게 과거의 전체를 그 잠재성의 차원에서 이해할 수 있는지를 보았다. 과거는 있기를 혹은 내속하기를 그치지 않으며, 잃어버릴 수는 있지만 다시 구성될 수도 있는 것이다. 이는 사건의 죽은 시간(순수 잠재력potentiality)이다.

---

141) F. Nietzsche, *Ecce Homo*, trans. R. J. Hollingdale, Harmondsworth, Middlesex: Penguin, 1979, p. 110.

니체가 이처럼 시간의 존재와 조우하면서 과거의 문제에 집중하는 것은 우연한 일이 아니다. 과거의 존재, 그 [불가역적인] 순전하고 잔인한 사실성이 의지를 소외시키고 무력하게 한다. 그러나 이처럼 잔인한 것으로서 과거 시간을 구성하는 방식은 잠재적 생성을 결여하는 것으로, 정신적 반복이 아닌 물질적 반복에 해당한다. 의지는 시간의 얼굴 앞에서, 시간의 흐름 앞에서 무력함을 느낀다. 모든 것은 과거가 되고, 아무것도 지속하지 않으며 어떤 것도 덧없고 무상하다는 점에서 헛되다고 느끼는 것이다. 이는 의지가 자신의 행위와 생성의 조건으로부터 스스로를 소외시켰기 때문이다. 차라투스트라는 인간의 파편들과 사지들 사이를 걷는 것처럼 인간 존재들 사이를 거닌다. 차라투스트라의 임무는 이들에게 구원의 수수께끼를 가르치는 것으로, 그는 우연의 구제하는 자가 될 것이며, 시간의 욕망 — 우리 입장에서 복수의 정신을 통해 해소되는 — 에 있어 해방은 모든 '이었다'를 '내가 의지했다'로 바꾸는 것이 가능하다는 것을 배우는 데서 이루어진다. 의지는 시간의 생성과 의지 자신의 시간 안에서의 생성이 지니는 잠재적 특성을 깨닫지 못하는 이상, 지나간 시간의 성난 관람자로 남아 있게 된다(의지는 경험적 수준에만 고정된 것으로서 시간의 심연을 꿰뚫어 보지 못한다). 차라투스트라가 창조적 의지는 화해보다 고귀한 어떤 것에 의지해야 한다고 할 때, 이 '고귀한' 것이 가리키는 것은 시간의 고귀한 형식, 즉 시간의 텅 빈 형식이다(하이데거는 영원회귀에 대한 니체의 사유가 복수의 정신을 벗어나지 못한다고 보는데, 이는 부적절하고 궁색한 주장이다. 이러한 독해는 시간의 구원을 통해 복수의 정신을 초월한다는 것이 무엇인지를, 즉 구원을 이해하지 못하는 데서 나온다).[142] 문제는 단순히 우리 자신을 시간의 경험적 특성에 화해시키는 것이 아니다(이는 자신을 현실적인 것, 즉 자신이 이미 강하게 결부되어 있는 것과 화해하는 것을 의미할 것이다). 차라투스트라의 가르침은 새로운 환영과 수수께끼로서 시간의 심연을 열어 보임으로써 시간에 대한 지각을 확장한다는 점에서 구원에 대한 가르침이다. 주체성은 잠재적이고, 우리의 것일 수 없으며, 우리에게 주어지는 것은 어떤 생성의 기회다(기회 자체가 구제되고, 기회 자체에 기회가 부여되지만, 그 기회가 채택되지 않을 수도 있다). 이는 시간에 대항한 복수의 교설이 아니라, 시간의 해방에 대한 교설이다.

들뢰즈의 니체 독해는 영원회귀를 동일한 것의 회귀가 아닌 오로지 차이의 회귀로 본다는 점에서 다른 어떤 독해보다 더 멀리 나간다. 불변하는 것의 영역에 깊이가 부재하는 반면, 영원회귀는 긍정적 차이들의 강도적 공간을 열어 보인다. "영원회귀는 질적이지도, 외연적이지도 않으며 강도적, 순수하게 강도적이다. […] 이는 차이에 관한 것이다."[143] 니체가 이 교설과 사유–실험을 설명하면서 제기하고 또 호소하는 '동일한' 것이란 차이의 반복이며, 반복의 차이에 다

---

142) 하이데거, 「니체의 차라투스트라는 누구인가?」를 보라. "우리에게 남은 말은 다음과 같다: 차라투스트라의 가르침은 복수로부터 구원을 가져오지 않는다. 우리는 그렇게 말한다. 그러나 우리는 이것을 니체 철학에 대한 잘못된 논박으로서 말하는 것이 전혀 아니다. 우리는 그것을 니체의 사유에 대한 이의로서 제기하지도 않는다. 우리가 이렇게 말하는 것은 니체의 사유 역시 사전 성찰의 정신에 의해 살아난다는 사실 ─ 그리고 그 정도 ─ 에 주목하기 위해서다." Heidegger, *Nietzsche Volume Two: The Eternal Recurrence of the Same*, trans. D. F. Krell, New York: Harper & Row, 1984, p. 229.

143) Deleuze, *Difference and Repetition*, p. 243.

름 아니다. 우리가 강도와 차이들 자체를 쉽게 지각하지는 못한다 하더라도, 있는 것은 오로지 강도의 차이들 ── "변신들로 이루어진 섬광의 세계" 그리고 "소통하는 강도들, 차이들의 차이들"뿐이다. 영원회귀는 "가장 아름다운 특질들", "가장 화려한 색깔들", 그리고 "가장 생기 넘치는 연장들"을 제공한다.[144] 들뢰즈는 이것을 모든 것의, 존재의 '우월한 형식'으로 묘사한다. 생성으로 이해될 때 이는 현실적인 것이 아닌 잠재적인 것에 대한 설명이다.

들뢰즈는 『니체와 철학』에서 베르그손적인 렌즈를 통해, 시간의 이행이라는 문제에 초점을 맞추어 영원회귀를 읽어 낸다. 물론 여기에는 니체에게 특정한 문제의식이 부가되는데, 이는 힘의 능동적-생성becoming-active에 대한 규정을 축으로 하는 것이다. 존재하는 모든 것의 우월한 형식으로서 영원회귀는 오로지 능동적인 힘들만이 회귀한다는 것을 증명한다. 이는 반응[반동]적인 힘들이 그저 사라진다는 것이 아니라 이들의 회귀는 능동적-생성을 포함한다는 것을 의미한다. 힘들의 생성은 반드시 변환을 포함하며, 영원회귀는 창조적 의지의 (힘에의) 긍정에 대한 시험을 제공하는 것이다. 예컨대 영원회귀 안에서 의지한다면 나태, 어리석음, 저열함마저도 더 이상 동일한 나태, 어리석음, 저열함이 아닐 것이다. 반응적인 힘들의 영원회귀라는 말은 모순을 포함한다 ── 회귀가 생성의 존재를 칭한다면 반응적인 힘들은 회귀할 수 없는데, 이 힘들은 자기 자신들을 떠나려

---

144) *Ibid.*, p. 244.

조차 하지 않고, 동일하게 남아 있으려 하기 때문이다. 힘들의 능동적-생성의 개념은 베르그손적 존재론에서 영감을 받은 것이다: 일자(존재)는 항상 다양체[다수성]로서 논의되고, 다양체는 자신으로만 생성될 수 있다(생성).[145] 반응적 힘들이 능동적이 되는 유일한 방법은 스스로를 극복하고 정복하는 것이다. 이에 들뢰즈는 다음과 같이 적고 있다. "문제는 더 이상 영원회귀에 대한 단순한 사유, 즉 의지에서 이러한 사유에 해당하지 않는 것을 제거하는 데 있지 않다. 이는 오히려 무언가를 존재하게끔 하는, 다만 그 본성을 바꿈으로써만 존재하게 하는 영원회귀의 문제이다."[146] 능동적-생성과 반응적인 것을 변별해 내는 것을 바탕으로 들뢰즈는 두 가지 기억 즉 "흔적만을 따르는" 것으로서 원한*ressentiment*을 동력으로 하는 기억과 "더 이상 흔적에 의존하지 않는" 능동적인 기억 사이의 구분을 제시한다.[147]

들뢰즈에게 중요한 문제인 "모든 경험적인 내용을 떠나는 것"은 니체와 칸트 모두에 있어 시간의 순수하고 텅 빈 형식이다. 시간 계열은 그저 주어지는 것이 아니기 때문에 이 가능성을 창조하는 것이 시간의 순수한 질서다.[148] 들뢰즈는 칸트가 베르그손이 말하는 것처럼 시간을 간단히 공간화한다기보다는 시간에 대한 특정한 현대 위상학을 제시한다고 주장한다. "시간은 수나 척도이기를 그치고, 매

---

145) Deleuze, *Nietzsche and Philosophy*, p. 24.
146) *Ibid.*, p. 71.
147) *Ibid.*, p. 115.
148) *Ibid.*, p. 88.

개변수parameter가 된다." 이는 자아의 생성을 복잡화하는 자아의 위상학을 가능하게 하는 것이다. 베르그손 자신은 칸트의 시간 설명에서 새로운 어떤 것도 발견하지 못했지만, 그럼에도 들뢰즈는 시간에 대한 입장에 있어 칸트와 베르그손 사이의 새로운 동맹을 만들어 낸다. 들뢰즈는 "베르그손은 자신이 생각하는 것보다 칸트와 훨씬 가깝다"고 쓰고 있다.[149] 이는 두 철학자 모두 시간이 단순히 "우리 내부에 있는" 것이 아니라, "우리가 그 안에서 움직이고 살아가고 변화하는 내부성"이라는 것을 보여 주려 했다는 것을 의미한다. 우리는 이것이 순수 과거의 경우에 어떻게 작동하는지, 또한 이것이 어떻게 시간 안에서 자아의 생성(그 타자로서의 시간)을 가능하게 하는지 보았다. 이제 어떻게 들뢰즈가 칸트의 직선적 시간을 극적으로 변모시킴으로써 그 안에서 유사한 생성을 발견해 내는지 살펴보기로 하자.

들뢰즈는 '자율적 형식'에 대한 칸트의 설명이 심오한 수수께끼를 제기하며 시간에 대한 새로운 정의를 요구한다고 말한다.[150] 이는 무엇을 의미하는가?

칸트는 중대한 전환을 꾀한다 ─ 시간은 더 이상 운동에 종속되지 않으며, 오히려 운동이 운동을 조건짓는 시간에 종속된다.[151] 시

---

149) Deleuze, *Cinema 2: The Time-Image*, p. 82.

150) Deleuze, "On Four Poetic Formulas that Might Summarize the Kantian Philosophy", in *Deleuze, Essays Critical and Clinical*, trans. D. W. Smith and M. A. Greco, London: Verso, 1998, p. 29. Deleuze, *Difference and Repetition*, pp. 87~89와 비교.

151) 또한 Deleuze, *Cinema 2: The Time-Image*, pp. 271ff 참조.

간이 운동의 간격이나 수로서, 운동의 척도라는 고대 철학의 개념은 전복된다. 영원한 것에 대한 근접성에 따라 "필연성, 완전성, 균일성, 순환, 그 복합 나선들composite spirals, 회전축과 통로들, 또한 이것에 상응하는 시간Time의 수에 따라 평가되는",[152] 운동들 사이의 위계는 더 이상 없다. 우리가 동일하고 동시발생적인 감각들을 서로 구분할 수 있는 것은 공간 때문이라는 점에서 베르그손은 공간을 텅 빈, 동질적 매체medium라고 정의한다. 구별/차이화의 원리지만 이는 질적, 강도적인 차이를 지니지 않는 실재이다. 이렇게 공간을 텅 빈, 동질적 매체로 개념화하는 것은 "우리 경험의 근거인 이질성에 대한 반발"이다.[153] 그러나 들뢰즈는 칸트를 단순히 이러한 반발로만 이해할 수는 없다고 본다. 반대로 칸트의 설명은 시간 안에서 우리의 생성이 지니는 강도적인 특성을 펼쳐 보이는 위상학적 구조를 제공하고 있기 때문이다.

칸트의 '시간 재규정'에 있어 시간은 "기수적이기를 그치고 서수적, 텅 빈 시간의 순서"[154]가 된다.[155] 운동에 의존하는 근원적인 어떤 것도 없다면 시간은 근원적이고 일차적인 것으로부터 해방되

---

152) Deleuze, "On Four Poetic Formulas that Might Summarize the Kantian Philosophy", p. 27.

153) H. Bergson, *Time and Free Will*, trans. F. L. Pogson, New York: Harper & Row, 1960[1889], p. 97.

154) Deleuze, "On Four Poetic Formulas that Might Summarize the Kantian Philosophy", p. 28.

155) 여기서 텅 빈 시간은 시간의 형식(그것의 무형식성을 포함하여)을 가리키는 것이지, 변화나 사건이 없는 시간, 칸트가 실재성을 부정한(*CPR*, A192/B237) 시간을 말하는 것이 아니다.

고, 시간의 선 안에서 우리는 가장 특별한 미로를 발견할 수 있다. "이 미로는 새로운 모습을 띤다 ― 원환도 아니고 나선도 아닌, 하나의 실, 순수한 직선, 단순하고, 거침없으며 끔찍한 가운데 더욱 신비로운…."[156] 이러한 시간 이미지의 역전에는 분명 현대적이고 세속적인 요소가 있으며, 들뢰즈는 햄릿을 통해 이러한 이행의 본질을 드러내고자 한다.

> 햄릿이야말로 […] 시간의 해방을 완성한 인물이다. 햄릿은 진정으로 이 역전을 일으켰는데, 이는 그 자신의 운동이 다름 아닌 규정의 연속에서 나왔기 때문이다. 이전의 영웅들은 어떤 본래적original 운동의 결과로서 시간에 종속되었던 반면, 햄릿은 행위하기 위해 진정 시간을 필요로 했던 최초의 영웅이다.…[157]

시간의 순수하고 텅 빈 형식은 어쩌면 칸트의 설명 안에 숨겨진 것인지도, 따라서 들뢰즈가 이를 그저 조명하고 있는 것인지도 모르겠다. 시간은 그것이 영구성이건 계기성이건 동시성이건 ― 들뢰즈가 지속, 계열, 집합이라고 칭하는 ― 시간 자신의 양상들을 통해 규

---

156) 들뢰즈는 『의미의 논리』에서 이미 시간의 직선을 이러한 의미로 복잡화하였다. Deleuze, *Logic of Sense*, tenth series, 특히 p. 62 참조. 미로에 대해서는 Deleuze, *Nietzsche and Philosophy*, p. 188을 볼 것.

157) Deleuze, "On Four Poetic Formulas that Might Summarize the Kantian Philosophy", p. 28. 또한 오이디푸스와 햄릿에 대한 들뢰즈의 글 *Difference and Repetition*, p. 89와 칸트에 대한 들뢰즈의 두번째 강의(1978년 3월 21일)를 참조. 햄릿에 대해서는 Nietzsche, *Ecce Homo*, p. 59와 Levinas, *Time and the Other*, p. 78과 비교.

정될 수 없다. 예컨대 계기는 시간을 규정하는 데 사용될 수 없는데, 만약 시간이 계기라면 우리는 그것을 뒤이을 다른 시간을 필요로 할 것이며 이는 무한히 계속될 것이다. 대상들은 오직 다양한 시간들 안에서 서로 계기할 수 있으며, 동일한 시간 안에서 동시적일 수 있으며, 비결정적/불확정적 시간 안에서 존속한다. 모든 것이 움직이고 변화한다면 이는 시간이 변화하거나 움직이기 때문이 아니다. 시간은 변화하거나 움직이지 않지만, 영원하지도 않다. 시간은 자율적 형식이다. 우리는 단순히 물질적 감각들을 동질적 매체에 상응하도록 질서짓는 것이 아니라, 우리 삶의 감각을 이러한 이상하고 끔찍한 직선에 따라 복잡화한다. 칸트에게서 시간은 더 이상 하나의 양상이 아니라 존재이다. 시간은 더 이상 고대 사유에서처럼 양상적 특성에 따라 인식되지 않으며 '음조적인'tonal 것이 된다.

들뢰즈는 칸트에서 두번째 시간의 해방을 발견해 낸다. 데카르트는 코기토를 통해 종교적monastic 시간을 세속화했다 —— 코기토에서는 미규정적 존재('나는 ~이다/존재한다'I am)를 포함하는, 또한 그것을 사유 실체의 존재로 규정하는, 순간적 규정의 행위 안에서 '나는 생각한다'가 발생한다. 그러나 데카르트는 규정이 미규정적인 것에 부여될 수 있는 형식을 구체화하지는 못했다. 데카르트에게서 시간은 축출되었다. 코기토는 순간들의 텅 빈 계열로 환원되고, 연속적 창조의 시간은 초월적 신에게 맡겨진다. 칸트는 "우리의 미규정적 존재는 시간 안에서만, 시간의 형식 안에서만 규정 가능해진다"[158] 는 것을 보여 줌으로써 데카르트에 의한 시간의 세속화를 완성한다. 자아는 그것이 무엇으로 생성되는지의 측면에서 수동적, 수용적이다. "나the I(Je)와 자아the Self(Moi)는 이 둘을 서로 연관시키는 시간의 선에 의해 분리되는데, 이 연관은 어떤 근본적인 차이라는 조건 안에서만 가능하다."[159] 따라서 자신에게 규정의 능동성으로서의 '나'를 표상하는 자아는 그것을 촉발하는 '타자'라는 내감의 역설이 제기된다. 자신의 '나'를 타자로 경험하는 것, 이것이 근대적 자아의 운명이다(햄릿, 니체, 베케트의 인물들 등). 햄릿처럼 우리는, 비관주의나 회의의 존재가 아니라 비판의 존재이다.

나는 시간의 형식으로 인해 나 자신에서 분리되나 나는 여전히 하나다. '나'는 그 종합 ── 계기적 순간들에 대한 종합뿐 아니라 매 순간 ── 을 발생시킴으로써 필연적으로 이 형식을 촉발하고, '자아'는 이 형식의 내용인 '나'에 의해 필연적으로 촉발되기 때문이다. 규정 가능한 것의 형식은 규정된 자아로 하여금 어떤 타자인 자신에게 규정을 표상하도록 한다. 간단히 말해 주체의 광기는 탈구된 시간에 대응된다. 시간에는 '나'와 '자아'의 이중적 파생이 있으며, 이 파생이야말로 둘을 연결시키고 봉합하는 것이다. 이것이 시간의 실이다.[160]

---

158) Deleuze, "On Four Poetic Formulas that Might Summarize the Kantian Philosophy", p. 29. 또한 *CPR*, B158, B278 참조.
159) Deleuze, "On Four Poetic Formulas that Might Summarize the Kantian Philosophy", p. 29.
160) Ibid., p. 30.

자아는 자기-촉발의 대상이 아니라 주체로서 주형mould이 아닌 변조modulation를 구성하며, "모든 대상들이 자신의 계기적인 상태들의 연속적 변이와, 또한 각 순간에 자신의 정도들의 무한한 변조에 있어 관련된다."[161] 이로 인해 시간은 불변적 형식의 지위를 떠안게 되고 '내부성의 형식'인 것처럼 보이는 것이다. 우리는 단순히 시간이 우리에게 내적이라 할 수 없는데, 이는 우리가 항상 시간에 내적이기 때문이다. 우리에게 시간은 일종의 현기증과도 같이 구성된다 —— 시간은 종결점 없이 내속하며 그 내부성은 끊임없이 우리를 비워 내며 이중화한다.

결론

물론 현재에 어떤 시간이 부여하는 것은 필연적이다. 그러나 문제는 '현재에 특유한 시간이란 무엇인가?'이다. 들뢰즈는 잠재적 과거의 층들과 공존하는 탈-현실화된de-actualized 현재의 정점들이 있다는 생각을 바탕으로, 현재를 구성하는 지점들의 실제적 다수성[다양체]에 접근하는 새로운 방법을 보여 준다. 이는 "사건 안에 모두 내포된[안주름 접혀 있는], 사건 안에 말려 들어가 있는…"[162] 미래의 현재, 현재의 현재, 그리고 과거의 현재를 우리에게 보여 줄 것이다. 이처럼 현재의 시간을 사건 안에 내포된 것으로 규정하는 것은, 우리가

---

161) Ibid.
162) Deleuze, *Cinema 2: The Time-Image*, p. 100.

사건을 그것의 장소를 표시하는 공간과 흘러가는 현행적 현재 모두에서 해방시킬 때 가능해진다. 이는 사건의 시간이 사건이 끝나기 전에 끝남에 따라, 사건이 다른 때[시간]에 다시 시작하게 된다는 것을 의미한다. 아무것도 일어나지 않으나 모든 것이 생성되는, 이러한 텅 빈 사건의 시간은 생성의 잠재적 시간 안에 내포된 현재들의 다수성[다양체]을 제시한다. 현실적인 것은 해체되었다broken up. 사건의 시간은, 따라서 시간의 사건 역시 존재하며, 이는 시간의 해방을 이야기한다.

잠재적인 것은 삶/생명의 시간이다. 그것은 또한 어떤 삶/생명의 시간으로서 그 삶에 불가사의한 힘과 심연의 자유를 부여하는 것이다. 구제된 시간은 '선악을 넘어서' 있다. 이러한 시간에 대한 가르침, 탐색을 통해 우리가 얻는 것은 도덕적 구원의 우화가 아니다. 니체가 말하는 것처럼 심연으로 들어가는 것이 우리를 더 나은 인간으로 만드는 것은 아니며, 더 심도 깊은 인간으로 만들 뿐이다.

니체는 정신spirit을 "스스로 생명/삶으로 파고드는 생명/삶…" Geist ist das Leben, das selber in's Leben schneidet[163]이라고 규정한다. 생명/삶의 시간은 우리의 존재를 파고 들어, 생성의 시간을 구성하고 우리에게 생성할 기회를 준다. 그러나 시간이 어떤 괴물과도 같은 것, 어떤 수수께끼라면, 괴물을 길들이고 수수께끼를 풀어 낸 사람은 "자신의 괴물과 수수께끼 역시 구원할 것"이며, "이들을 아름다운 아

---

163) Nietzsche, *Thus Spoke Zarathustra*, '저명한 철학자들에 대하여'. 필자의 번역 수정.

이들로 변화시킬 것"이다.[164] 흔히 삶은 감당하기 힘들다고 하지만, 우리는 "무거운 짐을 질 수 있는 멋진 암수 나귀들"이다.[165] (또한 '시간의 채찍과 경멸'을 견디는 것에 대한 햄릿의 물음을 떠올려 보자.) 니체는 떨어지는 이슬 한 방울에 떨리는 장미 꽃봉오리와 우리가 어떤 점에서 유사한지를 생각해 보기를 권한다. 우리는 이 '장미 봉오리'와 같은가? 가장 큰 무게, 혹은 가장 무거운 짐으로서 우리 위에, 우리의 행동 위에 얹혀 우리가 아침에는 긍지를 품게 하고 저녁에는 체념하게 하는 이것은 무엇인가? 만약 삶이 시간으로 인해 끔찍한 짐이라면 이는 반대할 이유로 보여져서는 안 되고, 견뎌 내고 가볍게 해야 할 무게로 보아야 할 것이다. 중력의 악령이 우리의 심연을 일깨우기 위해 존재하는 반면 그것이 이해하지 못하는 것은 우리의 가장 깊은 심연의 사유와 그 사유를 통해 우리가 비상할 수 있다는 사실이다.

나는 걷는 법을 배웠다: 그때부터 나는 달렸다. 나는 나는 법을 배웠다: 그때부터 나는 움직이기 위해 누군가 나를 밀어줄 필요가 없었다.

이제 나는 날렵하다, 이제 나는 날아간다, 이제 나는 내 자신 아래에서 나를 본다, 이제 신은 내 안에서 춤춘다.[166]

---

164) *Ibid.*, '숭고한 인간에 대하여'.
165) *Ibid.*, '읽기와 쓰기에 관하여'.
166) *Ibid.*

참고문헌

Adamson, G. Dale 1999, "Henri Bergson: Time, Evolution, and Philosophy", *World Futures* (54:1), 135~62.

_____ 2000, "Science and Philosophy: Two Sides of the Absolute", *Pli: The Warwick Journal of Philosophy* (9), 53~86.

Adolphe, L. 1952, "Bergson et l'Élan Vital", *Les Études Bergsoniennes*, vol. 3: 81~138.

Adorno, T. W. 1966, *Negative Dialektik*, Frankfurt am Main, Suhrkamp.

_____ 1991, *Notes to Literature (Volume One)*, trans. S. W. Nicholsen, New York, Columbia University Press.

Agamben, G. 1999, *Potentialities. Collected Essays in Philosophy*, Stanford, Stanford University Press.

Alliez, E. 1998, "On Deleuze's Bergsonism", *Discourse* (20:3), 226~47.

Ansell Pearson, K. 1997, *Viroid Life: Perspectives on Nietzsche and the Transhuman Condition*, London, Routledge.

_____ 1999, *Germinal Life: The Difference and Repetition of Deleuze*, London, Routledge.

_____ 2000, "Pure Reserve: Deleuze, Philosophy, and Immanence", in M. Bryden (ed.), *Deleuze and Religion*, London, Routledge: 141~56.

_____ 2000, "Nietzsche's Brave New World of Force: Thoughts On the Time

Atom Theory Fragment and Boscovich's Influence on Nietzsche", *Journal of Nietzsche Studies* (20), 5~33.

_____ 2000, "The Miscarriage of Life and the Future of the Human: Thinking Beyond the Human Condition with Nietzsche", *Nietzsche-Studien* (19), 153~77.

_____ 2001, (co-ed. with J. Mullarkey), *Bergson: Key Selected Writings*, London, Continuum.

Aristotle 1986, *De Anima* (*On the Soul*), trans. Hugh Lawson-Tancred, Harmondsworth, Middlesex, Penguin.

_____ 1996, *Physics*, trans. R. Waterfield, Oxford, Oxford University Press.

_____ 1998, *Metaphysics*, trans. H. Lawson-Tancred, Harmondsworth, Middlesex, Penguin.

Ayer, A. J. 1973, *The Central Questions of Philosophy*, Harmondsworth, Middlesex, Penguin.

Bachelard, G. 1999 [1950], *The Dialectic of Duration*, trans. M. MacAllister Jones, Manchester, Clinamen Press.

_____ 2000, "The Instant", in R. Durie (ed.), *Time and the Instant*, Manchester, Clinamen Press: 64~96.

Badiou, A. 1988, *L'être et l'événement*, Paris, Éditions du Seuil.

_____ 1994, "Gilles Deleuze, *The Fold: Leibniz and the Baroque*", in C. V. Boundas and D. Olkowski (eds.), *Gilles Deleuze and the Theater of Philosophy*, London, Routledge: 51~73.

_____ 1999, *Manifesto for Philosophy*, trans. N. Madarasz, New York, SUNY Press.

_____ 2000, *Deleuze. The Clamour of Being*, trans. L. Burchill, Minneapolis, University of Minnesota Press.

_____ 2000, "Of Life as a Name of Being, or Deleuze's Vitalist Ontology", trans. A. Toscano, *Pli: The Warwick Journal of Philosophy* (10), 174~91.

Barbour, J. 1999, *The End of Time*, London, Weidenfeld & Nicolson.

_____ 2000, "Time, Instants, Duration and Philosophy", in R. Durie (ed.), *Time and the Instant*, Manchester, Clinamen Press: 96~112.

Barthélemy-Madaule, M. 1966, *Bergson, adversaire de Kant: Étude Critique de la Conception Bergsonniene du Kantisme*, Paris, PUF.

Bataille, G. 1988 [1954], "Digression on Poetry and Marcel Proust", *Inner Experience*, trans. L. A. Boldt, New York, State University of New York Press: 135~52.

Baugh, B. 1993, "Deleuze and Empiricism", *Journal of the British Society for Phenomenology* (24:1), 15~31.

Benda, J. 1954, *Sur le succès du Bergsonisme*, Paris, Mercvre de France.

Benjamin, W. 1973, "The Image of Proust", *Illuminations*, trans. H. Zohn, London, Collins: 203~19.

Bergson, H. 1920, *Mind-Energy*, trans. H. Wildon Carr, New York, Henry Holt.

_____ 1920 [1901], "Dreams", in *Mind-Energy*: 104~34.

_____ 1920 [1904], "Brain and Thought: A Philosophical Illusion", in *Mind-Energy*: 231~57.

_____ 1920 [1908], "Memory of the Present and False Recognition", in *Mind-Energy*: 134~86.

_____ 1920 [1911], "Life and Consciousness", in *Mind-Energy*: 3~37.

_____ 1959 [1884], *The Philosophy of Poetry: The Genius of Lucretius*, trans. W. Baskin, New York, Philosophical Library.

_____ 1959, *Oeuvres*, Paris, Presses Universitaires de France.

_____ 1960 [1889], *Time and Free Will*, trans. F. L. Pogson, New York, Harper & Row.

_____ 1965, *The Creative Mind*, trans. M. L. Andison, Totowa: Littlefield, Adams & Co.

_____ 1965 [1903], "Introduction to Metaphysics", in *The Creative Mind*: 159~201.

_____ 1965 [1904], "The Life and Work of Ravaisson", in *The Creative Mind*: 220~52.

_____ 1965 [1911], "Philosophical Intuition", in *The Creative Mind*: 107~30.

_____ 1965 [1911], "The Perception of Change", in *The Creative Mind*: 130~59.

_____ 1965 [1913], "The Philosophy of Claude Bernard", in *The Creative Mind*: 201~9.

_____ 1965 [1922], "Introduction I and II", in *The Creative Mind*: 11~30, 30~91.

_____ 1965 [1930], "The Possible and the Real", in *The Creative Mind*: 91~107.

_____ 1970 [1889], *Aristotle's Concept of Place*, trans. J. K. Ryan in *Studies in Philosophy and the History of Philosophy*, vol. 5: 13~72.

_____ 1972, *Mélanges*, Paris, PUF.

_____ 1977 [1932], *The Two Sources of Morality and Religion*, trans. R. Ashley Audra and C. Brereton, University of Notre Dame Press.

_____ 1983 [1907], *Creative Evolution*, trans. A. Mitchell, Lanham MD, University Press of America.

_____ 1990, *Cours I: Leçons de Psychologie et de Métaphysique (Clermont-Ferrand 1887-8)*, Paris, PUF.

_____ 1991 [1896], *Matter and Memory*, trans. N. M. Paul and W. S. Palmer, New York, Zone Books.

_____ 1995, *Cours III: Leçons d'histoire de la philosophie moderne et Theories de l'âme*, Paris, PUF.

_____ 1999 [1922], *Duration and Simultaneity*, trans. L. Jacobson and M. Lewis, with an introduction by R. Durie, Manchester, Clinamen Press.

Berkeley, G. 1962 [1710], *The Principles of Human Knowledge*, ed. G. J. Warnock, London, Fontana.

Block, N. (ed.) 1981, *Imagery*, Cambridge, Mass., MIT Press.

Boundas, C. V. 1996, "Deleuze-Bergson: an Ontology of the Virtual", in P. Patton (ed.), *Deleuze: A Critical Reader*, Oxford, Basil Blackwell: 81~107.

Burwick, F. and Douglass, P. (eds.) 1992, *The Crisis in Modernism: Bergsonism and the Vitalist Controversy*, Cambridge, Cambridge University Press.

Bussanich, J. 1996, "Plotinus's Metaphysics of the One", in L. P. Gerson, *The Cambridge Companion to Plotinus*, Cambridge, Cambridge University Press: 38~66.

Butler, S. 1981 [1910], *Life and Habit*, London, Wildwood House.

Cache, B. 1995, *Earth Moves*, trans. A. Boyman and M. Speaks, Cambridge, Mass., MIT Press.

Cairns-Smith, A. G. 1985, *Seven Clues to the Origin of Life*, Cambridge, Cambridge University Press.

Callow, S. 1996, *Orson Welles: The Road to Xanadu*, London, Vintage.

Calvin, W. H. 1997, *How Brains Think*, London, Weidenfeld & Nicolson.

Canguilhem, G. 1943, "Commentaire au troisième chapitre de *L'Évolution Créatrice*", *Bulletin de la Faculté Lettres de Strasbourg* (21), 126~43.

Čapek, M. 1970, *Bergson and Modern Physics*, Dordrecht, Nijhoff.

Caygill, H. 1995, *A Kant Dictionary*, Oxford, Basil Blackwell.

Chevalier, J. 1928, *Henri Bergson*, trans. L. A. Clare, London, Rider & Co.

Churchland, P. 1988, *Matter and Consciousness* (revised edition), Cambridge, Mass., MIT Press.

Clark, A. 1997, *Being There: Putting Brain, Body and World Together Again*, Cambridge, Mass., MIT Press.

Cobb, Jr., J. B. and Griffin, D. R. 1978, *Mind in Nature: Essays on the Interface of Science and Philosophy*, Washington DC, University Press of America.

Collingwood, R. G. 1945, *The Idea of Nature*, Oxford, Clarendon Press.

Coveney, P. and Highfield, R. 1995, *Frontiers of Complexity*, London, Faber & Faber.

Crary, J. 1999, *Suspensions of Perception. Attention, Spectacle, and Modern Culture*, Cambridge, Mass., MIT Press.

Damasio, A. 1994, *Descartes's Error*, London, Macmillan Papermac.

_____ 1999, *The Feeling of What Happens*, London, Heinemann.

Davies, P. 1995, *About Time: Einstein's Unfinished Revolution*, Harmondsworth, Middlesex, Penguin.

Deck, J. N. 1967, *Nature, Contemplation, and the One: A Study in the Philosophy of Plotinus*, Toronto, University of Toronto Press.

de Gruson, François Fabre Luce 1959, "Bergson, Lecteur de Kant", *Les Études*

Bergsoniennes, vol. 5: 171~90.

de Landa, M. 2001, *Intensive Science and Virtual Philosophy*, London, Continuum.

Delattre, F. 1948, "Bergson et Proust: Accords et Dissonances", *Les Études Bergsoniennes*, vol. 1: 13~127.

Deleuze, G. 1981, *Francis Bacon: Logique de la Sensation*, Paris, Éditions de la Différence.

_____ 1983 [1962], *Nietzsche and Philosophy*, trans. H. Tomlinson, London: Athlone Press.

_____ 1984 [1963], *Kant's Critical Philosophy: The Doctrine of the Faculties*, trans. H. Tomlinson and B. Habberjam, London, Athlone Press.

_____ 1985, "Les plages d'immanence", in A. Cuzenave and J. F. Lyotard, *L'Ort des confins*, Paris, PUF: 79~81.

_____ 1986 [1983], *Cinema 1: The Movement-Image*, trans. H. Tomlinson and B. Habberjam, London, Athlone Press.

_____ 1987 [1977], *Dialogues*, trans. H. Tomlinson and B. Habberjam, London, Athlone Press.

_____ 1988 [1986], *Foucault*, trans. S. Hand, London, Athlone Press.

_____ 1989 [1985], *Cinema 2: The Time-Image*, trans. H. Tomlinson and R. Galeta, London, Athlone Press.

_____ 1990 [1969], *Logic of Sense*, trans. M. Lester with C. Stivale, London, Athlone Press.

_____ 1991 [1953], *Empiricism and Subjectivity: An Essay on Hume's Theory of Nature*, trans. C. V. Boundas, New York, Columbia University Press.

_____ 1991 [1966], *Bergsonism*, trans. H. Tomlinson and B. Habberjam, New York, Zone Books.

_____ 1992 [1968], *Expressionism in Philosophy: Spinoza*, trans. M. Joughin, New York, Zone Books.

_____ 1993 [1988], *The Fold: Leibniz and the Baroque*, trans. T. Conley, London, Athlone Press.

_____ 1994 [1968], *Difference and Repetition*, trans. P. Patton, London, Athlone Press.

_____ 1995 [1990], *Negotiations*, trans. M. Joughin, New York, Columbia University Press.

_____ 1996, "L'actuel et le virtuel", in *Dialogues*, second edition, Paris, Flammarion: 179~85.

_____ 1997 [1995], "Immanence... A Life", trans. N. Millett, *Theory, Culture, and Society* (14:2), 3~7.

_____ 1998 [1986], "On Four Poetic Formulas that Might Summarize the Kantian Philosophy", in Deleuze, *Essays Critical and Clinical*, trans. D. W. Smith and M. A. Greco, London, Verso: 27~36.

_____ 1998, *Lessons on Kant*, March 14, March 21, March 28, April 4, trans. M. McMahon.

_____ 1998, "The Brain is the Screen: Interview with Gilles Deleuze", *Discourse* (20:3), 47~56.

_____ 1998, "Boulez, Proust and Time: 'Occupying without Counting'", trans. T. S. Murphy, *Angelaki* (3:2), 69~74.

_____ 1999 [1956], "Bergson's Conception of Difference", trans. M. McMahon, in J. Mullarkey (ed.), *The New Bergson*, Manchester, Manchester University Press: 42~66.

_____ 2000 [1972], *Proust and Signs* (the complete text), trans. Richard Howard, London, Athlone Press.

Deleuze, G. and Guattari, F. 1988 [1980], *A Thousand Plateaus*, London, Athlone Press.

_____ 1994 [1991], *What is Philosophy?*, trans. H. Tomlinson, London, Verso.

Dennett, D. C. 1991, *Consciousness Explained*, London, Allen Lane.

_____ 1993 [1969], *Content and Consciousness*, London, Routledge.

_____ 1995, *Darwin's Dangerous Idea: Evolution and the Meanings of Life*, London, Allen Lane.

_____ 1996, *Kinds of Minds*, London, Weidenfeld & Nicolson.

_____ 1997, *Brainstorms: Philosophical Essays on Mind and Psychology*, Harmondsworth, Middlesex, Penguin.

_____ 1998, *Brainchildren: Essays on Designing Minds*, Middlesex, Penguin.

Descartes, R. 1996 [1641], *Meditations on First Philosophy*, Cambridge, Cambridge University Press.

Dewey, J. 1912, "Perception and Organic Action", *The Journal of Philosophy, Psychology, and Scientific Methods* (IX:24), 645~68.

Dillon, J. 1991, "Plotinus: An Introduction", *Plotinus: The Enneads*, Harmondsworth, Middlesex, Penguin: lxxxiv-cii.

Dodds, E. R. 1928, "The *Parmenides* of Plato and the Origin of the Neoplatonic One", *Classical Quarterly* (22), 129~43.

Durie, R. 2000, "Splitting Time: Bergson's Philosophical Legacy", *Philosophy Today* (44), 152~68.

_____ 2000 (ed.), *Time and the Instant*, Manchester, Clinamen Press.

Eigen, M. 1992, *Steps Towards Life: A Perspective on Evolution*, Oxford, Oxford University Press.

Einstein, A. 1999 [1920], *Relativity: The Special and the General Theory*, London, Routledge.

_____ 1998, *Einstein's Miraculous Year: Five Papers that changed the face of Physics*, ed. J. Stachel, Princeton, Princeton University Press.

Elsasser, W. 1953, "A Reformulation of Bergson's Theory of Memory", *Philosophy of Science* (20), 7~21.

Fawcett, E. D. 1912, "Matter and Memory", *Mind* (21), 201~32.

Foubert, J. 1973, "Mystique plotinienne. Mystique bergsonniene", *Les Études Bergsoniennes*, vol.10: 7~73.

Frege, G. 1997, *The Frege Reader*, ed. M. Beaney, Oxford, Basil Blackwell.

Freud, S. 1991, *One Metapsychology*, Harmondsworth, Middlesex, Penguin.

Gallois, P. and Forzy, G. 1997, *Bergson et les Neurosciences*, Le Plessis Robinson, Institut Synthelabo.

Game, A. 1991, *Undoing the Social: Towards a Deconstructive Sociology*, Milton

Keynes, Open University Press.

Gardner, S. 1999, *Kant and the 'Critique of Pure Reason'*, London, Routledge.

Gazzaniga, M. S. 1998, *The Mind's Past*, Berkeley, University of California Press.

Gerson, L. P. 1994, *Plotinus*, London, Routledge.

_____ 1996, *The Cambridge Companion to Plotinus*, Cambridge, Cambridge University Press.

Gleick, J. 1987, *Chaos: Making a New Science*, London, Abacus.

Goethe, J. W. von 1988, *Scientific Studies* (vol. 12 of The Collected Works), ed. and trans. D. Miller, Princeton, Princeton University Press.

Gombrich, E. H. 1982, *The Image and the Eye*, Oxford, Phaidon Press.

Goodwin, B. C. 1995, *How the Leopard Changed Its Spots*, London, Phoenix.

Grassé, P. 1977, *Evolution of Living Organisms: Evidence for a New Theory of Transformation*, New York, Academic Press.

Gross, D. 1985, "Bergson, Proust, and the Revaluation of Memory", *International Philosophical Quarterly* (25:4), 369~80.

Gunn, A. 1920, *Bergson and His Philosophy*, London, Methuen & Co.

Gunter, P. A. Y. (ed.) 1969, *Bergson and the Evolution of Physics*, Knoxville, University of Tennessee Press.

_____ 1971, "Bergson's Theory of Matter and Modern Cosmology", *Journal of the History of Ideas*, (XXXII:4), 525~43.

_____ 1991, "Bergson and Non-linear Non-equilibrium Thermodynamics: An Application of Method", *Revue Internationale de Philosophie* (45:2), 108~22.

Guyer, P. 1987, *Kant and the Claims of Knowledge*, Cambridge, Cambridge University Press.

Haas, A. 2000, *Hegel and the Problem of Multiplicity*, Evanston, Northwestern University Press.

Hadot, P. 1993, *Plotinus or The Simplicity of Vision*, trans. M. Chase, Chicago, University of Chicago Press.

Hardt, M. 1993, *Gilles Deleuze: An Apprenticeship in Philosophy*, London, UCL Press.

Harward, J. 1918/1919, "What does Bergson Mean by Pure Perception?", *Mind* (27), 203~7 and (28), 463~70.

Hayden, P. 1995, "From Relation to Practice in the Empiricism in Gilles Deleuze", *Man and World* (28:3), 281~302.

Hayles, N. K. 1999, *How We Became Posthuman: Virtual Bodies in Cybernetics, Literature, Informatics*, Chicago, University of Chicago Press.

Hegel, G. W. F. 1995 [1840], *Plato and the Platonists: Lectures on the History of Philosophy Volume 2*, trans. E. S. Haldane and F. H. Simson, Lincoln, University of Nebraska Press.

_____ 1999 [1812], *Science of Logic*, trans. A. V. Miller, New York, Humanities Books.

Heidegger, M. 1972, *On Time and Being*, trans. J. Stambaugh, New York, Harper Torchbooks.

_____ 1978 [1916], "The Concept of Time in the Science of History", trans. H. S. Taylor and H. W. Uffelmann, *Journal of the British Society for Phenomenology* (9:1), 3~10.

_____ 1984, *Nietzsche Volume Two: The Eternal Recurrence of the Same*, trans. D. F. Krell, New York, Harper & Row.

_____ 1992 [1924], *The Concept of Time*, trans. W. McNeill, Oxford, Basil Blackwell.

_____ 1995, *The Fundamental Concepts of Metaphysics* (1929-30 lecture course), trans. W. McNeill and N. Walker, Bloomington, Indiana University Press.

_____ 1997, *Phenomenological Interpretation of Kant's 'Critique of Pure Reason'* (1927-8 lecture course), trans. P. Emad and K. Maly, Bloomington, Indiana University Press.

_____ 1997 [1929], *Kant and the Problem of Metaphysics* (enlarged fifth edition), trans. R. Taft, Bloomington, Indiana University Press.

Heim, M. 1993, *The Metaphysics of Virtual Reality*, Oxford, Oxford University Press.

Henry, P. 1991, "The Place of Plotinus in the History of Thought", *Plotinus: The*

Enneads, Harmondsworth, Middlesex, Penguin: xlii-lxxxiv.

Høffding, H. 1915, *Modern Philosophers and Lectures on Bergson*, trans. A. C. Mason, London, Macmillan.

Horkheimer, M. 1934, "Zur Bergsons Metaphysik der Zeit", *Zeitschrift für Sozialforschung* (3:3), 321~43.

Hulme, T. E. 1949, *Speculations: Essays on Humanism and the Philosophy of Art*, London, Routledge & Kegan Paul.

Hume, D. 1985 [1739~40], *A Treatise of Human Nature*, Harmondsworth, Middlesex, Penguin.

Husserl, E. 1931 [1913], *Ideas: General Introduction to Pure Phenomenology*, trans. W. R. Boyce Gibson, London, Allen & Unwin.

_____ 1964 [1928], *The Phenomenology of Internal Time-Consciousness*, ed. M. Heidegger, trans. J. S. Churchill, The Hague, Martinus Nijhoff (based on lecture courses 1893-1917).

_____ 1966, *Analysen zur Passiven Synthesis*, The Hague, Martinus Nijhoff (lecture courses 1918-26).

_____ 1969 [1929], *Formal and Transcendental Logic*, trans. D. Cairns, The Hague, Martinus Nijhoff.

_____ 1970 [1929/33], *Cartesian Meditations*, trans. D. Cairns, The Hague, Martinus Nijhoff.

_____ 1970 [1954], *The Crisis of the European Sciences and Transcendental Phenomenology*, trans. D. Carr, Evanston, Northwestern University Press.

_____ 1970 [1900/1913/1921], *Logical Investigations I and II*, trans. J. N. Findlay, London, Routledge & Kegan Paul.

_____ 1973 [1938], *Experience and Judgement: Investigations in a Genealogy of Logic*, trans. J. S. Churchill & K. Ameriks, London, Routledge & Kegan Paul.

Hyppolite, J. 1997 [1952], *Logic and Existence*, trans. L. Lawlor & A. Sen, New York, SUNY Press.

Jablonka E. and Lamb, M. J. 1995, *Epigenetic Inheritance and Evolution: The Lamarckian Dimension*, Oxford, Oxford University Press.

James, W. 1909, *A Pluralistic Universe*, London, Longmans, Green, & Co.

____ 1952 [1890], *The Principles of Psychology*, Chicago, William Benton.

____ 1996 [1911], *Some Problems of Philosophy*, Lincoln, University of Nebraska Press.

____ 1996 [1912], *Essays in Radical Empiricism*, Lincoln, University of Nebraska Press.

____ 1988, *Manuscript Essays and Notes*, Cambridge, Mass., Harvard University Press.

Jankélévitch, V. 1959, *Henri Bergson*, Paris, PUF.

Jaspers, K. 1966, *Anaximander, Heraclitus, Parmenides, Plotinus, Lao-Tzu, Nagarjuna*, ed. H. Arendt, trans. R. Mannheim, New York, Harcourt Brace Jovanovich.

Jay, M. 1993, *Downcast Eyes. The Denigration of Vision in Twentieth-Century French Thought*, Berkeley, University of California Press.

Jubak, J. 1992, *In the Image of the Brain*, Boston, Little Brown & Co.

Kampis, G. 1993, "Creative Evolution", *World Futures* (38), 131~7.

Kant, I. 1950 [1781/1787], *Critique of Pure Reason*, trans. N. Kemp Smith, London, Macmillan.

____ 1952 [1790], *Critique of Judgement*, trans J. C. Meredith, Oxford, Oxford University Press.

____ 1967, *Kant: Philosophical Correspondence 1759-99*, ed. A. Zweig, Chicago, University of Chicago Press.

____ 1992, *Kant: Theoretical Philosophy 1755-70*, trans. D. Walford, Cambridge, Cambridge University Press.

Lacey, A. R. 1989, *Bergson*, London, Routledge.

Leibniz, G. W. 1973 [1715-16], "Correspondence with Clarke", *Leibniz: Philosophical Writings*, trans. M. Morris and G. H. R. Parkinson, London, Everyman: 205~39.

Le Roy, E. 1913, *A New Philosophy: Henri Bergson*, London, Williams & Norgate; New York, Henry Holt.

Levinas, E. 1983, "Beyond Intentionality", in A. Montefiore (ed.), *Philosophy in France Today*, Cambridge, Cambridge University Press.

_____ 1987, *Time and the Other*, trans. R. A. Cohen, Pittsburgh, Duquesne University Press.

_____ 1998, *Entre Nous*, trans. M. B. Smith and B. Harshav, London, Athlone Press.

_____ 1999, *Alterity and Transcendence*, trans. M. B. Smith, London, Athlone Press.

Levy, P. 1998, *Becoming Virtual: Reality in the Digital Age*, trans. R. Bononno, London, Plenum.

Lewis, W. 1927, *Time and Western Man*, London, Chatto & Windus. .

Lindsay, A. D. 1911, *The Philosophy of Bergsonism*, London: J. M. Dent & Sons Ltd.

Lucretius 1994, *On the Nature of the Universe*, trans. Ronald E. Latham, Harmondsworth, Middlesex, Penguin.

Lyotard, J. F. 1991 [1954], *Phenomenology*, trans. B. Beakley, New York, SUNY Press.

McNamara, P. 1999, *Mind and Variability. Mental Darwinism, Memory, and Self*, London, Praeger.

Maritain, J. 1943, *Redeeming the Time*, London, The Centenary Press.

_____ 1955, *Bergsonian Philosophy and Thomism*, trans. M. L. Andison, New York, Philosophical Library.

May, William E. 1970, "The Reality of Matter in the Metaphysics of Bergson", *International Philosophical Quarterly* (10:4), 611~42.

Meissner, W. W. 1967, "The Problem of Psychophysics in Bergson's Critique", *Journal of General Psychology* (66), 301~9.

Merleau-Ponty, M. 1964, *The Primacy of Perception*, trans. J. M. Edie, Evanston, Northwestern University Press.

_____ 1973 [1959-60], *The Visible and the Invisible*, trans. A. Lingis, Evanston, Northwestern University Press.

_____ 1988 [1953], *In Praise of Philosophy and Other Essays*, trans. J. Wild and J. Edie, Evanston, Northwestern University Press.

_____ 1989 [1945], *Phenomenology of Perception*, trans. C. Smith, London, Routledge.

_____ 1994, *La Nature: Notes Cours du Collège de France*, Paris, Éditions de Seuil.

Mitchell, W. J. 1984, "What is an Image?", *New Literary History* (XV:3), 503~37.

Monod, J. 1997 [1971], *Chance and Necessity*, trans. A. Wainhouse, New York, A. A. Knopf.

Moore, A. W. 1990, *The Infinite*, London, Routledge.

Moore, F. C. T. 1996, *Bergson. Thinking Backwards*, Cambridge, Cambridge University Press.

Moran, D. 2000, *Introduction to Phenomenology*, London, Routledge.

Morris, P. and Gruneberg, M. (eds.) 1994, *Theoretical Aspects of Memory* (second edition), London, Routledge.

Morris, R. 1997, *Achilles in the Quantum Universe: The Definitive History of Infinity*, London, Souvenir Press.

Mossé-Bastide, R.-M. 1959, *Bergson et Plotin*, Paris: Presses universitaires de France.

Mullarkey, J. 1995, "Bergson's Method of Multiplicity", *Metaphilosophy* (26:3), 230~59.

_____ 1999, *Bergson and Philosophy*, Edinburgh, Edinburgh University Press.

Murphy, T. S. 1999, "Beneath Relativity: Bergson and Bohm on Absolute Time", in J. Mullarkey (ed.), *The New Bergson*, Manchester, Manchester University Press: 66~84.

Niess, R. J. 1956, *Julien Benda*, Ann Arbor, University of Michigan Press.

Nietzsche, F. 1968, *The Will to Power*, trans. W. Kaufmann and R. J. Hollingdale, New York, Random House.

_____ 1969, *Thus Spoke Zarathustra*, trans. R. J. Hollingdale, Harmondsworth, Middlesex, Penguin.

_____ 1974, *The Gay Science*, trans. W. Kaufmann, New York, Random House.

_____ 1979, *Ecce Homo*, trans. R. J. Hollingdale, Harmondsworth, Middlesex, Penguin.

Olkowski, D. 1999, *Gilles Deleuze and the Ruin of Representation*, Berkeley, University of California Press.

_____ 2000, "The End of Phenomenology: Bergson's Interval in Irigaray", *Hypatia*, (15:3), 73~91.

Papa-Grimaldi, A. 1998, *Time and Reality*, Aldershot, Ashgate.

Papanicolaou, A. C. and Gunter, P. A. Y. (eds.), *Bergson and Modern Thought*, London, Harwood.

Peirce, C. S. 1992, *The Essential Peirce: Selected Philosophical Writings. Volume 1 (1867-1893)*, ed. N. Houser and C. Kloesel, Bloomington, Indiana University Press.

_____ 1998, *The Essential Peirce: Selected Philosophical Writings: Volume 2 (1893-1913)*, ed. The Peirce Edition Project, Bloomington, Indiana University Press.

Plato 1977, *Timaeus*, trans. D. Lee, Harmondsworth, Middlesex, Penguin.

_____ 1987, *Theaetetus*, trans. R. A. H. Waterfield, Harmondsworth, Middlesex, Penguin.

_____ 1996, *Parmenides*, trans. M. L. Gill and P. Ryan, Indianapolis, Hackett.

Plotinus 1966-1988, *The Enneads* (seven volumes), trans. A. H. Armstrong, Cambridge, Mass., Harvard University Press (Loeb Classical Library).

_____ 1991, *The Enneads*, Harmondsworth, Middlesex, Penguin.

Popper, K. R. 1992, *The Logic of Scientific Discovery*, London, Routledge.

_____ 1998, *The World of Parmenides*, ed. A. F. Petersen and J. Mejer, London, Routledge.

Popper, K. R. and Eccles J. C. 1990, *The Self and Its Brain: An Argument for Interactionism*, London, Routledge.

Poulet, G. 1977, *Proustian Space*, trans. E. Coleman, Baltimore, Johns Hopkins University Press.

Prigogine, I. and Stengers, I. 1985, *Order out of Chaos*, London, Flamingo.

Proust, M. 1983, *Remembrance of Things Past (In Search of Lost Time)*, 3 volumes, trans. C. K. Scott Moncrieff, T. Kilmartin, A. Mayor, Harmondsworth, Middlesex, Penguin.

Rajchman, J. 1998, *Constructions*, Cambridge, Mass., MIT Press.

_____ 2000, *The Deleuze-Connections*, Cambridge, Mass., MIT Press.

Reed, E. S. 1997, *From Soul to Mind: The Emergence of Psychology from Erasmus Darwin to William James*, New Haven, Yale University Press.

Riemann, G. B. 1873, "On the Hypotheses which Provide the Grounds for Geometry", trans. W. K. Clifford, *Nature* (8), 14ff.

Rodowick, D. N. 1997, *Gille Deleuze's Time Machine*, Durham, Duke University Press.

Rodriguez-Consuegra, F. A. 1996, "Russell's Perilous Journey from Atomism to Holism 1919-1951", in R. Monk and A. Palmer, *Bertrand Russell and the Origins of Analytical Philosophy*, Bristol, Thoemmes Press, 217~45.

Rose, S. 1992, *The Making of Memory: From Molecules to Mind*, London, Bantam Press.

_____ 1997, *Lifelines: Biology, Freedom, and Determinism*, London, Allen Lane.

_____ 1998 (ed.), *From Brains to Consciousness? Essays on the New Sciences of the Mind*, London, Allen Lane.

Ruiz, M. 1997, "Psychophysical Parallelism in the Philosophy of G. Deleuze", PhD thesis, University of Warwick.

Russell, B. 1912, "The Philosophy of Bergson", *The Monist* (22:3), 321~47 (reprinted in *The Collected Papers of Bertrand Russell*, vol. 6, London, Routledge, 1992: 313~38).

_____ 1915, "On the Experience of Time", *The Monist* (25), 212~33.

_____ 1922 [1914], *Our Knowledge of the External World*, London, Allen & Unwin.

_____ 1985 [1918/1924], *The Philosophy of Logical Atomism*, ed. & Introduction by D. Pears, Chicago, Open Court.

_____ 1986 [1914], "Mysticism and Logic", in *Collected Papers of Bertrand Russell*, ed. J. G. Slater, London, Allen & Unwin, vol. 8: 30~49.

_____ 1992 [1912], "On Matter", in *Collected Papers of Bertrand Russell*, vol. 6, ed. J. G. Slater, London, Routledge: 80~95.

_____ 1992 [1913], "Metaphysics and Intuition", in *The Collected Papers of Bertrand Russell*, vol. 6, ed. J. G. Slater, London, Routledge: 338~42.

_____ 1992 [1913], "Mr Wildon Carr's Defence of Bergson", *The Collected Papers of Bertrand Russell*, vol. 6, ed. J. G. Slater, London, Routledge: 342~9.

_____ 1992 [1903, 1937], *The Principles of Mathematics*, London, Routledge.

_____ 1992 [1927], *The Analysis of Matter*, London, Routledge.

_____ 1993 [1925], *ABC of Relativity*, London, Routledge.

_____ 1995 [1919], *Introduction to Mathematical Philosophy*, London, Routledge.

Ruyer, R. 1952, *Neo-finalisme*, Paris, PUF.

Safranski, R. 1991, *Schopenhauer and the Wild Years of Philosophy*, trans. E. Osers, Cambridge, Mass., Harvard University Press.

Santayana, G. 1940, *Winds of Doctrine: Studies in Contemporary Opinion*, London, Dent (first published 1913, new edition 1940).

Sartre, J. P. 1957 [1936-7], *The Transcendence of the Ego*, trans. F. Williams and R. Kirkpatrick, New York, Farrar, Straus, and Giroux.

_____ 1962 [1936], *Imagination*, Ann Arbor, University of Michigan Press.

_____ 1989 [1943], *Being and Nothingness: An Essay on Phenomenological Ontology*, trans. H. E. Barnes, London, Routledge.

_____ 1995 [1940], *The Psychology of the Imagination*, London, Routledge.

Schacter, D. L. 1996, *Searching for Memory: The Brain, the Mind, and the Past*, New York, Basic Books.

Scheler, M. 1973, *Selected Philosophical Essays*, trans. D. R. Lachterman, Evanston, Northwestern University Press.

Schelling, F. W. J. 1988 [1797/1803], *Ideas for a Philosophy of Nature*, trans. E. E. Harris and P. Heath, Cambridge, Cambridge University Press.

_____ 1997 [1813], *Ages of the World*, trans. J. Norman, Ann Arbor, University of

Michigan Press.

Schlick, M. 1968, *Philosophy of Nature*, trans. A. von Zeppelin, New York, Greenwood Press.

Schopenhauer, A. 1969 [1819/1844], *The World as Will and Representation* (two volumes), trans. E. F. J. Payne, New York, Dover.

_____ 1992 [1836], *On the Will in Nature*, trans. E. F. J. Payne, New York, Berg.

Schrödinger, E. 1992 [1944], *What is Life?*, Cambridge, Cambridge University Press.

Scott, J. W. 1917, "Bergsonism in England", *The Monist* (27:2), 179~204.

Seager, W. 1999, *Theories of Consciousness*, London, Routledge.

Sheldrake, R. 1981, *A New Science of Life: The Hypothesis of Formative Causation*, London, Granada, 1983.

Sokal, A. and Bricmont, J. 1997, *Impostures Intellectuelles*, Paris, Éditions Odile Jacob.

Sorabji, R. 1983, *Time, Creation and the Continuum*, London, Duckworth.

_____ 1988, *Matter, Space, and Motion*, London, Duckworth.

Squire, L. R. 1998, "Memory and Brain Systems", in S. Rose (ed.), *From Brains to Consciousness?*, London, Allen Lane: 53~72.

Stephen, K. 1922, *The Misuse of Mind: A Study of Bergson's Attack on Intellectualism*, London, Kegan Paul, Trench, Trubner & Co.

Sutton, J. P. 1998, *Philosophy and Memory Traces*, Cambridge, Cambridge University Press.

Thompson, D'Arcy 1992 [1917], *On Growth and Form*, Cambridge, Cambridge University Press.

Tiles, M. 1989, *The Philosophy of Set Theory: An Historical Introduction to Cantor's Paradise*, Oxford, Basil Blackwell.

Trusted, J. 1999, *The Mystery of Matter*, London, Macmillan.

Turetzky, P. 1998, *Time*, London, Routledge.

Wesson, R. 1991, *Beyond Natural Selection*, Cambridge, Mass., MIT Press.

Weyl, H. 1987 [1918], *The Continuum: A Critical Examination of the Foundation of Analysis*, trans. S. Pollard and T. Bole, New York, Dover.

Whitrow, G. J. 1980, *The Natural Philosophy of Time*, Oxford, Clarendon Press.

Wickham, H. 1933, *The Unrealists*, London, Sheed & Ward.

Wiener, N. 1961 [1948], "Newtonian and Bergsonian Time", *Cybernetics, or Control and Communication in the Animal and the Machine*, Cambridge, Mass., MIT Press: 30~44.

Wildon Carr, H. 1992, "On Mr Russell's Reasons for supposing that Bergson's Philosophy is not True", in *The Collected Papers of Bertrand Russell*, ed. J. G. Slater, London, Routledge, 1992: 456~60(originally published in *The Cambridge Magazine* 2, 1913).

Wolsky, M. and Wolsky, A. 1992, "Bergson's Vitalism in the Light of Modern Biology", in F. Burwick and P. Douglass, *Bergson and the Vitalist Controversy*, Cambridge, Cambridge University Press: 153~70.

Worms, F. 1997, *Introduction à 'Matière et mémoire' de Bergson*, Paris, PUF.

Wright, S. 1964, "Biology and the Philosophy of Science", *The Monist* (48): 265~90.

Zac, S. 1968, "Les thèmes Spinozistes dans la philosophie de Bergson", *Les Études Bergsoniennes*, vol. 8: 123~58.

옮긴이 후기

이 책의 지은이 키스 안셀-피어슨은 니체, 들뢰즈 연구자로 국내에 알려져 있다. 『베르그손과 생명의 시간』은 잠재성과 생명/삶 개념을 중심으로 한 베르그손 독해로서, 『바이로이드적 생명: 니체와 탈인간의 조건』, 『싹트는 생명: 들뢰즈의 차이와 반복』과 함께 안셀-피어슨의 생명 철학philosophy of life 3부작 중 하나로 볼 수 있다. 이 점을 강조하기 위해 원제 'Philosophy and the Adventure of the Virtual' 대신 부제 'Bergson and the Time of Life'를 한국어판의 제목으로 삼았다.

이 책은 각각 독립적으로도 읽을 수 있는 일곱 개의 에세이로 이루어져 있다. 책 전체에서 일관되게 나타나는 논지는 생명/삶 자체가 창조적인 과정으로서 (철학에서 통용되는 기존의 '존재' 개념으로 파악하기 어려운) 급진적 새로움을 그 본질로 하며, 이러한 의미에서 잠재성의 개념은 실현되기 전에 미리 존재하는 것으로 가정되는 가능성 개념과는 엄격히 구분된다는 것이다. 이 책이 지니는 방법론적 특징으로는 지속, 진화, 목적성, 기억 등 베르그손의 사유에서 중요한 주제들을 쟁점 위주로 소개하고 베르그손과 대립하는 입장을 견지한 철학자들을 살펴봄으로써, 해당 주제에 대한 논쟁의 철학사적 맥락을 보여 준다는 점을 들 수 있다. 예컨대, 플로티노스, 칸트에 대한 베르그손의 독해를 통해 다수성/다양체 및 목적성의 문제를 다룬다거나, 베르그손에 대한 러셀과 바슐라르의 비판을 통해 연속성에 대한 그의 입장을 명확히 드러내는 것이다. 이외에도 이 책에는 니체, 포퍼, 데넷, 바디우, 사르트르 등이 베르그손의 대화 상대자로 등장한다.

대니얼 스미스가 서평에서 지적한 바와 같이, 이 책은 명목상 베르그손 연구서이지만 해석의 관점에 있어서는 사실상 들뢰즈의 영향을 크게 받은 것으로 보인다.[1] 따라서 이 책은 베르그손을 들뢰즈 철학과의 연속성 안에서 독해하는 데 관심이 있거나, 혹은 두 철학자들의 관계를 생명철학의 관점에서 파악하고 싶은 독자들에게 특히 도움이 될 것이다.

이 책이 처음 출판된 2002년부터 최근 시작된 '글로벌 베르그손주의 연구 프로젝트'The Global Bergsonism Research Project에 이르기까지, 지난 20년간 베르그손에 대한 학술적 관심이 급증했다. 이러한 '베르그손주의의 르네상스'는 분명 들뢰즈에 의해 촉발된 것이지만, 유럽 중심의 철학사에 반하여 탈식민적decolonial, 반인종주의적 관

1) Danial W. Smith, "Review of Keith Ansell-Pearson's *Philosophy and the Adventure of the Virtual: Bergson and the Time of Life*", 2002. (https://ndpr.nd.edu/reviews/philosophy-and-the-adventure-of-the-virtual-bergson-and-the-time-of-life/)

점에서 베르그손을 읽어 내는 최근의 연구서들은 들뢰즈의 베르그손주의를 넘어 베르그손 사유 자체의 창조적 확장을 이루어 내고 있는 듯하다. 베르그손의 사유라는 하나의 생명/삶이 펼쳐 낼 잠재성의 모험에 있어 이 번역서의 출간이 의미 있는 계기가 되길 바라며, 오랜 시간 원고를 기다려 주신 그린비 출판사 편집팀과 출판에 큰 도움을 주신 주승일 편집자님, 이정우 선생님께 깊은 감사를 표한다.

2022년 6월
옮긴이 정보람

베르그손과 생명의 시간: 철학과 잠재성의 모험

초판1쇄 펴냄 2022년 7월 22일

지은이 키스 안셀-피어슨
옮긴이 정보람
펴낸이 유재건
펴낸곳 그린비
주소 서울시 마포구 와우산로 180, 4층
대표전화 02-702-2717 | **팩스** 02-703-0272
홈페이지 www.greenbee.co.kr
원고투고 및 문의 editor@greenbee.co.kr

주간 임유진 | **편집** 홍민기, 신효섭, 구세주, 송예진 | **디자인** 권희원, 이은솔
마케팅 유하나, 육소연 | **물류유통** 유재영 | **경영관리** 유수진

ISBN 978-89-7682-682-4 93160

學問思辨行: 배우고 묻고 생각하고 판단하고 행동하고

독자의 학문사변행을 돕는 든든한 가이드 _그린비 출판그룹

그린비 철학, 예술, 고전, 인문교양 브랜드
엑스북스 책읽기, 글쓰기에 대한 거의 모든 것
곰세마리 책으로 통하는 세대공감, 가족이 함께 읽는 책